陕西省"十一五"古籍整理出版规划重大项目
国家"十一五"古籍整理出版重点规划项目
2011—2020年国家古籍整理出版规划项目

陕西碑刻总目提要初编

第三册

主　　编　　吴敏霞

本册主编　　范志鹏
　　　　　　高叶青

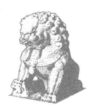

科学出版社

北　京

内 容 简 介

《陕西碑刻总目提要初编》系陕西省"十一五"古籍整理出版规划重大项目、《国家"十一五"古籍整理出版重点规划》项目和《2011—2020年国家古籍整理出版规划》项目《陕西碑刻总目提要》的阶段性成果。

本书收录陕西境内历代碑、墓志、墓砖、摩崖石刻、造像题记、经幢、塔铭等多种类型的石刻资料；所收各类碑刻年代上自秦汉，下迄民国末年；所收碑刻的著录信息包括碑名、年代、形制、行字、撰书刻者、纹饰、出土地、现藏地、著录情况及提要等多方面内容。

《陕西碑刻总目提要初编》反映了陕西碑刻存藏的总体状况及相关著录和研究状况，是相关领域研究的重要文献资料。

图书在版编目(CIP)数据

陕西碑刻总目提要初编. 第三册/吴敏霞主编；范志鹏，高叶青分册主编.
—北京：科学出版社，2018.12
　ISBN 978-7-03-051374-8

　Ⅰ. ①陕⋯　Ⅱ. ①吴⋯ ②范⋯ ③高⋯　Ⅲ. ①碑刻-内容提要-陕西-古代　Ⅳ. ①Z88：K877.42

　中国版本图书馆 CIP 数据核字(2016)第 324239 号

责任编辑：付　艳　宋开金／责任校对：何艳萍
责任印制：张克忠／封面设计：黄华斌

科 学 出 版 社 出版
北京东黄城根北街 16 号
邮政编码：100717
http://www.sciencep.com
中国科学院印刷厂 印刷
科学出版社发行　各地新华书店经销
*

2018年12月第 一 版　　开本：787×1092　1/16
2018年12月第一次印刷　　印张：22 3/4
字数：494 000

定价：1998.00 元（全 5 册）
（如有印装质量问题，我社负责调换）

陕西省古籍保护整理出版工作
领导小组编纂委员会

《陕西碑刻总目提要》主编单位

陕西省古籍整理办公室

《陕西碑刻总目提要》主要协助单位

陕西省文物局　陕西省民族宗教事务委员会　西安碑林博物馆

《陕西碑刻总目提要》主要支持单位

各市文物局及其辖区相关文博单位、各市宗教事务局及其辖区相关寺院道观存藏单位，包括但不仅限于：

西安市文物局	汉阳陵博物馆
咸阳市文物旅游局	法门寺博物馆
宝鸡市文物旅游局	乾陵博物馆
铜川市文物旅游局	西安事变纪念馆
渭南市文物旅游局	西安市民族宗教事务局
汉中市文物旅游局	咸阳市民族宗教事务局
安康市文化文物广电局	宝鸡市民族宗教事务局
商洛市文化文物广电新闻出版局	铜川市民族宗教事务局
延安市文物局	渭南市民族宗教事务局
榆林市文化广电新闻出版局	汉中市民族宗教事务局
西安碑林博物馆	安康市民族宗教事务局
陕西历史博物馆	延安市民族宗教事务局
陕西省考古研究院	榆林市民族宗教事务局

目 录

贞白公行略述

年代： 明泰昌元年（1620）刻。

形制： 青石质。正方形。边长 0.80 米，厚 0.08 米。

行字： 正文楷书41行，满行48字。

撰书： □鸣高撰，任燮元书，杨大明刻。

出土： 2002年出土于周至县四屯乡苏村。

现藏： 周至县文物管理所。

提要： 记载□兆甫之家族世系、生平、历官及子嗣情况。

雷通墓志

全称： 明商庠生金门雷公墓志铭。

年代： 明泰昌元年（1620）刻。

形制： 正方形。边长0.68米。

行字： 盖文楷书3行，满行4字，题"明商庠生金门雷公墓志铭"。志文楷书32行，满行30字。

撰书： 邵可立撰，张养心书。

现藏： 商洛博物馆。

提要： 记述墓主人生平、配偶及子嗣情况。

轩辕黄帝庙重修记

年代： 明天启元年（1621）刻立。

形制： 圆首方座。通高2.68米，宽0.84米，厚0.18米。

行字： 正文楷书，碑阳37行，碑阴17行，满行字数不等。

撰书： 窦如芳撰，寇永清书。

纹饰： 四周饰水波纹。

现藏： 黄帝陵轩辕庙碑廊。

著录： 《延安市文物志》《黄陵文典·文物卷》《黄帝陵碑刻》。

提要： 碑阳为明熹宗朱由校派遣锦衣卫、加正一品俸、都指挥使侯昌国天启元年十一月初四祭祀轩辕黄帝祭文和中部县知县窦如芳撰写的《轩辕黄帝庙重修记》，记载窦如芳于天启元年上任后重修轩辕庙，次年竣工，修成祀殿，东、西长廊，碑亭。碑阴录寇永清记修黄帝庙诗文。

张鲁氏墓志

全称： 大明敕封太孺人张母鲁氏墓志铭。

年代： 明天启元年（1621）刻。

形制： 正方形。边长0.93米。

行字： 盖文篆书4行，满行4字，题"大明敕封太孺人张母鲁氏墓志铭"。志文楷书43行，满行38字。

纹饰： 四周饰卷云纹。

现藏： 潼关县东门博物馆。

提要： 记载志主鲁氏生平。

题白云山瑞芝阁

全称： 题白云山瑞芝阁十六韵有引。

年代： 明天启元年（1621）刻立。

形制： 圆首方座。通高2.18米，宽0.70米，厚0.10米。

行字： 正文行草13行，满行字数不等。

撰书： 吴宗仪书。

现藏： 佳县白云山白云观藏经阁前廊。

著录： 《白云山白云观碑刻》。

备注： 剥蚀较重。

提要： 记录白云山白云观瑞芝阁系玉凤真人藏经阁，州牧卢君登临，见灵芝挺生的奇观。

重修偏桥碑记

全称： 重修略阳县灵岩寺正殿偏桥碑记。

年代： 明天启元年（1621）刻立。

形制：圆首方座。高 0.83 米，宽 0.68 米。

行字：正文楷书 15 行，满行字数不详。

撰书：冉进孝撰。

纹饰：碑额饰双凤朝阳图案，四周饰蔓草纹。

出土：此碑自立未移。

现藏：略阳县灵岩寺博物馆。

提要：记述重修略阳县灵岩寺正殿偏桥事，重点交待了捐资者的姓名。

*明天启元年祭汉阳陵碑

年代：明天启元年（1621）刻立。

形制：青石质，圆首方座。通高 1.95 米，宽 0.75 米，厚 0.19 米。

行字：额篆书 2 行，满行 2 字，题"御制祝文"。正文楷书 14 行，满行 19 字。

撰书：朱由校撰。

纹饰：碑额上方饰双龙戏珠和云纹，四周饰草叶纹。

出土：此碑自立未移。

现藏：汉阳陵博物馆。

提要：是明熹宗天启元年祭祀汉景帝的祝文碑。碑面左下方四行小字为："陪祀高陵县知县赵天赐立石，高陵县带捕潼关卫候缺经历浙山阴高伯廉，工房吏，礼房吏。"

白邦宁暨妻阎氏黄氏王氏合葬墓志

全称：敕封征仕郎白峰暨配孺人阎氏黄氏王氏合葬墓志铭。

年代：明天启元年（1621）刻。

形制：正方形。边长 0.67 米，厚 0.11 米。

行字：志文楷书 34 行，满行 37 字。

撰书：武□□撰，□昌□书，刘懋篆盖。

纹饰：志四边饰缠枝蔓草纹。

出土：1983 年出土于临潼县代王镇甘沟村。

现藏：西安市临潼博物馆。

备注：右上角残缺，志文多有漫漶。

提要：记述白邦宁之家族世系、生平、夫人及子嗣简况。

赵挽祭唐刘公文

年代：明天启元年（1621）刻立。

形制：高 0.98 米，宽 0.94 米。

行字：正文楷书 23 行，满行 28 字。

撰书：程应第撰。

纹饰：四周饰蔓草纹。

出土：1963 年出土于泾阳县王桥镇寺背后村。

现藏：泾阳县博物馆。

提要：刊刻刘公庙建成所撰祭文。

*明天启元年祭周武王碑

年代：明天启元年（1621）刻立。

形制：圆首方座。高 1.34 米，宽 0.53 米。

行字：额篆书 2 行，满行 2 字，题"御制祝文"。正文行楷 6 行，满行 12 字。

纹饰：碑额两侧饰龙纹。

出土：此碑自立未移。

现藏：咸阳市周陵文物管理所。

著录：《咸阳市渭城区志》《渭城文物志》。

备注：碑身由右上至左下有一裂痕，字迹仍可辨识。

提要：记载明天启元年熹宗朱由校遣官祭周武王之事。

*刘卿墓碑

年代：明天启元年（1621）刻立。

形制：螭首方座。高 2.65 米，宽 0.98 米，厚 0.18 米。

行字：额篆书 2 行，满行 2 字，题"昭代名臣"。正文楷书，中间两行大字，两边为小字，行字数不等。

出土：出土时间、地点不详。

纹饰：四周饰云龙纹。

现藏：安康市刘家坟。

著录：《安康碑版钩沉》。

备注：该碑立碑时间当在刘卿葬时，即明天启元年，夫人葬时明崇祯十一年（1638）为补刻时间。

提要：现存三通，记述刘卿及夫人生平事迹和生卒年月、墓地朝向及墓中明器。

城隍庙建立左廊碑

全称：城隍庙建立正殿宝座寝宫左廊碑。

年代：明天启元年（1621）刻立。

形制：圆首方座。高 1.64 米，宽 0.68 米，厚 0.17 米。

行字：正文楷书 16 行，满行 26 字。

撰书：赵伯刚刻。

纹饰：四周饰缠枝花草纹，碑首线雕麒麟、珠宝等图案。

现藏：三原县博物馆。

提要：刊刻天启元年捐资建立三原县正殿宝座寝宫左廊人员姓名。

重修大云禅院记

年代：明天启二年（1622）刻立。

形制：高 1.50 米，宽 0.62 米。

行字：正文楷书 16 行，满行 55 字。

撰书：东朴撰。

现藏：合阳县城关镇杨家洼村。

提要：记载合阳县丞郭厌策目睹大云禅院衰落破败的景象后，与各乡绅捐资修复禅院的过程。

*菩萨庙告示碑

年代：明天启二年（1622）刻立。

形制：首座皆佚。高 1.71 米，宽 0.77 米。

行字：正文楷书 14 行，满行 20 字。

现藏：户县大王镇凿齿村北菩萨庙内。

著录：《户县碑刻》。

提要：记载豪强杨一大等四人串通道人杨真兰等擅行盗卖户县道安里凿齿村菩萨庙香火地 50 余亩一事，告知社众，且警示杨真兰等如若再将地土擅行盗卖盗买，则禀告衙门，严惩不贷。

重修观音庙记

年代：明天启二年（1622）刻立。

形制：高 1.71 米，宽 0.77 米。

行字：正文楷书 24 行，满行 64 字。

撰书：王许撰，王发身书。

现藏：户县大王镇凿齿村北菩萨庙内。

著录：《户县碑刻》。

提要：记载明弘治年间重修观音庙的情况。后主持道人杨明静、阎思选、阎诗等约三社，各施资财，集金敦匠，铸洪钟一个，补其不足。文中后半部分详细阐述了观音庙铸此钟的重要意义。

兵巡关内道沈示

年代：明天启二年（1622）刻立。

形制：圆首方座。通高 2.02 米，宽 0.69 米，厚 0.16 米。

行字：正文行楷 8 行，满行 20 字。

撰书：赵天赐撰。

纹饰：四周饰缠枝纹。

出土：1963 年出土于泾阳县三渠镇汉堤洞村附近。

现藏：泾惠渠管理局张家山水库管理处。

备注：石碑断裂为三部分。

提要：记述护渠罚则。

重修奕应侯庙并孙真人洞碑记

年代：明天启三年（1623）刻立。

形制：顶座皆佚。高 1.54 米，宽 0.70 米，厚 0.18 米。

行字：正文楷书 17 行，满行 48 字。

撰书：杨建烈撰，张自修书。

纹饰：四周饰云龙纹。

现藏：韩城市九郎庙孙真人洞献殿。

备注：碑身已断为两截。

提要：记载奕应侯庙创于宋元丰间，间有修葺增补，有唐孙思邈祠宇，天启元年（1621）重修。奕应侯庙主祀春秋时赵文子、程婴、公孙杵臼等忠臣义士，乡人崇信祈祷，香火四时不辍。

薛承荣墓志

全称：明寿官仁庵薛公墓志铭。

年代：明天启三年（1623）刻。

形制：志长 0.50 米，宽 0.55 米。

行字：盖文篆书 3 行，满行 3 字，题"明寿官伯旌薛公墓志"。志文楷书 22 行，满行 29 字。

撰书：吕鸣凤撰，薛芬书，程资篆盖。

出土：出土时间、地点不详。

现藏：韩城市博物馆。

提要：记载薛承荣的家族世系、生平事迹、生卒年月及子嗣情况。

终南游记自序

年代：明天启三年（1623）刻立。

形制：高 0.75 米，宽 0.55 米，厚 0.23 米。

行字：碑文行书，分上下 2 截，每截 20 行，满行 12 字。

撰书：刘士龙题，刘一清书。

出土：原在周至县楼观镇。

现藏：周至县文物管理所。

著录：《楼观台道教碑石》。

备注：原刻石已佚，楼观台文物管理所存有原拓片，1982 年按原拓片摹刻。

提要：刻游记散文一篇，阐述对终南山水之情缘。

朱敬鈇暨妻张氏合葬墓志

全称：明秦藩合阳王奉祀辅国中尉东渠公配宜人张氏合葬墓志铭。

年代：明天启三年（1623）刻。

形制：盖、志均正方形。盖边长 0.77 米，志边长 0.78 米，志、盖均厚 0.15 米。

行字：盖文篆书 5 行，满行 5 字，题"明秦藩合阳王奉祀辅国中尉东渠公配宜人张氏合葬墓志铭"。志文楷书 38 行，满行 41 字。

撰书：杨作孚撰，屈拱北篆盖，桑本立书，张翱、张翔刻。

纹饰：盖、志四周均饰龙纹。

出土：2004 年出土于西安市广电中心工地。

现藏：陕西省考古研究院。

著录：《文物》（2007 年第 2 期）。

提要：记载志主朱敬鈇之家族世系、生平、配偶及子嗣情况。

游白云山次韵

年代：明天启四年（1624）刻立。

形制：高 0.47 米，长 0.62 米。

行字：正文楷书 12 行，满行 8 字。

撰书：黄甲、李景华撰并书。

纹饰：四周饰莲瓣纹。

现藏：嵌于佳县白云山白云观藏经阁东廊墙上。

著录:《白云山白云观碑刻》。

提要: 楷书七言诗一首。上款"天启肆年甲子上巳,葭州儒学训导黄甲、葭州李明府游白云山次韵"。

*白云山白云观七言诗一首

年代: 明天启四年(1624)刻立。

形制: 高 0.47 米,长 0.62 米。

行字: 正文草书 13 行,满行 10 字。

撰书: 李景华题。

纹饰: 四周饰卷草纹。

现藏: 嵌于佳县白云山白云观藏经阁西廊墙上。

著录:《白云山白云观碑刻》。

提要: 草书七言诗一首:"群山万壑惬春游,柳绿桃红翠欲流。已见瑞芝香馥郁,更开丹灶托浮丘。万峰耸翠迷苍岫,二水合流看远洲。蚕户点南灯火动,可能一夕解人愁。"落款"曲沃李景华题"。

龙兴寺碑记

年代: 明天启四年(1624)刻立。

形制: 高 0.86 米,宽 0.61 米。

行字: 正文楷书 20 行,满行 28 字。

撰书: 德荣书。

纹饰: 四周饰莲瓣纹。

现藏: 神木县神木镇刘家畔村龙兴寺三教殿北壁。

备注: 剥蚀较重。

提要: 记述龙兴寺始建于元大德六年(1302),并记载寺院格局及所藏佛经,后附部分信士弟子姓名。

榆塞雄关

年代: 明天启四年(1624)刻立。

形制: 高 2.20 米,宽 5.10 米。

行字: 正文楷书 1 行,满行 4 字。

现藏: 榆林市红石峡西壁。

备注: 下款剥泐不清。

提要: 此题刻意指红石峡犹如塞上榆林的雄关要隘。上款"天启甲子六月吉旦"。

登华岳再二首

年代: 明天启四年(1624)刻立。

形制: 圆首方座。高 1.40 米,宽 0.64 米。

行字: 正文行楷 10 行,满行 16 字。

撰书: 邢汴撰并书。

现藏: 华阴市西岳庙文物管理处。

著录:《华山碑石》。

提要: 刊刻明代邢汴登华山时题写的两首七言诗。

放生池

年代: 明天启四年(1624)刻立。

形制: 圭形。高 3.09 米,宽 1.00 米。

行字: 正文楷书 3 行,共 22 字。

撰书: 李日宣题。

现藏: 华阴市西岳庙文物管理处。

著录:《华山碑石》。

提要: 上款镌"天启甲子上浣日",正文"放生池",落款"明进士河东使吉水李日宣题"。李日宣,明吉水(今江西吉水县)人,字晦伯。万历进士,擢御史,崇祯年间官吏部尚书。以忤旨戍边,后赦还。

司理史公命建碑亭小记

年代: 明天启四年(1624)刻立。

形制: 高 0.60 米,宽 0.66 米。

行字: 正文楷书 24 行,满行 24 字。

撰书: 梁克顺撰,武谟书。

现藏：周至县古楼观说经台。

著录：《楼观台道教碑石》。

提要：刊刻明天启年间司理史公"出俸余三金，畀真合为亭费"，属吏鄢陵梁克顺"遂益敦谕之，令亟缮完"，明天启四年仲春建碑亭事。

抚院明文

年代：明天启四年（1624）刻立。

形制：圆首方座。高 2.28 米，宽 0.67 米，厚 0.23 米。

行字：碑额楷书 2 行，满行 2 字，题"抚院明文"。正文楷书 24 行，满行 45 字。

撰书：邹嘉生撰。

纹饰：四周饰卷云纹。

出土：1963 年出土于泾阳县王桥镇衙背后村南。

现藏：泾惠渠管理局张家山水库管理处。

备注：碑断裂为两部分。

提要：记载捐奉募工修理洪堰之事。

重修左纶生祠记

全称：重修漆浒左赠君生祠记。

年代：明天启四年（1624）刻立。

形制：高 0.40 米，宽 0.95 米。

行字：正文楷书 37 行，满行 16 字。

撰书：王图撰，宋师襄书。

现藏：药王山博物馆。

著录：《陕西金石志》。

备注：砌于墙内。

提要：记载御史宋铠与州父老子弟重修左漆浒生祠事。

邑丰阳建龙河观记

年代：明天启五年（1625）刻立。

形制：高 4.36 米，宽 1.06 米，厚 0.34 米。

行字：上部行书 21 行，满行 11 字。下部楷书 22 行，满行 18 字。

撰书：李应策撰，王一龙篆，王佐立。

纹饰：碑额饰四蟠螭。

出土：原立于蒲城县桥陵镇梁家巷村丰阳小学龙河观遗址。1997 年入藏蒲城县博物馆。

现藏：蒲城县博物馆。

著录：《蒲城县志稿》。

提要：上部记载建龙河观之事，下部为乡老功德记。碑阴为捐助者姓名及捐地亩详细数字。

新建伏魔大帝庙记碑

年代：明天启五年（1625）刻立。

形制：高 1.87 米，宽 0.79 米，厚 0.19 米。

行字：正文楷书 10 行，满行 21 字。

撰书：南居仁撰，刘光溥刻，原应期、赵养淳、赵绍鼎书。

现藏：蒲城县桥陵镇赵家坡村。

提要：记载修建伏魔大帝庙的起因、经过以及当地民众对伏魔大帝的信仰情况，对研究当地人文风俗有一定价值。

赵可行墓志

年代：明天启五年（1625）刻。

形制：盖、志均为正方形。盖边长 0.85 米，厚 0.11 米。志边长 0.84 米，厚 0.10 米。

行字：盖文篆书 4 行，满行 4 字。志文楷书 46 行，满行 54 字。

撰书：马鸿世书。

出土：出土时间、地点不详。

现藏：周至县尚村镇临川寺村。

备注：未见实物，仅有拓片。

提要：记载赵可行的家族世系、生平、历官及子嗣情况。

创建北武当山龙河观记

年代： 明天启五年（1625）刻立。

形制： 高 3.93 米，宽 1.04 米，厚 0.37 米。

行字： 上部楷书 20 行，满行 8 字。下部行
书 21 行，满行字数不等。

撰书： 王谕撰，郑君爱书，郭侨篆。

纹饰： 碑阴上端中部线刻座像。

出土： 原立于蒲城县桥陵镇龙河观遗址。
1997 年入藏蒲城县博物馆。

现藏： 蒲城县博物馆。

提要： 上部刊载"创建北武当山龙河观记"，
下部刊载"龙河观乡老曹君功德记"。
碑阴为捐助者姓名，多为女性，并记
载明万历至天启年间修庙之事。

游钓台记

年代： 明天启五年（1625）刻立。

形制： 高 1.17 米，宽 0.51 米，厚 0.20 米。

行字： 正文楷书 15 行，满行 30 字。

撰书： 刘士龙撰，孙之启书。

现藏： 1986 年户县文物管理委员会修葺钓
鱼阁时镶砌于东墙壁上。

著录：《重修户县志》《户县碑刻》。

提要： 记载刘士龙游钓台的经过。刘士龙，
陕西富平县人。明万历三十一年
（1603）乡试解元。钓台，亦名钓鱼
台，在户县县城南四公里处甘亭镇摇
西村东侧。

朱惟㻒暨妻黄氏合葬墓志

全称： 皇明宗室秦藩永寿王府诰封镇国中尉
芳亭公元配恭人黄氏合葬墓志铭。

年代： 明天启五年（1625）刻。

形制： 志、盖尺寸相同。长 0.83 米，宽 0.82 米。

行字： 志文行书，分上、中、下三栏，共 104
行，满行 23 字。

撰书： 朱怀㙩撰，朱怀㰥书，朱怀兖篆盖。

出土： 1954 年出土于西安市近郊。

现藏： 西安碑林博物馆。

著录：《西安碑林全集》。

提要： 记载朱惟㻒家世、生平、配偶及子嗣
情况。朱惟㻒为永寿王府镇国中尉。

白衣大悲陀罗尼经并像

年代： 明天启五年（1625）刻立。

形制： 高 0.62 米，宽 0.37 米。

行字： 经文 10 行。

撰书： 李光辉画并书，赵璧镌。

出土： 西安碑林旧藏。

现藏： 西安碑林博物馆。

著录：《西安碑林全集》。

提要： 除刻经文外，还刻有白衣观音像。观
音身后有一童子，脚下祥云朵朵。

古云寂寺重修碑

年代： 明天启五年（1625）刻立。

形制： 圆首方额。通高 1.32 米，宽 0.61 米，
厚 0.26 米。

行字： 正文楷书 16 行，满行 41 字。

撰书： 欧阳蕃撰，段归正书。

纹饰： 碑额饰双凤云纹，碑身两边缠枝蔓
草纹。

现藏： 乾县周城乡朱村云寂寺。

著录：《新编乾县志》。

提要： 记叙段归正重修云寂寺事。从碑记可
知朱村在明时叫"朱龙村"。

牛维良墓志

全称： 明郡庠生玄所牛公墓志铭。

年代： 明天启五年（1625）刻。

形制：志正方形。尺寸不详。

行字：盖文楷书 4 行，满行 3 字，题"明商庠生父玄所牛公墓志铭"。志文楷书 18 行，满行 30 字。

撰书：牛维曜撰，牛维佑书。

出土：出土时间、地点不详。

现藏：商洛博物馆。

著录：《商洛文史》（第二辑）。

提要：记述牛维良的生平履历情况。

闫唧凤墓志

全称：明故州学生援授武英殿中书舍人唧凤闫先生墓志铭。

年代：明天启六年（1626）刻。

形制：志长 0.79 米，宽 0.57 米，厚 0.17 米。

撰书：杨茂林撰，王希贤书。

出土：出土时间、地点不详。

纹饰：四周饰蔓草纹。

现藏：陇县博物馆。

提要：记述闫唧凤的生平、德行及子女等。

中华天柱

年代：明天启六年（1626）刻。

形制：高 1.60 米，宽 5.90 米。

行字：正文楷书 1 行，满行 4 字。

撰书：张九德书。

现藏：榆林市红石峡西壁。

提要：此题刻意指红石峡雄关重地，是天然的军事屏障。上款"天启丙寅仲冬吉旦"，下款"浙东张九德题"。张九德，天启年间巡抚榆林镇。

*宋法买地券

年代：明天启七年（1627）刻。

形制：石呈半圆形。高 0.82 米，宽 1.62 米，厚 0.07 米。

行字：正文楷书 45 行，满行 18 字。

出土：2006 年出土于洛川县交口镇杨庄河村。

现藏：洛川县博物馆。

著录：《碑林集刊》（第 13 辑）。

提要：此买地券为明代宋法墓出土，券文记载的地名对于当时黄陵地区地名的研究有一定参考价值。

*宋法墓志

年代：明天启七年（1627）刻。

形制：石呈半圆形。高 0.54 米，宽 1.43 米，厚 0.07 米。

行字：志文楷书 30 行，满行 13 字。

出土：2006 年出土于洛川县交口镇杨庄河村。

现藏：洛川县博物馆。

著录：《碑林集刊》（第 13 辑）。

提要：记述宋法的家族世系、各代婚姻状况等。

凿修八卦宝盖藻井碑记

年代：明天启七年（1627）刻立。

形制：高 0.34 米，宽 0.36 米。

行字：正文楷书 9 行，满行 12 字。

撰书：郝攀枝书。

纹饰：四周饰莲瓣纹。

现藏：神木县神木镇刘家畔村龙兴寺三教殿北壁西。

提要：记述"八卦宝盖"藻井开凿经过。

寇旸区暨妻权氏宁氏李氏合葬墓志

全称：明故邑庠生寇子旸区暨配权氏宁氏李氏合葬墓志铭。

年代：明天启七年（1627）刻。

形制：志正方形。边长 0.69 米。

行字：志文楷书 32 行，满行 31 字。

撰书：樊东谟撰。

出土：出土时间、地点不详。

现藏：蒲城县文物保护开发中心。

备注：个别字不清，左上角缺。

提要：志文记载墓主寇旸区生平事迹及亲属
情况。

单腾霈暨妻杨氏合葬墓志

年代：明天启七年（1627）刻。

形制：志正方形。边长 0.67 米。

行字：志文楷书 34 行，满行 41 字。

撰书：冯□□撰，樊东谟篆盖，王弘祖书。

出土：出土时间、地点不详。

现藏：蒲城县博物馆。

备注：盖佚。

提要：记载单腾霈字伯泽，别号完拙，世居
蒲城，为人好善乐施。

*赵屏国墓志

年代：明天启七年（1627）刻。

形制：盖、志均为正方形。盖残为两块，边
长 0.66 米，厚 0.10 米。志边长 0.67
米，厚 0.09 米。

行字：盖文楷书 4 行，满行 3 字，题"明孝
廉赵屏国先生之墓"。志文楷书 45 行，
满行 51 字。

出土：1996 年出土于周至县尚村镇疙瘩头村。

现藏：周至县文物管理所。

备注：志文字迹模糊不清，右上角残缺。

提要：记载赵屏国之家族世系、生平、历官
及子嗣情况。

新建屏垣池栏泊学署记

年代：明天启七年（1627）刻立。

形制：首身一体，圆首龟座。通高 2.38 米，
宽 0.68 米。

行字：额篆书"日"、"月"2 字。正文楷书
16 行，满行 70 字。

撰书：解经邦撰。

纹饰：碑额饰卷云纹，碑身四周饰花卉纹。

现藏：韩城市博物馆。

提要：记述教谕王一桂捐俸金新建屏垣、池
栏、学署事。

重修城隍庙钟楼记

年代：明天启七年（1627）刻立。

形制：高 3.20 米，宽 1.05 米，厚 0.30 米。

行字：正文楷书 11 行，满行 61 字。

撰书：解经邦撰，薛国观书。

纹饰：四周饰花草纹。

现藏：韩城市博物馆。

提要：记载北五社重修城隍庙钟楼及甬道以
西所有建筑的经过。

*仰天池残碑

年代：明天启七年（1627）刻立。

形制：碑残损。残高 0.95 米，宽 0.18 米，
厚 0.22 米。

行字：正文楷书 20 行，满行 40 字。

现藏：周至县古楼观仰天池九天玄霄宫遗址。

著录：《楼观台道教碑石》。

备注：碑身残，仅存下半部。

提要：记明天启二年（1622）至天启七年建
九天玄霄宫事，及九天玄霄宫东、西、
南、北四面地界。

*葛守礼华山诗刻石

年代：明天启七年（1627）刻立。

形制：高 0.44 米，宽 0.66 米。

行字：正文行书 17 行，满行 17 字。

撰书：葛守礼撰诗，葛如麟撰记。

现藏：华阴市西岳庙文物管理处。

著录：《华山碑石》。

备注：字迹清晰，保存完整。

提要：刊刻葛守礼《登华山》诗一首，其曾孙葛如麟跋一篇。葛守礼，明德平（今山东德平县）人，字与立，嘉靖进士，历任礼部郎中、户部尚书。著有《端肃公集》。

*葛曦华山诗刻石

年代：明天启七年（1627）刻立。

形制：高 0.57 米，宽 0.86 米。

行字：正文行书 24 行，满行 16 字。

撰书：葛曦撰诗，葛麟撰记。

出土：原在华阴县，2003 年入藏西安碑林博物馆。

现藏：西安碑林博物馆。

著录：《华山碑石》。

备注：字迹漫漶不清。

提要：刊刻葛曦登华山七言诗四首，其侄葛麟诗跋一篇。葛曦，明德平（今山东德平县）人，字仲明，号凤池。万历进士，官翰林院检讨。著有《葛太史集》。

三原重饬城隍庙碑记

年代：明天启七年（1627）刻立。

形制：螭首龟座。通高 3.73 米，宽 0.94 米。

行字：额篆书 2 行，满行 3 字，题"重修城隍庙记"。正文楷书 18 行，满行 53 字。

撰书：马逢皋撰，张光先书，周仕篆额。

现藏：三原县博物馆。

著录：《咸阳碑刻》。

提要：记述重修三原城隍庙的起因、经过及捐金名氏。

重修文庙碑记

年代：明天启七年（1627）刻立。

形制：圆首。高 1.90 米，宽 0.76 米。

行字：正文楷书 20 行，满行 41 字。

撰书：南居仁撰，高居谦书，南乾寿篆额。

现藏：山阳县禹王宫。

提要：记述山阳县孔庙修葺因由、过程及捐资人。

周公圣水

年代：明天启年间（1621—1627）刻立。

形制：圆首方座。高 1.36 米，宽 0.68 米。

行字：正文楷书 1 行，满行 4 字。

现藏：岐山县周公庙管理处。

提要：正文"周公圣水"四字，由明熹宗命钦差所立。

雄流万里

年代：明天启年间（1621—1627）刻。

形制：高 2.00 米，宽 3.85 米。

行字：正文楷书 1 行，满行 4 字。

撰书：武戴臣书。

现藏：榆林市红石峡西壁。

提要：此题刻赞扬了红石峡飞瀑泄流、奔流万里的壮观景象。上款"天启□□□□□"，下款"抚夷都司□□□武恭城书题"。

王国珍墓志

全称：明诰授镇国将军分守宁夏平虏左参将重寰王公墓志铭。

年代：明崇祯元年（1628）刻。

形制：志长 0.73 米，宽 0.64 米，厚 0.08 米。

行字：志文楷书 29 行，满行 31 字。

撰书：贾鸿撰，冯从龙书。

出土：出土时间、地点不详。

现藏：靖边县文物管理委员会。

著录：《榆林碑石》。

备注：盖佚。

提要：记载墓主人王国珍的籍贯、家族世系、妻室子嗣情况及死时、葬地。王国珍历任千夫长、陕西都司金书、宁夏中卫参将。

紫柏山免粮记

年代：明崇祯元年（1628）刻立。

形制：圆首方座。通高 2.20 米，高 1.70 米，宽 0.88 米，厚 0.20—0.26 米。

行字：正文行楷 21 行，满行 35 字。

撰书：李一鳌书。

纹饰：碑额浮雕二龙戏珠图案，碑身四周饰回纹。

出土：此碑自立未移。

现藏：留坝县张良庙文物管理所。

著录：《汉中碑石》《张良庙匾联石刻诗文集注》《张良胜迹诗词选》。

备注：边框有豁口和凿痕。

提要：记载明崇祯年间邑令杨茂龄为振兴香火而下令蠲免山粮之事。

王岐暨妻刘氏合葬墓志

全称：明诰赠光禄大夫左都督凤岗王公暨配一品夫人刘氏合葬墓志铭。

年代：明崇祯元年（1628）刻。

形制：志长 0.74 米，宽 0.62 米，厚 0.08 米。

行字：志文楷书 32 行，满行 36 字。

撰书：来复撰，卓尔康书。

出土：出土时间、地点不详。

现藏：靖边县文物管理委员会。

著录：《榆林碑石》。

备注：盖佚。

提要：记载王岐及其妻刘氏的籍贯、家族世系、子嗣情况及死时葬地与合葬地，以及夫妇二人以子贵，分别被封为光禄大夫、都督和一品夫人。

白邦宁暨妻阎氏黄氏王氏合葬墓志

全称：明诰赠奉政大夫潞安府同知南峰白公暨配宜人阎氏黄氏王氏合葬墓志铭。

年代：明崇祯元年（1628）刻。

形制：志、盖均为正方形，尺寸相同。边长 0.68 米，厚 0.11 米。

行字：盖文篆书 5 行，满行 5 字，题"明诰赠奉政大夫南峰白公暨宜人阎氏黄氏王氏合葬墓志铭"。志文楷书 35 行，满行 34 字。

撰书：刘懋撰，周道直书，武献哲篆盖。

纹饰：志、盖四边均饰缠枝蔓草纹。

出土：1983 年出土于临潼县代王镇甘沟村。

现藏：西安市临潼博物馆。

著录：《临潼碑石》。

备注：志石破碎成多块，黏结修复。

提要：该墓为白邦宁及妻阎氏、黄氏、王氏合葬墓，因渭水北迁，故迁葬重制墓志。白邦宁，字南峰，元末为官于平定州，至正间辞官归里。志文撰写者刘懋，临潼人，明万历四十年（1612）进士。刘懋事迹见于《崇祯长编》《明季北略》。篆盖者武献哲，临潼人，天启二年（1622）进士。官至四川成都知府，《四川通志》《临潼县志》均有记载。书写者周道直，临潼新丰人，嘉靖二十年（1541）进士，万历年间曾任保宁知府。

魏直轩暨妻李氏合葬墓志

全称: 明故归德府别驾直轩魏公元配李孺人合葬墓志铭。

年代: 明崇祯元年(1628)刻。

形制: 志正方形。边长 0.69 米,厚 0.08 米。

行字: 盖文篆书 5 行,满行 4 字,题"明故归德府别驾直轩魏公元配李孺人合葬墓志"。志文楷书 35 行,满行 39 字。

撰书: 陈治衡撰,武奋扬篆盖,王经世书,卜桢、卜栋镌。

出土: 1988 年出土于户县宁西林业局产品经销部后院。

现藏: 户县文物管理委员会。

著录:《户县碑刻》。

提要: 记载魏直轩之妻李氏的端淑风范,相夫于贫、训子于孤的典型事例,为后世所敬仰。

敕赠文林郎故城公制命

年代: 明崇祯元年(1628)刻立。

形制: 螭首龟座。通高 2.11 米,宽 0.79 米,厚 0.20 米,高 1.35 米。

行字: 额篆书"敕命"2 字。正文楷书 79 行,满行 11 字。

现藏: 户县蒋村镇白庙村王家坟。

著录:《户县碑刻》。

提要: 刊刻三道圣旨:第一道为崇祯元年三月三十日皇帝敕赠直隶河间府景州故城县知县王际昌之父为文林郎、直隶河间府景州故城县知县;第二道为敕赠王际昌生母徐氏为孺人;第三道为敕赠王际昌嫡母管氏为孺人。

皇明圣谕·劝世歌

年代: 明崇祯二年(1629)刻立。

形制: 高 0.29 米,宽 1.40 米。

行字: 正文楷书 58 行,满行 13 字。

撰书: 温纯撰,来复书,温自知刻。

出土: 西安碑林旧藏。

现藏: 西安碑林博物馆。

著录:《西安碑林全集》。

提要: 碑题"皇明圣谕"。碑文前为"皇明圣谕",后为温纯编撰的"劝世歌"。以"孝敬父母,尊敬长上"为纲,分别论述,又用名人事例引证,言简意赅。温纯,陕西三原人,嘉靖四十四年(1565)进士,官至吏部尚书、工部尚书。《明史》有传。来复,陕西三原人,万历四十四年(1616)进士,官至山西右布政使。

药王庙祭文碑

年代: 明崇祯二年(1629)刻立。

形制: 碑座为长方香案形。通高 4.00 米。

行字: 额篆书"祭文"2 字。正文楷书,行字数不详。

纹饰: 碑座前后为二龙戏珠图案,两侧饰腾龙图案,碑额饰双龙图案。

出土: 1998 年出土于汉中市莲花池南汉中师范学院家属楼建筑工地。

现藏: 汉中博物馆。

提要: 药王庙系明神宗第五子瑞王朱常浩敕建,竣工后斋牲礼之奠,祭告于伏羲、神农、皇帝及历代药王之神位。

朱惟炊暨妻张氏合葬墓志

全称: 明秦国永寿郡支诰封镇国中尉菊亭公暨元配恭人张氏合葬墓志铭。

年代: 明崇祯二年(1629)刻。

形制: 志、盖均为正方形,尺寸相同。边长

0.81 米。

行字：盖文篆书 6 行，满行 5 字，题"明秦国永寿郡支诰封镇国中尉菊亭公暨元配恭人张氏合葬墓志铭"。志文行书，分上、中、下三栏，共 99 行，满行 14 字。

撰书：张国绅撰，朱怀龖书并篆盖。

出土：1954 年出土于西安市近郊。

现藏：西安碑林博物馆。

著录：《西安碑林全集》。

备注：志断为三块。

提要：记载朱惟焌的家族世系、生平、夫人及子嗣情况。志文撰者张国绅，时为奉政大夫。

侯久道墓志

年代：明崇祯二年（1629）刻。

形制：志正方形。边长 0.49 米。

行字：志文楷书 40 行，满行 29 字。

撰书：邵可立撰，任弘业书，牛维曜篆盖。

出土：出土时间、地点不详。

现藏：商洛博物馆。

提要：记述侯久道祖孙数代历官、生平及子嗣情况。

南文蔚墓志

全称：明文林郎河南怀庆府温县知县耀宇南公墓志铭。

年代：明崇祯二年（1629）刻。

形制：志正方形。边长 0.48 米。

行字：志文楷书 30 行，满行 35 字。

撰书：邵可立撰，牛维曜书，任弘业篆盖。

出土：出土时间、地点不详。

现藏：商洛博物馆。

提要：记述南文蔚夫妇生平、历官、政绩、家族世系及子嗣情况。

雷母王氏墓志

全称：明孺人雷母王氏墓志铭。

年代：明崇祯二年（1629）刻。

行字：志文楷书 20 行，满行 24 字。

撰书：邵可立撰，周之伟书，周志德篆盖。

出土：出土时间、地点不详。

现藏：商洛博物馆。

提要：记述王氏生平。

萧如兰暨妻刘氏纪氏合葬墓志

全称：明故中军都督府金书实授都督金事瑞阳萧公暨配夫人刘氏纪氏合葬墓志铭。

年代：明崇祯三年（1630）刻。

形制：志长 0.78 米，宽 0.80 米，厚 0.14 米。

行字：志文楷书 37 行，满行 39 字。

撰书：郝名宦撰。

出土：1980 年出土于延安市宝塔区桥沟镇七里铺村。

现藏：延安市宝塔区文物管理所。

著录：《延安市文物志》。

提要：记述萧如兰字伯馨，别号瑞阳，及夫人刘氏、纪氏生平。

邹应黉暨妻张氏合葬墓志

全称：明诰封勋柱国荣禄大夫后军都督府都督同知文冈邹公暨配一品夫人张氏合葬墓志铭。

年代：明崇祯三年（1630）刻。

形制：正方形。边长 0.67 米，厚 0.11 米。

行字：志文楷书 36 行，满行 34 字。

撰书：王之臣撰，方一藻书，贾鸿珠篆。

出土：出土时间、地点不详。

现藏：潼关县东门博物馆。

著录：《潼关碑石》。

提要：记载邹应黉的家族世系、生平、历官、
　　　配偶及子嗣情况。其曾任昌平都司、
　　　保定镇守。

尧山偶出神泉记碑

年代：明崇祯三年（1630）刻立。

形制：高 0.45 米，宽 1.28 米，厚 0.13 米。

行字：正文楷书 32 行，满行 14 字。

撰书：李应策撰。

纹饰：四周饰缠枝卷叶花卉纹。

现藏：蒲城县尧山庙大殿。

著录：《尧山圣母庙与神社》。

提要：记述尧山神泉事迹及撰者李应策促成
　　　尧山列入祀典并率诸社修葺庙宇之事。

都察院碑记

年代：明崇祯四年（1631）刻立。

形制：高 2.00 米，宽 0.84 米，厚 0.12 米。

行字：楷书 14 行，满行 193 字。

出土：2002 年出土于吴堡县宋家川镇中坪居
　　　民院内。

现藏：榆林市文物研究所。

提要：记载明末钦差洪承畴为疏通粮道在吴
　　　堡宋家川设官渡之事。

刘养衷暨妻朱氏合葬墓志

全称：明兵科左给事中养衷刘公暨元配孺人
　　　朱氏合葬墓志铭。

年代：明崇祯四年（1631）刻。

形制：盖长 0.95 米，宽 0.90 米。志长 0.86
　　　米，宽 0.85 米。

行字：盖文篆书 3 行，满行 4 字，题"明谏
　　　议关西养衷刘夫子墓志"。志文楷书
　　　45 行，满行 45 字。

撰书：吕维祺撰，乔进璠书，苗思顺篆额。

出土：1983 年出土于临潼县新丰镇刘懋墓。

现藏：西安市临潼博物馆。

著录：《临潼碑石》。

提要：志文记载刘养衷生平事迹。

*致祭刘懋石

年代：明崇祯四年（1631）刻立。

形制：长 0.97 米，宽 0.95 米，厚 0.14 米。

行字：正文楷书 25 行，满行 28 字。

出土：1983 年出土于临潼县新丰镇刘懋墓。

现藏：西安市临潼博物馆。

著录：《临潼碑石》。

提要：碑文记载临潼各级官员致祭明人刘懋
　　　先生之事。

祭刘懋五言十章诗石

年代：明崇祯四年（1631）刻立。

形制：正方形。边长 0.87 米。

行字：正文楷书 22 行，满行 23 字。

出土：1983 年出土于临潼县新丰镇刘懋墓。

著录：《临潼碑石》。

现藏：西安市临潼博物馆。

提要：记载王无逸、苗思顺等致祭明人刘懋
　　　时所作五言诗十首。

改修文庙门坊记

年代：明崇祯四年（1631）刻立。

形制：高 2.10 米，宽 0.75 米，厚 0.15 米。

行字：额楷书 2 行，满行 2 字，题"孔公
　　　碑记"。正文楷书 19 行，满行 55 字。

撰书：陈治衡撰。

现藏：户县文庙。

著录：《户县碑刻》。

提要：记载改修户县文庙门坊的经过。文后
　　　书阖学生员姓名，共计 234 人。

盛讪墓志

全称：明故河南归德府鹿邑县知县凤墅盛公
墓志铭。

年代：明崇祯五年（1632）刻。

形制：志正方形。边长 0.79 米，厚 0.10 米。

行字：盖文篆书 5 行，满行 4 字，题"明故
河南归德府鹿邑县知县凤墅盛公墓
志铭"。志文楷书 38 行，满行 41 字。

撰书：王之臣撰，卫先范书并篆盖。

纹饰：盖四周饰卷云纹。

出土：1976 年出土于潼关县南头乡万家岭。

现藏：潼关县东门博物馆。

著录：《潼关碑石》。

备注：《潼关碑石》记载为 1967 年出土。

提要：记载盛讪的家族世系、生平、配偶及
子嗣情况。盛讪官至鹿邑知县。

*阎烈轩墓志

年代：明崇祯五年（1632）刻。

形制：志正方形。边长 0.61 米。

行字：志文楷书，行字数无法辨识。

撰书：李应策撰。

出土：时间、地点不详。

现藏：蒲城县文物保护开发中心。

备注：四角稍损，志文诸多文字脱落。

提要：记载阎烈轩及其夫人王氏生平。

唐祠纪事

年代：明崇祯五年（1632）刻立。

形制：高 1.84 米，宽 0.74 米，厚 0.19 米。

行字：上截楷书 21 行，满行 26 字。下截草
书 20 行，满行 17 字。

撰书：范文光撰并书。

纹饰：四周饰缠枝花纹。

出土：原在礼泉县城关镇唐太宗祠遗址。

现藏：礼泉县昭陵博物馆。

著录：《昭陵碑石》。

提要：记载明末醴泉县知县范文光重修唐太
宗祠事。上段为范氏书《唐祠纪事》，
中段线刻《唐文皇小影》，下段为范
氏《附说》。

阎俊池墓碑

全称：巩昌府陇西县教谕俊池阎公之墓。

年代：明崇祯六年（1633）刻立。

形制：首身一体，圆首无额，座佚。通高 1.82
米，宽 0.96 米，厚 0.16 米。

纹饰：碑额两旁饰二龙戏珠图案，碑身边栏
饰蟠螭纹。

出土：此碑自立未移。

现藏：陇县天成镇铁塬村山坡上。

提要：此为明代阎俊池后人为其所立墓碑，
仅记墓主名讳及立碑时间。

*万寿寺陀罗尼经幢

年代：明崇祯六年（1633）刻立。

形制：高 1.30 米，宽 0.56 米。

行字：正文楷书 23 行，满行 25 字。

撰书：邹毓孟书。

出土：该碑"文化大革命"后移于古汉台。

现藏：汉中博物馆。

著录：《汉南续修郡志》。

备注：万寿寺原在城内南大街以西。据载建
于明洪武十六年，今已毁圮。

提要：雕千手观音菩萨像一尊，上部刻《佛
顶尊胜陀罗尼经》，由分守汉羌等处
地方参将解文英立石。

朱元龙暨妻李氏合葬墓志

全称：明钦授龙虎将军上护军东宗公元龙淑

人李氏合葬墓志铭。

年代： 明崇祯六年（1633）刻。

形制： 志正方形。边长 0.82 米，厚 0.11 米。

行字： 志文行楷，共约 1500 字。

撰书： 丘民仰撰，党崇雅书。

出土： 出土于渭南市南七乡北七村朱家祖墓地，时间不详。

现藏： 渭南市临渭区南七乡北七村三组朱秉贤家。

著录：《古县下邽》。

提要： 记载朱元龙的家族世系、生平、战功及子嗣情况。他以平西夏刘东阳之功，被提升为西安前卫镇抚之职。

原孕昆暨妻屈氏耿氏石氏合葬墓志

全称： 明故河南府经历敕赠文林郎巩县知县一海原公暨配敕赠屈孺人耿孺人石氏合葬墓志铭。

年代： 明崇祯七年（1634）刻。

形制： 正方形。边长 0.99 米。

行字： 志文楷书 36 行，满行 40 字。

撰书： 南居仁撰，王道纯篆额，原毓宗书。

纹饰： 上边饰如意云头纹，下边饰海水纹，左右两边饰牡丹纹。

出土： 出土时间、地点不详。

现藏： 蒲城县博物馆。

提要： 记载原孕昆的生平事迹、家族世系以及子嗣情况。

刘堰母墓志

全称： 明贞节刘母吴硕人墓志铭。

年代： 明崇祯七年（1634）刻。

形制： 盖长 0.73 米，宽 0.75 米，厚 0.12 米。志长 0.70 米，宽 0.70 米，厚 0.09 米。

行字： 盖文篆书 3 行，满行 4 字，题"明贞节刘母吴硕人墓志铭"。志文楷书 90 行，满行 11 字。

撰书： 张光裕撰，王才书，吴攀桂篆盖，仇友怀镌。

出土： 1988 年出土于户县。

现藏： 户县文物管理委员会。

著录：《户县碑刻》。

提要： 记载刘母吴氏的生平、子嗣情况。

周文郁墓志

全称： 明处士耆宾南泉周公墓志铭。

年代： 明崇祯七年（1634）刻。

形制： 志、盖尺寸相同。长 0.51 米，宽 0.81 米。

行字： 盖文篆书 3 行，满行 4 字，题"明处士耆宾南泉周公墓志铭"。志文楷书 31 行，满行 25 字。

撰书： 陈可绩撰，白继远书，赵乾清篆盖。

出土： 1965 年出土于华阴县赵坪村。2003 年入藏西安碑林博物馆。

现藏： 西安碑林博物馆。

著录：《华山碑石》。

备注： 志盖同石。

提要： 记载周文郁的家世、生平、配偶及子嗣情况等。

薛之屏暨妻吉氏合葬墓志

全称： 明故奉直大夫广西永康州知州前敕封文林郎仰山薛公暨配敕封孺人吉氏合葬墓志铭。

年代： 明崇祯八年（1635）刻。

形制： 志长 0.73 米，宽 0.67 米，厚 0.20 米。

行字： 盖文篆书 7 行，满行 5 字，题"明故奉直大夫广西永康州知州前敕封文林郎仰山薛公配敕封孺人吉氏合葬墓志铭"。志文楷书 36 行，满行

43 字。

撰书：卫先范撰，孙应举篆盖，李灿书。

纹饰：四周饰蔓草纹。

出土：出土时间、地点不详。

现藏：韩城市博物馆。

提要：记载薛之屏的家族世系、生平事迹、历官经历、生卒年月、婚姻状况及子嗣情况。

圣位陈设图

年代：明崇祯八年（1635）刻。

形制：高 1.32 米，宽 0.67 米。

行字：正文楷书 19 行，满行字数不等。

纹饰：四周饰卷草纹。

出土：1997 年维修耀县文庙戟门时发现，镶嵌在西山墙内侧。

现藏：铜川市耀州区博物馆。

著录：《耀州文庙》。

提要：记载古代祭祀孔子时祭品的种类、名称和陈设位置。

创建钟鼓楼碑记

年代：明崇祯八年（1635）刻立。

形制：圆首。通高 1.40 米，宽 0.63 米，厚 0.19 米。

行字：正文楷书 17 行，满行 36 字。

撰书：朱国栋撰。

现藏：白水县仓颉庙。

提要：记载崇祯八年（1635）创建仓颉庙钟楼事。

*户县钟楼石匾额

年代：明崇祯八年（1635）刻立。

形制：高 0.76 米，宽 1.83 米。

行字：正文楷书共 8 字。

现藏：镶于户县县城钟楼东、南、西、北四面洞楣。

著录：《画乡精粹》《户县碑刻》。

备注：其石匾额镶嵌于钟楼洞楣，该楼创建于明崇祯八年，故其刻石年从之。

提要：此匾额为青石质，镶嵌于户县县城钟楼四面洞楣，额文楷书东"迎旭"，南"览胜"，西"瞻紫"，北"拱极"。

李成桂暨妻余氏合葬墓志

全称：明诰赠昭武将军前授礼部儒官馥斋先生李公暨配恭人余氏合葬墓志铭。

年代：明崇祯九年（1636）刻。

形制：志、盖均为正方形，尺寸相同。边长 0.71 米，厚 0.11 米。

行字：盖文篆书 5 行，满行 6 字，题"明诰赠昭武将军前授礼部儒官馥斋先生李公暨配恭人余氏合葬墓志圹"。志文楷书 26 行，满行 26 字。

撰书：白壮撰，师国祯书，郝鸣阳篆盖。

出土：出土时间、地点不详。

现藏：榆林市榆阳区红石峡文物管理所。

著录：《榆林碑石》。

备注：盖斜断为二，缺 2 字，残 7 字。

提要：记载李成桂及其妻余氏家族世系、生平。

创建卜夫子祠记

全称：明邑令范公创建卜夫子祠记。

年代：明崇祯九年（1636）刻立。

形制：高 1.23 米，宽 0.56 米。

行字：正文楷书 16 行，满行 50 字。

撰书：范志撰。

现藏：合阳县博物馆。

备注：民国二十七年（1939）七月拓。

提要：记载明崇祯九年合阳县令范公在夏阳
为卜夏立祠建庙的缘由及经过。

*筑修城堡碑

年代：明崇祯九年（1636）刻立。

形制：高0.58米，宽0.55米。

行字：正文楷书16行，满行19字。

撰书：王者基书。

现藏：蒲城县博物馆。

提要：记载自崇祯六年（1633）始，陕西大
饥荒，崇祯七年又遭兵变，村民修筑
城堡，并购置火炮，抵御贼寇，保护
乡民事。

李攀蟾暨妻姚氏合葬墓志

全称：明商处士前溪李公泊配孺人姚氏合葬
墓志铭。

年代：明崇祯九年（1636）刻。

行字：志文楷书26行，满行22字。

撰书：任弘业撰，程任书，李枝栋篆盖。

出土：出土时间、地点不详。

现藏：商洛博物馆。

提要：记述墓主人履历及其家人简况。

修城隍庙碑记

年代：明崇祯十年（1637）刻立。

形制：圆首方座。高1.50米，宽0.72米。

行字：正文行楷20行，满行39字。

撰书：王正位撰，杨贞祥书。

纹饰：四周饰水波纹。

现藏：吴堡县城隍庙。

备注：碑下部剥蚀较重，字迹漫漶不清，碑
阴记捐财人姓名。

提要：记载明崇祯二年至十年（1629—1637）

以来，绥德、米脂、清涧、延安、佳
县、吴堡等处农民起义军攻城掠地，
遍及晋、豫、蜀等地，当时又逢大荒，
吴堡县城因坚固未陷，故县令徐亮为
求神灵保佑修缮城隍庙。

重修南丰寨祖师殿叙

年代：明崇祯十年（1637）刻立。

形制：高1.96米，宽0.74米。

行字：正文楷书18行，满行47字。

撰书：钟玉铉撰。

纹饰：四周饰蔓草纹。

现藏：子洲县苗家坪镇南丰寨村。

备注：碑下部剥蚀、字迹不清。

提要：记述勇将军乔光荣率众捐资重修南丰
寨祖师殿一事。

重修治内庙殿记

年代：明崇祯十年（1637）刻立。

形制：高0.86米，宽0.43米。

行字：正文楷书3行，满行32字。

撰书：李弘烈撰，李模书。

现藏：合阳县博物馆。

提要：记载重修合阳县二郎庙事。

明崇祯八年求雨告天表

年代：明崇祯十年（1637）刻立。

形制：高1.38米，宽0.68米。

行字：正文楷书20行，满行60字。

撰书：范志懋撰。

现藏：合阳县博物馆。

提要：记载崇祯八年（1635）合阳遭旱灾，
县令范志懋体恤民情，于太庙祈雨
之事。

重修启圣宫记

年代：明崇祯十年（1637）刻立。

形制：高 1.46 米，宽 0.56 米。

行字：正文楷书 15 行，满行 45 字。

撰书：范志懋撰。

现藏：合阳县博物馆。

提要：叙述启圣宫祭祀孔子的缘由、时间和目的，以及在合阳祭祀孔子制度的变化。

路从广暨妻杨氏合葬墓志

全称：明承德郎湖广宝庆府督粮通判一玄路公暨配安人杨氏合葬墓志铭。

年代：明崇祯十年（1637）刻。

形制：盖长 0.75 米，宽 0.66 米，厚 0.13 米。志正方形，边长 0.74 米，厚 0.16 米。

行字：盖文篆书 5 行，满行 4 字，题"明湖广宝庆府通判一玄路公暨配安人杨氏之墓"。志文楷书 41 行，满行 54 字。

撰书：韩一良撰，王拱辰书，王拱极篆盖。

出土：1986 年出土于澄城县北串业村。

现藏：澄城县乐楼文物管理所。

著录：《澄城碑石》。

提要：主要记载路从广夫妇生平事迹。路从广，路车之子。路车，明奉政大夫，四川叙州府同知。

新汉太史司马子长庙垣门坊记

年代：明崇祯十年（1637）刻立。

形制：圆首龟座。通高 1.47 米，宽 0.59 米，厚 0.16 米。

行字：正文楷书 20 行，满行 65 字。

撰书：左懋第撰，张胤昌书。

纹饰：四周饰卷云纹。

现藏：韩城市司马迁祠。

著录：《司马迁祠碑石录》。

提要：记明崇祯年间韩城知县左懋第修司马迁祠围墙、庙门、牌坊事及捐资人姓名。

朝山进香愿满碑

年代：明崇祯十一年（1638）刻立。

形制：螭首龟座。通高 2.84 米，宽 0.87 米；厚 0.22 米。

行字：正文楷书 16 行，满行 50 字。

撰书：丁士捷撰，张樊荣书，李玄刻。

纹饰：碑额高浮雕双龙戏珠图案，中间高浮雕道教人物造像，碑身四周饰花草纹。

出土：此碑自立未移。

现藏：蒲城县党睦镇油村。

提要：记述油村王应祥等王姓乡老为玄天上帝治世造福、作善降恶、还愿立碑之事。

慈云荫世

年代：明崇祯十一年（1638）刻立。

形制：高 0.40 米，宽 1.46 米。

行字：正文隶书 4 字。上下款楷书 8 行，满行 14 字。

撰书：宋师襄题，关爁书。

出土：出土时间、地点不详。

现藏：铜川市耀州区博物馆。

提要：碑正中书"慈云荫世"四个大字，左右两侧分题捐资、主事人职官、姓名。

*牛母邵氏墓志

年代：明崇祯十一年（1638）刻。

行字：志文楷书 28 行，满行 31 字。

撰书：侯君招撰，牛斗书，雷维美篆盖。

出土：出土时间、地点不详。

现藏：商洛博物馆。

提要：记述邵氏的生平履历、家族世系。

恩衍宗嗣

年代：明崇祯十二年（1639）刻。

形制：高 1.00 米，宽 2.30 米。

行字：正文楷书 1 行 4 字。

撰书：付开德书。

现藏：榆林市红石峡东壁地祇窟正上方。

提要：此为付开德所书四字楷书摩崖。

地祇

年代：明崇祯十二年（1639）刻。

形制：高 0.50 米，宽 1.35 米。

行字：正文楷书 1 行 2 字。

现藏：榆林市红石峡东壁。

备注：楷书"地祇"，落款"住僧如宝重修"。

城隍爷庙宇神像碑记

年代：明崇祯十二年（1639）刻立。

形制：圆首。高 0.55 米，宽 0.40 米。

行字：额楷书 4 字，题"城隍铭刻"。正文楷书 5 行，满行 24 字。

出土：此碑自立未移。

现藏：澄城县赵庄镇白家河村城隍庙西墙上。

著录：《澄城碑石》。

备注：字迹模糊不清。

提要：记载白家河社众捐资修建城隍庙之事。碑文后为首事人、捐资人姓名及捐银数额。

重建渼陂碑记

年代：明崇祯十二年（1639）刻立。

形制：圆首方座。通高 2.37 米，宽 0.84 米，厚 0.20 米。

行字：额篆书 2 行，满行 3 字，题"重建渼陂碑记"。正文隶书 26 行，满行 54 字。

撰书：张宗孟撰，杜成栋篆额，张明诰书。

现藏：户县玉蝉镇陂头村渼陂湖心空翠堂。

著录：《重修户县志》《户县碑刻》。

提要：记载重建渼陂的经过。渼陂在户县县城西 3 公里处玉蝉镇陂头村东南，因渼水出终南诸谷，合胡公泉、白沙泉等为陂，因修渼陂。始于周秦，盛于唐宋。元末废，明清重修。

创建关王庙戏楼记

年代：明崇祯十二年（1639）刻立。

形制：高 1.40 米，宽 0.62 米。

行字：正文行书 8 行，满行 24 字。

纹饰：碑额纹饰不清，其余三边饰缠枝卷叶纹。

出土：原立于蒲城县贾曲乡关帝庙，1997 年入藏蒲城县博物馆。

现藏：蒲城县博物馆。

提要：记载蒲城贾曲乡关帝庙前集会演戏、筹银建戏楼事。

牛首山保勇团碑记

年代：明崇祯十二年（1639）刻立。

形制：圆首。通高 2.10 米，宽 0.71 米，厚 0.21 米。

行字：额篆书 2 行，满行 4 字，题"牛首山保勇团碑记"。正文隶书 13 行，满行 46 字。

撰书：张宗孟撰。

出土：出土时间、地点不详。

现藏：户县文庙。

著录：《户县碑刻》。

提要：记载庞光镇所修的牛首山保勇团独特的地理位置，以及山顶所建的金凤岭、关帝庙的简况。

*孙仁吾墓志

年代：明崇祯十二年（1639）刻。

形制：志正方形。边长0.58米。

行字：志文楷书，行字数不详。

出土：出土时间、地点不详。

现藏：蒲城县文物保护开发中心。

提要：孙仁吾名自爱，号仁吾，富平人，任职山西。

姚可任暨妻任氏合葬墓志

全称：明待诰赠郡庠生姚公配孺人任氏合葬墓志铭。

年代：明崇祯十二年（1639）刻。

形制：志长0.58米，宽0.60米。

行字：盖文篆书4行，满行5字，题"明待诰赠父郡庠生姚公母孺人任氏合葬墓志铭"。志文楷书30行，满行33字。

撰书：侯君招撰，王九牧书。

出土：出土时间、地点不详。

现藏：商洛博物馆。

提要：记述墓主祖孙三代主要履历及生活状况。

*赐杨嗣昌诗

年代：明崇祯十二年（1639）刻立。

形制：圆首方座。高2.91米，宽0.91米。

行字：正文楷书碑阳4行，满行9字。碑阴23行，满行46字。

撰书：朱由检撰并书。

纹饰：碑文上部雕两条云龙，边饰龙纹。

出土：西安碑林旧藏。

现藏：西安碑林博物馆。

著录：《西安碑林全集》。

备注：碑阴刻唐绍尧颂扬崇祯皇帝和杨嗣昌所作题记。

提要：碑文是崇祯皇帝赐杨嗣昌诗，赞扬督师杨嗣昌镇压明末李自成农民起义的功绩。杨嗣昌，字文弱，武陵人，万历三十八年（1610）进士，官至内阁大学士，《明史》有传。

*白衣大士像

年代：明崇祯十三年（1640）刻立。

形制：高1.41米，宽0.40米。

行字：碑阳楷书34行，碑阴行书50行，满行字数不等。

撰书：李永阳书，杨一泰刻。

出土：西安碑林旧藏。

现藏：西安碑林博物馆。

著录：《西安碑林全集》

备注：碑阴刻有藏文。

提要：碑阳上下两头分别刻白衣观音像和罗汉像。白衣观音像下刻一小童子，面向观音双手合十。罗汉背靠石头，席地而卧，可以看出当时山水画对宗教艺术的影响。

新建安善团记

年代：明崇祯十三年（1640）刻立。

形制：高0.69米，宽0.80米。

行字：正文行书9行，满行24字。

撰书：张国典撰，温仲雍书。

现藏：户县草堂寺碑廊。

著录：《户县碑刻》。

提要：记述草堂寺改建为安善团之事。

雷钟蓝暨妻辛氏合葬墓志

全称： 明乡进士文林郎南直扬州府通州海门县知县钟蓝雷公孺人辛氏合葬墓志铭。

年代： 明崇祯十三年（1640）刻。

行字： 志文楷书 36 行，满行 32 字。

撰书： 姚锡胤撰，郭口图书。

出土： 出土时间、地点不详。

现藏： 商洛博物馆。

提要： 记述志主履历及家族世系。

强君墓志

全称： 明中顺大夫南户部郎中晋阶四品服俸四川道监察御史强公墓志铭。

年代： 明崇祯十四年（1641）刻。

形制： 志正方形。边长 0.75 米，厚 0.20 米。

行字： 志文楷书 26 行，满行 36 字。

撰书： 曹暹撰，李招凤书并篆。

纹饰： 四周饰蔓草纹。

出土： 2007 年出土于眉县招待所基建工地。

现藏： 眉县文化馆。

提要： 详细记述强君生平事迹。

郝氏圹志

全称： 明淑配郝氏圹志铭。

年代： 明崇祯十四年（1641）刻。

形制： 正方形。共 2 石，尺寸相同。边长 0.30 米，厚 0.05 米。

行字： 志文楷书，第 1 石 14 行，第 2 石 13 行，满行均为 20 字。

撰书： 白乃建撰。

出土： 1988 年出土于清涧县宽洲镇雒家硷村。

现藏： 清涧县文物管理所。

著录： 《榆林碑石》。

备注： 第 1 石右下角斜断为二。

提要： 此系白乃建为妻子郝氏所撰墓志，记载郝氏生平、家族世系。

赵浚暨妻王氏赵氏合葬墓志

全称： 明故滕县知县哲甫赵君暨配孺人王氏赵氏合葬墓志铭。

年代： 明崇祯十四年（1641）刻。

形制： 盖、志均为正方形。盖边长 0.65 米，厚 0.10 米。志边长 0.65 米，厚 0.09 米。

行字： 盖文楷书 2 行，满行 2 字，题"赵公墓志"。志文楷书 32 行，满行 32 字。

撰书： 赵瑞麟撰。

纹饰： 盖无纹饰，志四侧饰卷云纹。

出土： 1980 年出土于富平县城关镇。

现藏： 富平县文庙。

著录： 《富平碑刻》。

提要： 记载赵浚（字哲甫）的籍贯、家族世系、生平情况。

费甲铸摹圣教序

年代： 明崇祯十五年（1642）刻立。

形制： 正方形。共 28 石，尺寸相同。边长 0.80 米。

撰书： 李世民、李治撰，费甲铸摹。

出土： 西安碑林博物馆旧藏。

现藏： 西安碑林博物馆。

著录： 《西安碑林全集》。

备注： 第 17 石断裂，且残 12 字。

提要： "三藏圣教序"是唐太宗李世民、太子李治为表彰玄奘取经和译经的功绩所作的序和记。唐弘福寺沙门怀仁集王羲之书而成《集王圣教序碑》。此石为费甲铸摹《集王圣教序碑》册页式刻石，属于刻帖范畴。费甲铸，字纹瑜，咸宁县人，《西安府志》有传。

李氏哭夫词有引

年代：明崇祯十五年（1642）刻立。

形制：正方形。边长 0.81 米。

行字：正文楷书 59 行，满行 18 字。

撰书：朱麟撰并书。

出土：西安碑林旧藏。

现藏：西安碑林博物馆。

著录：《西安碑林全集》。

备注：碑末刻有捐资刻石者 27 人姓名。

提要：碑题"李氏哭夫词有引"。李氏，延安人，孝陵守将李梦斗之女、杨训伟之妻。

杨如桂暨妻王氏高氏合葬墓志

全称：明文林郎山西陵川县知县苏庭杨公暨孺人王氏高氏董氏王氏合葬墓志铭。

年代：明崇祯十五年（1642）刻。

形制：志长 0.82 米，宽 0.81 米，厚 0.09 米。

行字：志文楷书 33 行，满行 40 字。

撰书：刘世芳撰。

纹饰：四周饰云纹。

出土：1987 年出土于延安市柳林乡王家河村。

现藏：延安市宝塔区文物管理所。

著录：《延安市志》《延安市文物志》。

提要：志文记述墓主生平事迹等。

拜建玄天上帝庙献殿记

年代：明崇祯十五年（1642）刻立。

形制：高 0.72 米，宽 0.43 米。

行字：正文楷书 8 行，满行 32 字。

撰书：陈宗魁书。

现藏：合阳县博物馆。

提要：记载雷天祚修建玄天上帝庙献殿三间之事。

蒲城县崇寿禅院修十二劫塔记

年代：明崇祯十五年（1642）刻立。

形制：高 0.90 米，宽 0.59 米。

行字：正文楷书 25 行，满行 24 字。

撰书：魏谷撰，和鼎附记。

出土：1963 年出土于蒲城县翔村乡闫兴村。

现藏：蒲城县博物馆。

著录：《蒲城县志》。

提要：记载宋绍圣三年（1097）蒲城闫兴村商人王信出金五万两在蒲城崇寿寺修塔事，及塔在明嘉靖三十四年（1555）地震中安然无恙之事。

学工记事

年代：明崇祯十五年（1642）刻立。

形制：高 0.51 米，宽 0.76 米，厚 0.16 米。

行字：正文楷书 28 行，满行 22 字。

出土：原存周至县东街小学文庙遗址，1996 年移藏周至县文物管理所。

现藏：周至县文物管理所。

提要：记载修建文庙泮池、围墙时各界捐款捐物及出工等情况。

重修关圣帝君庙碑记

年代：明崇祯十五年（1642）刻立。

形制：圆首方座。通高 1.78 米，宽 0.73 米，厚 0.17 米。

行字：正文行书 21 行，满行 50 字。

撰书：张显荫撰，段行素书。

现藏：户县渭丰乡留南村关帝庙。

著录：《户县碑刻》。

提要：记载重修关圣帝君庙的经过。

朱存机圹志

全称：大明宗室秦景王圹志。

年代：明崇祯十五年（1642）刻。

形制：志正方形。边长 0.85 米。

行字：志文楷书 16 行，满行 18 字。

纹饰：四周饰二龙戏珠图案。

出土：出土时间、地点不详。

现藏：西安市长安博物馆。

著录：《长安新出墓志》《长安碑刻》。

提要：记载朱存机家族世系、生平。

吕允升暨妻陈氏杨氏薛氏合葬墓志

全称：明内阁诰敕房办事试中书舍人磻阳吕公暨配陈氏杨氏薛氏合葬墓志铭。

年代：明崇祯十五年（1642）刻。

形制：志正方形。边长 0.64 米。

行字：志文楷书 34 行，满行 45 字。

撰书：卫胤文撰，韩文镜书，韩文铨篆盖。

出土：出土时间、地点不详。

现藏：西安市长安博物馆。

提要：记载吕允升家族世系、生平。

白云观重建庙记

年代：明崇祯十六年（1643）刻立。

形制：高 0.66 米，宽 1.17 米。

行字：正文行书 25 行，满行 23 字。

撰书：刘光秀撰，刘铉书。

纹饰：四周饰卷草纹。

现藏：嵌于佳县白云观三清殿东槛墙。

著录：《白云山白云观碑刻》。

提要：碑头记叙白云山三清殿原为三间，重建时改为五间。殿墙壁画为"老君八十一化图"。

感时伤悲记

年代：明崇祯十六年（1643）刻立。

形制：高 0.65 米，宽 0.70 米。

行字：正文楷书 24 行，满行 24 字。

纹饰：四周饰卷云纹。

出土：原在华阴县。1960 年入藏西安碑林。

现藏：西安碑林博物馆。

著录：《西安碑林全集》。

备注：右上部残一角，数字残损。

提要：记述明崇祯八至十六年，陕西连年遭蝗灾、旱灾，人民生活困苦，四处逃荒，以及生活日用必需品价格昂贵的情况。

重修五丈原武侯祠记

年代：明崇祯十六年（1643）刻立。

形制：高 1.40 米，宽 0.70 米。

行字：正文楷书，行字数不详。

撰书：孔尚钺撰。

现藏：岐山县五丈原诸葛亮庙博物馆。

提要：记载明崇祯十六年岐山知县孔尚钺重修五丈原武侯祠事。

杨象暨妻田氏合葬墓志

全称：明贡监听选确衷杨公暨配孺人田氏合葬墓志铭。

年代：明崇祯十六年（1643）刻。

行字：志文楷书 24 行，满行 28 字。

撰书：高鸣鹤撰，牛维晃书。

出土：出土时间、地点不详。

现藏：商洛博物馆。

提要：记述墓主人夫妇生平情况。

饮中八仙歌

年代：明崇祯十六年（1643）刻。

形制：方首，共 2 石，尺寸相同。高 1.57 米，宽 1.13 米，厚 0.27 米。

行字：正文篆书 24 行，满行 8 字。

撰书：杜甫撰，左佩珍书。

出土：原存耀县药王山北洞药王大殿。

现藏：药王山博物馆。

著录：《药王山碑刻》。

提要：刊刻杜甫《饮中八仙歌》。左重光、左重耀立石。其字大若拳，其篆书虽不入名流，但亦自有逸趣。

白赓唐墓志

全称：明岁进士赓唐白公墓志铭。

年代：明崇祯十七年（1644）刻。

形制：盖长 0.65 米，宽 0.55 米。志长 0.63 米，宽 0.56 米，厚 0.15 米。

行字：盖文篆书 3 行，满行 3 字，题"明岁进士赓唐白公墓"。志文楷书 36 行，满行 42 字。

撰书：孙士髦撰，孙锡书，韩呈鹏篆盖。

出土：1988 年出土于澄城县县委基建工地。1990 年入藏澄城县乐楼文物管理所。

现藏：澄城县乐楼文物管理所。

著录：《澄城碑石》。

提要：记载白赓唐生平。孙士髦，天启二年（1622）官密云兵备道。

*明德受记碑

年代：大顺永昌元年（1644）刻立。

形制：圆首方座。高 1.80 米，宽 0.60 米。

行字：额楷书 2 行，满行 2 字，题"明德受记"。正文楷书 21 行，满行 40 字。

撰书：杨振世撰。

出土：原在富平县上官乡上官村。1957 年入藏西安碑林。

现藏：西安碑林博物馆。

著录：《西安碑林全集》。

提要：记述明崇祯十二年（1639）九月至十

三年三月陕西大旱，米价昂贵，乡人捐资献地构筑城池之事。

*杨鼎瑞题诗碑

年代：大顺永昌元年（1644）刻立。

形制：高 0.52 米，宽 1.06 米。

行字：正文草书 9 行，满行 7 字。

撰书：杨鼎瑞撰并书。

出土：原存耀县药王山北洞药王大殿。

现藏：药王山博物馆。

著录：《药王山碑刻》《陕西药王山碑刻艺术总集》。

提要：刊刻杨鼎瑞游药王山，拜谒孙真人祠时所作诗文。

卫疆紫塞题刻

年代：明崇祯时期（1628—1644）刻。

形制：高 0.52 米，宽 1.31 米，厚 0.06 米。

行字：正文楷书 1 行 4 字。上款 1 行，约 8 字；下款 2 行，20 字。

现藏：绥德县义合镇紫台山娘娘庙西楼下。

著录：《榆林碑石》。

*李时馨等十六人题名碑

年代：明代（1368—1644）刻立。

形制：高 0.56 米，宽 0.79 米，厚 0.05 米。

行字：正文楷书 24 行，满行 24 字。

出土：出土时间、地点不详。

现藏：绥德县博物馆。

著录：《榆林碑石》。

提要：记载李时馨等 16 人的姓名、官职。

集陈抟书十字联碑

年代：明代（1368—1644）刻立。

形制：高 2.00 米，宽 0.90 米。

行字：碑文行书 2 行，共 10 字。

撰书：陈抟撰。

现藏：华阴市西岳庙文物管理处。

著录：《华山碑石》。

备注：碑石断裂为两块。

提要：此碑文为明代人从陈抟所临的《石门铭》字中所集楹联"开张天岸马，奇逸人中龙"。

*姜君墓志

年代：明代（1368—1644）刻。

行字：志文楷书 30 行，满行 31 字。

撰书：占坤撰并书。

出土：1991 年出土于吴起县薛岔乡。

现藏：吴起县文物管理办公室。

提要：记载姜君生平事迹。

王玙墓志

全称：明故将仕郎任直隶广平府成安县主簿石泉王公之墓。

年代：明代（1368—1644）刻。

形制：志、盖均为正方形。盖边长 0.63 米，厚 0.16 米。志边长 0.64 米，厚 0.16 米。

行字：盖文篆书 5 行，满行 5 字，题"明故将仕郎任直隶广平府成安县主簿石泉王公之墓"。志文楷书 33 行，满行 32 字。

撰书：贾人仪撰，何顺矩篆盖，杨向春篆书。

出土：1992 年出土于陇县原子头唐墓。

现藏：陇县博物馆。

著录：《陇县原子头》。

提要：记载墓主生平。

闫锦衣□□□□墓志

年代：明代（1368—1644）刻。

形制：志长 0.70 米，宽 0.62 米。

行字：志文楷书 32 行，满行 36 字。

撰书：康浩撰并篆，王世雄书。

出土：出土时间、地点不详。

现藏：陇县博物馆。

提要：记载墓主生平事迹。

商洛道示碑

年代：明代（1368—1644）刻立。

形制：高 0.90 米，宽 0.53 米。

行字：正文楷书 4 行，满行 11 字。

现藏：山阳县城关小学。

提要：记载明代商州至郧阳邮路，由山阳东至上津，不准西绕镇安，以免延误时间之告示。

云轩

年代：明代（1368—1644）刻立。

形制：高 0.28 米，宽 0.60 米。

行字：正文行书 2 字。

撰书：永兴王书。

现藏：西安碑林博物馆。

著录：《西安碑林全集》《西安碑林博物馆藏碑刻总目提要》。

提要：《明史·诸王表》有永兴王，为秦简王之子。

观昭陵六骏

年代：明代（1368—1644）刻立。

形制：高 0.35 米，宽 0.98 米。

行字：正文行书 40 行，满行 15—17 字。

撰书：孙应鳌书。

出土：西安碑林旧藏。

现藏：西安碑林博物馆。

著录：《西安碑林全集》。

备注：已残。

提要：以七言律诗形式对昭陵六骏石刻逐一颂扬，形象地刻画出六骏视死如归的气概。同碑还刻有《梦登太和》和《谒黄帝陵辄咏》诗。书者孙应鳌，字山甫，贵州清平卫人，嘉靖癸丑（1553）登进士，历工部尚书，赠太子太保，谥文恭。有《学孔堂稿》等著作传世。

*龙田夫妇合葬墓碑

年代：明代（1368—1644）刻立。

形制：志长 1.18 米，宽 0.55 米。

行字：志文楷书 30 行，满行 25 字。

撰书：赵继、鲁端肃撰。

纹饰：四周饰卷云纹。

出土：出土时间、地点不详。

现藏：华阴市西岳庙文物管理处。

提要：记载墓主生平事迹及亲属情况。

*刘延溪墓志

年代：明代（1368—1644）刻。

形制：志正方形。边长 0.69 米，厚 0.08 米。

行字：志文楷书 39 行，满行 40 字。

出土：1996 年出土于延安市宝塔区马家湾地委家属院。

现藏：延安市文物研究所。

提要：记载刘延溪生平。

重修天宁寺碑

年代：明代（1368—1644）刻立。

形制：螭首。高 2.76 米，宽 0.88 米，厚 0.23 米。

行字：正文楷书 23 行，满行 32 字。

撰书：王玟撰。

纹饰：碑额浮雕二龙戏珠图案，四周饰云纹。

现藏：富县茶坊镇大申号村。

提要：记载明代重建天宁寺的经过。

隆兴寺碑

年代：明代（1368—1644）刻立。

形制：高 1.40 米，宽 0.63 米，厚 0.28 米。

行字：正文楷书 18 行，满行 25 字。

纹饰：四侧饰蔓草花纹。

出土：1988 年文物普查发现。

现藏：太白县鹦鸽镇瓦窑坡村。

提要：记载隆兴寺历史沿革。

文武官员至此下马碑

年代：明代（1368—1644）刻立。

形制：高 1.17 米，宽 0.42 米。

行字：正文楷书 1 行 8 字。

现藏：黄帝陵。

*关王庙碑

年代：明代（1368—1644）刻立。

形制：高 1.33 米，宽 0.57 米，厚 0.14 米。

行字：额楷书 2 行，满行 2 字，题"奠安生平"。正文楷书 15 行，共 242 字。

撰书：党崇雅撰，沈珪书。

出土：此碑自立未移。

现藏：太白县嘴头镇拐里村。

提要：记述修建关王庙的意义及规模。

云航塔铭颂

年代：明代（1368—1644）刻。

形制：高 0.76 米，宽 0.57 米。

行字：正文楷书 24 行，满行 20 字。

出土：出土于洛川县槐柏镇史家河村，时间不详。

现藏：洛川县博物馆。

提要：记叙修缮云航塔的主要经过。

甄仪墓志

全称：兵部侍郎甄公墓志铭。

年代：明代（1368—1435）刻。

形制：圆首。志残损。残高 1.10 米，宽 1.00 米，厚 0.18 米。

行字：志文楷书 30 行，满行 20 字。

撰书：杨士奇撰。

纹饰：碑额左右饰二麒麟。

出土：1982 年出土于麟游县九成宫镇。

现藏：麟游县博物馆。

备注：残余上半段。

提要：志文记甄仪生平。

杨□泉墓碑

全称：明故山西定襄县教谕□泉杨公墓碑。

年代：明代（1368—1644）刻立。

形制：高 0.61 米，宽 0.47 米，厚 0.17 米。

行字：正文篆书 4 行，满行 4 字。

出土：出土时间、地点不详。

现藏：宝鸡市青铜器博物馆。

提要：此系杨氏后人所立墓碑。

闫君暨妻刘氏合葬墓志

全称：明敕封安人刘氏配主事闫公合葬墓志。

年代：明代（1368—1644）刻。

形制：志正方形。边长 0.65 米，厚 0.12 米。

行字：盖文篆书 4 行，满行 4 字。志文楷书 35 行，满行 30 字。

撰书：景一元撰，阎司講书，康□篆。

出土：出土时间、地点不详。

现藏：陇县博物馆。

备注：志文漫漶不清。

闫君墓志

全称：明故锦衣卫百户闫公墓志铭。

年代：明代（1368—1644）刻。

形制：志长 0.72 米，宽 0.70 米。

行字：志文楷书 30 行，满行 30 字。

出土：出土时间、地点不详。

现藏：陇县博物馆。

提要：志文记载墓主生平事迹。

袁氏祔闫仲宇墓志

全称：明诰封一品大夫人袁氏祔大司马太傅闫公墓志铭。

年代：明代（1368—1644）刻。

形制：志正方形。边长 0.63 米。

行字：盖文楷书 5 行，满行 5 字。志文楷书 34 行，满行 36 字。

撰书：马理撰，康浩书。

出土：出土时间、地点不详。

现藏：陇县博物馆。

提要：志文记载墓主生平事迹。

闫蒲溪墓碑

全称：明故文林郎山西太原府徐沟县大尹蒲溪闫公墓碑。

年代：明代（1368—1644）刻立。

形制：正方形。边长 0.65 米。

行字：正文楷书 4 行，满行 5 字。

出土：出土时间、地点不详。

现藏：陇县博物馆。

提要：此系墓主后人所立墓碑。

闫仲宇墓志盖

全称：大明光禄大夫太子太保兵部尚书兼提督京营军务赠太子太傅闫公之墓。

年代：明代（1368—1644）刻。

形制：盖正方形。边长 0.88 米。

行字：盖文篆书 6 行，满行 5 字。

撰书：李逊学撰，李昆书，刘颢篆。

出土：出土时间、地点不详。

现藏：陇县博物馆。

备注：志石佚。

闫君墓志盖

全称：明故锦衣卫百户闫君墓志铭。

年代：明代（1368—1644）刻。

形制：正方形。边长 0.70 米。

行字：盖文篆书 4 行，满行 3 字。

出土：出土时间、地点不详。

现藏：陇县博物馆。

备注：志石佚。

闫子节墓志盖

全称：明故华亭县学生员闫子节之墓。

年代：明代（1368—1644）刻。

形制：盖正方形。边长 0.55 米。

行字：盖文篆书 4 行，满行 3 字。

出土：出土时间、地点不详。

现藏：陇县博物馆。

备注：志石佚。

*杨先生墓志盖

年代：明代（1368—1644）刻。

形制：盖正方形。边长 0.25 米，厚 0.10 米。

行字：盖文篆书 3 行，满行 4 字。

出土：出土时间、地点不详。

现藏：宝鸡市青铜器博物馆。

备注：志石佚，盖左上角残缺。

*高君墓志

年代：明代（1368—1644）刻。

形制：志正方形。边长 0.55 米，厚 0.09 米。

行字：志文楷书 23 行，满行字数不详。

出土：2000 年出土于富县火车站附近。

现藏：鄜州博物馆。

提要：记载高君生平事迹。

曲南张氏祖茔碣铭碑

年代：明代（1368—1644）刻立。

形制：螭首。高 3.16 米，宽 0.98 米，厚 0.19 米。

行字：正文楷书 12 行，满行字数不详。

纹饰：四周饰蔓草纹。

现藏：富县羊泉镇曲南村。

提要：碑阳绘制明景泰年间首份张氏家谱，清康熙年间在碑阴续刻张氏家谱。

重修张横渠先生大振谷口庙碑记

年代：明代（1368—1644）刻立。

形制：圆首。高 1.85 米，宽 0.84 米，厚 0.22 米。

撰书：余懋衡撰，刘九经书。

纹饰：碑首饰双龙戏珠图案，两侧饰花卉纹。

现藏：眉县张载祠文物管理所。

提要：记述张横渠先生的功业和重修先生祠之事。

清湫太白庙碑

年代：明代（1368—1644）刻立。

形制：圆首。通高 2.33 米，宽 0.95 米，厚 0.30 米。

行字：正文楷书 15 行，满行 47 字。

撰书：张传士、胡志儒撰。

纹饰：碑两侧饰花卉纹，额饰二龙戏珠图案。

现藏：眉县槐芽镇清湫村太白庙。

提要：记载太白庙沿革。

重修太白庙碑

年代：明代（1368—1644）刻立。

形制：通高 2.50 米，宽 1.15 米，厚 0.35 米。

行字：正文楷书 27 行，满行 43 字。

纹饰：四周饰蔓草纹。

现藏：眉县槐芽镇清漱村太白庙。

提要：记载太白庙的历史沿革。

重建折公祠碑记

年代：明代（1368—1644）刻立。

形制：高 1.24 米，宽 0.60 米。

行字：正文楷书，行字数不详。

撰书：郑居中、闫琚撰，杨可柳书。

纹饰：四周饰几何纹。

现藏：府谷县文物管理所。

提要：记载重修折公祠的情况。

过雄石峡口占一律

年代：明代（1368—1644）刻。

形制：高 0.65 米，宽 1.00 米。

行字：正文行书 10 行，满行 6 字。

撰书：朱光宗撰。

现藏：榆林市红石峡东壁。

著录：《红石峡水利史迹与碑刻》。

提要：刊刻延安府清军所朱光宗诗。

雄吞边际

年代：明代（1368—1644）刻。

形制：高 0.86 米，宽 3.00 米。

行字：正文行书 1 行 4 字。

现藏：榆林市红石峡西壁。

备注：剥蚀严重。

著录：《红石峡水利史迹与碑刻》。

提要：此题刻指红石峡地形险峻。

许宗鲁和横渠祠诗碑

年代：明代（1368—1644）刻立。

形制：高 0.62 米，宽 0.43 米。

行字：正文行楷 7 行，共 63 字。

现藏：眉县张载祠西门东墙。

提要：记载横渠先生生平事迹。

王宗道暨妻刘氏合葬墓志

全称：明赠征仕郎翰林院检讨文菴王公配封太孺人刘氏合葬墓志铭。

年代：明代（1368—1644）刻。

形制：志正方形。边长 0.86 米，厚 0.17 米。

行字：志文楷书 34 行，满行 35 字。

撰书：王鹤撰。

出土：1985 年出土于华县城关镇王家坟。

现藏：华县文物管理委员会。

提要：记载王宗道以进士入仕，洪武间左迁华州税课局大使以及其他事迹。

陈公墓志盖

全称：明诰封明威将军□□金事□□陈公墓志铭。

年代：明代（1368—1644）刻。

形制：盖正方形。边长 0.65 米。

行字：盖文楷书 4 行，满行 4 字。

纹饰：四周饰卷云纹。

出土：出土时间、地点不详。

现藏：潼关县东门博物馆。

备注：志石佚。

王维桢墓志

全称：明故南京国子监祭酒王公墓志铭。

年代：明代（1368—1644）刻。

形制：志正方形。边长 0.64 米，厚 0.10 米。

行字：志文楷书 44 行，满行 41 字。

撰书：郭朴撰。

出土：1984 年出土于华县城关镇王家坟。

现藏：华县文物管理委员会。

提要：记载王维桢生平，内容涉及嘉靖华
州大地震之事。

王肃斋墓志盖

全称：骠骑将军肃斋王公墓志铭。

年代：明代（1368—1644）刻。

形制：盖正方形。边长 0.66 米，厚 0.10 米。

行字：盖文篆书 3 行，满行 5 字。

出土：1985 年出土于华县城关镇王家坟。

现藏：华县文物管理委员会。

备注：志石佚。

游灵岩寺偶成

年代：明代（1368—1644）刻立。

形制：高 1.11 米，宽 0.68 米。

行字：正文行书 23 行，满行字数不等。

撰书：杨美益撰。

纹饰：四周饰花卉纹。

现藏：略阳县灵岩寺博物馆。

著录：《灵岩流光》。

提要：刊刻杨美益与许书崖同游灵岩寺时有
感而发，作诗五首。

孙仰田暨妻薛氏墓志

全称：明寿官仰田孙公暨配室人薛氏薛氏墓
志铭。

年代：明代（1368—1644）刻。

形制：志正方形。边长 0.65 米，厚 0.07 米。

行字：盖文篆书 3 行，满行 4 字，题"寿官
仰田孙公薛氏氏合葬之墓"。志文楷书
30 行，满行 35 字。

纹饰：四周饰卷云纹。

出土：出土时间、地点不详。

现藏：潼关县东门博物馆。

提要：记载孙仰田及薛氏生平及子嗣情况。

高君墓志

全称：明将仕郎高公墓志铭。

年代：明代（1368—1644）刻。

形制：志长 0.60 米，宽 0.62 米，厚 0.16 米。

行字：志文楷书 26 行，满行 35 字。

撰书：高煦撰。

纹饰：四周饰卷云纹。

出土：出土于白水县雷村乡甫下村，时间
不详。

现藏：白水县文物管理委员会。

提要：记载明将仕郎高君家族世系、生平。

*榆林卫李教授墓志盖

年代：明代（1368—1644）刻。

形制：盖正方形。边长 0.64 米，厚 0.10 米。

行字：盖文篆书 4 行，满行 4 字。

纹饰：四周饰卷草纹。

出土：出土时间、地点不详。

现藏：华县文物管理委员会。

备注：志石佚。

王君暨妻刘氏合葬墓志盖

年代：明代（1368—1644）刻。

形制：盖正方形。边长 0.85 米，厚 0.07 米。

行字：盖文篆书 6 行，满行 5 字。

出土：1984 年出土于华县城关镇王家坟。

现藏：华县文物管理委员会。

备注：志石佚。

王莲洲墓志盖

全称：明故湖广布政使司左布政使莲洲王公
墓志铭。

年代：明代（1368—1644）刻。

形制：盖正方形。边长 0.86 米，厚 0.15 米。

行字：盖文篆书 5 行，满行 4 字。

出土：1985 年出土于华县城关镇崖坡。

现藏：华县文物管理委员会。

备注：志石佚。

*明豆子蚌崩砖刻

年代：明代（1368—1644）刻。

形制：长 0.47 米，宽 0.20 米，厚 0.09 米。

行字：正文行书 1 行 4 字。

出土：1987 年出土于扶风县法门寺。

现藏：法门寺博物馆。

著录：《法门寺志》《法门寺文化与法门寺学》《法门寺考古发掘报告》。

备注：残留部分不规整。

提要：系兴平县工匠专门为修塔而烧制的青砖。

*明塔上缺米面砖刻

年代：明代（1368—1644）刻。

形制：长 0.38 米，宽 0.23 米，厚 0.09 米。

行字：正文行书 1 行 5 字。

出土：1987 年出土于扶风县法门寺。

现藏：法门寺博物馆。

著录：《法门寺文化与法门寺学》《法门寺考古发掘报告》。

提要：砖刻"塔上缺米面"。

*严君暨妻张氏宁氏墓志

年代：明代（1368—1644）刻。

形制：盖正方形。边长 0.98 米，厚 0.17 米。

行字：盖文楷书 5 行，满行 6 字。

出土：出土时间、地点不详。

现藏：华县文物管理委员会。

提要：刊刻明文林郎浙江道监察御史祭严君暨妻张氏、宁氏合葬墓所作之文。

灵岩创修神祠记

年代：明代（1368—1644）刻立。

形制：高 0.41 米，宽 0.60 米。

行字：正文行书 23 行，满行字数不等。

现藏：略阳县灵岩寺博物馆。

提要：记载灵岩创修神祠的原因、经过。

*珍鼎篇

年代：明代（1368—1644）刻立。

形制：共 26 石，尺寸相同。高 0.34 米，宽 0.62 米。

行字：正文行书 71 行，满行 6 字。

撰书：汪道昆撰，文徵明书。

现藏：大荔县文物局。

著录：《大荔碑刻》。

备注：与《知县题名录》为一组碑刻。现存 17 石。

提要：刊载明代文徵明《珍鼎篇》。

*明信士李薰砖刻

年代：明代（1368—1644）刻。

形制：长 0.35 米，宽 0.18 米，厚 0.07 米。

行字：正文行书 1 行，共 4 字。

出土：1987 年出土于扶风县法门寺。

现藏：法门寺博物馆。

著录：《法门寺文化与法门寺学》《法门寺考古发掘报告》。

提要：砖刻"信士李薰"。

重修金陵寺碑

年代：明代（1368—1644）刻立。

形制：高 2.12 米，宽 0.80 米，厚 0.22 米。

行字：正文楷书，行字数无法辨识。

纹饰：四周饰卷云纹。

出土：1985 年出土于潼关县太要镇南歇马村。

现藏：潼关县东门博物馆。

备注：字迹不清。

*明四月初八佛会砖刻

年代：明代（1368—1644）刻。

形制：长 0.37 米，宽 0.38 米，厚 0.09 米。

行字：正文行书 7 行，共 57 字。

出土：1987 年出土于扶风县法门寺。

现藏：法门寺博物馆。

著录：《法门寺文化与法门寺学》《法门寺考古发掘报告》。

提要：砖刻"四月初八佛会，塔上使砖，缺少米面口炭。告白十方善男信女赴会进香。随心各代布施，多募助缘，共成圣事。工完之日，勒口（石）刻名，谨告"。

*明舍水之人多积福砖刻

年代：明代（1368—1644）刻。

形制：正方形。边长 0.37 米，厚 0.05 米。

行字：正文行书 4 行，共 23 字。

出土：1987 年出土于扶风县法门寺。

现藏：法门寺博物馆。

著录：《法门寺文化与法门寺学》《法门寺考古发掘报告》。

提要：砖刻"舍水之人多积福，无穷之福地，但舍一担之水，积一家之福"。

*罗人琮书东岳庙碑

年代：明代（1368—1644）刻立。

形制：高 1.33 米，宽 0.34 米。

行字：碑文草书 30 行，满行字数不等。

撰书：罗人琮书。

出土：出土于大荔县朝邑镇，时间不详。

现藏：大荔县文物局。

著录：（光绪）《大荔县志》。

提要：记叙了东岳庙概况。

*牛斗书法碑帖

年代：明代（1368—1644）刻立。

形制：高 0.91 米，宽 0.34 米。

行字：正文行书 25 行，满行 8 字。

撰书：牛斗撰并书。

出土：出土于大荔县朝邑镇，时间不详。

现藏：大荔县文物局。

著录：（光绪）《大荔县志》《大荔碑刻》。

提要：记载牛斗重游原朝邑县饶益寺事。

盛君墓志

全称：明故镇国将军盛公墓志铭。

年代：明代（1368—1644）刻。

形制：志正方形。边长 0.63 米，厚 0.12 米。

行字：志文楷书 24 行，满行 29 字。

撰书：谢朝宜撰，汪涯、王懋篆。

现藏：潼关县东门博物馆。

提要：记载墓主生平事迹。

奉陪月岩道长游灵岩诗

年代：明代（1368—1644）刻立。

形制：高 0.65 米，宽 0.76 米。

行字：正文行书 11 行，满行字数不等。

撰书：钱泮撰。

现藏：略阳县灵岩寺博物馆。

著录：《灵岩流光》。

提要：诗文描写了灵岩寺壮美的自然风景。

东林再建碑

年代：明代（1368—1644）刻立。

形制：圆首。高 3.34 米，宽 0.96 米，厚 0.23 米。

行字：正文楷书，碑阳 20 行，中部字迹全无。碑阴 33 行，仅存 35 字。

纹饰：碑额阳面高浮雕三龙戏珠，碑额阴面高浮雕二龙戏珠图案。

现藏：周至县终南镇杨家大墙村东林寺。

提要：记载东林寺历史沿革、修建经过。

*东林寺石经幢

年代：明代（1368—1644）刻立。

形制：六棱柱形，下半部分残缺，座佚。通高 1.00 米，面宽 0.18 米。

行字：幢文楷书，每面 7—9 行不等，行 10—16 字不等。

纹饰：上部为仰莲瓣形，顶部平面有一圆形臼窝，其下为一鼓形，鼓凸面两侧刻有联珠纹，中部刻牡丹、莲花纹；中部为六面柱形，每面上部有一石龛，石龛里各有一尊石造像，造像从服饰上看，分为佛、道、儒三家；下部有刻经文的捐款人名。

现藏：周至县终南镇杨家大墙村东林寺。

提要：时代不详，文字局部模糊不清，从仅剩文字内容了解，多为捐款人姓名、部分经文梵语和修建庙宇之事。

游辋川记

年代：明代（1368—1644）刻立。

形制：圆首。高 1.04 米，宽 0.63 米。

行字：正文楷书 22 行，满行 28 字。

撰书：陈文烛撰。

纹饰：碑首饰瑞兽云纹。

现藏：蓝田县文物管理所。

著录：（光绪）《蓝田县志》。

备注：此碑已毁，仅存拓片。

提要：陈文烛，字玉叔，湖北沔阳人，明嘉靖进士，历官大理寺评事、按察使、大理寺卿。

*郭世元辋川图题跋

年代：明代（1368—1644）刻立。

形制：高 0.32 米，宽 1.04 米。

行字：正文楷书，行字数不详。

撰书：郭世元等撰。

现藏：蓝田县蔡文姬纪念馆。

提要：记载郭世元摹刻《辋川图》的经历。

明高士小塘东郡暨配王氏合葬墓志盖

年代：明代（1368—1644）刻。

形制：盖长 0.42 米，宽 0.54 米，厚 0.08 米。

行字：盖文楷书 4 行，满行 4 字。

现藏：西安市汉长安城遗址保护管理所。

备注：志石佚。

周公暨妻武氏合葬墓志盖

全称：故明生员周公暨配孺人武氏合葬墓志铭。

年代：明代（1368—1644）刻。

形制：盖长 0.58 米，宽 0.57 米，厚 0.12 米。

行字：盖文篆书 4 行，满行 4 字。

出土：2006 年出土于临潼区相桥镇朝阳村。

现藏：西安市临潼博物馆。

备注：志石佚。

*无名墓志

年代：明代（1368—1644）刻。

形制：志长 0.55 米，宽 0.43 米，厚 0.13 米。

行字：志文楷书 27 行，满行 32 字。

现藏：西安市汉长安城遗址保护管理所。

提要：铭文有关中大地震相关记载。

朱望辉墓志盖

全称：皇明秦藩宗室镇国都尉望辉公墓志铭。

年代：明代（1368—1644）刻。

形制：盖正方形。边长 0.68 米，厚 0.10 米。

行字：盖文篆书 4 行，满行 4 字。

纹饰：盖四周有边栏，栏内饰龙、云纹。

出土：1982 年出土于西安市南郊陕西师范大学附近工地。

现藏：户县文物管理委员会。

备注：志石佚。

王三品墓志

全称：明进士奉政大夫四川检查司检事两曲
　　　王公墓志铭。

年代：明代（1368—1644）刻。

形制：志长 0.82 米，宽 0.62 米，厚 0.10 米。

行字：志文楷书 31 行，满行 37 字。

撰书：任惟一撰。

出土：原立于周至县哑柏镇昌西村。

现藏：周至县文物管理所。

备注：大部分字迹漫漶不清。

提要：记载王三品之家族世系、生平。

重修太清观记

年代：明代（1368—1644）刻立。

形制：正方形。边长 0.68 米。

行字：正文楷书 26 行，满行 26 字。

撰书：赵德新撰，崔志书，□庭、郭镰刻。

出土：原立于周至县县幼儿园对面。

备注：碑已佚，仅存拓片。

提要：记载太清观历史沿革及重修经过。

节孝碑

年代：明代（1368—1644）刻立。

形制：平首龟座。高 3.88 米，宽 1.17 米。

行字：正文楷书 1 行 2 字。小字楷书 3 行，
　　　满行 20 字。

撰书：刘世卿撰。

现藏：华阴市西岳庙文物管理处。

著录：《华山碑石》。

备注：镌于宋修金天王庙碑铭之阴。

提要：阴刻"节"字，"节"字下双勾"孝"
　　　字。刊刻刘世卿重镌忠孝廉洁四字，

以广其传且以示训多士之意。刘世卿，
明历城（今山东历城）人，字象贤，
隆庆进士，万历时授南京兵部主事，
后迁户部尚书。

*十四字养生诀刻石

年代：明代（1368—1644）刻立。

形制：上联高 3.3 米，宽 0.33 米。下联高 3.2
　　　米，宽 0.30 米。

行字：每石楷书 7 字。

撰书：虚斋书。

现藏：周至县古楼观说经台。

著录：《楼观台道教碑石》。

备注：刻于《道德经》《篆书道德经》碑侧。

提要：刻"玉炉烧炼延年药""正道行修益
　　　寿丹" 14 字。

王象岩暨妻孟氏合葬墓志盖

全称：敕授文林郎山西汾州府介休县知县象
　　　岩王公孺人孟氏合葬墓志铭。

年代：明代（1368—1644）刻。

形制：盖正方形。边长 0.59 米。

行字：盖文篆书 5 行，满行 6 字，题"敕授
　　　文林郎山西汾州府介休县知县象岩
　　　王公孺人孟氏合葬墓志铭"。

出土：原置于周至县二曲镇镇丰村。

现藏：周至县文物管理所。

备注：志石佚。

辋川图赋

年代：明代（1368—1644）刻立。

形制：高 1.30 米，宽 1.00 米，厚 0.10 米。

行字：正文隶书 31 行，满行 23 字。

撰书：王邦才撰。

纹饰：下部为线刻辋川山水图。

现藏：蓝田县蔡文姬纪念馆。

备注：图案不清晰，断为 4 截。

提要：此碑以图文形式，详细描绘了辋川的地理位置和王维辋川景观的位置。

李烨然识云麾将军碑帖

年代：明代（1368—1644）刻立。

形制：高 0.58 米，宽 0.50 米。

行字：正文行草书 13 行，满行 17 字。

撰书：李烨然撰，汪子静书。

现藏：蒲城县博物馆。

备注：此碑阴为"戒石"残碑。

提要：该碑为鲁人李烨然识唐云麾将军碑文事。李烨然，蒲城知县。

题咏蒲城尧山诗碑

年代：明代（1368—1644）刻立。

形制：高 0.46 米，宽 1.28 米。

行字：正文行书 38 行，满行 17 字。

现藏：蒲城县尧山庙大殿西四神庙。

著录：《尧山圣母庙与神社》。

提要：此碑为游尧山题咏。

东公暨妻薛氏姜氏合葬墓志盖

全称：东母孺人薛氏姜氏合茔兵科给事中东公墓志铭。

年代：明代（1368—1644）刻。

形制：盖长 0.63 米，宽 0.64 米，厚 0.14 米。

行字：盖文篆书 4 行，满行 5 字。

现藏：西安市汉长安城遗址保护管理所。

备注：志石佚。

朱君暨妻尤氏合葬墓志盖

全称：皇明宗室小川公元配尤氏合葬墓志铭。

年代：明代（1368—1644）刻。

形制：盖正方形。边长 0.77 米。

行字：盖文篆书 4 行，满行 4 字。

纹饰：盖题上下饰双龙卷云纹，左右饰双凤卷云纹。

出土：出土时间、地点不详。

现藏：西安碑林博物馆。

著录：《西安碑林全集》。

备注：志石佚。

*程朱吕胡遗训

年代：明代（1368—1644）刻立。

形制：双面刻。平首方座。高 1.33 米，宽 0.72 米，厚 0.21 米。

行字：正文楷书 48 行，满行 10—11 字。

撰书：程颢、朱熹、吕祖谦、胡宏撰，方元焕书。

出土：西安碑林旧藏。

现藏：西安碑林博物馆。

著录：《西安碑林全集》。

提要：程朱吕胡分别是宋代四大理学家程颢、朱熹、吕祖谦以及胡宏。碑文为四人七言绝句各一首。书者方元焕，字晦叔，山东人，嘉靖十二年（1533）乡贡。

同君暨妻杨氏墓志盖

全称：大明故处士同君孺人杨氏合葬墓志铭。

年代：明代（1368—1644）刻。

形制：盖长 0.51 米，宽 0.52 米。

行字：盖文篆书 4 行，满行 4 字。

出土：1954 年出土于西安市西郊。

现藏：西安碑林博物馆。

著录：《西安碑林全集》。

备注：志石佚。

心学图碑

年代：明代（1368—1644）刻立。

形制：高 1.78 米，宽 0.73 米。

行字：正文行楷 25 行，满行 18 字。

撰书：张子绘，敖英书。

出土：西安碑林旧藏。

现藏：西安碑林博物馆。

著录：《西安碑林全集》。

备注：碑阴刻《古今药石格言》一首，周在丰撰并书，行书。

提要：此图是为进一步阐明心学理论而作。书者敖英，字子发，清江人，正德十六年（1521）进士，曾任陕西提学副使。有《心远堂高》传世。《明诗综》有传。

刘君墓志盖

全称：明甘肃游击将军都指挥佥事杜曲刘公墓志铭。

年代：明代（1368—1644）刻。

形制：盖正方形。边长 0.54 米。

行字：盖文篆书 5 行，满行 5 字。

出土：出土时间、地点不详。

现藏：西安碑林博物馆。

著录：《西安碑林全集》

备注：志石佚。

朱君暨妻孙氏合葬墓志盖

全称：明故昭信校尉朱公安人孙氏合葬墓志铭。

年代：明代（1368—1644）刻。

形制：盖长 0.37 米，宽 0.38 米。

行字：盖文篆书 4 行，满行 4 字。

出土：1954 年出土于西安市西郊枣园。

现藏：西安碑林博物馆。

著录：《西安碑林全集》。

备注：志石佚。

牛君墓志盖

全称：秦府门正牛公墓志铭。

年代：明代（1368—1644）刻。

形制：盖正方形。边长 0.59 米。

行字：盖文楷书 3 行，满行 3 字。

纹饰：盖题四周饰莲花纹。

出土：1956 年出土于西安市西稍门。

现藏：西安碑林博物馆。

著录：《西安碑林全集》。

备注：志石佚。

朱君暨妻张氏合葬墓志盖

全称：皇明宗室望山公配夫人张氏合葬墓志铭。

年代：明代（1368—1644）刻。

形制：盖长 0.60 米，宽 0.61 米。

行字：盖文篆书 4 行，满行 4 字。

纹饰：盖题四周饰云龙纹。

出土：1954 年出土于西安市东郊南火巷。

现藏：西安碑林博物馆。

著录：《西安碑林全集》。

备注：志石佚。

*方元焕录孟子语

年代：明代（1368—1644）刻立。

形制：双面刻。方座。高 1.50 米，宽 0.79 米，厚 0.19 米。

行字：正文草书，碑阳、碑阴各 5 行，满行 9—12 字不等。

撰书：方元焕书。

出土：西安碑林旧藏。

现藏：西安碑林博物馆。

著录：《西安碑林全集》。

备注：碑末题名处有残缺，损二字。

提要：碑阳文字为《孟子·滕文公章句下》节录。

*水调歌头词

年代：明代（1368—1644）刻立。

形制：高 0.53 米，宽 0.97 米。

行字：正文楷书 48 行，满行 32 字。

撰书：杨觐光书。

出土：西安碑林旧藏。

现藏：西安碑林博物馆。

著录：《西安碑林全集》。

备注：碑文漫漶严重。

提要：碑文已漫漶殆尽。碑尾书者篆章尚晰，依次为方形白文"自芝""杨觐光印""丙午丁未联捷进士正治卿通奉大夫章"。

*余谠书格言（甲）

年代：明代（1368—1644）刻立。

形制：圆首方座。高 1.40 米，宽 0.61 米，厚 0.15 米。

行字：正文行书 4 行，共 37 字。

撰书：余谠书。

出土：西安碑林旧藏。

现藏：西安碑林博物馆。

著录：《西安碑林全集》。

备注：碑阴刻清代《达摩东渡图》。

提要：格言内容："黄帝曰：'外不劳形于事，内无思想之患，以恬愉为务，以自得为功。形体不敝，精神不散，可寿百岁。'"

*余谠书格言（乙）

年代：明代（1368—1644）刻立。

形制：圆首方座。高 1.50 米，宽 0.62 米，厚 0.16 米。

行字：正文行书 4 行，共 41 字。

撰书：余谠书。

出土：西安碑林旧藏。

现藏：西安碑林博物馆。

著录：《西安碑林全集》。

备注：碑阴刻清代《达摩面壁图》。

提要：格言内容："张饱帆于大江，骤骏马于平陆，天下之至快，反而思之则忧，处不争之地，乘独后之马。人或我笑，乐莫大焉。"

*道教符文墓志

年代：明代（1368—1644）刻。

形制：盖盝形，志正方形。盖边长 0.46 米，厚 0.08 米。志边长 0.46 米，厚 0.09 米。

行字：志文楷书 8 行，满行 8 字。

纹饰：盖四周饰蔓草卷云纹。

出土：出土时间、地点不详。

现藏：兴平市博物馆。

提要：通篇刻道教符文。

*高氏墓志

年代：明代（1368—1644）刻。

形制：志长 0.46 米，宽 0.59 米，厚 0.10 米。

行字：志文楷书 27 行，满行 21 字。

纹饰：四周饰蔓草花纹。

出土：1981 年出土于淳化县大店乡辛庄村。

现藏：淳化县博物馆。

提要：记载墓主生平事迹。

淳化县增修城隍庙记

年代：明代（1368—1644）刻立。

形制：碑残损。残高 0.97 米，厚 0.24 米。

行字：正文楷书 16 行，满行存 25 字。

撰书：罗廷绅撰，郗应芳篆额。

纹饰：四周饰云龙纹和牡丹花纹。

出土：1986 年出土于淳化县淳化中学。

现藏：淳化县博物馆。

备注：残留上段。

提要：记载明代重修城隍庙的经过。

明石马槽题记

年代：明代（1368—1644）刻立。

形制：长 0.60 米，宽 0.50 米，厚 3.34 米。

行字：正文楷书，共 98 字。

现藏：咸阳市秦都区双照镇萧何庙村红色记忆博物馆。

提要：此石系明代马槽，所刻文字多无法辨识。

*邹应龙母墓志

年代：明代（1368—1644）刻。

形制：志正方形。边长 0.70 米，厚 0.10 米。

行字：盖文篆书 4 行，满行 4 字，题"明诰封太淑人邹母陈氏之墓"。志文楷书 34 行，满行 45 字。

出土：2004 年出土于淳化县石桥乡闫家沟村。

现藏：淳化县博物馆。

提要：志文记载陈氏生平。

赵时吉墓志

全称：明故进阶大夫辽东太仆少卿赵公墓志铭。

年代：明代（1368—1644）刻。

形制：志长 0.72 米，宽 0.66 米，厚 0.15 米。盖长 0.72 米，宽 0.65 米，厚 0.11 米。

行字：志文楷书 36 行，满行 42 字。

撰书：吴峰、周易撰，李辙书。

出土：1987 年出土于凤翔县城关镇南关村。

现藏：凤翔县博物馆。

著录：《考古与文物》（1994 年第 1 期）。

提要：墓志铭介绍了赵时吉的生平。赵时吉，明嘉靖元年（1522）举人，其曾任河

南中牟县教谕、邯郸县知县、宁乡县知县、南康府同知、左府经历、户部员外郎、户部郎中、马湖府知府、辽东太仆寺少卿。

李氏墓志

全称：明故封宜人李氏墓志铭。

年代：明代（1368—1644）刻。

形制：志长 0.69 米，宽 0.42 米，厚 0.06 米。盖长 0.77 米，宽 0.42 米，厚 0.10 米。

行字：志文楷书 32 行，满行 40 字。

撰书：刘储秀撰，王亿书，王维桢题，盖秦绅刻。

出土：1987 年出土于凤翔县城关镇南关村。

现藏：凤翔县博物馆。

著录：《考古与文物》（1994 年第 1 期）。

提要：记载赵时吉妻李氏生平。

修建文庙碑记

年代：明代（1368—1644）刻立。

形制：高 2.60 米，宽 1.20 米。

行字：正文楷书，行字数不详。

撰书：许浮远撰。

出土：出土于长武县中学，时间不详。

现藏：长武县博物馆。

提要：记载长武历代设立学堂情况、办学目标、建学育才思想。

郭绅墓志

年代：明代（1368—1644）刻。

形制：志正方形。边长 0.60 米。

行字：志文楷书 24 行，满行 28 字。

撰书：密伯通撰。

出土：1984 年出土于长武县地掌镇地掌村。

现藏：长武县博物馆。

提要：记载郭绅生平事迹。

纪元凯墓志

全称： 明文林郎崇明知县纪公墓志铭。

年代： 明代（1368—1644）刻。

形制： 志正方形。边长 0.63 米。

行字： 志文楷书，行字数无法辨识。

出土： 1995 年出土于彬县县城东郊迎建村。

现藏： 彬县文化馆。

备注： 盖沙石质，志青石质，漫漶残损严重。

提要： 志主纪元凯，曾任崇明县知县。

*阎本墓碑

年代： 明代（1368—1644）刻立。

形制： 高 2.20 米，宽 0.96 米，厚 0.22 米。

出土： 原在彬县阎本墓前。

现藏： 彬县文化馆。

提要： 此为阎本墓碑。

张澡暨妻赵氏墓志

全称： 明儒汤轩张公配赵夫人合葬墓志铭。

年代： 明代（1368—1644）刻。

形制： 志长 0.81 米，宽 0.73 米。

行字： 志文楷书 35 行，满行 30 字。

撰书： 马鸣世撰。

纹饰： 四周饰水波纹。

出土： 武功县游凤乡文家台村，时间不详。

现藏： 武功县城隍庙碑廊。

备注： 志文漫漶严重。

提要： 记张澡家世、生平及妻赵氏生平。

重修龙泉院碑

年代： 明代（1368—1644）刻立。

形制： 高 1.52 米，宽 0.76 米，厚 0.23 米。

行字： 正文楷书 13 行，满行 45 字。

纹饰： 四周饰蔓草纹。

现藏： 宝鸡市渭滨区高家镇太寅村。

提要： 记述重修龙泉院的经过。

*纪应麟暨席氏合葬墓志

年代： 明代（1368—1644）刻。

形制： 志正方形。边长 0.63 米。

出土： 1995 年出土于彬县县城东郊迎建村。

现藏： 彬县文化馆。

备注： 盖沙石质，志青石质，残损严重。

提要： 志文载纪应麟及妻席氏生平。

*马岫旭暨妻李氏合葬墓志

年代： 明代（1368—1644）刻。

形制： 志长 0.94 米，宽 0.85 米。

行字： 志文楷书 53 行，满行 50 字。

纹饰： 四周饰蔓草纹。

出土： 1992 年出土于武功县武功镇紫坊头村。

现藏： 武功县城隍庙文物管理所。

备注： 漫漶严重。

提要： 记载马岫旭生平。其曾任西安府武功县知县、山西平阳府推官、江都御史等。

*文徵明诗记

年代： 明代（1368—1644）刻立。

形制： 长 0.80 米，宽 0.29 米。

行字： 正文行草 21 行，满行 5 字。

撰书： 文徵明撰。

现藏： 三原县李靖故居文物管理所。

备注： 共 7 块。

提要： 刊载明代文徵明诗作。

重修建信侯庙碑记

年代： 明代（1368—1644）刻立。

形制： 圆首方座。通高 2.30 米，宽 0.80 米，厚 0.25 米。

行字：正文楷书 19 行，满行 63 字。

撰书：王业耀撰。

纹饰：碑额刻有双螭，碑身四周饰龙纹。

现藏：永寿县店头镇明月山。

提要：记载重修建信侯庙宇的经过。

赐阎本父敕文

年代：明代（1368—1644）刻立。

形制：圆首。碑残损，尺寸不详。

行字：正文楷书，行字数无法辨识。

出土：2003 年由阎本墓地运至彬县文化馆。

现藏：彬县文化馆。

提要：碑文为皇帝三次诰封阎本之父阎绅的敕文。

重修泾阳惠果寺碑

年代：明代（1368—1644）刻立。

形制：高 1.89 米，宽 0.67 米。

行字：正文楷书 19 行，满行 49 字。

撰书：董懋撰。

现藏：泾阳县太壶寺文物管理所。

提要：记修缮惠果寺事。

重阳祖师先茔碑

年代：明代（1368—1644）刻立。

形制：圆首。碑残损。残高 0.67 米，宽 0.90 米，厚 0.18 米。

行字：正文楷书 1 行 2 字。

纹饰：碑额饰云、鹤纹。

现藏：咸阳市秦都区双照镇大魏村天圣宫遗址。

备注：碑身残佚，仅存碑首。

重修玉皇门记

年代：明代（1368—1644）刻立。

形制：高 0.72 米，宽 0.50 米。

行字：正文楷书，行字数无法辨识。

撰书：疏文书。

出土：原存耀县药王山。

现藏：药王山博物馆。

著录：《药王山碑刻》。

备注：碑文漫漶不清。砌于墙内。

秋日同诸君子游太玄宫韵

年代：明代（1368—1644）刻立。

形制：碑残损。高 0.49 米，残宽 0.70 米。

行字：正文楷书，行字数无法辨识。

出土：原存耀县药王山。

现藏：药王山博物馆。

著录：《药王山碑刻》。

提要：文为游太玄宫之诗，已漫漶。

赵允昌题诗

年代：明代（1368—1644）刻立。

形制：高 0.46 米，宽 0.72 米。

行字：正文楷书 19 行，满行 11 字。

撰书：赵允昌撰并书。

出土：原存耀县药王山。

现藏：药王山博物馆。

著录：《药王山碑刻》。

提要：文为赵允昌游五台山诗。

张国英请增解额碑

全称：韩城县襟黄张公增解额疏有引。

年代：明代（1368—1644）刻立。

形制：圆首龟座。通高 2.95 米，宽 0.73 米，厚 0.22 米。

行字：正文楷书 22 行，满行 70 字。

撰书：张国英撰，李时中书。

纹饰：四周饰卷云纹。

现藏：韩城市司马迁祠。

著录：《司马迁祠碑石录》。

提要：记载明韩城庠生张国英上书，"得请广秦额五名"事。

*忠孝节廉碑

年代：明代（1368—1644）刻立。

形制：共 4 石，尺寸相同。高 1.48 米，宽 1.90 米。

行字：正文楷书，每石 1 字。

撰书：王进德撰。

现藏：蒲城县博物馆。

提要：刻明末蒲城人王进德为文庙明伦堂内所书"忠孝节廉"四字。

李灿墓志

全称：明赐进士第中宪大夫山西平阳府知府前承德郎户部主事李公墓志铭。

年代：清顺治二年（1645）刻。

形制：盖长 0.62 米，宽 0.59 米，厚 0.19 米。志长 0.62 米，宽 0.59 米，厚 0.15 米。

行字：盖文篆书 5 行，满行 6 字，题"明赐进士第中宪大夫山西平阳府知府前承德郎户部主事直阁李公墓志铭"。志文楷书 27 行，满行 32 字。

撰书：刘永祚撰，卫先范书，李化麟篆盖。

出土：出土时间、地点不详。

纹饰：四周饰蔓草纹。

现藏：韩城市博物馆。

提要：记载李灿的家族世系、生平。其曾任户部主事、兵部郎中等。

重修学宫碑记

年代：清顺治三年（1646）刻立。

形制：圆首龟座。高 1.23 米，宽 0.63 米，厚 0.24 米。

行字：额篆书 2 行，满行 3 字，题"重修学宫碑记"。正文楷书 9 行，满行 44 字。

撰书：薛胤隆撰，王汝清书，解体健篆额。

现藏：韩城市博物馆。

提要：记教谕强冲霄重修学宫事，碑阴刻捐资人姓名。

重修关圣庙记

年代：清顺治三年（1646）刻立。

形制：圆首。高 1.18 米，宽 0.65 米。

行字：额左右篆书"日""月"2 字。正文楷书 41 行，满行 42 字。

纹饰：碑额饰云纹。

现藏：韩城市博物馆。

提要：记重修关圣庙事。

淳化阁帖

年代：清顺治三年（1646）刻立。

形制：共 145 石，双面刻，尺寸不等。

行字：篆、隶、楷、行书均有，每石 8—12 行不等。

撰书：费甲铸摹刻。

出土：西安碑林旧藏。

现藏：西安碑林博物馆。

著录：《西安碑林全集》。

备注：除个别断裂外，其余基本完好，据明代肃王府本摹刻。

提要：《淳化阁帖》共 10 卷，系清费甲铸根据明甘肃肃王府本摹刻。北宋初年，宋太宗赵兴义下诏广征先贤名家墨迹，庋藏于内府，共得墨迹 500 余轴。于淳化三年（992）命翰林侍书王著编次为十卷，摹刻于枣木板上，置于开封府内府，故名《淳化阁帖》。宋太宗即将拓本分赐近臣。后刻的枣木板焚于火。自宋至明清，历代翻刻有数十种之多，"肃王府本"即为其中之一。

耀州创建准提菩萨庵记

年代：清顺治四年（1647）刻立。

形制：圆首座佚。高 1.81 米，宽 0.87 米，厚 0.15 米。

行字：额篆书 3 行，满行 4 字，题"耀州创建准提菩萨宝庵碑记"。正文行书 24 行，满行 60 字。

撰书：关燫撰，左重耀书。

纹饰：四周饰卷云纹。

现藏：铜川市耀州区博物馆。

提要：记载清代耀州修建准提菩萨庵的情况。撰文者关燫为明代耀州人，天启恩贡，曾任安州知州。书丹者左重耀为明代曾任山东按察使的左佩玹之子。

解居易墓志

全称：明乡进士司理卫辉府解公墓志铭。

年代：清顺治六年（1649）刻。

形制：志长 0.55 米，宽 0.56 米，厚 0.18 米。

行字：盖文篆书 4 行，满行 4 字，题"明河南卫辉进官去岜解老先生墓志铭"。志文楷书 27 行，满行 26 字。

撰书：赵翔鸿撰，丁运昌书，李生芳篆盖。

出土：出土时间、地点不详。

现藏：韩城市博物馆。

提要：记载解居易的家族世系、生平。其曾任河南卫辉府推官。

重修城隍庙碑记

年代：清顺治六年（1649）刻立。

形制：螭首龟座。通高 3.62 米，宽 0.82 米。

行字：正文行书 14 行，满行 60 字。

撰书：赵景武撰，李承尹书，王家楫篆额。

现藏：三原县博物馆。

提要：记载顺治年间重修城隍庙之事。

峰洞山菩萨寺记

年代：清顺治六年（1649）刻立。

形制：高 1.26 米，宽 0.63 米，厚 0.17 米。

行字：正文楷书 7 行，满行 50 字。

撰书：王著兴撰并书。

纹饰：四周饰蔓草纹。

出土：乾县新阳乡南面坡村方山寺。

现藏：乾县石牛乡马家槽村新建高峰寺。

提要：记载峰洞山菩萨寺沿革及重修事。

*董应徵草书碑

年代：清顺治七年（1650）刻立。

形制：高 1.92 米，宽 1.24 米。

行字：正文草书 10 行，满行字数不等。

撰书：董应徵书。

纹饰：四周饰水波纹。

出土：此碑自立未移。

现藏：略阳县灵岩寺博物馆。

提要：碑文为一首描写灵岩寺景色的诗。

王铎题董其昌画

年代：清顺治七年（1650）刻立。

形制：高 0.38 米，宽 1.29 米。

行字：正文行草 20 行，满行 9 字。

撰书：王铎撰并书。

出土：1952 年张伯英捐藏西安碑林。

现藏：西安碑林博物馆。

著录：《西安碑林全集》。

提要：刊刻王铎对董其昌画作的评论。

*顺治八年祭周陵碑

全称：大清御制遣祭文武二王陵文。

年代：清顺治八年（1651）刻立。

形制：圆首方座。通高 1.48 米，宽 0.56 米。

行字：正文行楷 9 行，满行 19 字。

纹饰：碑额两侧饰龙纹。

现藏：咸阳市周陵文物管理所。

著录：《咸阳市渭城区志》《渭城文物志》。

提要：记载顺治八年遣礼部尚书王铎致祭周文王、周武王陵文。

*学规碑（甲）

年代：清顺治九年（1652）刻立。

形制：高 0.59 米，宽 0.78 米。

行字：正文楷书 26 行，满行 22 字。

纹饰：四周饰花卉纹。

现藏：韩城市博物馆。

提要：嵌于明伦堂东山墙，记礼部题奉晓示生员学规 8 条。

*学规碑（乙）

年代：清顺治九年（1652）刻立。

形制：高 0.65 米，宽 1.26 米，厚 0.11 米。

行字：正文楷书 33 行，满行 19 字。

撰书：魏似韩等立。

现藏：户县文物管理委员会。

著录：《户县碑刻》。

提要：记载当时朝廷建立学校，教育生员的教条共 8 条。

*学规碑（丙）

年代：清顺治九年（1652）刻立。

形制：高 0.69 米，宽 1.39 米，厚 0.10 米。

行字：正文楷书，行字数无法辨识。

现藏：周至县老县城文物管理所。

提要：碑文前 6 行可模糊辨认为"礼部题准"。

尧山庙碑

年代：清顺治九年（1652）刻立。

形制：圆首。通高 1.15 米，宽 0.67 米，厚 0.16 米。

行字：正文楷书 12 行，满行 30 字。

纹饰：四周饰缠枝莲花纹及云纹。

现藏：蒲城县尧山庙西侧四神庙。

著录：《尧山圣母庙与神社》。

提要：此碑首次提到 11 社及诸社轮流接神事，并记有明天启五年（1625）大旱祈雨有应，县令王佐"请诸上台，允载祀典，定期春秋祭"之事。

重修龙桥镇谯楼记

年代：清顺治九年（1652）刻立。

形制：圆首方座。高 1.61 米，宽 0.71 米，厚 0.20 米。

行字：正文行书 10 行，满行 36 字。

撰书：侯园屏撰。

现藏：三原县博物馆。

提要：记载顺治年间重修龙桥镇谯楼的经过。

*平利五峰书院碑

年代：清顺治九年（1652）刻立。

形制：高 0.91 米，宽 0.51 米。

行字：正文楷书，行字数不详。

现藏：平利县城五峰书院旧址。

著录：《安康碑版钩沉》。

提要：记载平利五峰书院条规。

重修咸阳明伦堂记

年代：清顺治十年（1653）刻立。

形制：圆首。通高 1.98 米，宽 0.72 米，厚 0.16 米。

行字：额篆书 3 行，满行 3 字，题"大清重修咸阳县学记"。正文楷书 5 栏，每栏 20 行，满行字数不等。

撰书：江山秀撰，费甲铸书。

纹饰：碑额饰云鹤纹。

出土：原立于咸阳市中山街小学西院（旧明伦堂前），1962 年移咸阳博物馆。

现藏：咸阳博物馆。

著录：《咸阳碑石》。

提要：记述咸阳县令江山秀集资重建明伦堂事。

东山辑修殿宇碑记

年代：清顺治十年（1653）刻立。

形制：圆首方座。高 1.65 米，宽 0.69 米，厚 0.13 米。

行字：额篆书 2 行，满行 4 字，题"东山辑修殿宇碑记"。正文楷书 17 行，满行 52 字。

撰书：吴恩撰，宋金印书，成童篆额。

出土：原存耀县药王山北洞药王大殿。

现藏：药王山博物馆。

著录：《药王山碑刻》《陕西药王山碑刻艺术总集》。

提要：记载吴恩代平西王吴三桂辑修东山殿宇事。

灵异记

年代：清顺治十年（1653）刻立。

形制：高 0.45 米，宽 0.85 米。

行字：正文楷书 34 行，满行 48 字。

撰书：吴恩撰，成童书。

出土：原存耀县药王山北洞十大名医殿。

现藏：药王山博物馆。

著录：《药王山碑刻》《陕西药王山碑刻艺术总集》。

提要：记载吴恩少年丧父，青年丧母。归

家葬母途中病卧旅邸。数年后，自京都从水路南归，又患重病，均被神医孙真人治愈，后改任泥阳郡，守职九载，得孙真人仙方事。

汉隃麋县

年代：清顺治十一年（1654）刻立。

形制：圆首。通高 2.48 米，宽 0.88 米，厚 0.35 米。

行字：正文楷书，碑阳 4 字，碑阴 31 字。

纹饰：四周饰蔓草纹。

现藏：1988 年入藏千阳县文化馆。

备注：现残，倒放地面。

提要：碑阳正楷大书"汉隃麋县"四个大字。落款嘉靖三十八年（1559）右参政滁上胡口题，清顺治十一年凤翔通判葛全忠后竖。碑阴楷书阴刻"古隃麋泽"四个大字。

施饭碑记

年代：清顺治十一年（1654）刻立。

形制：圆首方座。高 2.40 米，宽 0.83 米，厚 0.29 米。

行字：额篆书 2 行，满行 3 字，题"施饭广结良缘"。正文楷书 8 行，满行 48 字。

撰书：胡大鲔撰并书。

出土：原存耀县药王山通元桥北。

现藏：药王山博物馆。

著录：《药王山碑刻》。

提要：碑文载胡氏先祖与州人在二月二庙会期间穿窑筑场、煮米施食事。

重修孟庄村庙记

年代：清顺治十二年（1655）刻立。

形制：高 0.85 米，宽 0.50 米。

行字：正文楷书 8 行，满行 52 字。
撰书：仵魁撰。
纹饰：四周饰云纹。
现藏：合阳县博物馆。
提要：记载重修孟庄村庙事。

盛以恒暨妻赵氏合葬墓志

全称：明特赠中宪大夫河南按察司副使免南盛公暨配恭人赵氏合葬墓志铭。
年代：清顺治十二年（1655）刻。
形制：盖长 0.67 米，宽 0.63 米，厚 0.06 米。志长 0.68 米，宽 0.62 米，厚 0.07 米。
行字：盖文篆书 6 行，满行 5 字，题"明特赠中宪大夫河南按察司副使免南盛公暨配恭人赵氏合葬之墓"。志文楷书 39 行，满行 38 字。
撰书：王拱极撰，李学祖篆盖并书。
出土：1976 年出土于潼关县南头乡万家岭村。
现藏：潼关县东门博物馆。
备注：字迹泐蚀模糊，尚可辨识。《潼关碑石》记载为 1971 年。
著录：《潼关碑石》。
提要：记载盛以恒的家族世系、生平。

*赐程明顺诰命碑

年代：清顺治十二年（1655）刻立。
形制：圆首。通高 2.13 米，宽 0.73 米，高 1.81 米。
行字：正文行楷 13 行，满行 35 字。
出土：原在户县秦渡镇枣林寨程氏祖坟。
现藏：户县余下镇占管营。
著录：《户县碑刻》。
提要：记载顺治皇帝特授陕西抚标中军都司金书兼左营游击事程明顺为怀远将军，并封程明顺妻高氏为淑人事。

郭母牛氏墓志

年代：清顺治十二年（1655）刻。
形制：志、盖均为正方形，尺寸相同。边长 0.76 米。
行字：盖文篆书 3 行，满行 3 字，题"郭孺人牛氏墓志铭"。志文楷书 28 行，满行 33 字。
撰书：武斗撰，马嗣李书，石碻篆盖。
出土：1956 年出土于华阴县明星村，2003 年入藏西安碑林博物馆。
现藏：西安碑林博物馆。
著录：《华山碑石》。
备注：志文泐蚀严重，尤以右部为甚。
提要：记录牛氏家世、生平。

修唐杨贵妃墓

年代：清顺治十二年（1655）刻立。
形制：高 1.70 米，宽 0.83 米，厚 0.16 米。
行字：正文楷书 15 行，满行 36 字。
撰书：贺文龙撰。
出土：早年出土于兴平县马嵬镇杨贵妃墓。
现藏：兴平市杨贵妃墓博物馆。
提要：记载贺文龙于顺治十二年修缮贵妃墓事。

重修白云峰碑记

年代：清顺治十三年（1656）刻立。
形制：高 0.35 米，宽 0.28 米。
行字：正文楷书 16 行，满行 21 字。
撰书：郭清泉等立。
出土：原在华山北峰，2003 年入藏西安碑林博物馆。
现藏：西安碑林博物馆。
著录：《华山碑石》。
提要：记载白云峰各洞、祠创建以及重修时间。

罗山寺村柏树建墩记

年代：清顺治十三年（1656）刻立。

形制：通高 1.40 米，宽 0.49 米。

行字：正文楷书 10 行，满行 54 字。

撰书：吕得璜撰，韩斌书。

现藏：合阳县博物馆。

提要：记载罗山寺村遭遇殿宇倾圮，村人在柏树建墩以祈神灵之事。

重修定兴寺旧殿创建后殿山门碑记

年代：清顺治十三年（1656）刻立。

形制：圆首方座。高 1.36 米，宽 0.66 米。

行字：额楷书 1 行 3 字，题"定兴寺"。正文楷书 18 行，满行 29 字。

撰书：王茂基撰。

纹饰：碑额左右各刻一兽，似狮虎形象，碑头与碑体衔接处刻有二龙戏珠图，碑四周饰蔓草纹。

现藏：澄城县赵庄镇武安村。

著录：《澄城碑石》。

备注：碑面多处磨蚀，但字迹尚可辨认。

提要：记载重修定兴寺旧殿、创建后殿山门缘由及经过。

*西湖书院诗文画碑

年代：清顺治十三年（1656）刻立。

形制：高 0.63 米，宽 1.05 米。

行字：诗篆书 8 行，满行 15 字。文行草 27 行，满行 19 字。

撰书：王霖诗，路世美撰，路从广画。

出土：从废品回收公司收回，时间不详。

现藏：澄城县乐楼文物管理所。

著录：《澄城碑石》。

备注：碑文大部分漫漶不清，左下角残缺。

提要："西湖书院"即"水东书院"，此碑和《水东书院诗文碑》为一组。有五言诗一首，七绝一首，所绘之画镌刻精细。路世美，明末举人，路车孙，路从广子，授东光知县；路从广，路车长子，官为保庆府通判。

*平西王属官捐资碑

年代：清顺治十四年（1657）刻立。

形制：高 1.30 米，宽 0.62 米，厚 0.14 米。

行字：正中大字楷书 8 字，小字 12 字。

撰书：魏自立书。

现藏：汉中市天台山大殿后墙上。

著录：《汉中碑石》。

提要：刊刻平西王下捐资信官及住持道人、督工人和地方官地名。记平西王吴三桂两次驻军汉中，属官捐资事，是研究吴三桂在汉中活动的珍贵实物。

重修兴国寺碑记

年代：清顺治十五年（1658）刻立。

形制：高 2.22 米，宽 0.92 米，厚 0.28 米。

行字：正文楷书 13 行，满行 48 字。

撰书：黄云蒸撰，张应征书并篆额。

纹饰：四周饰二龙戏珠图案。

出土：原在陇县县委西院。

现藏：陇县博物馆。

提要：记述兴国寺创修及历代重修事宜。

重修孔子庙碑记

年代：清顺治十五年（1658）刻立。

形制：高 0.86 米，宽 1.02 米。

行字：正文楷书 23 行，满行 30 字。

撰书：王弘撰撰并书。

出土：原在华阴县文庙，2003 年入藏西安碑林博物馆。

现藏： 西安碑林博物馆。

著录： （乾隆）《华阴县志》《华山碑石》。

备注： 字迹清晰，石残断为二，右下角残缺。

提要： 记载华阴县重修孔子庙事。王弘撰，字无异，号山史，华阴人。著有《易图象述》《东行日札》《华山志》等。《清史稿》卷501有传。

耀州五台山图

年代： 清顺治十五年（1658）刻立。

形制： 高0.62米，宽0.73米。

行字： 正文楷书，共约113字。

撰书： 左佩玹题辞，张育岱绘图。

出土： 原存耀县药王山。

现藏： 药王山博物馆。

著录： 《药王山碑刻》《陕西药王山碑刻艺术总集》。

提要： 文记左佩玹等游五台山后邀张育岱绘图事。

耀州五台山静明宫创建四帝二后行宫记

年代： 清顺治十五年（1658）刻立。

形制： 高0.53米，宽1.28米，厚0.18米。

出土： 原存耀县药王山。

现藏： 药王山博物馆。

著录： 《药王山碑刻》《陕西药王山碑刻艺术总集》。

提要： 此碑全为功德记事和助缘人众的姓名。

随清娱墓志

全称： 故汉太史司马公侍妾随清娱墓志铭。

年代： 清顺治十六年（1659）刻。

形制： 高0.38米，宽0.68米。

行字： 志文楷书27行，满行16字。

撰书： 徐起霖撰。

现藏： 韩城市司马迁祠。

著录： 《司马迁祠碑石录》。

提要： 此墓志铭传说是唐代名臣、大书法家褚遂良撰并书，此系清代合阳县知事徐起霖录述，于清顺治十六年六月立碑于司马迁祠。

铁佛崇文塔寺常住田供众记

年代： 清顺治十六年（1659）刻立。

形制： 螭首龟座。通高3.28米，宽0.78米，厚0.22米。

行字： 正文楷书23行，满行63字。

现藏： 泾阳县崇文塔文物管理所。

提要： 刊载邑人为铁佛寺划定常住田之事。

石鼓文

年代： 清顺治十六年（1659）刻立。

形制： 共4石。其中两石高0.70米，宽1.61米，厚0.25米。另两石高0.85米，宽1.50米，厚0.25米。

出土： 原存耀县文庙。

现藏： 药王山博物馆。

提要： 此石鼓文属清初翻刻，依北宋苏轼校订抄本。另有"录释"，以及韦应物、韩愈、苏子瞻等人的石鼓歌，并有左重耀集柳公权字的《石鼓文铭》。

*水东书院诗文碑

年代： 清顺治十七年（1660）刻立。

形制： 高0.65米，宽0.95米。

行字： 诗为楷书，文为行草。存51行，满行17字。

撰书： 王拱极题名，吴定撰。

出土： 从废品回收公司收回，时间不详。

现藏：澄城县乐楼文物管理所。

著录：《澄城碑石》。

备注：碑从中部断裂，右侧残缺，碑面字迹多处漫漶，难以辨认。

提要：此碑和《西湖书院诗文画碑》为一组。

高神殿建戏楼碑记

年代：清顺治十七年（1660）刻立。

形制：圆首。高 1.42 米，宽 0.65 米。

行字：正文楷书 24 行，共 1167 字。

撰书：薛士□撰。

现藏：韩城市普照寺高神殿内。

提要：记载捐银重修高神殿事。

重修大象寺碑记

年代：清顺治十七年（1660）刻立。

形制：长方形。尺寸不详。

行字：正文楷书 9 行，满行字数不详。

撰书：马千里撰，杨知畏书。

现藏：合阳县博物馆。

提要：记载重修大象寺事。

重修文庙碑记

年代：清顺治十七年（1660）刻立。

形制：高 2.07 米，宽 0.23 米。

行字：正文楷书 18 行，满行 51 字。

撰书：党崇雅撰。

纹饰：四周饰云龙纹，下有榫。

现藏：汉中市博物馆。

著录：《汉南续修郡志》。

提要：记述汉中知府冯达道与同僚刘泽霖、郭永祚、张启元及南郑教谕王讳、张私德等捐资修葺文庙大成殿之事。冯达道，江苏武进人，进士，在汉南有政声，离任之时，汉南绅商民曾为其镌立功德去思碑。

*良石村关帝庙碑（甲）

年代：清顺治十七年（1660）刻立。

形制：高 0.90 米，宽 0.44 米。

行字：正文楷书 11 行，满行 35 字。

撰书：吕得璜撰，宁毓蕊书。

现藏：合阳县和家庄镇良石村。

提要：记载合阳县良石村王夫尚等率众重修良石村关帝庙事。

*良石村关帝庙碑（乙）

年代：清顺治十七年（1660）刻立。

形制：高 0.44 米，宽 0.73 米。

行字：正文楷书 10 行，满行 39 字。

撰书：王麟角撰。

现藏：合阳县博物馆。

提要：记载良石村祭祀关帝缘由。

关帝庙改作大门碑记

年代：清顺治十七年（1660）刻立。

形制：方首方座。双面刻。通高 1.58 米，宽 0.57 米，厚 0.21 米。

行字：额篆书，碑阳题"碑记"，碑阴题"碑阴"。正文楷书 8 行，满行 48 字。

撰书：高辛胤撰。

纹饰：四周饰蔓草纹。

现藏：韩城市大禹庙。

提要：记载清顺治十四年（1657）高辛胤、高来凤等捐银倡修关帝庙大门事。

禹庙歌舞台碑记

年代：清顺治十八年（1661）刻立。

形制：圆首方座。首身一体，双面刻。通高 1.55 米，宽 0.45 米，厚 0.15 米。

行字：额篆书，碑阳题"歌台"，碑阴题"碑记"。正文楷书 10 行，满行 40 字。

撰书：宁绍先撰。

纹饰：四周饰蔓草纹。

现藏：韩城市大禹庙。

提要：记载清顺治十八年西社乡老捐银修建大禹庙歌舞台事。

创建护难寨关圣庙碑记

年代：清顺治十八年（1661）刻立。

形制：高 1.20 米，宽 0.09 米。

行字：正文隶书 8 行，满行 49 字。

现藏：合阳县博物馆。

提要：记载创建护难寨关圣庙碑的起因、经过。

周王季陵

年代：清顺治十八年（1661）刻立。

形制：圆首座趺。通高 1.50 米，宽 0.60 米，厚 0.14 米。

行字：额楷书 1 行，满行 4 字，题"周王季陵"。正文楷书 15 行，满行 32 字。

撰书：张宗孟撰。

现藏：立于户县玉蝉镇陂头村王季陵。

著录：《户县碑刻》。

备注：上半部磨泐严重。

提要：记载周王季陵的地理位置以及骆公等人修葺陵园，使之恢复当年之盛的简单情况。王季陵，位于户县县城西玉蝉镇陂头村西南。王季即周古公亶父之季子季历。

盩厔骆侯重修鄠县文庙碑记

年代：清顺治十八年（1661）刻立。

形制：圆首座趺。通高 2.20 米，宽 0.84 米，厚 0.24 米。

行字：额篆书 2 行，满行 3 字，题"重修文

庙碑记"。正文楷书 17 行，满行 64 字。

撰书：秦骏生撰，王振世书并篆额。

现藏：户县文庙。

著录：《户县碑刻》。

提要：记载清顺治十八年（1661）重修文庙的经过。

重修孙真人祠记

年代：清顺治十八年（1661）刻立。

形制：螭首座趺。高 1.35 米，宽 0.50 米，厚 0.14 米。

行字：正文楷书 18 行，满行 36 字。

撰书：郑之杰撰，郑尊道书。

纹饰：碑额两侧浮雕二龙戏珠图案。

现藏：铜川市耀州区孙塬镇孙塬村真人祠碑廊。

备注：碑阴刻捐资人姓名。

提要：记载维修孙真人（孙思邈）故里及药王祠的情况。

刘汉儒题诗

年代：清顺治十八年（1661）刻立。

形制：高 0.36 米，宽 0.74 米。

行字：正文行书 7 行，满行 9 字。题记行书 6 行，满行字数不等。

撰书：刘汉儒诗，吴三锡书。

出土：原存耀县药王山。

现藏：药王山博物馆。

著录：《药王山碑刻》《陕西药王山碑刻艺术总集》。

提要：刊载刘汉儒游药王山时所作诗文。

胡会施汤碑记

年代：清顺治十八年（1661）刻立。

形制：圆首方座。高 1.00 米，宽 0.53 米。

行字：正文楷书 9 行，满行 14 字。

撰书：左重耀撰。

出土：原存耀县药王山北洞。

现藏：药王山博物馆。

著录：《药王山碑刻》《陕西药王山碑刻艺术总集》。

提要：此碑剥泐严重，文不可识。

*左重耀创辟孙仙姑石径等题记

年代：清顺治十八年（1661）刻立。

形制：高 0.50 米，宽 0.75 米。

行字：正文楷书 8 行，共 35 字。

撰书：左重耀题字。

出土：原存耀县药王山。

现藏：药王山博物馆。

著录：《药王山碑刻》《陕西药王山碑刻艺术总集》。

提要：记载左重耀于顺治十八年创辟孙仙姑石径及山右云墟两间，以作为逃世之所事。

*李景春书千字文

年代：清顺治时期（1644—1661）刻立。

形制：正方形。边长 0.87 米。

行字：正文楷书 3 栏，每栏 34 行，满行 13 字。

撰书：周元嗣撰，李景春书，卜兆梦刻石。

现藏：西安碑林博物馆。

著录：《西安碑林博物馆藏碑刻总目提要》。

提要：刊载李景春所书《千字文》一篇。

重修城隍庙记

年代：清顺治时期（1644—1661）刻立。

形制：螭首龟座。通高 2.92 米，宽 0.77 米。

行字：正文楷书 19 行，满行 63 字。

现藏：三原县博物馆。

提要：记载顺治年间重修三原城隍庙的经过。

襟山带河

年代：清康熙元年（1662）刻立。

形制：高 4.00 米，宽 8.00 米。

行字：正文楷书 1 行 4 字。

撰书：许宗智书。

现藏：榆林市红石峡西壁。

备注：剥蚀严重。

提要：楷书阴文"襟山带河"。上款剥蚀，字迹不清，下款"康熙元年岁次壬寅孟秋吉旦"。

中外一统

年代：清康熙元年（1662）刻立。

形制：高 3.50 米，长 13.50 米。

行字：正文楷书 1 行 4 字。

撰书：林天擎书。

现藏：榆林市红石峡西壁。

提要：上款"康熙元年岁次壬寅仲春吉旦"，下款"御史三韩林天擎题"。

鹭涛凤彩

年代：清康熙元年（1662）刻立。

形制：高 0.57 米，宽 1.64 米。

行字：正文行书 1 行 4 字。

撰书：陈颙书。

出土：西安碑林旧藏。

现藏：西安碑林博物馆。

著录：《西安碑林全集》。

提要：上款"康熙壬寅仲冬"，下款"云杜陈颙书"。

赵一韩墓志

全称: 清故赠通议大夫都察院右副都御史和宇赵公暨配赠淑人刘氏王氏继孟氏合葬墓志铭。

年代: 清康熙二年(1663)刻。

形制: 志正方形。边长 0.72 米,厚 0.15 米。

行字: 志文楷书 24 行,满行 41 字。

撰书: 朱廷璟撰,杨之翰书,袁廓宇篆盖。

纹饰: 盖左上下两角饰花角、志四侧线刻蔓草纹。

出土: 1995 年出土于富平县陕拖丁家属院。

现藏: 富平县文庙。

著录: 《富平碑刻》。

提要: 记载赵一韩的家族世系、生平。

重修耀州五台山宫殿记

年代: 清康熙二年(1663)刻立。

形制: 圆首方座。高 1.90 米,宽 0.76 米,厚 0.21 米。

行字: 额篆书 2 行,满行 5 字,题"重修耀州五台山宫殿记"。正文隶书 13 行,满行 44 字。

撰书: 房廷桢撰,左重耀书。

出土: 原存耀县药王山。

现藏: 药王山博物馆。

著录: 《药王山碑刻》《陕西药王山碑刻艺术总集》。

提要: 记载顺治十一年(1654)左佩玹、姜信、姜尊周等扩建、添建五台山建筑事。

重修五台山太玄洞天门记

年代: 清康熙二年(1663)刻立。

形制: 高 0.53 米,宽 1.28 米。

行字: 正文楷书 23 行,满行 15 字。

撰书: 左重耀撰并书。

出土: 原存耀县药王山,北洞天门门洞。

现藏: 药王山博物馆。

著录: 《药王山碑刻》《陕西药王山碑刻艺术总集》。

提要: 详述天门从金大定年间(1161—1189)创建至清初 570 多年来的修葺沿革。

*贾汉复修栈记

年代: 清康熙三年(1664)刻立。

形制: 圭首方座。通高 1.65 米,宽 0.80 米。

行字: 额篆书"皇清"2 字。正文楷书 22 行,满行 60 字。

撰书: 党崇雅撰。

出土: 原在汉中褒谷鸡头关上,1979 年迁入汉中博物馆。

现藏: 汉中博物馆。

著录: (嘉庆)《汉中府志》。

提要: 详细记述贾汉复修栈道的起因和经过,详列所写各类道桥数量、规模和投入等情况。贾汉复,山西曲沃人,曾任佐领、察院理事官、工部右侍郎、兵部左侍郎,云骑尉、兵部尚书衔,故有"大司马"之称。康熙元年至七年(1662—1668)任陕西巡抚,在此期间曾修治宝鸡至汉中之间的栈道,时称"北栈",民受其惠。

华阴王氏家庙碑记

年代: 清康熙三年(1664)刻立。

形制: 圆首。高 2.06 米,宽 0.77 米,厚 0.19 米。

行字: 正文楷书 19 行,满行 48 字。

撰书: 李楷撰,王弘嘉书。

出土：原在华阴县小涨村王氏宗祠，1976 年移入华阴市西岳庙。

现藏：华阴市西岳庙文物管理处。

著录：《华山碑石》（乾隆）《华阴县志》。

备注：断裂为三段。泐蚀严重，但字迹尚可辨识。

提要：记载华阴王氏家族世系。碑阴刻王氏宗族姓名，碑之一侧刻王氏宗祠地基。李楷，大荔朝邑人，字叔则，一字岸翁。康熙时主持编修《陕西通志》，人称"河滨夫子"。著有《河滨全集》。

山高水长

年代：清康熙三年（1664）刻立。

形制：圆首方座。通高 2.82 米，宽 0.92 米，厚 0.25 米。

行字：正文楷书 4 字。

撰书：毛子霞书。

出土：西安碑林旧藏。

现藏：西安碑林博物馆。

著录：《西安碑林全集》。

备注：碑阳刻《注岣嵝碑》。

提要：毛子霞书"山高水长"四字。

*修栈道记诗

年代：清康熙三年（1664）刻立。

形制：圆首方座。通高 3.07 米，宽 0.90 米，厚 0.26 米。

行字：正文行草 6 行，满行 16 字。

撰书：贾汉复撰，党崇雅书。

出土：西安碑林旧藏。

现藏：西安碑林博物馆。

著录：《西安碑林全集》。

提要：诗为陕西巡抚贾汉复为修汉南栈道之事有感而赋。

读陈门双节录赋赠

年代：清康熙三年（1664）刻立。

形制：高 0.28 米，宽 0.61 米。

行字：正文楷书 27 行，满行 15 字。

撰书：邓可权撰，陈之驹书。

出土：西安碑林旧藏。

现藏：西安碑林博物馆。

著录：《西安碑林全集》。

提要：福建诗人邓可权偶游长安，读《双节录》后有感而赋七言诗一首。

孟子

年代：清康熙三年（1664）刻立。

形制：共 17 石，尺寸相同。高 2.25 米，宽 0.85 米，厚 0.22 米。

行字：正文楷书，每石 7 栏，每栏 33—35 行，满行 10 字。

出土：西安碑林旧藏。

现藏：西安碑林博物馆。

著录：《西安碑林全集》。

备注：白如梅、贾汉复主持刊刻。

提要："开成石经"共收 12 部儒家经书，其中并无《孟子》。清康熙二年（1663）陕西巡抚贾汉复等人集《开成石经》字样补刻《孟子》，与《开成石经》合称"十三经"。

*重修周三公庙碑记

年代：清康熙三年（1664）刻立。

形制：螭首方座。高 1.53 米，宽 0.66 米。

行字：正文楷书 24 行，满行 52 字。

现藏：岐山县周公庙管理处。

提要：记载清康熙年间对周公庙修葺事。

后稷祠

年代：清康熙三年（1664）刻立。

形制：高 0.48 米，宽 0.75 米，厚 0.20 米。

行字：正文楷书，碑阳 11 行，满行 9 字。碑阴 4 行，满行 18 字。

撰书：贾汉复撰。

纹饰：四周饰九曲回纹。

出土：原在武功县文庙旧址（武功镇政府）院中，1987 年移存武功县文物管理委员会。

现藏：武功县城隍庙碑廊。

提要：碑阳为陕西巡抚贾汉复赞颂后稷功绩之诗，碑阴记乾隆元年（1736）武功县知县杨毓芳捐修事。

吉允迪暨妻王氏墓志盖

全称：皇清进士崇祀名宦乡贤朝议大夫贵州督学少参太上吉公暨元配前奉敕旌表贞烈恭人王氏墓志铭。

年代：清康熙四年（1665）刻。

形制：盖长 0.70 米，高 0.62 米。

行字：盖文篆书 7 行，满行 6 字。

纹饰：四周饰花草纹。

出土：出土时间、地点不详。

现藏：洋县蔡伦墓祠文物管理所。

提要：此系贵州督学吉允迪夫人王氏墓志盖。

寄题子长先生墓

年代：清康熙四年（1665）刻立。

形制：高 0.22 米，宽 0.77 米。

行字：正文草书 18 行，满行 5 字。

撰书：李因笃撰并书。

现藏：韩城市司马迁祠。

著录：《司马迁祠碑石录》。

提要：此诗碑为关中大儒李因笃作。

陈献明暨妻合葬墓志

年代：清康熙四年（1665）刻。

形制：志边长 0.74 米，厚 0.19 米。

行字：志文楷书 30 行，满行 35 字。

撰书：乔榛撰。

出土：出土于蒲城县兴镇街，时间不详。

现藏：蒲城县文物保护开发中心。

提要：志文记陈献明生平。

李景训墓志

全称：清待赠叔龙李公墓志铭。

年代：清康熙四年（1665）刻。

形制：盖长 0.48 米，宽 0.53 米，厚 0.13 米。志长 0.57 米，宽 0.57 米，厚 0.17 米。

行字：盖文篆书 5 行，满行 3 字，题"清待赠叔龙李公之墓志铭"。志文楷书 31 行，满行 30 字。

撰书：卫执蒲撰，李荫澄书，卫胤嘉篆盖。

纹饰：四周饰蔓草纹。

出土：出土时间、地点不详。

现藏：韩城市博物馆。

提要：记载李景训的家族世系、生平。

贾尚书补石经孟子诗

年代：清康熙四年（1665）刻立。

形制：圆首方座。通高 1.43 米，宽 0.72 米。

行字：正文行书 13 行，满行 50 字。

撰书：李楷撰。

出土：西安碑林旧藏。

现藏：西安碑林博物馆。

著录：《西安碑林全集》。

提要：诗为五言古体，颂扬贾汉复主陕期间补刻石经《孟子》之经过。

孟子序

年代：清康熙四年（1665）刻立。

形制：圆首方座。通高 2.27 米，宽 0.85 米。

行字：正文楷书，分 4 栏，满行字数不等。

撰书：李楷撰。

出土：西安碑林旧藏。

现藏：西安碑林博物馆。

著录：《西安碑林全集》。

备注：碑下截附刻《达摩祖师像》，冯绣绘，朱集义题像。

提要：前三栏为《孟子序》，第四栏为跋文。所刻《孟子序》为朱熹集注序说。李楷跋文对贾汉复补刻石经《孟子》的情况作了介绍。

耀吾姜君重修耀州五台山暨诸神像祠序

年代：清康熙四年（1665）刻立。

形制：高 0.48 米，宽 0.99 米，厚 0.16 米。

行字：正文楷书 25 行，满行字数不等。

撰书：李大行撰，高秉枢书。

出土：原存耀县药王山。

现藏：药王山博物馆。

著录：《药王山碑刻》《陕西药王山碑刻艺术总集》。

提要：序记京兆三原人姜遵周自顺治十年（1653）至康熙四年，历时十三年，修太玄洞，再建四帝殿四帝像，造真人像、文昌像、灵官像、玄坛像诸事。文后为《姜君受拜图》。

白云山碑记

年代：清康熙五年（1666）刻立。

形制：平首削肩方座。通高 2.74 米，宽 1.05 米，厚 0.16 米。

行字：正文行楷 28 行，满行 77 字。

撰书：朱之俊撰，李怀苾书。

纹饰：四周饰卷草纹。

现藏：佳县白云山白云观藏经阁前廊右侧。

著录：《白云山白云观碑刻》。

提要：记载佳县白云山道观因兵变而遭蹂躏，道士李寿鹄等赴晋石盘山补抄遗落道藏事。

五烈女墓表

年代：清康熙五年（1666）刻立。

形制：高 1.45 米，宽 0.47 米。

行字：额篆书"合阳五烈女墓表碑"8 字。正文行书 4 行，满行 9 字。

现藏：合阳县博物馆。

提要：记述五烈女坠井的原因。

*箴言四则

年代：清康熙五年（1666）刻立。

形制：高 0.96 米，宽 1.45 米。

行字：正文楷书 24 行，满行 7—13 字。

撰书：沈荃书。

出土：西安碑林旧藏。

现藏：西安碑林博物馆。

著录：《西安碑林全集》。

提要：箴言四则："勿谓一念可欺也，须知有天地鬼神之鉴察；勿谓一言可轻也，须知有前后左右之窃听；勿谓一事可忽也，须知有身家性命之关系；勿谓一时可逞也，须知有子孙祸福之报应。"以告诫世人。

咏贾开修栈道诗

全称：恭题大司马都宪贾大宗师大人开修栈道一律。

年代：清康熙五年（1666）刻立。

形制：高 0.39 米，宽 0.64 米。

行字：正文楷书 12 行，满行 9 字。

撰书：赵三麒撰，许肇业书。

出土：西安碑林旧藏。

现藏：西安碑林博物馆。

著录：《西安碑林全集》。

提要：诗内容为颂扬贾汉复开修南栈道事。

耀州五台山汤会碑记

年代：清康熙五年（1666）刻立。

形制：圆首。高 1.87 米，宽 0.90 米。

行字：正文楷书 61 行，满行 36 字。

撰书：李子馨撰并书。

出土：原存耀县药王山。

现藏：药王山博物馆。

备注：剥泐严重。

提要：从残存碑文可知，此碑为记载耀州五
　　　台山开设汤会、布施民众之事。

妆画真人殿宇碑记

年代：清康熙五年（1666）刻立。

形制：圆首方座。高 1.71 米，宽 0.75 米，
　　　厚 0.14 米。

行字：正文行书 16 行，满行 40 字。

撰书：王道明撰，高秉枢书。

出土：原存耀县药王山。

现藏：药王山博物馆。

著录：《药王山碑刻》《陕西药王山碑刻艺术
　　　总集》。

提要：记本邑信士段念祖饰金清妆画真人
　　　殿、五祖殿、献殿及门楼事。

重修升仙台官观记

年代：清康熙五年（1666）刻立。

形制：方首，两面刻。高 2.03 米，宽 0.77
　　　米，厚 0.18 米。

行字：正文楷书 16 行，满行 48 字。

撰书：左重显撰，高秉枢书。

出土：原存耀县药王山南庵。

现藏：药王山博物馆。

著录：《药王山碑刻》《陕西药王山碑刻艺术
　　　总集》。

提要：碑文详述了顺治十二年（1655）至康
　　　熙五年间，药王山宫观重建、改建、
　　　创建的情况。

程明顺墓志

全称：皇清诰封怀远将军杰吾程公墓志铭。

年代：清康熙六年（1667）刻。

形制：志、盖均为正方形，尺寸相同。边长
　　　0.86 米，厚 0.22 米。

行字：盖文篆书 4 行，满行 4 字不等，题"皇
　　　清诰封怀远将军杰吾程公墓志铭"。
　　　志文楷书 47 行，满行 52 字。

撰书：袁一□撰，姜瑄书，王章篆盖，卜得
　　　元、卜得振、杨玉璞刻。

出土：1967 年出土于户县秦渡镇枣林寨。

现藏：1992 年竖立于户县余下镇占管营村。

著录：《户县碑刻》。

备注：志石右侧中部有残。

提要：记载程杰吾（字明顺）家族世系、生
　　　平。其曾任怀远将军、福建督标副将、
　　　河南都督金事等。

*栈道歌

年代：清康熙六年（1667）刻立。

形制：圆首方座。通高 2.65 米，宽 0.88 米，
　　　厚 0.19 米。

行字：正文楷、草均有。分 5 栏，每栏行字
　　　数不等。

撰书：梁清宽、王豫嘉撰并书。

出土：西安碑林旧藏。

现藏：西安碑林博物馆。

著录：《西安碑林全集》。

备注：碑阳刻"道通武陵"，郭之彦书。

提要：所刻为两首诗歌，为贾汉复修汉南栈道而歌功颂德之作。

逸我山房帖

年代： 清康熙六年（1667）刻立。

形制： 高 0.97 米，宽 0.33 米，厚 0.15 米。

行字： 正文楷书 50 行，满行 19 字。

撰书： 何澄、赵三麟撰，石昌宗书。

现藏： 大荔县文物局。

著录：《大荔碑刻》。

提要： 碑文为何澄、赵三麟唱和诗。

重修观音老爷堂并诸事碑记

年代： 清康熙七年（1668）刻立。

形制： 高 0.50 米，宽 0.68 米。

行字： 正文楷书 25 行，满行 18 字。

撰书： 韦胤兴撰，韦成纶书。

现藏： 澄城县冯原镇韦家村。

著录：《澄城碑石》。

提要： 记载重修观音老爷堂起因及经过。所记为明末清初一些重大事件，可补正史之不足。

砦庙吟

年代： 清康熙七年（1668）刻立。

形制： 高 0.77 米，宽 0.20 米。

行字： 正文楷书 6 行，满行 58 字。

撰书： 吕得璜撰，范弘舟书。

现藏： 合阳县博物馆。

提要： 碑文以七言的形式记述砦庙位置、风光、修复情况。

雷于霖墓志

全称： 前癸酉科举人柏林雷子暨配杨氏刘氏两室人自志铭。

年代： 清康熙七年（1668）刻。

形制： 盖长 1.17 米，宽 0.78 米，厚 0.08 米。志长 1.17 米，宽 0.81 米，厚 0.11 米。

行字： 盖文篆书 6 行，满行 4 字，题"前癸酉科举人柏林雷子暨配杨氏刘氏两室人自撰墓志铭"。志文行书 148 行，满行 13—16 字不等。

撰书： 雷伯林撰。

出土： 1976 年出土于大荔县朝邑镇大寨子村。

现藏： 大荔县文物局。

著录：《文物》（1974 年 12 期）《大荔县新志》《大荔碑刻》。

提要： 此碑志为雷于霖（字柏林）自撰墓志铭，记述雷氏一生经历。雷于林生前有自传，记述自己参加李自成起义一事。

*康熙七年祭周陵碑

年代： 清康熙七年（1668）刻立。

形制： 圆首方座。通高 1.85 米，宽 0.67 米。

行字： 额楷书 1 行 4 字，题"御制祝文"。正文行楷 11 行，满行 18 字。

纹饰： 碑额两侧饰龙纹。

现藏： 咸阳市周陵文物管理所。

著录：《咸阳市渭城区志》《渭城文物志》。

备注： 此碑中部自左上至右下有一道断痕，字迹清晰。

提要： 记载清康熙七年皇帝遣官致祭周陵之事。

南城更建关帝庙记

年代： 清康熙八年（1669）刻立。

形制： 高 0.87 米，宽 0.20 米。

行字： 正文楷书 6 行，满行 23 字。

撰书： 李穆撰。

现藏： 合阳县博物馆。

提要： 记载重建白水关帝庙的缘由和经过。

修渠记

年代： 清康熙八年（1669）刻立。

形制： 圆首方座。通高 2.48 米，宽 0.76 米，厚 0.16 米。

行字： 正文行楷 25 行，满行 69 字。

撰书： 王际有撰，许琬书，陈延祚、郑廷秀篆额。

纹饰： 碑额饰卷云纹。

出土： 1963 年出土于泾阳县王桥镇衙背后村南。

现藏： 泾惠渠管理局张家山水库管理处。

备注： 碑断裂为 13 块。

提要： 记载修复泾河旧渠之事。

重修香炉石记

年代： 清康熙九年（1670）刻立。

形制： 高 1.25 米，宽 0.70 米。

行字： 正文楷书 14 行，满行 38 字。

撰书： 李泰业撰并书。

纹饰： 四周饰卷云纹。

现藏： 佳县城内香炉寺。

著录：《榆林碑石》。

提要： 记载重修香炉石之事。

柏里坊马氏五世祖墓碑记

年代： 清康熙九年（1670）刻立。

形制： 高 0.79 米，宽 0.53 米。

行字： 正文隶书 13 行，满行 24 字。

撰书： 马陵云、康太乙撰，李炆刻。

现藏： 合阳县博物馆。

提要： 碑阳为刻碑人的姓名。碑阴记马氏自扶风迁入合阳，墓志在县南柏里坊。

重修文庙学官记

年代： 清康熙九年（1670）刻立。

形制： 高 1.20 米，宽 0.45 米。

行字： 正文行书 35 行，满行 18 字。

撰书： 胡升旭撰，高秉枢书。

出土： 1997 年维修耀县文庙戟门时发现，镶嵌在西山墙内侧。

现藏： 铜川市耀州区博物馆。

著录：《耀州文庙》。

提要： 记载维修耀州文庙之事。

孝子李澄传

年代： 清康熙九年（1670）刻立。

形制： 圆首方座。通高 2.18 米，宽 0.88 米。

行字： 正文楷、行均有，分 6 栏，每栏行字数不等。

撰书： 段复兴撰，李敬修书。

出土： 西安碑林旧藏。

现藏： 西安碑林博物馆。

著录：《西安碑林全集》。

备注： 又称"忠孝碑"。

提要： 碑文依次为李澄传，李敬修识语，当时人诗文题跋十七则；碑阳有题跋四则。孝子李澄，陕西庆阳（今甘肃庆阳）人，明成化间恩贡。地方官段复兴撰文表彰李澄孝行，并刊诸碑石。段复兴，山东阳谷人，崇祯七年（1634）进士，崇祯十六年（1643）为庆阳守，遇李自成起义军攻城，城破自刎。李敬修为李澄七世孙，时为西安府儒学教授。

道通武陵

年代： 清康熙九年（1670）刻立。

形制： 圆首方座。通高 2.65 米，宽 0.88 米，厚 0.19 米。

行字： 正文行书 2 行，满行 7 字。

撰书：郭之彦书。

出土：西安碑林旧藏。

现藏：西安碑林博物馆。

著录：《西安碑林全集》。

备注：其碑阳为梁清宽、王豫嘉撰并书的《栈道歌》。

提要：为颂扬武陵源的一幅楹联。上联：天地道从虚里蕴。下联：圣贤情在静中涵。横批：道通武陵。

文昌阁告成即事漫咏

年代：清康熙九年（1670）刻立。

形制：高 0.58 米，宽 1.00 米。

行字：正文楷书 12 行，满行 14 字。

撰书：刘源溥撰并书。

出土：原存耀县药王山。

现藏：药王山博物馆。

著录：《药王山碑刻》《陕西药王山碑刻艺术总集》。

提要：记载刘源溥为耀州永昌阁建成所作诗文。

耀州五台山孙真人寝宫及墙垣告成记

年代：清康熙九年（1670）刻立。

形制：高 0.45 米，宽 0.93 米，厚 0.17 米。

行字：正文楷书 29 行，满行 18 字。

撰书：刘源溥撰，左重耀书。

出土：原存耀县药王山。

现藏：药王山博物馆。

著录：《药王山碑刻》《陕西药王山碑刻艺术总集》。

提要：记载池阳居士姜遵周，倡本州诸善信乔应升、雷济图等环构墙垣，建孙真人寝宫事。

*题司马迁祠墓

年代：清康熙十年（1671）刻立。

形制：圆首方座。通高 1.20 米，宽 0.57 米，厚 0.16 米。

行字：正文楷书 8 行，满行 19 字。

撰书：翟世琪撰并书。

纹饰：四周饰卷云纹。

现藏：韩城市司马迁祠。

著录：《司马迁祠碑石录》。

提要：刊刻康熙十年韩城知县翟世琪所作两首七言律诗。

题太史公祠墓（甲）

年代：清康熙十年（1671）刻立。

形制：圆首方座。通高 1.18 米，宽 0.55 米。

行字：正文楷书 14 行，满行 26 字。

撰书：张天培撰。

纹饰：四周饰卷云纹。

现藏：韩城市司马迁祠。

著录：《司马迁祠碑石录》。

提要：此诗碑共有七言绝句四首，其中第一首为翟世琪筑台修祠禋祀时所作；第三首为翟世琪自作《太史公世家》；第二、第四首为张天培作。

题太史公祠墓（乙）

年代：清康熙十年（1671）刻立。

形制：圆首方座。通高 1.15 米，宽 0.58 米，厚 0.18 米。

行字：志文楷书 8 行，满行 13 字。

撰书：李梦白撰。

纹饰：四周饰卷云纹。

现藏：韩城市司马迁祠。

著录：《司马迁祠碑石录》。

提要：此诗碑为康熙十年韩城县典史李梦白作。

太史公世家

年代： 清康熙十年（1671）刻立。

形制： 共 6 石，尺寸相同。高 1.20 米，宽 0.55 米。

行字： 正文楷书 96 行，满行 36 字。

撰书： 翟世琪撰并书。

纹饰： 四周饰卷云纹。

现藏： 韩城市司马迁祠。

著录： 《司马迁祠碑石录》。

提要： 记载司马迁外孙平通侯杨恽，在汉宣帝时将《史记》公之于世，司马迁的后裔被王莽封为"史通子"。同时记载高门故里马姓司马后裔改姓的情况。最后记载翟世琪任韩城县令时倡导修筑司马迁祠墙垣的情况。

唐敕封孙真人故宅

年代： 清康熙十年（1671）刻立。

形制： 高 2.20 米，宽 0.64 米，厚 0.20 米。

行字： 正文草书 12 行，满行 21 字。

撰书： 左重耀书，赵应题额，赵光裕刻。

纹饰： 碑额浮雕云龙纹，四周饰蔓草纹。

现藏： 铜川市耀州区孙塬镇孙塬村"幼读遗址"内。

备注： 1992 年修建碑楼并保护。

提要： 记载唐代敕封孙真人（孙思邈）故宅相关之事。左侧碑文记载："真人讳思邈，生于后周，少而神异。隋文帝、唐太宗屡诏不仕，仙举五台山。子讳行，凤阁侍郎。孙讳溥，萧县丞。俱华原人，世居于此村。孙家塬迄今坟墓尚存。"右侧刻督工、助工姓名。

郭君墓志

全称： 征仕郎蒲州别驾郭公之墓志铭。

年代： 清康熙十年（1671）刻。

形制： 志长 0.80 米，宽 0.53 米。

行字： 首行题篆书 11 字。志文楷书 31 行，满行 27 字。

撰书： 吴翀撰，王斗机书，王宗旦篆盖。

出土： 1975 年出土于华阴县郭家城村，2003 年入藏西安碑林博物馆。

现藏： 西安碑林博物馆。

著录： 《华山碑石》。

备注： 志文多漫漶。

提要： 记载郭君家族世系、生平。王斗机，华阴县西王村人，康熙十五年（1676）进士，广西怀远县、藤县知县。

重修白云山碑记

年代： 清康熙十一年（1672）刻立。

形制： 通高 2.95 米，宽 1.12 米，厚 0.15 米。

行字： 正文楷书 33 行，满行 58 字。

撰书： 刘钰撰，刘若宽书。

纹饰： 四周饰水波纹。

现藏： 佳县白云山白云观真武殿前钟楼下廊内。

著录： 《白云山白云观碑刻》。

提要： 记载康熙八年至十一年重修白云山事。

重修玄帝庙贡献楼金刚殿碑记

年代： 清康熙十一年（1672）刻立。

形制： 圆首方座，身首一体。通高 1.94 米，宽 0.64 米，厚 0.08 米。

行字： 额楷书 3 行，满行 2 字，题"重修合龙山记"。正文楷书 18 行，满行 37 字。

撰书： 李锡爵撰并书。

现藏：绥德县张家砭镇合龙山祖师庙正殿前左侧。

著录：《榆林碑石》。

提要：记载黄汝惠等于康熙十一年重修玄帝庙贡献楼、金刚殿事。

*司马坡前拜汉墟诗碑

年代：清康熙十一年（1672）刻立。

形制：圆首方座。高0.60米，宽1.07米。

行字：正文草书12行，满行5字。

撰书：和宁撰并书。

现藏：韩城市司马迁祠。

著录：《司马迁祠碑石录》。

提要：此诗为清承宣使者和宁于康熙十一年作。

*徐恪敏墓志

年代：清康熙十一年（1672）刻。

形制：志长0.95米，宽0.89米。

行字：盖文篆书9行，满行6字。志文楷书60行，满行66字。

撰书：郝惟纳撰，张云翼书，梁鈜篆额。

纹饰：盖四周刻线雕云鹤图，志周上下为二龙戏珠图案，左右为云鹤图。

出土：出土时间、地点不详。

现藏：蒲城县博物馆。

提要：此志记载徐恪敏家族世系、生平，历任光禄大夫、太子少保、镇宁陕西延绥挂印总兵等。

石砌土主庙神道碑记

年代：清康熙十一年（1672）刻立。

形制：螭首龟座。高2.05米，宽0.81米。

行字：正文楷书20行，满行52字。

撰书：黎时雍撰。

纹饰：碑额饰二龙戏珠图案，其余三边饰缠枝花草纹。

现藏：三原县博物馆。

提要：记载康熙年间为土主庙立碑之事。

重修城隍七圣楼并□□各庙门总碑记

年代：清康熙十二年（1673）刻立。

形制：高0.70米，宽1.03米。

行字：正文楷书34行，满行20字。

撰书：刘布春撰。

纹饰：四周饰水波纹。

现藏：嵌于佳县白云山三官殿东厢房左槛墙上。

著录：《白云山白云观碑刻》。

提要：记载白云山白云观重修城隍七圣楼及各庙门事宜。

重光白云山记

年代：清康熙十二年（1673）刻立。

形制：圆首方座。通高1.98米，宽0.77米，厚0.16米。

行字：楷书24行，满行44字。

撰书：张霄撰，冯元卿书。

纹饰：两侧刻云纹，边饰水波纹。

现藏：佳县白云山十三圣楼内右侧。

著录：《白云山白云观碑刻》。

提要：记载康熙十二年修建凌云鼎、奎星楼事。

韩素公孝行碑

年代：清康熙十二年（1673）刻立。

形制：高0.83米，宽0.38米。

行字：正文楷书10行，满行45字。

撰书：李弘烈撰，李灌篆，鲁之狷书。

现藏：合阳县博物馆。

提要：记载韩素公幼时嗜好读书，试俱获优，重义不趋利，孝行父母事。

宋师襄生祠碑

全称：明太□□衷宋公生祠碑。

年代：清康熙十二年（1673）刻立。

形制：高 2.56 米，宽 0.97 米，厚 0.29 米。

行字：正文楷书 21 行，满行 68 字。

撰书：寇慎撰，梁纮篆额，王豫嘉书，宋金瓯题记。

纹饰：四周饰卷云纹。

出土：原存铜川市耀州区西街宋家祠堂，2006 年迁铜川市耀州区博物馆。

现藏：铜川市耀州区博物馆。

著录：（乾隆）《续耀州志》《耀州文庙》。

提要：此碑是清康熙十二年为曾任明"顺天府尹"的宋师襄立的纪念碑。碑文分两部分，第一部分是寇慎撰写的原文，第二部分则是宋师襄之孙宋金瓯题写的立碑记事。

新建庙前献殿记

年代：清康熙十三年（1674）刻立。

形制：高 0.69 米，宽 0.39 米。

行字：正文楷书 9 行，满行 39 字。

撰书：谢遇知撰，谢开勋书。

现藏：合阳县博物馆。

提要：记载张仕俊、谢考、谢加尚、雷鸣铸、高屏周等人修建九郎庙事。

重修玄帝庙碑记

年代：清康熙十四年（1675）刻立。

形制：高 2.03 米，宽 0.84 米。

行字：正文楷书，碑阳 22 行，满行 50 字。碑阴 21 行，满行 56 字。

撰书：任奇撰，师继□篆额，李柱史书。

纹饰：四周饰波浪纹。

现藏：横山县波罗镇波罗村波罗堡八角亭前。

备注：部分剥蚀。

提要：记载玄帝庙自明正德至清康熙年间历次重修事。

增广太史公祭田记

年代：清康熙十四年（1675）刻立。

形制：圆首龟座。高 2.97 米，宽 0.77 米，厚 0.23 米。

行字：正文楷书 22 行，满行 54 字。

撰书：杨辉裕撰，孙锡胤书。

现藏：韩城市司马迁祠。

著录：《司马迁祠碑石录》。

提要：记载芝川人张士佩、张邦敬、张邦俊捐赠田地给司马迁祠，以供春秋祭祀、常规典礼之用。

赵光田墓志

全称：清□待赠新吾赵公墓志。

年代：清康熙十四年（1675）刻。

形制：志长 0.72 米，宽 0.69 米。

行字：志文楷书 24 行，满行 29 字。

撰书：赵惠古撰，牟攀卿书，雷作霖篆盖。

出土：出土时间、地点不详。2006 年自西安市临潼区栎阳街道征集。

现藏：西安市临潼博物馆。

提要：记载赵光田之家族世系、生平。

*康熙十四年祭周陵碑

年代：清康熙十四年（1675）刻立。

形制：圆首方座。通高 1.90 米，宽 0.71 米。

纹饰：碑额两侧饰龙纹。

现藏：咸阳市周陵文物管理所。

著录：《咸阳市渭城区志》《渭城文物志》。

提要：刊载康熙十四年致祭周陵祭文。

*苏轼画像碑

年代：清康熙十四年（1675）刻立。

形制：高 0.27 米，宽 0.62 米，厚 0.07 米。

行字：正文隶书 10 行。

撰并书：王宸临摹。

纹饰：碑刻苏轼画像二幅。

出土：1997 年出土于凤翔县文化馆。

现藏：凤翔县博物馆。

提要：碑以苏轼自评六言诗为题跋。碑石中左隶书介绍东坡先生笠履图来因，落款康熙乙卯。

*玄帝庙碑

年代：清康熙十五年（1676）刻立。

形制：高 1.87 米，宽 0.64 米。

行字：正文楷书 10 行，满行 46 字。

撰书：李灌撰，杨国栋书。

现藏：合阳县和家庄镇。

提要：记载合阳县东马村玄帝庙在康熙十五年前创修经过。

长灯谣

年代：清康熙十五年（1676）刻立。

形制：高 1.47 米，宽 0.67 米。

行字：正文楷书 12 行，满行 30 字。

撰书：李灌撰，康年庚书。

现藏：合阳县博物馆。

提要：诗文借长灯以颂关羽忠义昭然，借圣灵以寄复国之理想。

南百里坊新建后土祠记

年代：清康熙十五年（1676）刻立。

形制：高 1.48 米，宽 0.55 米。

行字：正文楷书 11 行，满行 45 字。

撰书：李穆撰。

现藏：合阳县博物馆。

提要：记载雷学谦等面对当时百里坊风气不正、纷争不已的现状，募资修建后土祠一事。

*康熙十五年祭周陵碑

年代：清康熙十五年（1676）刻立。

形制：圆首方座。通高 1.15 米，宽 0.48 米。

行字：正文行楷 8 行，满行 18 字。

纹饰：碑额两侧饰龙纹。

现藏：咸阳市周陵文物管理所。

著录：《咸阳市渭城区志》《渭城文物志》。

提要：刊载康熙十五年，以册立皇太子并加太皇太后、皇太后徽号致祭周陵祭文。

重修东岳庙碑记

年代：清康熙十六年（1677）刻立。

形制：高 1.54 米，宽 0.60 米，厚 0.17 米。

行字：正文隶书 17 行，满行 41 字。

撰书：钱天予撰，温尽美篆额，杨希颜书，康守分镌。

现藏：户县甘河镇东岳庙。

著录：《户县碑刻》。

提要：记载清康熙十六年重修东岳庙事。

合阳县城隍庙增建长廊记

年代：清康熙十七年（1678）刻立。

形制：高 1.96 米，宽 0.47 米。

行字：正文篆书 9 行，满行 47 字。

撰书：雷学谦撰，雷九一书。

现藏：合阳县博物馆。

提要：记载增建城隍庙的缘由、经过。

雄石峡张公创开水磨碑记

年代：清康熙十八年（1679）刻立。

形制：高 1.13 米，长 0.55 米。

行字：正文楷书 10 行，满行 24 字。

撰书：王桢撰。

纹饰：四周饰卷草纹、几何纹。

现藏：榆林市红石峡东壁观音堂左壁。

提要：记载张健在红石峡建成水磨，榆中人竞相效仿，一时建成十数处，获得大利之事。

重修韩城学宫记

年代：清康熙十八年（1679）刻立。

形制：圆首龟座。通高3.74米，宽0.90米，厚0.34米。

行字：正文楷书12行，满行65字。

撰书：王廷选撰，杨应元篆额，张天培书。

纹饰：碑额刻二龙戏珠图案，碑身四周饰蔓草纹。

现藏：韩城市博物馆。

提要：记述知县王廷选康熙十七年重修文庙事。

重修学舍记

年代：清康熙十八年（1679）刻立。

形制：高0.60米，宽0.39米。

行字：正文楷书20行，满行18字。

撰书：杨应元撰。

现藏：韩城市博物馆。

提要：记载教谕杨应元及知县王廷选重修学宫学舍之事。

康熙千字文

年代：清康熙十八年（1679）刻立。

形制：共7石，尺寸相同。高0.43米，宽0.97米。

行字：正文楷书101行，满行10字。

撰书：玄烨书，何嘏摹。

出土：西安碑林旧藏。

现藏：西安碑林博物馆。

著录：《西安碑林全集》。

提要：刊刻玄烨书《千字文》。

重修佛堂志

年代：清康熙十九年（1680）刻立。

形制：通高0.50米，宽0.82米。

行字：正文楷书34行，满行20字。

纹饰：四周饰水波、草叶纹。

出土：原在汉中河东店镇张氏佛堂，1980年前后移存汉中市古汉台。

现藏：汉中博物馆。

著录：《汉中碑石》。

提要：记录明初河南灵宝县张某，来汉后定居褒城河东店；至康熙时，其后裔张宗道习儒喜文，崇尚佛教，其第三子修建家庭佛堂事。

孙加印暨妻申氏合葬墓志

全称：大清诰封骠骑将军原任浙江黄岩水师右路副总兵都督佥事谦庵孙公暨配申夫人合葬志铭。

年代：清康熙十九年（1680）刻。

形制：志长0.75米，宽0.70米。

行字：志文楷书40行，满行45字。

撰书：米汉雯撰，张云翼书，黄机篆盖。

出土：1970年出土于西安市南郊北池头村。

现藏：西安碑林博物馆。

著录：《西安碑林全集》。

提要：记录孙加印生平。孙加印，曾参加镇压叛军、守卫长安的战役和镇压米喇印、丁国栋等反清义军的战役，数立战功。其曾任镇中营游击将军、凉州中协副总兵、江西袁州副总兵、浙江衢州副总兵、浙江协守黄岩水师右路副总兵。

重修城隍庙碑记

年代: 清康熙十九年（1680）刻立。

形制: 圆首龟座。通高 2.26 米，宽 0.83 米。

行字: 额篆书 2 行，满行 3 字，题"重修城隍庙记"。正文楷书 22 行，满行 50 字。

撰书: 权持世撰，侯恽篆额。

纹饰: 碑额饰龙凤、祥云等图案。

现藏: 三原县博物馆。

著录: 《咸阳碑刻》。

提要: 记载康熙年间重修三原城隍庙之事。

岩赫具瞻

年代: 清康熙二十年（1681）刻立。

形制: 高 3.80 米，宽 14.00 米。

行字: 正文楷书 1 行 4 字。

撰书: 李承恩书。

现藏: 榆林市红石峡西壁。

提要: 此题刻赞美红石峡两岸陡峭如削，风景如花屏并列，非常壮观。上款"大清康熙辛酉秋日"，下款"古燕李承恩题"。李承恩，京卫人，康熙十九年任延绥总兵。

新增西岳庙神像碑

全称: 善良西村重修武帝九郎神祠新增西岳庙神像之碑。

年代: 清康熙二十年（1681）刻立。

形制: 高 1.78 米，宽 0.65 米。

行字: 正文楷书 9 行，满行 44 字。

撰书: 谢学古撰，谢永祐书。

现藏: 合阳县博物馆。

提要: 记载重修武帝祠、新增西岳庙神像事。

合阳三官庙碑铭

年代: 清康熙二十年（1681）刻立。

形制: 高 1.78 米，宽 0.65 米。

行字: 正文楷书 7 行，满行 35 字。

撰书: 康乃心撰。

现藏: 合阳县博物馆。

提要: 记载合阳三官庙的位置及祭祀三官缘由。

*吾老洞汉白玉匾

年代: 清康熙二十年（1681）刻立。

形制: 高 0.2 米，宽 0.64 米。

行字: 正文行书 3 字。

撰书: 高宗砺书。

现藏: 周至县古楼观吾老洞顶。

著录: 《楼观台道教碑石》。

提要: 书"吾老洞"三字及上下款。

严氏避难午子山碑

年代: 清康熙二十一年（1682）刻立。

形制: 圆首方座。高 0.94 米，宽 0.50 米。

行字: 正文楷书 7 行，满行 26 字。

纹饰: 四周饰鱼鳞纹。

现藏: 西乡县午子观。

提要: 记述骠骑将军、荣禄大夫严氏避难午子山的事情。

张三丰诗碑

年代: 清康熙二十一年（1682）刻立。

形制: 圆首方座。高 1.42 米，宽 0.70 米，厚 0.17 米。

行字: 正文楷书 9 行，满行 14 字。

现藏: 黄帝陵轩辕庙碑廊。

著录: 《延安市文物志》《黄陵文典·文物卷》《黄帝陵碑刻》。

提要: 刻元至正二十年（1360）道人张三丰祭拜轩辕黄帝陵后赋《谒桥陵》诗一首，清康熙二十一年（1682）四月中部县令金兰芝重立。

*康熙二十一年祭黄帝陵碑

年代：清康熙二十一年（1682）刻立。

形制：圆首方座。通高 2.13 米，宽 0.68 米，厚 0.15 米。

行字：正文行楷 8 行，满行 44 字。

纹饰：四周饰蟠螭纹。

现藏：黄帝陵轩辕庙碑廊。

著录：《延安市文物志》《黄陵文典·文物卷》《黄帝陵碑刻》。

提要：记载清圣祖玄烨遣工部右侍郎苏拜于康熙二十一年（1682）三月十六日祭祀轩辕黄帝。祭文用汉满两种文字书写。

补修药王殿钟鼓楼碑记

年代：清康熙二十一年（1682）刻立。

形制：高 0.77 米，宽 1.30 米。

行字：正文楷书 35 行，满行 26 字。

撰书：刘布春撰并书。

纹饰：四周饰卷草纹。

现藏：嵌于佳县白云山正殿西七真祠左槛墙上。

著录：《白云山白云观碑刻》。

提要：记载道人苗太稔及生员、善士补修药王殿、钟楼、鼓楼等事。

重建王孝直墓碑

年代：清康熙二十一年（1682）刻立。

形制：圆首方座。高 2.70 米，宽 0.98 米，厚 0.23 米。

撰书：米兖撰。

纹饰：碑额刻双鸟云纹，碑身饰蔓草纹。

现藏：蒲城县椿林乡山西堡村。

提要：记述王氏家族的迁徙经过，其中涉及元末红巾军起义一事。介绍了王孝直其人及王孝直所立的家训等内容。

*杭州府临安知县张顾恒供犀灯长炬银碑记

年代：清康熙二十一年（1682）刻立。

形制：圆首无座，首身一体。高 1.27 米，宽 0.55 米，厚 0.17 米。

行字：正文楷书 4 行，满行 14 字。

纹饰：碑额饰云纹，碑身四周饰花边。

现藏：韩城市博物馆。

提要：记载邑人张顾恒任临安知县时捐犀灯一挂，长炬银十二两。

*游天冠山诗碑

年代：清康熙二十一年（1682）刻立。

形制：圆首方座。通高 1.58 米，宽 0.69 米。

行字：正文草书。分七截，每截 20 行，满行字数不等。

撰书：赵孟頫撰并书，文徵明跋。

出土：西安碑林旧藏。

现藏：西安碑林博物馆。

著录：《西安碑林全集》《陕西金石志补遗》《续修陕西通志稿》。

备注：附刻于《五岳真形图》碑阴。

提要：碑文为赵孟頫书其游天冠山所作即景诗。天冠山即今江西贵溪三峰山。

*康熙二十一年祭周陵碑

年代：清康熙二十一年（1682）刻立。

形制：圆首方座。通高 2.28 米，宽 0.81 米。

行字：正文楷书 11 行，满行 41 字。

纹饰：碑额两侧饰龙纹。

现藏：咸阳市周陵文物管理所。

著录：《咸阳市渭城区志》《渭城文物志》。

备注：此碑为满汉文篆刻。

提要：刊载康熙二十一年二月平定三藩之乱后致祭文。

重妆佛像碑记

年代：清康熙二十二年（1683）刻立。

形制：圆首方座。高 1.87 米，宽 0.71 米。

行字：正文楷书 4 行，满行 10 字。

纹饰：四周饰卷草纹。

现藏：榆林市红石峡东壁窟内。

备注：剥蚀较重。

提要：记载康熙二十二年延安府榆林城堡同知古潜川、时来敏祈保子孙平安，重妆佛像事。

俯纳边流

年代：清康熙二十二年（1683）刻。

形制：高 3.60 米，宽 9.60 米。

行字：正文 1 行 4 字。

现藏：榆林市红石峡西壁。

提要：此题刻意指站在岩崖上俯视浩浩清流，奇诡壮观而又幽深。

重妆圣母碑记

年代：清康熙二十二年（1683）刻立。

形制：圆首方座。通高 1.82 米，宽 0.70 米。

行字：正文行楷 4 行，满行 10 字。

纹饰：四周饰水波纹，座饰覆莲纹。

现藏：榆林市红石峡东壁窟内。

提要：记载康熙二十年（1681）延安府榆林城堡同知孙敬为祈保子孙平安，重妆圣母一事。

禹迹磨崖

年代：清康熙二十二年（1683）刻。

形制：高 3.00 米，宽 8.80 米。

行字：正文行书 1 行 4 字。

撰书：胡志南撰并书。

现藏：榆林市红石峡西壁。

备注：剥蚀严重。

提要：行书阴文"禹迹磨崖"。上款"康熙癸亥季□"，下款"古越胡志南题"。

长灯碑记

年代：清康熙二十二年（1683）刻立。

形制：高 1.05 米，宽 0.50 米。

行字：正文楷书 12 行，满行 32 字。

纹饰：四周饰花边。

现藏：韩城市博物馆。

提要：记载在会 96 人提供灯油费之事。

*青门帖

年代：清康熙二十二年（1683）刻立。

形制：高 0.23 米，宽 0.60 米。此碑仅为碑阴的一部分，故较小。

行字：正文行草 27 行，满行字数不等。

撰书：康乃心撰并书。

出土：西安碑林旧藏。

现藏：西安碑林博物馆。

著录：《西安碑林全集》。

备注：碑阳为明洪武十五年（1382）《明西安赡学田颂碑》。

提要：青门帖包括五首诗，即五律《六月一日访中孚征君于二曲山居，寄谢此诗次雪木先生述怀初韵》，五律《少华张嘉雨喜晤长安书赠》，七律《登终南山观音屋》，七绝《二曲道中即事》，七绝《西书屋晓望》。"中孚征君"即李颙，字中孚，号二曲，明清之际著名哲学家。

太上感应篇

年代：清康熙二十二年（1683）刻立。

形制：高 2.65 米，宽 1.02 米。

行字：额篆书 2 行，满行 3 字，题"太上垂训经文"。正文草书，分 7 栏，每栏 23 行，满行 9 字。

撰书：王道震书。

出土：西安碑林旧藏。

现藏：西安碑林博物馆。

著录：《西安碑林全集》。

提要：刊载《太上感应篇》经文。

兴复五义学碑记

全称：大司马巡抚陕西鄂公兴复五义学碑记。

年代：清康熙二十二年（1683）刻立。

形制：圆首方座。通高 2.71 米，宽 0.88 米，厚 0.24 米。

行字：额篆书 4 行，满行 4 字，题"大司马巡抚陕西鄂公兴复五社学碑记"。正文楷书，分 7 栏，每栏行字数不等。

撰书：周之桂撰，王承祖题额，陈大经、杜松茂集欧阳询书。

出土：西安碑林旧藏。

现藏：西安碑林博物馆。

著录：《西安碑林全集》。

备注：碑阴为文庙崇祀位次图。

提要：记述当时陕西巡抚鄂恺复兴长安城内五所义学的经过。

*康熙二十二年氏族颂祖记事碑

年代：清康熙二十二年（1683）刻立。

形制：圆首龟座。通高 2.36 米，宽 1.08 米，厚 0.36 米。

行字：碑额篆书 4 字。正文行楷 33 行，满行 56 字。

纹饰：碑额饰龙纹，四周饰动物花卉纹。

现藏：咸阳市秦都区渭滨镇两寺渡村。

提要：记载康熙年间族人祭祀祖先之事。

朝山碑记

全称：三水县百姓三年醮会圆满序。

年代：清康熙二十二年（1683）刻立。

形制：圆首方座。高 1.28 米，宽 0.47 米，厚 0.13 米。

行字：正文楷书 20 行，满行 47 字。

撰书：王祚兴撰，蒲琬书。

现藏：药王山博物馆。

著录：《药王山碑刻》《陕西药王山碑刻艺术总集》。

备注：碑阴刻《助缘记》。

提要：此碑为三水县居民中国璋、李栋伟等50 余人各为父母年老，虔诚叩祷真人祠，许醮会三年圆满之记。

金妆地藏十王碑记

年代：清康熙二十三年（1684）刻立。

形制：圆首方座。高 1.14 米、长 0.58 米。

行字：正文楷书 14 行，满行 40 字。

撰书：王师文撰，高祥麟书。

现藏：榆林市红石峡东壁窟内。

著录：《红石峡水利史迹与碑刻》。

提要：记载金妆地藏十王之事。

汉太史令司马公祠墓碑记

年代：清康熙二十三年（1684）刻立。

形制：圆首龟座。通高 3.37 米，宽 0.77 米，厚 0.27 米。

行字：正文楷书 22 行，满行 74 字。

撰书：何宪曾撰，张可师书，樊希贤等刻。

纹饰：四周饰卷云纹。

现藏：韩城市司马迁祠。

著录：《司马迁祠碑石录》。

提要：记载司马迁生在夏阳，司马迁墓的地理位置，并尹阳等前人修葺司马迁祠墓的事情。

重修学宫记

年代：清康熙二十三年（1684）刻立。

形制：高 2.16 米，宽 0.96 米。

行字：正文行书 25 行，满行 62 字。

撰书：王弘撰撰并书。

纹饰：四周饰卷云纹。

出土：原在华阴县城文庙，1979 年移入华阴市西岳庙。

现藏：华阴市西岳庙文物管理处。

著录：（乾隆）《华阴县志》《华山碑石》。

备注：右上角及左下角漫漶不清。

提要：记载明洪武二年（1369）明太祖下诏天下兴办学堂，华阴县丞黄文明创建学宫及重修事。

韩公考正位次碑

全称：别驾韩公考正位次记。

年代：清康熙二十三年（1684）刻立。

形制：圆首方座。通高 2.80 米，宽 0.88 米，厚 0.24 米。

行字：额篆书 5 行，满行 2 字，题"别驾韩公考正位次之碑"。正文楷书分 6 栏刻，前 4 栏记文每栏 24 行，满行 8 字，后 2 栏为题名。

撰书：张恂撰，晋文煜集欧阳询书并篆额。

出土：西安碑林旧藏。

现藏：西安碑林博物馆。

著录：《西安碑林全集》。

备注：碑阳为《峋嵝碑》。

提要：记述韩公在凤翔任别驾五年之德政及韩公详察西安府学圣贤位次之错误，并"手自更正，复捐俸为图，刻石碑林三庠"之事。碑尾列西安乡绅进举贡监生儒耆贾凡 180 人名，其中有当时名流王弘撰、康乃心等。

刘泽墓塔铭

年代：清康熙二十四年（1685）刻立。

形制：五层石塔。通高 2.40 米，径 1.20 米。

行字：正文楷书 10 行，满行 33 字。

撰书：唐堃厚撰。

纹饰：塔体分五层。底座为毛坯方形石；一层为八棱须弥形；二层为圆形仰覆莲；三层为仿古方桌托四棱有刹石柱，石柱正面有阴刻楷书铭文，两侧有花卉；四层为四出仿古建筑塔帽；五层为塔顶。

出土：1999 年出土于富平县宫里镇南陵村。

现藏：富平县文庙。

提要：柱阳记载刘泽及其长子的生平。柱阴记载清代增修戏楼经过及捐资人姓名。

御制古文渊鉴序

年代：清康熙二十四年（1685）刻立。

形制：共 3 石，高宽不等。

行字：正文草书 45 行，满行字数不等。

撰书：玄烨撰并书。

现藏：西安碑林博物馆。

著录：《西安碑林全集》。

提要：《古文渊鉴》是清代徐乾学等奉命编选的文章总集，共六十四卷，上起《左传》，下至宋代作品，附有注释评论。

*长安道上杂咏

年代：清康熙二十四年（1685）刻立。

形制：高 0.55 米，宽 0.85 米。

行字：正文行楷 20 行，满行 16 字。

撰书：许孙荩撰并书。

现藏：西安碑林博物馆。

著录：《西安碑林全集》。

提要：杂咏包括四首七律，包括《函谷关》、《潼关》及《华岳》（二首）。

*千工堰碑

年代：清康熙二十四年（1685）刻立。

形制：圆首。高 2.30 米，宽 1.10 米。

行字：额题"永垂不朽"4 字。正文楷书，行字数不详。

撰书：张龄撰并书。

纹饰：碑额饰二龙戏珠图案。

现藏：安康市汉滨区千工乡小垱村三观庙。

著录：《安康碑版钩沉》。

提要：记载千工堰创自明嘉靖年间（1521—1566），康熙二十一年（1682）被大水冲毁，知州李公组织人员抢修千工堰之事。

慈航普度碑记

年代：清康熙二十五年（1686）刻立。

形制：高 1.40 米，宽 0.68 米，厚 0.16 米。

行字：正文行楷 29 行，满行 24 字。

纹饰：两侧饰卷云纹。

现藏：志丹县永宁镇金山寺。

提要：记载金山寺修石室三门事。

至圣先师孔子赞（甲）

年代：清康熙二十五年（1686）刻立。

形制：螭首。通高 4.29 米，厚 0.32 米。

行字：正文楷书 12 行，满行 50 字。

纹饰：座高浮雕龙凤吉祥纹等。

出土：2002 年出土于富平县文庙。

现藏：富平县文庙。

提要：记载时人颂扬孔子德行之事。

至圣先师孔子赞（乙）

年代：清康熙二十五年（1686）刻立。

形制：高 1.86 米，宽 0.72 米。

行字：正文楷书 12 行，满行 50 字。

撰书：玄烨撰并书。

现藏：西安碑林博物馆。

著录：《西安碑林全集》。

提要：此碑是康熙皇帝东巡时敬祭孔子而作的序文和赞词。碑文分为两部分，第一部分是为赞词而作的序文，第二部分是孔子赞词。

王乘乾树柏记

全称：刻茂才王子讳乘乾孔庙树柏记。

年代：清康熙二十五年（1686）刻立。

形制：高 0.30 米，宽 0.42 米。

行字：正文楷书 14 行，满行 18 字。

撰书：薛鏏撰并书。

现藏：韩城市博物馆。

提要：记载顺治十七年（1660）正月生员王乘乾植松柏事。

善士朝山碑

全称：葭州神木府谷善士朝山碑记。

年代：清康熙二十六年（1687）刻立。

形制：圆首方座。通高 1.70 米，宽 0.60 米，厚 0.14 米。

行字：正文楷书 24 行，满行 40 字。

撰书：刘珏撰。

纹饰：四周饰水波纹。

现藏：佳县白云山。

著录：《白云山白云观碑刻》。

提要：记载葭州、神木、府谷县善士每年正月会于白云山朝山等事。

复像真人像创修静室碑记

年代：清康熙二十六年（1687）刻立。

形制：圆首方座。高 1.79 米，宽 0.62 米，厚 0.12 米。

行字：正文行楷 23 行，满行 42 字。

撰书：刘珏撰。

纹饰：碑额饰云纹日月，边饰水波纹。

现藏：佳县白云山真人洞内左侧。

著录：《白云山白云观碑刻》。

提要：记载榆林善士雷一龙、白玉、梁弘升等复像真人像及创修静室等事。

搜遗书并序

年代：清康熙二十六年（1687）刻立。

形制：高 0.39 米，宽 1.48 米。

行字：正文行书 54 行，满行字数不等。

撰书：许孙荃撰并书。

现藏：西安碑林博物馆。

著录：《西安碑林全集》。

提要：此碑内容分两部分，前一部分是《搜遗书并序》，写许孙荃督学陕西，同时领省，于康熙二十五年诏求天下遗书之任，并为此而赋歌行体长诗一首。后一部分内容是《碑洞行》，是许孙荃在游览碑洞后有感而作。

创建灵官神祠碑记

年代：清康熙二十六年（1687）刻立。

形制：高 1.09 米，宽 0.54 米。

行字：正文楷书 12 行，满行 25 字。

撰书：阴荫撰，任可久书。

出土：原存耀县药王山。

现藏：药王山博物馆。

著录：《药王山碑刻》《陕西药王山碑刻艺术总集》。

备注：碑阴刻《助缘记》。

提要：记载文天培等修建灵官殿事。

创建白云山五龙捧圣宫碑记

年代：清康熙二十七年（1688）刻立。

形制：圆首方座。通高 2.69 米，宽 0.95 米，厚 0.15 米。

行字：正文楷书 26 行，满行 50 字。

撰书：王师文撰，刘若宽书。

纹饰：碑额饰二龙戏珠图案，四周饰水波纹。

现藏：佳县白云山五龙宫外右廊下。

著录：《白云山白云观碑刻》。

提要：记载康熙十六年（1677）至二十九年（1690）五龙宫捧圣宫修成，并于二十七年塑像等事宜及捐助人姓名。

*康熙二十七年祭黄帝陵碑

年代：清康熙二十七年（1688）刻立。

形制：圆首方座。碑身高 1.80 米，宽 0.65 米，厚 0.17 米；座高 0.39 米，宽 0.72 米，厚 0.41 米。

行字：正文楷书 11 行，满行 24 字。

纹饰：四周饰蔓草纹及蟠螭纹。

现藏：黄帝陵轩辕庙碑廊。

著录：《黄帝陵碑刻》《延安市文物志》《黄陵文典·文物卷》。

提要：记载清圣祖玄烨因康熙二十七年冬，闻太皇太后升祔太庙礼成，派大鸿胪刘公和礼部笔帖式马公于二十八年（1689）正月二十三日祭祀轩辕黄帝陵事。

创建孙真人洞碑记

年代：清康熙二十七年（1688）刻立。

形制：圆首龟座。高 1.50 米，宽 0.56 米，厚 0.15 米。

行字：正文楷书 24 行，满行 48 字。

撰书：张璿撰。

纹饰：额饰龙纹。

现藏：澄城县赵庄镇杨家陇村。

提要：记载康熙年间修建孙真人洞之事。

重建乐楼牌记

年代：清康熙二十七年（1688）刻立。

形制：圆首。高 1.79 米，宽 0.70 米。

行字：正文楷书 32 行，1607 字。

撰书：许作梅撰。

现藏：韩城市普照寺高神殿。

提要：记载重修高神殿、重建乐楼事。

周鸣河暨妻姚氏合葬墓志

全称：清故显考周翁秦川妣姚氏合葬墓志铭。

年代：清康熙二十七年（1688）刻。

形制：志长 0.43 米，宽 0.46 米，厚 0.14 米。

行字：盖文篆书 5 行，满行 3 字，题"清故显考讳鸣（妣姚氏）合葬墓志铭"。志文楷书 25 行，满行 20 字。

撰书：李荫朴撰，薛懋功篆盖，薛正典书。

纹饰：四周饰蔓草纹。

现藏：韩城市博物馆。

提要：记载周鸣河的家族世系及生平情况。

西南村朝武当全会立碑记

年代：清康熙二十七年（1688）刻立。

形制：高 4.06 米，宽 0.96 米。

行字：正文楷书 11 行，满行 22 字。

纹饰：碑阳有六龛，每龛均雕人物故事，四周饰二龙戏珠、花卉、人物图。

出土：1997 年入藏蒲城县博物馆。

现藏：蒲城县博物馆。

提要：记载蒲城东北四十里居住的王姓望族朝谒武当山后建造像碑，碑上刻"老子出关"故事。

太华山记

年代：清康熙二十七年（1688）刻立。

形制：六棱柱形。高 1.96 米，面宽 0.27 米。

行字：正文楷书 10 行，满行 42 字。

撰书：董盛祚题。

现藏：华阴市西岳庙文物管理处。

著录：《华山碑石》。

备注：字迹模糊，石尚完整。

提要：为明代李攀龙游览西岳华山时所写的游记。李攀龙，明历城（今山东济南）人，字于麟，号沧溟。曾任陕西提学副使、河南按察使。著有《沧溟集》《古今诗删》。

*康熙二十七年祭周陵碑（甲）

年代：清康熙二十七年（1688）刻立。

形制：圆首方座。通高 1.48 米，宽 0.61 米。

行字：正文行楷 8 行，满行 32 字。

纹饰：碑额两侧饰龙纹。

现藏：咸阳市周陵文物管理所。

著录：《咸阳市渭城区志》《渭城文物志》。

备注：此碑刻有满汉两种文字。

提要：记载孝庄文皇后致祭周文武王陵之事。

*康熙二十七年祭周陵碑（乙）

年代：清康熙二十七年（1688）刻立。

形制：圆首方座。通高 1.33 米，宽 0.57 米。

纹饰：碑额两侧饰龙纹。

现藏：咸阳市周陵文物管理所。

著录：《咸阳市渭城区志》《渭城文物志》。

提要：记载乾隆二十七年致祭周文武王陵之事。

*孝庄皇后升祔太庙礼成碑记

年代：清康熙二十八年（1689）刻立。

形制：圆首方座。通高 1.67 米，宽 0.67 米，厚 0.14 米。

行字：正文楷书 15 行，满行 32 字。

纹饰：两侧饰变形蟠螭纹及兰花纹。

现藏：黄帝陵轩辕庙碑廊。

著录：《黄帝陵碑刻》《延安市文物志》《黄陵文典·文物卷》。

提要：记载清圣祖玄烨因皇祖母孝庄仁宣诚
宪恭懿翊天启文皇后神主升祔太庙
礼成，遣鸿胪寺卿刘楷于康熙二十七
年（1688）十二月十七日祭祀轩辕黄
帝事。

汉诸葛武侯庙堂碑记

年代：清康熙二十八年（1689）刻立。

形制：高 1.64 米，宽 0.94 米，厚 0.20 米。

行字：正文楷书 16 行，满行 40 字。

撰书：葛思泰题。

纹饰：额饰二龙戏珠图案，其余三边饰龙
云纹。

出土：此碑自立未移。

现藏：勉县武侯祠博物馆。

著录：（光绪）《沔县志》《沔阳碑石》《汉中
碑石》。

提要：为康熙年间川陕总督葛思泰拜谒武侯
的祭文。

新修石堰碑记

年代：清康熙二十八年（1689）刻立。

形制：圆首。高 1.21 米，宽 0.60 米。

行字：正文楷书 18 行，满行 41 字。

撰书：李仪沁撰，李资灿书。

纹饰：碑额饰云纹。

现藏：城固县五门堰文物管理所。

著录：《汉中碑石》。

提要：记载新修石堰工程费用事。

俯视神怡

年代：清康熙二十八年（1689）刻立。

形制：高 3.10 米，宽 10.00 米。

行字：正文楷书 1 行，满行 4 字。

撰书：谭吉聪书。

现藏：榆林市红石峡西壁北端。

提要：此题刻形容红石峡雄壮险要的地势使
人心神愉悦。上款"康熙己巳之秋"。
下款"谭公吉聪此题"。谭吉聪，康
熙九年（1670）任榆林城堡同知。

关帝庙记

年代：清康熙二十九年（1690）刻立。

形制：高 0.83 米，宽 0.48 米。

行字：正文楷书 14 行，满行 28 字。

撰书：康乃心撰，康无咎书。

现藏：合阳县博物馆。

提要：记载合阳县柏里坊村马宗默、马宗强、
马宗门为该村创建关帝庙事。

万柳堤记

年代：清康熙二十九年（1690）刻立。

形制：圆首。高 1.76 米，宽 0.75 米。

行字：额题"万柳堤记"4 字。正文楷书，
行字数不详。

撰书：李翔凤撰。

纹饰：额饰二龙戏珠图案。

现藏：安康市汉滨区废旧物回收公司后院。

著录：《安康碑版钩沉》。

提要：记载时任知兴安州知州李翔凤于清康
熙二十七年（1688）加固堤堰并环堤
筑树柳万计，因名万柳堤。

王公祠堂记

年代：清康熙三十年（1691）刻立。

形制：高 1.75 米，宽 0.72 米。

行字：正文行书 9 行，满行 36 字。

撰书：秦休书，宁林撰。

纹饰：左、右为卷云纹。

现藏：合阳县博物馆。

提要：记载清良石村王迪吉后世为其建祠
堂事。

兴龙禅寺碑记

年代：清康熙三十年（1691）刻立。

形制：高 1.69 米，宽 0.56 米，厚 0.14 米。

行字：正文楷书 16 行，满行 24 字。

撰书：李鸣琚撰，李文浩书。

纹饰：额饰双龙纹，碑身四周饰莲花纹。

出土：出土于乾县梁村镇代东村兴龙禅寺，时间不详。

现藏：乾县乾陵懿德太子墓博物馆。

著录：《新编乾县志》。

提要：记载康熙间重修兴龙禅寺事。

雄峙金城

年代：清康熙三十一年（1692）刻立。

形制：高 2.60 米，宽 7.50 米。

行字：正文楷书 1 行，共 4 字。

撰书：乔翰书。

现藏：榆林市红石峡西壁。

著录：《榆林红石峡水利史迹与碑刻》。

提要：上款"康熙壬申菊月吉旦之秋"，下款"榆溪乔翰题"。

拓文运墓志

全称：清故待赠庠生拓公墓志铭并序。

年代：清康熙三十一年（1692）刻。

形制：共 2 石，尺寸相同。长 0.50 米，宽 0.61 米，厚 0.05 米。

行字：志文楷书 20 行，满行 17 字。第二方续刻 17 行，满行 18 字。

撰书：白受炎撰并书。

出土：1985 年出土于子洲县裴家湾乡沙湾村。

现藏：子洲县文物管理所。

著录：《榆林碑石》。

提要：记载拓文运及其妻子惠氏的家族世系、生平。

*红石峡题名碑记

年代：清康熙三十一年（1692）刻立。

形制：高 0.23 米，宽 0.66 米。

现藏：榆林市红石峡东壁窟内。

提要：刊刻镇标□传宣都司黄丽珠立，总镇门下旗牌官杨尔澄，画匠陈大受、郝云□，石匠党秀等人姓名。

赐佛伦诗

年代：清康熙三十二年（1693）刻立。

形制：螭首方座。通高 3.65 米，宽 0.83 米。

行字：正文楷书 9 行，满行 5 字。

撰书：玄烨撰并书。

纹饰：碑额、座及侧均饰龙纹。

现藏：西安碑林博物馆。

著录：《西安碑林全集》。

提要：《赐佛伦诗》为五言律诗。

雷氏始祖碑文

年代：清康熙三十三年（1694）刻立。

形制：高 1.88 米，宽 0.66 米。

行字：正文楷书 5 行，满行 55 字。铭文 3 行，满行 34 字。

撰书：张卫□撰。

现藏：合阳县博物馆。

提要：记载建雷氏始祖碑的缘由。

*赵一普许愿碑

年代：清康熙三十三年（1694）刻立。

形制：高 0.37 米，宽 0.50 米。

行字：正文楷书 11 行，满行 11 字。

现藏：嵌于佳县白云山白云观三官殿东壁。

著录：《白云山白云观碑刻》。

提要：记载绥德卫高锐等百户人入籍居住赵家坪，以及信士赵一普得痘，许愿痊愈后白云山修理施银等事。

滕太守德政去思碑

年代：清康熙三十三年（1694）刻立。

形制：长方形。尺寸不详。

行字：正文楷书 18 行，满行 46 字。

撰书：盐鼎撰。

出土：1994 年出土于汉中北城门外中心广场。

现藏：汉中博物馆。

提要：滕天绶，奉天辽阳人。康熙二十五年（1686）由广东潮州府同知升任汉中知府。碑文记述滕太守整饬学舍、吏字、坛庙，兴修水利，解决争端，新编府志等事迹。汉中府城乡万民为其立去思碑。

翟邑侯重修太史庙记

年代：清康熙三十三年（1694）刻立。

形制：螭首方座。通高 2.74 米，宽 0.78 米，厚 0.23 米。

行字：正文楷书 22 行，满行 60 字。

撰书：翟世琪撰，王垣如书。

纹饰：四周饰卷云纹。

现藏：韩城市司马迁祠。

著录：《司马迁祠碑石录》。

提要：记载康熙七年（1668）修建司马迁祠及"河山之阳"牌坊的经过。

重修府君庙碑记

年代：清康熙三十三年（1694）刻立。

形制：高 1.48 米，宽 0.42 米。

行字：正文楷书 7 行，满行 64 字。

撰书：许劭昕撰，赵国英题额，仵继芝书。

现藏：合阳县博物馆。

提要：记载府君庙重修的原因及重修后的规模。

程明顺暨妻高氏合葬墓志

全称：皇清诰封淑人程母高太君合葬墓志铭。

年代：清康熙三十三年（1694）刻。

形制：盖长 0.65 米，宽 0.61 米。志长 0.64 米，宽 0.62 米。

行字：盖文篆书 4 行，满行 5 字，题"皇清诰封淑人程母高太君合葬墓志铭"。志文楷书 36 行，满行约 35 字。

撰书：杨尔淑撰，王郮书，王之勋篆盖。

出土：1967 年出土于户县秦渡镇枣林寨迤北处。

现藏：1992 年竖立于户县余下镇占管营村。

著录：《户县碑刻》。

备注：志面下部漫漶。

提要：记载怀远将军程明顺妻高氏之家族世系、生平。

重建紫柏山古佛殿记

年代：清康熙三十四年（1695）刻立。

形制：圆首方座。通高 2.60 米，宽 0.78 米，厚 0.13 米。

行字：正文楷书 23 行，满行 50 字。

撰书：李时苞撰。

纹饰：四周饰卷云纹、几何纹。

现藏：绥德县名州镇七里铺村蕲王庙。

著录：《榆林碑石》。

备注：左下角残，碑面剥蚀严重，文字漫漶不清。

提要：记康熙三十四年捐资重修紫柏山佛殿事。

改建圣母祠碑记

年代：清康熙三十四年（1695）刻立。

形制：螭首方座。通高 2.51 米，宽 0.94 米，厚 0.18 米。

行字：正文楷书 24 行，满行 39 字。

撰书：刘钰撰。

纹饰：碑额饰二龙戏珠图案，碑身四周饰水波纹。

现藏：佳县白云山白云观碧霞宫娘娘庙。

著录：《白云山白云观碑刻》。

提要：记载扩建白云山娘娘庙事。

改建圣母庙碑后跋

年代：清康熙三十四年（1695）刻立。

形制：螭首龟座。通高 2.82 米，宽 0.84 米，厚 0.16 米。

行字：正文楷书 24 行，满行字数不详。

撰书：刘若宽撰并书。

现藏：佳县白云山白云观碧霞宫娘娘庙。

著录：《白云山白云观碑刻》。

提要：记载白云观改建圣母庙等事。

三朝武当山建醮碑

年代：清康熙三十四年（1695）刻立。

形制：高 2.00 米，宽 0.81 米，厚 0.18 米。

行字：额楷书 4 行，满行 2 字，题"三朝武当山建醮碑"。正文楷书 9 行，满行 64 字。

撰书：闫嘉璜撰，王养仕书。

纹饰：两侧饰缠枝卷叶纹。

现藏：蒲城县博物馆。

备注：碑身断裂。

提要：记载康熙十一年（1672）王养才率众三次朝拜武当山之事。

*康熙三十五年祭黄帝陵碑

年代：清康熙三十五年（1696）刻立。

形制：圆首方座。通高 2.08 米，宽 0.77 米，厚 0.15 米。

行字：正文行楷 10 行，满行 24 字。

纹饰：四周饰水波纹。

现藏：黄帝陵轩辕庙碑廊。

著录：《黄帝陵碑刻》《延安市文物志》《黄陵文典·文物卷》。

提要：记载清圣祖玄烨因连年旱涝灾害，粮食歉收，为民祈福，派遣都察院协理院事、左金都御史常翼圣于康熙三十五年三月三十五日祭祀轩辕黄帝。

重修龙门洞碑记

年代：清康熙三十五年（1696）刻立。

形制：圆首方座。通高 1.05 米，宽 0.60 米。

行字：正文楷书 20 行，满行 19 字。

纹饰：碑额有二龙戏珠图案与云水纹，碑身四周饰蔓草忍冬纹。

现藏：陇县新集川乡龙门洞道院四公祠。

提要：记述龙门洞的位置、沿革及规模等。

龙门洞地亩碑记

年代：清康熙三十五年（1696）刻立。

形制：圆首圭额。通高 1.25 米，宽 0.58 米。

行字：正文楷书，行字数不详。

纹饰：碑额饰云纹，碑身四周饰水波纹。

现藏：陇县新集川乡龙门洞道院四公祠。

提要：记述为使龙门洞香火地不受侵吞，立碑标明道院地亩数之事。

*龙门洞诗碑

年代：清康熙三十五年（1696）刻立。

形制：高 0.70 米，宽 0.50 米，厚 0.09 米。

行字：正文楷书，行字数不详。

撰书：罗彰吴撰。

纹饰：四周饰卷云纹。

现藏：陇县新集川乡龙门洞道院四公祠。

提要：碑文为五言律诗一首。

王士祯诗碑

年代：清康熙三十五年（1696）刻立。

撰书：王士祯撰，魏寿期书。

出土：原立于汉中考院。

现藏：汉中博物馆。

备注：此碑残泐较甚。

提要：王士祯（1634－1711），原名王士禛，字贻上，号阮亭，别号渔洋山人，善文词，尤工诗。著有《带经堂集》《蜀道驿程记》等。清康熙十一年（1672），时任户部郎中的王士祯奉命由京赴蜀典试，途经汉中，曾客居于古汉居考察古物，写下诗作多首。南郑知县魏寿期将其刻碑传世。从残留字迹辨析，刻有《闰月七夕抵褒城县》《次汉中府》《汉台》《七郎廊》《勉县谒诸葛忠武侯祠》《武侯琴室》等诗。

*御制耕织图序并诗

年代：清康熙三十五年（1696）刻立。

形制：共6石，尺寸均不等。

行字：正文行书，行字数不等。

撰书：玄烨撰并书。

现藏：西安碑林博物馆。

著录：《西安碑林全集》。

提要：康熙皇帝曾临绘耕织图各23幅，并配诗各23首，又亲自作序，对诗文作了详细说明。

游城南诗十首

年代：清康熙三十五年（1696）刻立。

形制：圆首方座。通高2.88米，宽0.90米，厚0.24米。

行字：正文楷书，分3栏，每栏13行，满行22字。

撰书：王士祯撰，陆弘承书，吴攀柱立。

现藏：西安碑林博物馆。

著录：《西安碑林全集》。

提要：碑文为清人王士祯游西安城南所作五言律诗十首。

雷园旧迹

年代：清康熙三十五年（1696）刻立。

形制：三尖花顶，方座。高2.15米，宽0.87米，厚0.15米。

行字：正文楷书，分6栏，每栏行字数不等。

出土：原存耀县药王山北洞药王大殿。

现藏：药王山博物馆。

著录：《药王山碑刻》《陕西药王山碑刻艺术总集》。

提要：第1栏横刻"雷园旧迹"4字。第2栏刻朱二玉的《雷园旧迹图》。第3至6栏依次刻有康乃心的《雷园记》、李柏的《大观园说》，以及《雷园怀古诗》10首。

锦阳川图

年代：清康熙三十五年（1696）刻立。

形制：高1.87米，宽0.87米，厚0.16米。

行字：正文楷书，分6栏，每栏行字数不等。

撰书：朱二玉绘图，李铨撰并书。

出土：原存耀县药王山北洞药王大殿。

现藏：药王山博物馆。

著录：《药王山碑刻》《陕西药王山碑刻艺术总集》。

提要：首栏隶书"锦阳川图"4字。2、3栏为朱二玉所绘的《锦阳川图》。4、5栏为李铨撰的《锦阳川记》。第6栏为康乃心、李铨的诗及康乃心的"跋"。

香严寺养赡地执照引

年代： 清康熙三十六年（1697）刻立。

形制： 高 1.66 米，宽 0.71 米。

行字： 额楷书 4 字，题"皇帝万岁"。其下楷书"执照" 2 字。正文楷书 23 行，满行 55 字。

撰书： 张和淳撰并书，焦喜运、问士昌刻。

纹饰： 碑额饰二降龙，碑身四周饰卷云纹。

现藏： 榆林市榆阳区香严寺。

提要： 记载乡棍因抢香严寺养赡地暴亡，其遗孀复还地，因恐私下无据，领州府批印执照，并将执照勒石，执照记其养赡地由来及其四界等。

*深沉节制匾额

年代： 清康熙三十六年（1697）刻立。

形制： 高 3.40 米，宽 0.94 米，厚 0.22 米。

行字： 正文楷书 4 字。

撰书： 玄烨撰并书。

纹饰： 四周饰二龙戏珠图案。

出土： 2006 年出土于咸阳市渭城区安国寺院内。

现藏： 咸阳市渭城区安国寺院内。

著录： （乾隆）《咸阳县志》。

提要： 据《咸阳县志》记载，"深沉节制"原是康熙皇帝为名将殷化行的亲笔题字，后制成石匾。殷化行（1643—1710），咸阳渭城北杜镇靳里村人，在平息吴三桂叛乱中居功首位。因此，康熙皇帝在平定叛乱后，亲临宁夏，赐御书"深沉节制"匾额，以表彰他的功绩。

观音洞碑记

年代： 清康熙三十六年（1697）刻立。

形制： 圆首。高 1.01 米，宽 0.57 米。

行字： 正文楷书 36 行，满行 58 字。

撰书： 张协撰。

纹饰： 四周饰水波纹。

现藏： 韩城市普照寺。

提要： 记载重修普照寺观音阁事。

*张良庙捐资碑

年代： 清康熙三十六年（1697）刻立。

形制： 平首方座。通高 2.40 米，宽 0.80 米，厚 0.33 米。

行字： 正文楷书 7 行，满行 17 字。

撰书： 陈邦器撰。

纹饰： 四周饰瑞草花纹。

出土： 留坝县张良庙文物管理所旧藏。

现藏： 留坝县张良庙文物管理所。

备注： 碑身中部断裂，碑阴有《青山好》诗歌。

提要： 记载汉兴观察使者丁珩、汉中府知府陈邦器等修建张良庙事。

*普照寺大殿捐资碑

年代： 清康熙三十六年（1697）刻立。

形制： 圆首。高 1.03 米，宽 0.57 米。

行字： 正文楷书 43 行，满行字数不详。

撰书： 黄沐地撰。

纹饰： 四周饰水波纹。

现藏： 韩城市普照寺内。

备注： 接续墙南功德碑。

提要： 记载助缘人姓名。

邓之栘墓志

全称： 皇清乡饮介宾邓公墓志铭。

年代： 清康熙三十六年（1697）刻。

形制：盖长 0.53 米，宽 0.58 米，厚 0.10 米。
志长 0.54 米，宽 0.59 米，厚 0.10 米。

行字：盖文篆书 4 行，满行 4 字，题 "皇清乡饮介宾邓公之墓志铭"。志文楷书 29 行，满行 32 字。

撰书：陈朝君撰，段霑泽书，薛彪篆盖。

纹饰：四周饰蔓草纹。

现藏：韩城市博物馆。

提要：记载邓之柟的生平事迹。

宁静致远

年代：清康熙三十六年（1697）刻立。

形制：螭首方座。通高 3.10 米，宽 0.83 米。

行字：正文楷书 1 行 4 字。

撰书：玄烨书。

纹饰：碑侧及碑座饰龙纹。

现藏：西安碑林博物馆。

著录：《西安碑林全集》。

提要：此碑系康熙皇帝手书 "宁静致远" 四字，赐予总督川陕兵部右侍郎吴赫，吴氏将此四字刻碑。

学宪武公德政去思碑

年代：清康熙三十六年（1697）刻立。

形制：圆首方座。通高 2.78 米，宽 0.85 米，厚 0.22 米。

行字：正文楷书，分 6 栏。前 4 栏每栏 23 行，满行 12 字，后 2 栏行字数不等。

撰书：刘阴枢撰，许汉章集王羲之书，郑因祚题额。

现藏：西安碑林博物馆。

著录：《西安碑林全集》。

备注：碑阴为《重修碑亭碑记》。

提要：记述学宪武公于康熙三十六年倡导西安、延安、富平、汉中、安康、宁夏、甘肃等处儒学生员捐资修葺西安孔庙事。

雄山寺三教殿内补塑重妆合堂圣像碑记

年代：清康熙三十七年（1698）刻立。

形制：圆首。高 1.05 米，长 0.54 米。

行字：额楷书 "虔敬碑" 3 字。正文楷书 7 行，满行 18 字。

现藏：榆林市红石峡三教殿门洞右壁。

提要：此碑刻捐资塑像助缘人名。

重修金堡观音殿碑记

年代：清康熙三十七年（1698）刻立。

形制：高 0.60 米，宽 0.34 米。

行字：正文楷书 9 行，满行 20 字。

撰书：雷仲雅撰，范广义书。

现藏：合阳县博物馆。

提要：记载贺俭村、梁家凹村村民集资重修观音庙事。

城隍庙大门门墩铭文

年代：清康熙三十七年（1698）刻立。

形制：蹲狮长方座。高 0.46 米，宽 0.38 米。

行字：正文楷书 3 行，满行 17 字。

现藏：韩城市博物馆。

提要：铭文内容为："康熙戊寅孟夏吉日，南社增设，石匠李仁明。"

晋兴邑朝山姓氏碑记

年代：清康熙三十八年（1699）刻立。

形制：圆首方座。通高 2.01 米，宽 0.67 米，厚 0.14 米。

行字：正文楷书 16 行，满行 35 字。

撰书：刘泽溥撰并书。

纹饰：额饰云纹及日月图案，碑身四周饰水波纹。

现藏：佳县白云山白云观真武殿前钟楼下南侧。

著录：《白云山白云观碑刻》。

提要：记载山西兴县众弟子前来白云山朝山事。

榆林朝山讽经碑记

年代：清康熙三十八年（1699）刻立。

形制：圆首方座。通高 0.78 米，宽 0.90 米，厚 0.13 米。

行字：正文楷书 21 行，满行 45 字。

撰书：刘若宽撰并书。

纹饰：碑额饰二龙戏珠图案，碑身四周饰卷云纹。

现藏：佳县白云山白云观真武殿前七真祠左侧。

著录：《白云山白云观碑刻》。

提要：记载榆林朝山会延请道众，跪讽经箓、敬献音乐事。

龙门洞常住地亩碑记

年代：清康熙三十八年（1699）刻立。

形制：圆首方座。通高 1.65 米，宽 0.70 米。

行字：正文楷书 16 行，满行 38 字。

撰书：王鹤撰并书。

纹饰：碑额饰二龙戏珠图案，碑身上部饰龙凤纹，两侧饰蔓草纹。

现藏：陇县新集川乡龙门洞道院四公祠。

提要：记述史有福等三人舍地于龙门洞作香火田之事。

菊帖

年代：清康熙三十八年（1699）刻立。

形制：共 2 石。第 1 石高 0.30 米，宽 1.40 米。第 2 石高 0.37 米，宽 0.67 米。

行字：正文行书 24 行，满行 12 字。诗文楷书 16 行，满行 16 字。跋文楷书 9 行，满行 13 字。

撰书：陆德元撰并书，黄庭和诗，王弘撰跋。

现藏：西安碑林博物馆。

著录：《西安碑林全集》。

提要：赏菊口占四首，后有黄庭和诗，王弘撰跋文，同书一册，一并勒石于王右军《九日帖》之后。

御书大宝箴

年代：清康熙三十八年（1699）刻立。

形制：共 6 石，尺寸不等。

行字：正文楷书，每石行字数不等。

撰书：张蕴古撰，玄烨临赵孟頫书。

现藏：西安碑林博物馆。

著录：《西安碑林全集》。

提要：碑文为康熙皇帝临赵孟頫书《大宝箴》。《大宝箴》系唐人张蕴古所撰，上太宗皇帝以讽劝。

虚中君子

年代：清康熙三十八年（1699）刻立。

形制：高 1.41 米，宽 0.77 米。

行字：正文行书 10 行，满行字数不等。

撰书：贾铉画并书。

出土：西安碑林博物馆旧藏。

现藏：西安碑林博物馆。

著录：《西安碑林全集》。

备注：碑身中断。

提要：碑上绘贾铉于关中书院绘制的一幅竹石图，碑上有贾铉行书题记，内容为白居易《香山养竹记》及作画背景。

劝学词

年代：清康熙三十八年（1699）刻立。

形制：高 0.30 米，宽 0.79 米。

行字：正文楷书 12 行，满行 12 字。跋文楷书 13 行，满行 15 字。

撰书：陆德元撰，康乃心跋。

现藏：西安碑林博物馆。

著录：《西安碑林全集》。

提要：碑文为时任三秦学使的陆德元所撰的五言劝学诗，陆德元系长洲人，室名怀燕草堂。跋文为康乃心所书，述陆德元书撰《菊帖》之缘由。康乃心，陕西合阳人，字太乙，一字孟谋，举人，事迹见《清史列传》。

合龙山碑记

年代：清康熙三十九年（1700）刻立。

形制：平首方座。通高 2.07 米，宽 0.80 米，厚 0.11 米。

行字：正文楷书 26 行，满行 52 字。

纹饰：碑上边饰雷纹，其余三边饰卷云纹。

现藏：绥德县张家砭镇合龙山祖师庙。

著录：《榆林碑石》。

备注：碑身剥蚀多处，下部尤为严重。

提要：记载康熙三十九年重修合龙山寺庙事。

太华全图

年代：清康熙三十九年（1700）刻立。

形制：高 1.40 米，宽 0.70 米。

行字：正文行书 7 行，满行字数不等。

撰书：贾铉绘。

现藏：华阴市西岳庙文物管理处。

著录：《华山碑石》。

提要：刻绘华山全图，并注有各峰景点的名称。

太华全图

年代：清康熙三十九年（1700）刻立。

形制：高 1.80 米，宽 0.76 米，厚 0.17 米。

行字：正文行书 7 行，满行字数不等。

撰书：贾铉绘并书，李士龙、卜世镌刻。

现藏：西安碑林博物馆。

著录：《中国美术全集·石刻线画》《西安碑林全集》。

提要：碑刻西岳华山胜景。

太白全图

年代：清康熙三十九年（1700）刻立。

形制：高 2.52 米，宽 0.88 米，厚 0.27 米。

行字：正文行书 8 行，满行 20 字。

撰书：贾铉画并书，李士龙、卜世刻石。

现藏：西安碑林博物馆。

著录：《中国美术全集·石刻线画》《西安碑林全集》。

提要：碑上绘秦岭太白山之胜景。

鄂方伯公子北闱高捷序

年代：清康熙三十九年（1700）刻立。

形制：螭首龟座。通高 3.29 米，宽 0.88 米。

行字：正文楷书，分 6 栏，每栏行字数不等。

撰书：席尔达、贝和诺、樊咸修、佟世禄撰，佟世禄书。

现藏：西安碑林博物馆。

著录：《西安碑林全集》。

提要：鄂方伯即鄂海，清满洲镶白旗人，康熙间由内阁中书累官至川陕总督，《清史稿》有传。碑文共分 3 部分，分别为《鄂方伯公子北闱高捷序》《方伯鄂公德政碑》《大方伯鄂公长君高捷序》，内容主要是记述鄂海之子中举及参加殿试之事。

香节图

年代：清康熙三十九年（1700）刻立。

形制：高 1.42 米，宽 0.77 米。

行字：正文行书 6 行，满行字数不等。

撰书：贾铉画并书。

现藏：西安碑林博物馆。

著录：《西安碑林全集》。

提要：碑刻兰、竹、石一幅。

*重修关帝庙碑记

年代：清康熙四十年（1701）刻立。

形制：圆首方座。通高 2.09 米，宽 0.63 米，厚 0.11 米。

行字：额楷书 2 行，满行 2 字，题"重修碑记"。正文楷书 18 行，满行 40 字。

撰书：刘廷张撰，刘祖任书。

纹饰：四周饰水波纹。

现藏：绥德县名州镇七里铺村蘄王庙。

著录：《榆林碑石》。

备注：部分文字残缺。

提要：记载康熙四十年绥德一步岩重修关帝庙事。

重修考校殿碑记

年代：清康熙四十年（1701）刻立。

形制：高 0.75 米，宽 1.17 米。

行字：正文楷书 29 行，满行 20 字。

撰书：刘若宽书。

纹饰：四周饰卷云纹。

现藏：佳县白云山白云观三官殿。

著录：《白云山白云观碑刻》。

提要：记载神木、兴县等地的善士重修考校殿事宜。

五瀵泉铭又序

年代：清康熙四十年（1701）刻立。

形制：高 2.16 米，宽 0.59 米。

行字：正文楷书 41 行，满行 10 字。

撰书：张开东撰，许仲书书。

现藏：合阳县博物馆。

提要：介绍了合阳县夏阳镇五瀵泉的名称、大小，并有考证当时出游的人员，另有赞言四言二十句。五瀵：王村瀵、西鲤瀵、东鲤瀵、渤池瀵、夏阳瀵。

*古柏生新翠诗碑

年代：清康熙四十年（1701）刻立。

形制：圆首方座。通高 2.74 米，宽 0.73 米，厚 0.22 米。

行字：正文行书 18 行，满行 16 字。

撰书：康行倜撰并书。

纹饰：四周饰卷云纹。

现藏：韩城市司马迁祠。

著录：《司马迁祠碑石录》。

提要：此碑为康行涧在韩城任知县时，修葺太史庙后所作的两首诗。

朝武当会建玄帝碑文

年代：清康熙四十年（1701）刻立。

形制：高 1.29 米，宽 0.60 米。

行字：正文楷书 11 行，满行 48 字。

撰书：张省括撰，雷仲雅书，范广普题额。

现藏：合阳县和家庄镇。

提要：记载合阳县渠西村村民集资修造玄帝像事。

募缘包彻白衣堂碑记

年代：清康熙四十年（1701）刻立。

形制：圆首。高 1.60 米，宽 0.63 米。

行字：正文楷书 11 行，满行 40 字。

撰书：梁楷撰，权敦书，米孕煊篆额。

现藏：蒲城县博物馆。

备注：碑阴有募捐者姓名。

提要：记载在贾镇旧有白衣堂，当地乡老募资重修之事。

高飞凤墓志

全称：清故廪贡候选儒学训导翼明高公墓志铭。

年代：清康熙四十年（1701）刻。

形制：志长 0.57 米，宽 0.56 米，厚 0.14 米。

行字：盖文篆书 4 行，满行 4 字，题"清廪贡候选儒学训导翼明高公墓志铭"。志文楷书 33 行，满行 36 字。

撰书：陈朝君撰，卫熙臣篆盖，解光□书。

纹饰：四周饰蔓草纹。

现藏：韩城市博物馆。

提要：记载高飞凤的家族世系、生平事迹。

秣陵旅舍送会稽章生诗帖

年代：清康熙四十年（1701）刻立。

形制：螭首龟座。通高 3.02 米，宽 0.86 米，厚 0.21 米。

行字：正文行书分 7 栏，每栏 15 行，满行 5—8 字不等。

撰书：董其昌，达礼善跋。

现藏：西安碑林博物馆。

著录：《咸宁长安两县续志》《西安碑林全集》。

提要：碑文为董其昌于秣陵（今江苏江宁）送会稽章生之离别诗。达礼善于清康熙四十年将家藏董其昌墨宝摹勒上石，立于西安碑林，碑后有达礼善跋语，述刻石之原委。

化度寺残碑

年代：清康熙四十年（1701）刻立。

形制：圆首。碑残损。残高 0.94 米，宽 0.62 米，厚 0.16 米。

行字：正文楷书，存 17 行，满行字数不详。

纹饰：四周饰蔓草纹。

现藏：乾县阳洪镇好畤村化度寺。

提要：记载康熙四十年重修化度寺事。

马如龙墓志

全称：皇清诰授光禄大夫巡抚江西等处地方兼理军务都察院右副都御史加四级见五马公墓志铭。

年代：清康熙四十一年（1702）刻。

形制：志、盖均为正方形，尺寸相同。边长 0.75 米，厚 0.13 米。

行字：盖文篆书 8 行，满行 6 字，题"皇清诰授光禄大夫巡抚江西等处地方兼理军务都察院右副都御史加四级见五马公墓志铭"。志文楷书 3 栏，每栏 42 行，满行 17 字。

撰书：张玉书撰，查升书，钱晋锡篆盖。

纹饰：四周饰云鹤纹。

出土： 1973 年出土于绥德县西邢家源。

现藏：绥德县博物馆。

著录：《榆林碑石》。

提要：记载马如龙家族世系、生平。其历任户部江西司员外郎、刑部山东司部郎中、杭州知府、浙江按察使、都察院右副都御史。

*御书高松赋

年代：清康熙四十一年（1702）刻立。

形制：共 4 石。均高 0.34 米，宽度不等。

行字：正文楷书 45 行，满行 4—5 字不等。

撰书：玄烨临董其昌书，何焯摹。
现藏：西安碑林博物馆。
著录：《西安碑林全集》。
提要：碑文内容为康熙皇帝临董其昌书《高
　　　松赋》。

孔麟锡墓志

全称：皇清候选儒学训导鲁生孔公墓志铭。
年代：清康熙四十一年（1702）刻。
形制：志正方形。边长 0.66 米。
行字：志文楷书 33 行，满行 34 字。
撰书：王镝撰，冯锡庆书，李夔龙篆盖。
纹饰：四周饰宝相缠枝花纹。
出土：1977 年出土于华阴县北街村，2003
　　　年入藏西安碑林博物馆。
现藏：西安碑林博物馆。
著录：《华山碑石》。
提要：记录孔麟锡（字鲁生）的家族世系、
　　　生平。

愧无忠孝报朝廷

年代：清康熙四十一年（1702）刻立。
形制：螭首龟座。通高 4.50 米，宽 0.98 米，
　　　厚 0.23 米。
行字：正文楷书 2 行，共 7 字。
撰书：鄂海书，刘子良刻。
现藏：西安碑林博物馆。
著录：《西安碑林全集》。
提要：此碑刻鄂海行书"愧无忠孝报朝廷"
　　　7 字。

*御制训饬士子文（甲）

年代：清康熙四十一年（1702）刻立。
形制：方首。高 2.00 米，宽 0.80 米，厚
　　　0.12 米。

行字：正文楷书 15 行，满行 45 字。
撰书：玄烨撰。
纹饰：四周饰龙纹。
现藏：米脂县文庙大成殿前。
备注：碑石下部剥蚀严重，部分文字不清。
提要：此碑文为康熙皇帝所作。主要内容是
　　　康熙皇帝训导士子们如何为人处世、
　　　如何对待学业仕途和官场的纷杂。

*御制训饬士子文（乙）

年代：清康熙四十一年（1702）刻立。
形制：高 0.53 米，宽 1.47 米，厚 0.07 米。
行字：正文楷书 37 行，满行 19 字。
撰书：玄烨撰，赵于京书。
现藏：绥德县博物馆。
著录：《榆林碑石》。
提要：此碑文为康熙皇帝所作。主要内容是
　　　康熙训导士子们如何为人处世、如何
　　　对待学业仕途和官场中的纷杂。

*御制训饬士子文（丙）

年代：清康熙四十一年（1702）刻立。
形制：圆首。通高 2.39 米，宽 0.83 米，厚
　　　0.17 米。
行字：额篆书 2 行，满行 2 字，题"御制宸
　　　翰"。正文楷书 15 行，满行 50 字。
撰书：玄烨撰并书。
现藏：户县文庙大成殿东侧碑廊。
著录：《户县碑刻》。
提要：记载康熙帝为诸生特制训言。

御制训饬士子文（丁）

年代：清康熙四十一年（1702）刻立。
形制：圆首方座。通高 3.65 米，宽 1.14 米，
　　　厚 0.35 米。

行字：正文楷书 13 行，满行 50 字。

撰书：玄烨撰并书。

纹饰：碑侧及碑座四周饰龙纹。

出土：西安碑林旧藏。

现藏：西安碑林博物馆。

著录：《西安碑林全集》。

提要：刊载康熙皇帝训饬士子之文。

*御制训饬士子文（戊）

年代：清康熙四十二年（1703）刻立。

形制：高 1.84 米，宽 0.80 米。

行字：正文楷书 13 行，满行 50 字。

现藏：合阳县博物馆。

提要：刊载康熙皇帝训饬士子之文。

龙门洞朝山建醮碑

年代：清康熙四十二年（1703）刻立。

形制：高 0.57 米，宽 0.40 米，厚 0.09 米。

行字：正文楷书 12 行，满行 30 字。

撰书：陈成章撰。

纹饰：四周饰花草纹。

现藏：陇县新集川乡龙门洞道院。

提要：记述龙门洞形胜及规模、祈求神灵之诚心。

重建北耳楼碑记

年代：清康熙四十二年（1703）刻立。

形制：平首方座。高 1.77 米，宽 0.76 米。

行字：正文楷书 19 行，满行 48 字。

撰书：冯国麟书。

现藏：榆林市戴兴寺。

备注：左下部损毁，部分助缘人题名受损。

提要：记述戴兴寺住持智福捐资修葺戴兴寺，会同榆林分巡道佟沣年等出资修北耳楼，供奉观音菩萨、关帝事。

*康熙四十二年祭黄帝陵碑

年代：清康熙四十二年（1703）刻立。

形制：圆首方座。通高 1.45 米，宽 0.63 米，厚 0.11 米。

行字：正文行书 11 行，满行 25 字。

纹饰：两侧饰蔓草纹。

现藏：黄帝陵轩辕庙碑廊。

著录：《黄帝陵碑刻》《延安市文物志》《黄陵文典·文物卷》。

提要：记载清圣祖玄烨因黄淮工程告成，适逢自己 50 岁，遣大理寺少卿莫音代于康熙四十二年五月十三日祭祀轩辕黄帝事。

重修福山古佛诸神庙记

年代：清康熙四十二年（1703）刻立。

形制：高 1.50 米，宽 0.34 米。

行字：正文楷书 30 行，满行 38 字。

撰书：党振芳撰。

现藏：合阳县博物馆。

提要：记载党氏家族重修福山、古神庙的原因及捐资人的情况等。

重修天台山庙宇龙碑记

年代：清康熙四十二年（1703）刻立。

形制：高 2.08 米，宽 0.98 米，厚 0.26 米。

行字：正文楷书 25 行，满行 63 字。

撰书：邹嘉琳撰。

现藏：汉中市天台山三清殿前。

著录：《汉中碑石》（嘉庆）《汉中府志》。

提要：记载康熙四十二年重修天台山三清、三官等庙宇事。

*濂溪先生近思录摘要

年代：清康熙四十二年（1703）刻立。

形制：高 0.38 米，宽 0.70 米。

行字：正文楷书 36 行，满行 20 字。

撰书：周敦颐撰，徐俊民书。

现藏：西安碑林博物馆。

著录：《西安碑林全集》。

提要：碑文摘自宋代大儒周敦颐《濂溪先生存养卷》，指出求学之人，要少欲望，宜心静，否则欲速则不达。徐俊民，字用章，北平人。

*西铭及长安杂咏

年代：清康熙四十二年（1703）刻立。

形制：高 0.67 米，宽 0.47 米。

行字：正文楷书，分 2 栏，行字数不等。

撰书：张载撰，徐俊民书。

现藏：西安碑林博物馆。

著录：《西安碑林全集》。

提要：碑文分两部分，上为北宋关学大儒张载之《西铭》，述张载之理学宗旨，主张存心养性，天人合一。下为《长安杂咏》诗四首，分别吟咏碑洞、雁塔、灞桥、秦岭。

*康熙四十二年祭周陵碑

年代：清康熙四十二年（1703）刻立。

形制：圆首方座。通高 1.80 米，宽 0.67 米。

行字：正文行楷 8 行，满行 28 字。

纹饰：碑额两侧饰龙纹。

现藏：咸阳市周陵文物管理所。

著录：《咸阳市渭城区志》《渭城文物志》。

提要：记载康熙四十二年致祭周文武王陵事。

*太子千秋题名碑

年代：清康熙四十三年（1704）刻立。

形制：圆首方座。高 1.87 米，宽 0.78 米。

行字：正文楷书 24 行，满行字数不等。

纹饰：碑额饰二升龙，碑身四周花卉纹。

现藏：榆林市榆阳区香严寺。

提要：碑文为延绥镇各级官员题名。

汉伏波将军马公墓

年代：清康熙四十三年（1704）刻立。

形制：螭首方座。通高 2.64 米，宽 0.74 米。

行字：正文楷书 8 字。

撰书：鄂海书。

纹饰：碑身四周饰蔓草纹。

现藏：扶风县城关镇伏波村。

提要：上刻"汉伏波将军马公墓"。

万桃胜会题名碑记

年代：清康熙四十三年（1704）刻立。

形制：圆首方座。高 1.85 米，宽 0.74 米。

行字：额楷书 2 行，满行 4 字，题"万桃胜会题名碑记"。正文行书 20 行，满行 104 字。

纹饰：额饰云鹤纹。碑身四周饰几何纹。

现藏：榆林市榆阳区香严寺。

提要：刻万桃胜会助缘人姓名。

敕建香严寺新创万桃山序

年代：清康熙四十三年（1704）刻立。

形制：圆首方座。通高 1.87 米，宽 0.78 米。

行字：正文行书 24 行，满行 60 字。碑额书"皇帝万岁"。

撰书：陆山撰，陈璋书。

纹饰：碑额饰二升龙，碑身四周饰花卉纹。

现藏：榆林市榆阳区香严寺。

备注：断为两截，已黏合。

提要：记载道士温冲翔重修香严寺，并在香

严寺前后左右种植果树，名其山为万桃山，园为百果园。

榆林第三会朝山题名碑记

年代：清康熙四十三年（1704）刻立。

形制：圆首方形。通高 2.84 米，宽 0.91 米，厚 0.15 米。

行字：正文楷书 28 行，满行 53 字。

撰书：刘若宽撰，高于书。

纹饰：额饰云拱日月纹。碑身四周饰卷云纹。

现藏：佳县白云山真武殿前鼓楼下。

著录：《白云山白云观碑刻》。

提要：记载榆林第三会朝山弟子姓名。

海潮堂长灯记

年代：清康熙四十三年（1704）刻立。

形制：高 1.40 米，宽 0.60 米，厚 0.23 米。

行字：正文楷书，行字数不详。

撰书：吉庚撰。

纹饰：四周饰蔓草纹。

现藏：韩城市古城庆善寺。

提要：记载庆善寺僧置田收租以作海潮堂长灯之用事。

解梁汉将军关侯庙复旧规记

年代：清康熙四十三年（1704）刻立。

形制：高 1.19 米，宽 0.37 米。

行字：正文楷书 8 行，满行 40 字。

撰书：钱万选撰。

现藏：合阳县博物馆。

提要：记载合阳县令钱万选重修关帝庙事。

创建龙王洞石匾

年代：清康熙四十三年（1704）刻立。

形制：高 0.49 米，宽 0.66 米。

行字：正文楷书 20 行，满行 15 字。

现藏：蒲城县尧山庙西侧龙王洞门外南侧石壁上。

著录：《尧山圣母庙与神社》。

提要：记述十一社于康熙年间各于尧山建有庙宇，此龙王庙即为头社延兴所建。

平定朔漠告成太学碑

年代：清康熙四十三年（1704）刻立。

形制：圆首方座。通高 4.70 米，宽 2.20 米。

行字：左为满文，右为汉文，汉文 15 行，满行 68 字。

撰书：玄烨撰。

纹饰：碑侧及碑座饰龙纹。

现藏：西安碑林博物馆。

著录：《西安碑林全集》。

备注：碑身为左右两石并立，左为满文，右为汉文。

提要：碑文记载康熙皇帝御驾亲征平定噶尔丹叛乱，告捷班师后，于太学泮宫举行告成仪式事。

关夫子像赞

年代：清康熙四十三年（1704）刻立。

形制：圆首方座。高 1.78 米，宽 0.68 米，厚 0.15 米。

行字：正文楷书 5 行，满行字数不等。

撰书：达礼善撰并书。

现藏：西安碑林博物馆。

著录：《西安碑林全集》。

提要：碑刻关羽坐像一幅。

冯玉升墓碑

年代：清康熙四十三年（1704）刻立。

形制：碑残损。残高 0.50 米，宽 0.62 米，厚 0.16 米。

行字：正文残存 13 行，满行 15 字。

撰书：吴玉撰并书。

纹饰：仅存碑下半部，三侧饰蔓草纹。

现藏：乾县梁村镇冯家村。

提要：残碑记冯玉升生平。

范希良墓碑

全称：处士耆宾范公墓碑。

年代：清康熙四十四年（1705）刻立。

形制：高 1.25 米，宽 0.50 米。

行字：正文楷书 14 行，满行 46 字。

撰书：雷而壮撰，雷仲雉书。

现藏：合阳县博物馆。

提要：记载合阳渠西村范希良生平。

重修名宦祠记

年代：清康熙四十四年（1705）刻立。

形制：圆首龟座。高 1.10 米，宽 0.53 米。

行字：正文楷书 10 行，满行 39 字。

撰书：谭暹撰，王湛篆额，薛君瑞书。

纹饰：碑额、身四周饰蔓草纹。

现藏：韩城市博物馆。

提要：记载知县康行僴康熙四十三年重修名宦祠事。

创建三圣母祠记碑

年代：清康熙四十四年（1705）刻立。

形制：高 1.20 米，宽 0.42 米。

行字：正文楷书 15 行，满行字数不详。

纹饰：碑额旁饰云鹤图案，碑身四周饰缠枝花卉纹。

现藏：蒲城县尧山庙前殿。

著录：《尧山圣母庙与神社》。

提要：记述康熙年间成茂纯率众在尧山大兴

诸庙事，此三圣母庙即为六社所建之庙宇。

重修尧山圣母庙碑

年代：清康熙四十四年（1705）刻立。

形制：高 1.43 米，宽 0.64 米，厚 0.25 米。

行字：正文楷书 25 行，满行字数不详。

纹饰：碑额旁饰日月及麒麟图，碑身四周饰缠枝花卉纹。

现藏：蒲城县尧山庙门内西崖下。

著录：《尧山圣母庙与神社》。

提要：记载重修尧山圣母庙的起因、经过等事，其中有对祈雨仪式的记录，对研究当地民俗及宗教信仰有参考价值。

*知县康行僴捐金买地取租助学碑记

年代：清康熙四十四年（1705）刻立。

形制：高 1.45 米，宽 0.63 米，厚 0.19 米。

行字：额楷书"碑记"。正文楷书 11 行，满行 55 字。

撰书：薛君瑞书。

纹饰：碑额饰云纹，碑身四周饰花草纹。

现藏：韩城市博物馆。

提要：记载知县康行僴捐金买地，以租金助学事。

华岳题名记

年代：清康熙四十四年（1705）刻立。

形制：共 4 石，尺寸不等。

行字：正文楷书 89 行，满行字数不等。

撰书：达礼善撰，陈奕禧书。

现藏：西安碑林博物馆。

著录：《咸宁长安两县续志》《西安碑林全集》。

提要：记述达礼善游览西岳华山，题名于玉

女峰、落雁峰、云台峰和前贤胜迹王猛台、避诏崖、冯少墟书院等处。

拳石堂草诀百韵歌

年代： 清康熙四十四年（1705）刻立。

形制： 共 34 石，尺寸相同。高 0.29 米，宽 0.93 米。

行字： 正文草书，每石 10 行，满行字数不等。

撰书： 达礼善书，刘子良刻。

现藏： 西安碑林博物馆。

著录：《咸宁长安两县续志》《西安碑林全集》。

提要：《草诀百韵歌》为书学著作，以歌诀形式介绍草书的结构、笔法，以便初学者记忆。原本一百二十韵，凡四百一十字，后人又有增减，且流传刻本甚多。达礼善，那木都鲁氏，满洲正黄旗人。"拳石堂"为达礼善书斋名。

*童子拜观音图

年代： 清康熙四十四年（1705）刻立。

形制： 高 1.83 米，宽 0.61 米。

行字： 正文楷书 11 行，满行字数不等。

撰书： 达礼善绘并书。

现藏： 西安碑林博物馆。

著录：《西安碑林全集》。

提要： 碑上刻童子拜观音图一幅。

杨肇基为幼子祈圣母娘娘碑记

年代： 清康熙四十四年（1706）刻立。

形制： 圆首方座。高 1.80 米，宽 0.70 米。

行字： 正文楷书 6 行，满行 16 字。

撰书： 杨肇基撰。

纹饰： 四周饰水波纹。

现藏： 榆林市红石峡东壁三圣殿。

备注： 剥蚀严重。

提要： 记载清康熙四十四年榆林卫县丞杨肇基得幼子通禄，祈求圣母娘娘保佑长命百岁，永无灾难。

重修大士堂创建前殿碑记

年代： 清康熙四十五年（1706）刻立。

形制： 高 1.05 米，宽 0.53 米。

行字： 正文楷书 9 行，满行 34 字。

撰书： 王以济撰，王以和书。

纹饰： 四周饰云纹。

现藏： 合阳县博物馆。

提要： 记载郃阳县令王以济重修扩建大士堂事。

重修大云庵碑记

年代： 清康熙四十五年（1706）刻立。

形制： 高 1.89 米，宽 0.87 米，厚 0.23 米。

行字： 正文楷书 16 行，满行 48 字。

撰书： □崴都撰，张造书。

纹饰： 四周饰龙凤祥云、花鸟等纹。

出土： 原存咸阳市渭城区窑店乡仓张村南咸铜铁路北侧路基下，1985 年移存咸阳博物馆。

现藏： 咸阳博物馆。

著录：《咸阳碑石》。

提要： 记述大云庵的创建年代及增修缘由、经过等。

扶风县城隍圣神冠服会续书姓名碑记

年代： 清康熙四十六年（1707）刻立。

形制： 圆首方座。通高 2.40 米，宽 0.69 米，厚 0.22 米。

行字： 正文楷书 20 行，满行 66 字。

撰书： 兰纯有撰并书。

纹饰：四周饰喜鹊闹梅、竹报平安等图案。
现藏：扶风县博物馆。
提要：记录康熙四十六年扶风县城隍庙冠服会事。

重修圣母殿助缘姓名记

年代：清康熙四十六年（1707）刻立。
形制：高 0.73 米，宽 1.03 米，厚 0.11 米。
行字：正文楷书 13 行，满行 19 字。
撰书：左宜之书。
现藏：药王山博物馆。
著录：《药王山碑刻》《陕西药王山碑刻艺术总集》。
提要：文记东街乡约邹衍以所收钱粮及善信助缘钱，砌石墙、疏水道、添飞头、建神龛，重修圣母殿事。

金妆正殿募缘碑记

年代：清康熙四十七年（1708）刻立。
形制：圆首方座。通高 1.76 米，宽 0.71 米，厚 0.12 米。
行字：正文行书 24 行，满行 50 字。
撰书：刘若宽撰，高玙书。
纹饰：四周饰水波纹。
现藏：佳县白云山白云观七真祠。
著录：《白云山白云观碑刻》。
提要：记载白云山道士刘太星重修玉虚宫事。

重修温水镇龙王庙

年代：清康熙四十七年（1708）刻立。
形制：圆首方座，首身一石。通高 1.08 米，宽 0.66 米，厚 0.26 米。
行字：正文楷书 15 行，满行 23 字。
撰书：马奇生撰并书。
纹饰：碑额饰双凤朝阳图案，碑身四周饰蔓草忍冬纹。
现藏：陇县温水镇柴家洼村。
提要：记述龙王庙的方位、沿革、修建情况。

培植学校碑记

年代：清康熙四十七年（1708）刻立。
形制：首身一体，圆首龟座。高 2.71 米，宽 0.93 米。
行字：正文楷书 13 行，满行 48 字。
纹饰：碑额饰云龙纹。
现藏：韩城市博物馆。
提要：记载知县康行僴在任期间重修名宦祠、修县志、置学田、讲学事。

望仙坪碑

年代：清康熙四十七年（1708）刻立。
形制：圆首龟座。通高 2.06 米，宽 0.72 米，厚 0.13 米。
行字：正文隶书 21 行，满行 50 字。
撰书：赵容止撰，杜寅王书。
现藏：户县蒋村镇望仙坪。
著录：《户县碑刻》。
提要：记载望仙坪名称的由来以及重建望仙坪的情况。望仙坪，位于今户县城西南 16 公里处白庙乡甘峪口东。坪上原有庙宇名“集仙观”，今已不存。

重修大兴寺碑记

年代：清康熙四十七年（1708）刻立。
形制：圆首座佚。高 2.00 米，宽 0.86 米，厚 0.19 米。
行字：正文楷书 10 行，满 8 行。
撰书：原永贞撰，景绥武书。
纹饰：碑额饰二龙戏珠图案，碑身两侧饰如

意卷云纹。

现藏：蒲城县博物馆。

提要：记载蒲城县南阜村重修大兴寺事。

孙氏墓志

年代：清康熙四十七年（1708）刻。

形制：志正方形。边长 0.62 米，厚 0.12 米。

行字：盖文篆书"墓志"2 字。志文楷书 15 行，满行 30 字。

纹饰：四周饰蔓草纹。

现藏：韩城市博物馆。

提要：记载孙氏的生平事迹。

*康熙四十八年祭黄帝陵碑

年代：清康熙四十八年（1709）刻立。

形制：圆首方座。通高 1.77 米，宽 0.62 米，厚 0.12 米。

行字：正文楷书 13 行，满行 28 字。

纹饰：碑额两侧饰龙纹，碑身两侧饰卷云纹。

现藏：黄帝陵轩辕庙碑廊。

著录：《黄帝陵碑刻》《延安市文物志》《黄陵文典·文物卷》。

提要：记载清圣祖玄烨因皇太子储位，派遣户部右侍郎张世爵于康熙四十八年八月二十六日祭祀轩辕黄帝事。

重修景福山玉皇殿碑记

年代：清康熙四十八年（1709）刻立。

形制：螭首方座。通高 2.38 米，宽 0.79 米，厚 0.16 米。

行字：正文楷书 17 行，满行 48 字。

纹饰：四周饰蔓草纹。

现藏：陇县温水镇景福山道观东侧。

提要：记述燕人田守存自康熙年间募化修建玉皇殿之艰辛及修成后之盛况。

白乃建暨妻田氏郝氏康氏合葬圹记

全称：皇清廪生显考白府君待赠孺人显妣田氏郝氏康氏合葬圹记。

年代：清康熙四十八年（1709）刻。

形制：共 2 石，尺寸相同。长 0.57 米，宽 0.64 米，厚 0.05 米。

行字：楷书第 1 石 22 行，满行 24 字。第 2 石 15 行，满行 24 字。

撰书：白诚撰。

出土：1988 年出土于清涧县城东雒家硷。

现藏：清涧县文物管理所。

著录：《榆林碑石》。

提要：记载白乃建及其妻子田氏、郝氏、康氏的籍贯、家族世系、生平。白乃建补全了本县县志，又著有《雷楞集》《长安游草》《癸甲集》。

创建十里铺砖桥兼修河渠碑记

年代：清康熙四十八年（1709）刻立。

形制：圆首。高 1.74 米，宽 0.82 米。

行字：正文楷书 28 行，满行 54 字。

撰书：赵贞撰，张如陵书，齐士琬篆额。

纹饰：碑额饰双龙图，碑四周饰卷草纹。

现藏：洋县戚氏村。

提要：记载县西十里铺渠堰堵塞，为害数年，族人修桥、修渠以利行人事。

*康熙四十八年祭华山碑

年代：清康熙四十八年（1709）刻立。

形制：螭首龟座。高 5.10 米，宽 0.97 米，厚 0.25 米。

行字：正文楷书 13 行，满行 39 字。

出土：此碑自立未移。

现藏：华阴市西岳庙文物管理处。

提要：记载清康熙四十八年遣内阁学士兼礼部侍郎致祭西岳华山之神事。

创建吊忠泉亭记

年代：清康熙四十八年（1709）刻立。

形制：高1.10米，宽0.59米。

行字：额篆书"吊忠泉亭记"。正文楷书20行，满行40字。

撰书：费恒增撰，张恂书。

纹饰：碑额饰二龙图案，格界处饰荷花，碑身两侧饰缠枝卷叶纹。

现藏：蒲城县博物馆。

提要：记载明末起义军李自成攻占蒲城后，县令朱一统拒降，抱印投井自杀，故建此亭以记之。

祭诸葛武侯文碑

年代：清康熙四十九年（1710）刻立。

形制：高2.24米，宽1.02米，厚0.20米。

行字：正文楷书14行，满行66字。

撰书：鄂海撰并书。

纹饰：四周饰卷云纹。

现藏：勉县武侯祠博物馆。

著录：《定军山下话武侯》《沔阳碑石》。

备注：风化较重。

提要：记载清康熙四十九年巡抚陕西等处地方赞理军务、都察院右都御史鄂海祭祀诸葛亮事。

重修关帝庙记

年代：清康熙四十九年（1710）刻立。

形制：高0.92米，宽0.50米。

行字：正文楷书15行，满行28字。

撰书：李闳中撰。

现藏：合阳县博物馆。

提要：记载重修关帝庙事。

蔡庄重修圣庙碑记

年代：清康熙四十九年（1710）刻立。

形制：高1.18米，宽0.52米。

行字：正文楷书6行，满行62字。

撰书：杨时芳书。

现藏：合阳县博物馆。

提要：记载蔡庄村为秦汉古镇，镇北峰有一圣庙，由于连年战事，庙宇倾圮，村人连年修建庙宇之事。

*梁化凤暨妻张氏合葬墓志盖

年代：约清康熙四十九年（1710）刻。

形制：盖正方形。边长0.99米，厚0.16米。

行字：盖文篆书7行，满行7字，题"皇清特进荣禄大夫江南全省提督军务左都督加赠少保兼太子太保谥敏壮梁府君暨封一品张夫人合葬墓志铭"。

出土：1996年出土于户县牛东乡牛东村梁家坟。

现藏：户县文物管理委员会。

著录：《户县碑刻》。

备注：墓志已毁。

提要：梁化凤，户县小丰村人，卒谥敏壮。顺治三年（1646）中武进士，以战功累官江南提督。《清史稿》有传。

重修佛殿碑记

年代：清康熙五十年（1711）刻立。

形制：方首龟座。通高2.10米，宽0.76米，厚0.19米。

行字：正文楷书18行，满行36字。

撰书：薛世爵撰。

纹饰：四周饰蔓草纹。

现藏：延长县黑家堡镇康家坪村。

备注：碑体下部风化严重。

提要：记载康家坪重修佛殿事。

金汤永奠

年代：清康熙五十年（1711）刻立。

形制：高 2.70 米，宽 6.80 米。

行字：正文楷书 1 行 4 字。

撰书：卢兆鲲书。

现藏：榆林市红石峡西壁北端。

著录：《红石峡水利史迹与碑刻》。

提要：上款"康熙辛卯□□"，下款"卢兆鲲书"。

*康氏祖坟碑记

年代：清康熙五十年（1711）刻立。

形制：高 1.29 米，宽 0.21 米。

行字：正文楷书 7 行，满行 32 字。

撰书：康万驹撰并书。

现藏：清涧县康氏祖茔。

提要：记载康氏世系。

增修尧山功德碑

年代：清康熙五十年（1711）刻立。

形制：圆首。通高 1.52 米，宽 0.72 米，厚 0.15 米。

行字：正文楷书 15 行，满行字数不详。

纹饰：左右饰花卉纹。

现藏：蒲城县尧山庙前东山嘴上。

著录：《尧山圣母庙与神社》。

提要：记述成茂纯增修尧山庙的工程始末及十一社为成茂纯修尧山之功而建立生祠事。

王氏祠堂记

年代：清康熙五十一年（1712）刻立。

形制：圆首方座。高 1.58 米，宽 0.72 米，厚 0.18 米。

行字：正文楷书 18 行，满行 48 字。

撰书：王三接撰，王弻篆额，王于秦书。

现藏：户县祖庵镇南街。

著录：《户县碑刻》。

提要：记载王氏家族世系的简单情况。撰者王三接，周至县辛村里人，贡生。

*华山诗十六首

年代：清康熙五十一年（1712）刻立。

形制：高 0.60 米，宽 0.94 米。

行字：正文楷书 53 行，满行 20 字。

撰书：朱之裳撰。

现藏：西安碑林博物馆。

著录：《华山碑石》。

备注：泐损严重，石尚完整。

提要：刊刻游华山、华岳庙所作诗歌共 16 首。

*汪之元画竹

年代：清康熙五十一年（1712）刻立。

形制：高 1.02 米，宽 0.43 米。

行字：正文行书 7 行，满行字数不等。

撰书：汪之元画并书。

现藏：西安碑林博物馆。

著录：《西安碑林全集》。

提要：碑刻青竹两竿，后有跋文。

*西宁寺庙门楹联

年代：清康熙五十二年（1713）刻立。

形制：长方形。尺寸不详。

行字：楷书上下联各 11 字。

出土：此碑自立未移。

现藏：吴堡县宋家川镇杨家店村西门寺。

著录：《吴堡文史资料》（第六辑）。

提要：内容为"存好生之心荫赐人间柱子，体育物之念默降天上麟郎"。

朝山进香碑记

年代: 清康熙五十二年（1713）刻立。

形制: 高 0.65 米，宽 0.40 米。

行字: 正文楷书 4 行，满行 17 字。

纹饰: 四周饰花草纹。

现藏: 陇县新集川乡龙门洞道院四公祠。

提要: 记述龙门洞的位置、沿革及规模等。

*康熙五十二年祭黄帝陵碑

年代: 清康熙五十二年（1713）刻立。

形制: 圆首方座。通高 2.69 米，宽 0.70 米，厚 0.16 米。

行字: 正文行楷 11 行，满行 32 字。

纹饰: 两侧饰卷云纹及龙纹。

现藏: 黄帝陵轩辕庙碑廊。

著录: 《黄帝陵碑刻》《延安市文物志》《黄陵文典·文物卷》。

提要: 记载清圣祖玄烨因登基五十余年，国泰民安，风调雨顺，派遣内阁学士兼礼部侍郎蔡升元于康熙五十二年七月祭祀轩辕黄帝。

祭告礼成恭纪

年代: 清康熙五十二年（1713）刻立。

形制: 圆首方座。通高 2.07 米，宽 0.77 米，厚 0.16 米。

行字: 正文楷书 6 行，满行 20 字。

纹饰: 四周饰波浪纹。

现藏: 黄帝陵轩辕庙碑廊。

著录: 《黄帝陵碑刻》《延安市文物志》《黄陵文典·文物卷》。

提要: 康熙五十二年七月，清圣祖玄烨派遣内阁学士兼礼部侍郎蔡升元祭祀轩辕黄帝，蔡升元题诗纪念。

重修龙门洞记

年代: 清康熙五十二年（1713）刻立。

形制: 圆首方座。通高 2.35 米，宽 0.78 米，厚 0.24 米。

行字: 正文隶书 23 行，满行 49 字。

撰书: 沈贤录撰并书。

纹饰: 四周饰云、龙、山水纹。

现藏: 陇县新集川乡龙门洞道院四公祠旁。

提要: 记述龙门洞的沿革、形胜、位置及重修事宜。

杨光显暨妻李氏合葬墓志

全称: 处士昌吾杨公暨元配李氏合葬墓志铭。

年代: 清康熙五十二年（1713）刻。

形制: 盖长 0.62 米，宽 0.60 米，厚 0.09 米；志长 0.63 米，宽 0.60 米，厚 0.08 米。

行字: 盖文楷书 2 行，满行 2 字，题"杨公墓志"。志文楷书 22 行，满行 37 字。

撰书: 李允谐撰并书，王之望篆盖。

出土: 2007 年出土于富平县老庙镇笃祐村东杨氏墓地。

现藏: 富平县文庙。

提要: 记载杨光显（字昌吾）家族世系、生平情况。

*奉谕祭华山碑

年代: 清康熙五十二年（1713）刻立。

形制: 螭首龟座。高 4.36 米，宽 0.90 米，厚 0.23 米。

行字: 正文楷书 13 行，满行 37 字。

现藏: 华阴市西岳庙文物管理处。

著录: 《华山碑石》。

备注: 字迹清晰，保存完整。

提要: 记载清康熙五十二年内阁侍读学士查弼纳奉旨祭祀西岳华山之神。

*颂学翁诗碑

年代：清康熙五十二年（1713）刻立。

形制：螭首方座。高 2.47 米，宽 0.90 米，厚 0.20 米。

行字：正文楷书 7 行，满行字数不等。

撰书：蔡升元撰并书。

现藏：西安碑林博物馆。

著录：《西安碑林全集》。

提要：四首诗均为七言律诗，旨在歌颂学翁德泽功名。

*康熙五十二年祭周陵碑

年代：清康熙五十二年（1713）刻立。

形制：圆首方座。通高 2.25 米，宽 0.72 米。

行字：正文行楷 10 行，满行 33 字。

纹饰：碑额两侧饰龙纹。

现藏：咸阳市周陵文物管理所。

著录：《咸阳碑刻》《咸阳市渭城区志》《渭城文物志》。

提要：康熙五十二年三月，以皇帝六十大寿，致祭周文王陵。

启圣祠碑

年代：清康熙五十三年（1714）刻立。

形制：圆首方额。高 1.50 米，宽 0.77 米，厚 0.27 米。

行字：正文楷书 13 行，满行 37 字。

纹饰：碑额两侧饰双凤朝阳卷云纹图案，碑身四周饰蔓草花卉纹。

现藏：陇县南道巷中学。

提要：记载陇州文庙修建启圣祠事。

师祖黄公祠堂记

年代：清康熙五十三年（1714）刻立。

形制：高 0.60 米，宽 0.47 米。

行字：正文楷书 18 行，满行 25 字。

撰书：薛教玉撰，翁去子书。

纹饰：四周饰卷云纹。

现藏：陇县新集川乡龙门洞道院四公祠。

提要：记载黄祖师游历四方，后至龙门洞修道事。

刘齐生墓志

全称：皇清待赠惠文齐生刘公墓志铭。

年代：清康熙五十三年（1714）刻。

形制：志正方形。边长 0.55 米，厚 0.07 米。

行字：志文楷书 22 行，通行 26 字。

纹饰：四周饰卷云纹。

现藏：潼关县东门博物馆。

提要：记载刘齐生的生卒年月。

汉太尉祖考伯起公神位

年代：清康熙五十三年（1714）刻立。

形制：圆首。高 1.60 米，宽 0.64 米。

行字：正文楷书 1 行 10 字。

现藏：华阴市西岳庙文物管理处。

提要：此碑系杨氏后人为其先祖所立之神位碑。

*杂咏四首

年代：清康熙五十三年（1714）刻立。

形制：高 0.36 米，宽 0.70 米。

行字：正文行书 18 行，满行字数不等。

撰书：郎廷槐撰并书。

现藏：西安碑林博物馆。

著录：《西安碑林全集》。

提要：刊刻郎廷槐撰写的四首诗歌，其中有《午日过曜南祖甥东园》二首、《淹留》二首，抒发作者心志。

姜圣母后稷新栽树木记

年代：清康熙五十三年（1714）刻立。

形制：正方形。边长 0.70 米。

行字：正文楷书 30 行，满行 29 字。

撰书：徐逯撰。

纹饰：四周饰水波纹。

出土：1989 年出土于武功县武功镇稷山村。

现藏：武功县城隍庙文物管理所。

提要：记载信士杨兴国等 40 余人先后为稷山种植树木的事件。

龙门洞常住碑记

年代：清康熙五十四年（1715）刻立。

形制：圆首方座。通高 1.52 米，宽 0.60 米。

行字：正文楷书 18 行，满行 40 字。

纹饰：碑额两旁饰花卉纹，碑身四周饰蔓草纹。

现藏：陇县新集川乡龙门洞道院四公祠。

提要：记述龙门洞的位置、沿革、形胜及陇州知事罗章彝批准龙门洞垦荒、占地所立制度。

明伦堂工竣碑

年代：清康熙五十四年（1715）刻立。

形制：高 1.80 米，宽 0.77 米。

行字：正文楷书 5 行，满行 10 字。

出土：原立于西乡县文庙。

现藏：西乡县文化馆。

提要：记述康熙五十四年知县王穆捐款重修文庙启圣祠、明伦堂，以及督工人名单。

韦制锦暨妻曹氏张氏孙氏合葬墓志

全称：清故待赠增广生员仲章韦公暨元配曹氏继配张氏孙氏合葬墓志铭。

年代：清康熙五十四（1715）刻。

形制：盖长 0.73 米，宽 0.58 米，厚 0.08 米。志长 0.75 米，宽 0.58 米，厚 0.11 米。

行字：盖篆书 6 行，满行 5 字，题"清故待赠增广生员仲章韦公暨元配曹氏继配张氏孙氏合葬墓志铭"。志文楷书 32 行，满行 35 字。

出土：澄城县阴泉沟。

现藏：澄城县冯原镇韦家社。

提要：记载韦制锦生平及其亲眷情况。

题汉太史司马子长墓二首

年代：清康熙五十四年（1715）刻立。

形制：高 0.40 米，宽 0.56 米。

行字：正文楷书 13 行，满行 12 字。

撰书：吴曹直撰并书。

现藏：韩城市司马迁祠。

著录：《司马迁祠碑石录》。

提要：此碑有诗两首，皆为七言律诗。吴曹直于康熙四十七年（1708）至五十三年任韩城县令。

重修韩城县学尊经阁诸工记

全称：重建韩城县学尊经阁并移修敬一亭约礼斋泮池门坊墙垣记。

年代：清康熙五十四年（1715）刻立。

形制：圆首龟座。通高 2.28 米，宽 0.77 米。

行字：额篆书"碑记" 2 字。正文楷书 18 行，满行 72 字。

撰书：张廷枢撰，刘荫枢篆额并书。

纹饰：碑额饰二龙戏珠图案，碑身四周饰花草纹。

现藏：韩城市博物馆。

提要：记述知县吴曹直重修尊经阁事，并捐"十三经"及"二十一史"藏于阁内。

*王阳明等格言碑

年代：清康熙五十四年（1715）刻立。

形制：圆首方座。尺寸不详。

行字：共分 5 栏，每栏 14 行，满行 9 字。第 5 栏题跋 10 行，满行字数不等。

撰书：韩宰撰跋，刘浣初书，卜泰刻。

现藏：西安碑林博物馆。

著录：《西安碑林全集》。

备注：附刻于《关帝诗竹》碑阴。

提要：内容为韩宰集前贤格言数则，多系为人为学之准则。据跋文可知这些格言系刘浣初客原州时，当地名士韩宰所述。

王斗机暨妻郭氏合葬墓志

全称：清赐进士出身诰封文林郎广西怀远县藤县知县暨配诰封郭孺人合葬墓志铭。

年代：清康熙五十四年（1715）刻。

形制：志、盖均为正方形，尺寸相同。边长 0.76 米，厚 0.16 米。

行字：盖文篆书 6 行，满行 7 字，题"清赐同进士出身诰封文林郎广西怀远县藤县知县王公暨配诰封郭孺人合葬墓志铭"。志文楷书 35 行，满行 45 字。

撰书：刘荫枢撰，王绥书，巩建丰篆盖，杨春芳填讳。

纹饰：志文、盖题四周均饰几何纹。

出土：1966 年出土于华阴县西王村。

现藏：西安碑林博物馆。

著录：《华山碑石》。

提要：记录王斗机的家族世系、生平。王斗机历官广西柳州府怀远县知县、广西梧州府藤县知县。刘荫枢，韩城人，

字相斗，别字乔南。康熙进士，历任江西按察使、云南按察使、贵州巡抚等。著有《春秋蓄疑》《易经解》等。

百里坊戒香寺重理禅院记

年代：清康熙五十五年（1716）刻立。

形制：高 1.50 米，宽 0.43 米。

行字：正文楷书 12 行，满行 92 字。

撰书：郑弘璧撰，车尔茂书。

纹饰：底部饰云纹。

现藏：合阳县博物馆。

提要：记载合阳县百里坊重修戒香寺禅院事。

关帝诗竹

年代：清康熙五十五年（1716）刻立。

形制：圆首方座。高 1.59 米，宽 0.64 米。

行字：正文隶书 4 行，满行字数不等。

撰书：韩宰画并撰。

现藏：西安碑林博物馆。

著录：《西安碑林全集》。

提要：碑上刻修竹两竿，竹叶错落有致，并且组成一首五言绝句："不谢东君意，丹青独立名。莫嫌孤叶淡，终久不凋零。"

重修五台山集禊宫正殿记事

年代：清康熙五十五年（1716）刻立。

形制：圆首方座。高 1.69 米，宽 0.74 米，厚 0.18 米。

行字：额篆书 2 行，满行 3 字，题"重修正殿云记"。正文楷书 22 行，满行 38 字。

撰书：左宜之撰，左延访书。

出土：原存耀县药王山。

现藏：药王山博物馆。

著录：《药王山碑刻》《陕西药王山碑刻艺术

总集》。

提要：记载善士胡瑜、宋铠等以洞口所收布施钱重修集祺宫正殿事。

独堆川创建娘娘洞碑

年代：清康熙五十六年（1717）刻立。

形制：圆首圭额。高1.63米，宽0.71米，厚0.16米。

行字：正文楷书11行，满行46字。

纹饰：碑额饰二龙戏珠图案，碑身四周饰花卉纹。

现藏：彬县龙高镇程家川村。

提要：记述合社人捐资创建真人娘娘洞的缘由和经过。

龙门洞朝山建醮碑记

年代：清康熙五十七年（1718）刻立。

形制：高0.55米，宽0.43米，厚0.09米。

行字：正文楷书4行，满行24字。

纹饰：碑额饰卷云纹。

现藏：陇县新集川乡龙门洞道院。

提要：记述朝山原因，祈求保佑。

朝华山碑记

年代：清康熙五十七年（1718）刻立。

形制：龟座通高3.43米，宽0.86米，厚0.22米。

撰书：郭义□撰，曹锡绶书。

纹饰：碑身四周饰龙凤纹。

现藏：蒲城县椿林乡汉村。

备注：碑首无存，碑身风化严重字体保存较差，碑座龟首残缺。

提要：记载述立碑人游华山的经历。

重修九郎庙碑

年代：清康熙五十七年（1718）刻立。

形制：圆首方座。高1.59米，宽0.56米。

行字：正文楷书6行，满行50字。

撰书：荆正撰，田朴书。

纹饰：四周饰云纹。

现藏：合阳县博物馆。

提要：记载重修九郎庙的缘起及功德主的情况。

千字箴

年代：清康熙五十七年（1718）刻立。

形制：共2石。第1石高1.70米，宽0.45米。第2石高0.48米，宽0.66米。

行字：正文楷书，分9栏，每栏行字数不等。

撰书：王铎书，李宏柱跋。

现藏：西安碑林博物馆。

著录：《西安碑林全集》。

提要：碑文为王铎所书个人处世箴言。

*康熙五十八年祭黄帝陵碑

年代：清康熙五十八年（1719）刻立。

形制：圆首方座。通高1.58米，宽0.60米，厚0.14米。

行字：正文楷书12行，满行25字。

纹饰：两侧饰水波纹。

现藏：黄帝陵轩辕庙碑廊。

著录：《黄帝陵碑刻》《延安市文物志》《黄陵文典·文物卷》。

提要：记载清圣祖玄烨因皇妣神主升祔太庙礼成，遣左春坊左赞善兼翰林院检讨吴孝登于康熙五十八年（1719）三月十七日祭祀轩辕黄帝陵。

*康熙五十八年祭黄帝陵诗碑

年代：清康熙五十八年（1719）刻立。

形制：圆首方座。通高1.94米，宽0.75米，厚 0.12 米。

行字：正文楷书 8 行，满行 25 字。

纹饰：碑额饰云纹。

现藏：黄帝陵轩辕庙碑廊。

著录：《黄帝陵碑刻》《延安市文物志》《黄陵文典·文物卷》。

提要：刊载康熙五十八年祭黄帝陵所作诗。

*满文残碑

年代：清康熙五十八年（1719）刻立。

形制：碑残损。残高 1.22 米，宽 0.46 米。

现藏：西安碑林博物馆。

著录：《西安碑林全集》。

备注：已残断。

提要：因碑残断严重，仅存满文两行和汉文年月，具体内容不详。

*冯景夏德政碑

年代：清康熙五十八年（1719）刻立。

形制：圆首方座。高 1.73 米，宽 0.70 米，厚 0.18 米。

行字：额行书"泽被邻封"4 字。正文行书 14 行，满行 40 字。

撰书：刘大成撰，朱廷林书，卜兆梦刻，董金、卢其缙等立石。

现藏：西安碑林博物馆。

著录：《西安碑林全集》。

备注：附刻于《朱子家训》碑阴。

提要：记述长安县令冯景夏为被盗商贾追回货物，商贾为其立碑，彰其德行之事。冯景夏，浙江桐乡人，康熙时举人，知长安县，治行为秦中之冠，官至刑部左侍郎。事迹见《碑传集》《国朝书画家笔录》。

*丹阳观记碑

年代：清康熙五十八（1719）刻立。

形制：高 1.53 米，宽 0.70 米，厚 0.12 米。

行字：正文楷书，碑阳 20 行，满行 37 字。碑阴 18 行，满行 32 字。

现藏：周至县竹峪乡丹阳观。

提要：记载康熙年间维修丹阳观事。

新建观音菩萨庙碑

年代：清康熙五十九年（1720）刻立。

形制：圆首方座。高 1.27 米，宽 0.63 米，厚 0.16 米。

行字：正文楷书 17 行，满行 30 字。

纹饰：碑阳饰云纹，碑阴饰仙鹤及云纹。

现藏：富县牛武镇滑家塬村。

提要：记载修建观音庙的原因等。

路世光暨妻杨氏雷氏董氏合葬墓志

全称：明宣武将军绥德州守备绍烈路公暨元配恭人杨氏继配恭人雷氏董氏合葬墓志铭。

年代：清康熙五十九年（1720）刻。

形制：志正方形。边长 0.55 米。

行字：志文楷书 31 行，满行 51 字。

撰书：范光宋撰，康万驹书，靳美玉篆盖。

出土：1987 年出土于澄合矿务局家属楼基建工地。

现藏：澄城县乐楼文物管理所。

备注：盖佚。

提要：主要讲述了路世光及夫人生平事迹。

甘亭十二景诗碑

年代：清康熙五十九年（1720）刻立。

形制：圆首。高 2.25 米，宽 0.81 米，厚 0.18 米。

行字：额篆书 2 行，满行 2 字，题"杜亭佳胜"。正文行草，分上下 6 栏，共 98 行，满行 8 字。

撰书：吴廷芝撰并书。

现藏：户县文物管理委员会。

著录：《重修户县志》《户县碑刻》。

提要：此碑分上下六栏镌刻，每栏刻有七言律诗二首，一诗一景，共 12 景，概括描述了户县地区的风景。撰书者吴廷芝，福建永定县人。康熙二十六年（1687）举人，五十一年（1712）任户县知县。纂有《户县续志》。

*重修碑亭碑记

年代：清康熙五十九年（1720）刻立。

形制：圆首方座。高 2.78 米，宽 0.85 米，厚 0.22 米。

行字：额题"重修碑亭碑记"。正文楷书 5 栏，每栏 18 字，满行 8 字。

撰书：李珩书，姚文思立石。

纹饰：碑两侧饰菊花、荷花，碑座有飞马等图案。

现藏：西安碑林博物馆。

著录：《西安碑林全集》。

备注：附刻于《学宪武公德政去思碑》碑阴。

提要：记载康熙五十七年（1718）徐朱爝出资修缮西安碑林十三经碑亭、孟子碑亭等事迹。

集古梅花诗

年代：清康熙五十九年（1720）刻立。

形制：圆首方座。共 2 石，尺寸相同。高 2.47 米，宽 0.91 米，厚 0.20 米。

行字：第 1 石阳面 8 栏，阴面 7 栏。第 2 石阳面、阴面均为 8 栏，行字数不等。

撰书：罗景书。

现藏：西安碑林博物馆。

著录：《咸宁长安两县续志》《西安碑林全集》。

提要：第 1 石碑阳 8 栏，内容为罗景临王羲之书及宋元诗人七绝梅花诗共 50 首；碑阴 7 栏，1、2、6、7 栏为集王行书韩愈《论佛骨表》，3、4 栏为临王羲之《兰亭序》，5 栏为行书李白《春夜宴桃李园序》。第 2 石碑阳及阴均为 8 栏，碑阳及碑阴 1 至 5 栏亦为临王羲之书及宋元诗人梅花诗并附罗景跋文，7 栏为草书《饮中八仙歌》。

*文昌帝君石经碑

年代：清康熙五十九年（1720）刻立。

形制：圆首。高 1.40 米，宽 0.62 米。

行字：正文楷书，分 4 栏。第 1 栏 33 行，满行 20 字，其余 3 栏每栏 28 行，满行 16 字。

撰书：徐朱爝书。

现藏：西安碑林博物馆。

著录：《西安碑林全集》。

提要：碑文第 1 栏为《文昌帝君阴骘文》，碑之 2、3、4 栏为《感应真经》，系道家劝善惩恶之经。

观音阁设供碑记

年代：清康熙六十年（1721）刻立。

形制：通高 1.95 米，宽 0.57 米，厚 0.12 米。

行字：额篆书"勒碑刻铭"4 字。正文行书 17 行，满行 51 字。

撰书：胡继昌撰，侯万邦篆额，比丘明心丹书。

纹饰：四周饰卷草纹。

现藏：神木县二郎山观音阁。

备注：剥蚀严重。

提要：记载驼峰山祭祀观音大士事。

*争山讼碑

年代：清康熙六十年（1721）刻立。

形制：圆首座佚。高 1.65 米，宽 0.80 米。

行字：额楷书 2 行，满行 2 字，题"皇清永
固"。正文楷书 24 行，满行 90 字。

现藏：户县草堂镇大园寺。

著录：《户县碑刻》。

提要：记载户县金柳、张复宗及僧人觉祥等
互争山场一案的经过，并备录原案，
镌之石碑，永为遵照执行。

关圣帝君像

年代：清康熙六十年（1721）刻立。

形制：高 1.72 米，宽 0.61 米，厚 0.10 米。

撰书：李进泰摹并书。

现藏：西安碑林博物馆。

著录：《中国美术全集·石刻线画》《西安碑
林全集》。

提要：碑上刻关公骑像。

重修太史庙记

年代：清康熙六十一年（1722）刻立。

形制：高 0.35 米，宽 0.77 米。

行字：正文楷书 14 行，满行 33 字。

纹饰：四周饰卷云纹。

现藏：韩城市司马迁祠。

著录：《司马迁祠碑石录》。

提要：记载重修太史庙事。

*蟓蜒渠水利词案碑记

全称：宋村中堡东河口蟓蜒渠水利词案碑记。

年代：清康熙六十一年（1722）刻立。

形制：圆首座佚。通高 2.16 米，宽 0.80 米，
厚 0.18 米。

行字：额篆书 2 行，满行 2 字，题"水利碑
记"。正文楷书 17 行，满行 75 字。

撰书：吴廷芝撰。

现藏：户县庞光镇东焦村。

著录：《户县碑刻》。

提要：记载何谓文、宋元章与刘务等互争东
河口蟓蜒渠水利一案的经过。

培风堂诗

年代：清康熙六十一年（1722）刻立。

形制：正方形。共 2 石，尺寸相同。边长
0.60 米。

行字：正文行草。每石 2 栏，每栏 24 行，
满行 10—12 字不等。跋文行书 15
行，满行 14—15 字不等。

撰书：阿金撰，郑朝鉴书，吕兆麟跋。

现藏：西安碑林博物馆。

著录：《西安碑林全集》。

提要：碑文以"惆怅"为题，作七言律诗 16
首。撰者阿金，满洲镶白旗人，字云
举，斋号"培风堂"，康熙时进士，
著有《培风堂集》。

檇李徐翼所公家训

年代：清康熙时期（1662—1722）刻立。

形制：高 2.24 米，宽 0.88 米。

行字：正文行书 5 栏，每栏 20 行，满行 8 字。

撰书：徐学周撰，董其昌书，徐朱焴跋。

出土：西安碑林旧藏。

现藏：西安碑林博物馆。

著录：《咸宁长安两县续志》《西安碑林全集》。

提要：碑文是明代奉政大夫徐学周所撰之
"家训七章"。学周之子徐必达请当

时名家董其昌书写后勒石于家庙。康熙年间，其五世孙将先祖遗训之拓本加跋上石，重刻立于西安碑林。

救济贫民记

年代：清康熙时期（1662—1722）刻立。

形制：圆首方座。高 1.70 米，宽 0.70 米，厚 0.20 米。

行字：正文楷书 9 行，满行 33 字。

现藏：洛川县善化乡什二村。

提要：记载什二村成氏家族大旱年间在洛川开仓放粮、救济灾民的情况。

重修真人神像碑记

年代：清康熙时期（1662—1722）刻立。

形制：高 0.62 米，宽 0.45 米。

行字：正文楷书 10 行，满行 36 字。

撰书：李向若撰。

现藏：合阳县博物馆。

提要：记载重修孙真人神像缘由及经过事。

养虚斋铭

年代：清康熙时期（1662—1722）刻立。

形制：高 0.58 米，高 0.50 米。

行字：正文楷书 7 行，满行 16 字。

撰书：康乃心撰。

现藏：合阳县博物馆。

提要：记载古人的养生之道。

*康熙年尧山庙布施碑

年代：清康熙时期（1662—1722）刻立。

形制：圆首。通高 2.02 米，宽 0.70 米，厚 0.25 米。

行字：正文楷书，行字数不详。

纹饰：碑额饰龙凤图案，碑身左右饰缠枝花卉纹。

现藏：蒲城县尧山庙西龙王洞。

著录：《尧山圣母庙与神社》。

备注：碑文皆捐资人名，有补刻痕迹，已断为三截。

提要：此碑捐资者有山西、渭南、白水、同州等地人，其余多为本县人士。

暮春游牛头寺隐括

年代：清康熙时期（1662—1722）刻立。

形制：共 4 石。3 石高 0.40 米，宽 0.89 米。另 1 石高、宽均 0.40 米。

行字：正文行书 50 行，满行 9 字。

撰书：达礼善撰并集字。

现藏：西安碑林博物馆。

著录：《西安碑林全集》。

提要：碑文为五言律诗十首，描述翠华山风景秀美和春游牛头寺之感慨。碑文从《集王圣教序》碑集字。

*康熙赐吴赫临米芾书

年代：清康熙时期（1662—1722）刻立。

形制：螭首方座。通高 3.15 米，宽 0.84 米，厚 0.21 米。

行字：正文行书 5 行，满行 16 字。

撰书：玄烨书。

纹饰：碑座饰龙纹。

现藏：西安碑林博物馆。

著录：《西安碑林全集》。

提要：碑文内容为康熙皇帝临宋人米芾五言排律一首，米芾原作已佚，此作系康熙赐给大臣吴赫，后吴赫将其摹勒上石。

*康熙赐吴赫临董其昌书

年代：清康熙时期（1662—1722）刻立。

形制：螭首方座。通高 3.15 米，宽 0.84 米，厚 0.21 米。

行字：正文草书 4 行，满行 16 字。

撰书：玄烨书。

现藏：西安碑林博物馆。

著录：《西安碑林全集》。

提要：碑文为康熙皇帝临董其昌书唐诗一首，内容为杜甫《秋兴八首》之一。康熙将其赐与大臣吴赫，后吴赫将其摹勒上石。

*咏贾公削平栈道歌

年代：清康熙时期（1662—1722）刻立。

形制：高 0.33 米，宽 1.25 米。

行字：正文楷书 30 行，满行 12 字。

撰书：赵三麒撰，张梦椒刻。

现藏：西安碑林博物馆。

著录：《西安碑林全集》。

备注：碑阴刻"为善最乐"四字。

提要：碑文以诗歌形式描述了秦岭山中鸡头、虎头、凤岭及石牛、金峡等处险境，歌颂了贾汉复修葺栈道的业绩。

岣嵝碑

年代：清康熙时期（1662—1722）刻立。

形制：圆首方座。通高 2.80 米，宽 0.88 米，厚 0.24 米。

行字：正文篆书 10 行，满行 6 字。

撰书：毛会建刻。

现藏：西安碑林博物馆。

著录：《金石萃编》《寰宇访碑录》《庚子销夏记》。

备注：碑阴刻《韩公考正位次碑》。

提要：《岣嵝碑》相传原在湖南衡山祝融峰，全文共 77 字，传为大禹治水时所立。

此碑系康熙时毛会建摹刻立于西安碑林。

注岣嵝碑

年代：清康熙时期（1662—1722）刻立。

形制：圆首方座。通高 2.82 米，宽 0.92 米，厚 0.25 米。

行字：正文楷书 6 行，满行 14 字。

撰书：杨慎释文，毛会建跋并刻。

现藏：西安碑林博物馆。

著录：《金石萃编》《西安碑林全集》。

备注：碑阴刻"山高水长" 4 字。

提要：碑文是对《岣嵝碑》所做的注释，主要是杨慎释文，又参考了沈鉴、杨廷相、郎瑛三家的注。

送子观音像

年代：清康熙时期（1662—1722）刻立。

形制：高 2.18 米，宽 0.88 米。

撰书：沈长藩画，李敬修书，卜升、卜兴刻。

出土：西安碑林旧藏。

现藏：西安碑林博物馆。

著录：《西安碑林全集》。

备注：刻于清康熙九年（1670）《孝子李澄传》碑阴。

提要：碑上刻观音菩萨怀抱一童子像。

御书法帖

年代：清康熙时期（1662—1722）刻立。

形制：共 69 石，尺寸不等。

行字：正文行草书，满行字数不等。

撰书：玄烨书，何馺摹。

现藏：西安碑林博物馆。

著录：《西安碑林全集》。

提要：碑文内容主要是康熙临习米芾、董其昌的书法作品。

水镜堂

年代： 清康熙时期（1662—1722）刻立。

形制： 螭首方座。通高 3.00 米，宽 0.85 米。

行字： 正文楷书 3 字。

撰书： 玄烨书。

现藏： 西安碑林博物馆。

著录： 《西安碑林全集》。

提要： 碑上书"水镜堂"3 字，为康熙皇帝御笔。

唐句

年代： 清康熙时期（1662—1722）刻立。

形制： 高 0.41 米，宽 1.04 米。

行字： 正文行书 8 行，满行 2—3 字不等。

撰书： 玄烨书。

现藏： 西安碑林博物馆。

著录： 《西安碑林全集》。

提要： 碑文系康熙皇帝书，赐时任陕西西安府管粮通判张晟五言诗一首，题为"唐句"，诗的内容为"直把春偿酒，都将命乞花。只知闲信马，不觉误随车"，具体作者不详。

*关中八景屏

年代： 清康熙时期（1662—1722）刻立。

形制： 高 1.35 米，宽 0.35 米。

行字： 每屏题诗一首，行书 4 行，满行字数不等。

撰书： 武廷桂绘图并撰，樊东兴刻。

现藏： 西安碑林博物馆。

著录： 《中国美术全集·石刻线画》《西安碑林全集》。

提要： 碑上用线刻形式将关中八景——华岳仙掌、骊山晚照、灞柳风雪、曲江流饮、雁塔晨钟、咸阳古渡、草堂烟雾、太白积雪一一展现。

*白衣大士与张仙送子像

年代： 清康熙时期（1662—1722）刻立。

形制： 高 0.74 米，宽 0.62 米。

行字： 正文篆书 5 行，满行 12 字。

撰书： 张汧题赞，吴达、邓霖画，卜世镌。

现藏： 西安碑林博物馆。

著录： 《西安碑林全集》。

提要： 碑阳为白衣跌坐观音像，身前一童子两膝跪地，双手合十，跪拜观音。碑阴为张仙骑马怀抱一童子，左手持弓，回首遥望。

*康熙赐佛伦诗画扇面

年代： 清康熙时期（1662—1722）刻立。

形制： 圆首方座。高 3.06 米，宽 0.84 米。

行字： 诗文楷书 13 行，满行 4 字。

撰书： 玄烨书，强国忠画。

现藏： 西安碑林博物馆。

著录： （嘉庆）《咸宁县志》《西安碑林全集》。

提要： 碑上分刻扇面两幅。一幅为康熙赐给户部尚书、文渊阁大学士佛伦的诗词一首："东表闻风化，西秦化雨霖。扬清知疾苦，激浊勉官箴。旷世孤芳节，超伦千古心。封疆资大吏，抚育代忧深。"另一幅是强国忠绘制的《荷鹭图》。

圣驾西巡恭赋

年代： 清康熙时期（1662—1722）刻立。

形制： 高 0.37 米，宽 0.80 米。

行字： 正文楷书 23 行，满行 17 字。

撰书： 卢化书。

现藏： 西安碑林博物馆。

著录： 《西安碑林全集》。

提要： 碑文内容包括《圣驾西巡恭赋》（七

律)、《扈从大阅恭纪》(七律)、《拜赐御书志喜》(五律)、《送驾至渭南行宫颁赐人参眼镜赋谢》(五律)诗共 4 首,记述了卢化随康熙帝西巡的情况。

*福禄寿三星图

年代: 清康熙时期(1662—1722)刻立。

形制: 高 2.01 米,宽 0.78 米。

撰书: 赵希献画。

现藏: 西安碑林博物馆。

著录:《中国美术全集·石刻线画》《西安碑林全集》。

提要: 碑上刻福、禄、寿三星与三位童子。

重修玉皇庙碑记

全称: 大清国陕西西安府乾州涘头里章留村重修玉皇庙碑记。

年代: 清康熙时期(1662—1722)刻立。

形制: 高 2.29 米,宽 0.87 米,厚 0.21 米。

行字: 正文楷书 4 行,满行 17 字。

纹饰: 四周饰蔓草纹。

现藏: 乾县王村镇张留村玉皇庙内。

著录:《新编乾县志》。

提要: 记载玉皇庙在清康熙年间的修葺情况,注明重修时曾增设大厅并置东西二廊,同时修建了钟鼓二楼。

方山寺碑记

年代: 清康熙时期(1662—1722)刻立。

形制: 圆首方额。高 1.29 米,宽 0.60 米,厚 0.17 米。

行字: 额楷书"皇清"2 字。正文楷书 19 行,满行 39 字。

纹饰: 额刻太极图,两侧饰凤纹。

现藏: 乾县方山石场(原方山寺)。

备注: 漫漶难辨。

*雍正元年祭黄帝陵碑

年代: 清雍正元年(1723)刻立。

形制: 圆首方座。高 1.52 米,宽 0.62 米,厚 0.12 米。

行字: 正文楷书 12 行,满行 24 字。

纹饰: 四周饰云纹。

现藏: 黄帝陵轩辕庙碑廊。

著录:《黄帝陵碑刻》《延安市文物志》《黄陵文典·文物卷》。

提要: 记载清世宗胤禛继位之初,派遣通政使司右通政钱以垲于雍正元年二月十五日祭祀轩辕黄帝。

*雍正元年祭华山碑

年代: 清雍正元年(1723)刻立。

形制: 螭首龟座。高 6.07 米,宽 0.95 米。

行字: 额篆书"皇清"2 字。正文楷书 8 行,满行 38 字。

现藏: 华阴市西岳庙文物管理处。

著录:(乾隆)《华阴县志》《华山碑石》。

提要: 记载清雍正元年内阁侍读学士田文镜奉命致祭西岳华山之神。

重修朝元洞碑

年代: 清雍正元年(1723)刻立。

形制: 螭首圭额龟座。高 1.90 米,宽 0.77 米,厚 0.21 米。

行字: 正文楷书 9 行,满行 47 字。

撰书: 陈正龙撰并书。

纹饰: 四周饰卷云纹。

现藏: 乾县石牛乡周家河村药王洞内。

著录:《新编乾县志》。

提要：记载周家河村周世祥等 20 余人从康熙
朝起募捐钱财，先后历 47 年，并最终
于雍正元年重修朝元洞之事。

*雍正元年祭周陵碑

年代：清雍正元年（1723）刻立。

形制：圆首方座。高 1.66 米，宽 0.67 米。

行字：正文楷书 12 行，满行 22 字。

纹饰：碑额饰双凤纹。

现藏：咸阳市周陵文物管理所。

著录：《咸阳市渭城区志》《渭城文物志》。

提要：记载雍正年间御祭周陵之祭文。

*龙门洞布施碑

年代：清雍正二年（1724）刻立。

形制：圆首方座。高 1.41 米，宽 0.67 米，
厚 0.18 米。

行字：额篆书"皇清"2 字。正文楷书 10
行，满行 37 字。

纹饰：碑额饰卷云纹，碑身四周饰蔓草纹。

现藏：陇县新集川乡龙门洞道院四公祠。

提要：记载龙门洞胜景及历史源流。

*雍正二年祭黄帝陵碑

年代：清雍正二年（1724）刻立。

形制：圆首方座。高 2.03 米，宽 0.70 米，
厚 0.13 米。

行字：正文楷书 11 行，满行 30 字。

纹饰：四周饰水波纹。

现藏：黄帝陵轩辕庙碑廊。

著录：《黄帝陵碑刻》《延安市文物志》《黄陵
文典·文物卷》。

提要：记载清世宗胤禛雍正元年遣都察院左
副都御史江球于二年正月二十二日
祭祀轩辕黄帝事。

增建东岳圣帝两配殿碑记

年代：清雍正二年（1724）刻立。

形制：高 0.63 米，宽 0.88 米。

行字：正文楷书 32 行，满行 19 字。

撰书：马缉武撰并书，牛凤院刻。

纹饰：顶饰云龙纹，另三边饰回纹。

现藏：佳县白云山白云观东岳大殿。

著录：《白云山白云观碑刻》。

提要：记载国子监司业孙嘉淦募缘增建东岳
大殿两配殿事。

施茶碑序

年代：清雍正二年（1724）刻立。

形制：高 0.50 米，宽 0.63 米。

行字：正文楷书 11 行，满行 13 字。

撰书：胡志南撰。

现藏：榆林市红石峡东壁三圣殿。

备注：字迹剥蚀严重。

提要：记述清雍正二年雄山寺施茶汤水，供
众人解渴事。

重修智果院第六次序

年代：清雍正二年（1724）刻立。

形制：高 0.55 米，宽 0.85 米，厚 0.14 米。

行字：正文行书 28 行，满行 27 字。

撰书：吴尔望、孙思仲撰，邓永祚、李凤翱、
郑朝相议书，李越篆额，薛柱镌。

现藏：洋县智果寺文物管理所。

著录：《汉中碑石》

提要：记载清雍正二年第六次重修智果寺的
经过。

御制朋党论

年代：清雍正二年（1724）刻立。

形制：高 2.39 米，宽 0.68 米。

行字：额篆书"御制"2 字。正文楷书 22
行，满行 80 字。

纹饰：碑额饰二龙戏珠图案，碑身四周饰
花边。

现藏：韩城市博物馆。

提要：记载雍正帝制《朋党论》，知县龚之
琦等立石。

重修文庙碑记

年代：清雍正二年（1724）刻立。

形制：螭首。高 2.89 米，宽 0.92 米，厚
0.23 米。

行字：正文楷书 24 行，满行 30 字。

撰书：董霑撰。

纹饰：四周饰草叶纹。

出土：出土于周至县东街小学，时间不详。

现藏：周至县文物管理所。

提要：记载重修周至县文庙事。

薛毓蘩暨妻王氏合葬墓志

全称：皇清乡饮介宾盛川薛公暨孺人王氏合
葬墓志铭。

年代：清雍正二年（1724）刻。

形制：志正方形。边长 0.56 米，厚 0.07 米。

行字：盖文篆书 4 行，满行 5 字，题"皇清
乡饮介宾盛川薛公暨孺人王氏合葬墓
志铭"。志文楷书 24 行，满行 38 字。

撰书：丁毓伟撰，薛湘生篆盖，薛桴书。

纹饰：四周饰蔓草纹。

现藏：韩城市博物馆。

提要：记载薛毓蘩及王氏的家族世系、生平。

*赐岳钟琪诗

年代：清雍正二年（1724）刻立。

形制：螭首方座。通高 3.87 米，宽 0.95 米，

厚 0.27 米。

行字：额楷书"御赐"2 字。正文行书 5 行，
满行字数不等。

撰书：胤禛撰并书。

现藏：西安碑林博物馆。

著录：《西安碑林全集》。

提要：碑文为雍正皇帝褒扬四川提督岳钟琪
率军平定青海叛乱所赐之五言律诗。
岳钟琪，字东美，号容斋，四川成都
人，因雍正元年平叛有功，授"奋威
将军"。碑首钤"为君难"篆章一枚，
尾钤"雍正宸翰""亲贤爱民"篆章
二枚。

重修庙学碑记

年代：清雍正二年（1724）刻立。

形制：圆首。高 2.12 米，宽 0.81 米，厚
0.21 米。

行字：字迹漫漶，行字数无法辨识。

撰书：宋义均撰，步崝书。

出土：原在乾县文庙，1997 年移于懿德太
子墓。

现藏：乾陵县懿德太子墓博物馆。

著录：《新编乾县志》。

提要：记载雍正二年重修乾州文庙事。

丘祖青天歌

年代：清雍正三年（1725）刻立。

形制：高 0.70 米，宽 0.60 米，厚 0.08 米。

行字：正文楷书 17 行，满行 14 字。

纹饰：四周饰卷云纹。

现藏：陇县新集川乡龙门洞道院四公祠。

提要：碣文为七言诗。

龙门会课别记

年代：清雍正三年（1725）刻立。

形制：高 1.28 米，宽 0.57 米，厚 0.23 米。

行字：正文楷书 10 行，满行 45 字。

撰书：向日升撰。

现藏：韩城市博物馆。

提要：记载龙门会课渊源。

平定青海告成太学碑

年代：清雍正三年（1725）刻立。

形制：圆首方座。共 2 石，尺寸相同。通高 5.30 米，宽 1.71 米。

行字：正文楷书 21 行，满行 97 字。

撰书：胤禛撰并书。

纹饰：四周及首座均饰龙纹。

现藏：西安碑林博物馆。

著录：《西安碑林全集》。

备注：2 石并立，左侧碑为汉文，右侧碑为满文。

提要：记载清雍正元年（1723），皇帝命大将军年羹尧、四川提督岳钟琪率军平息青海和硕特部首领罗卜藏丹津动乱之事。

修圣母庙碑记

年代：清雍正四年（1726）刻立。

形制：高 0.74 米，宽 1.15 米，厚 0.04 米。

行字：正文楷书 42 行，满行 23 字。

撰书：懋德撰并书。

纹饰：四周饰水波纹。

现藏：绥德县义合镇紫台山娘娘庙。

著录：《榆林碑石》。

备注：碑面大面积脱落，缺字甚多。

提要：碑文记载霍士璘、张若俊等于雍正四年翻修娘娘庙事。

黄朝麟德政碑记

年代：清雍正四年（1726）刻立。

形制：圆首。高 1.23 米，宽 0.70 米。

行字：正文楷书，碑阳 20 行，满行 33 字。碑阴 14 行，满行 27 字。

撰书：赵贞撰，白瑛篆额。

现藏：洋县黄金峡真符寺。

备注：碑阴落款为嘉庆二十六年（1822），碑左下端缺一角。

提要：碑阳记黄朝麟在倡导廉吏、廉政建设方面的德政，碑阴记黄公断案、处理田地等事迹。

重修藏经楼第壹次碑记

年代：清雍正四年（1726）刻立。

形制：圆首。高 1.38 米，宽 0.69 米，厚 0.14 米。

行字：额楷书"皇清"2 字。正文楷书 19 行，满行 35 字。

纹饰：碑额饰双龙纹。

现藏：洋县智果寺文物管理所。

著录：《汉中碑石》。

提要：记载康熙五十二年（1713）重修智果寺藏经楼事。

敕赐智果院第六次碑记

年代：清雍正四年（1726）刻立。

形制：圆首。通高 2.70 米，宽 0.80 米，厚 0.24 米。

行字：正文楷书 29 行，满行 70 字。

撰书：熊忠相撰，陈墀、宋冲龄书。

纹饰：碑额饰双龙纹。

现藏：洋县智果寺文物管理所。

提要：记载雍正年间重修智果寺事及捐资人姓名。

重修敕赐智果寺胜境全图

年代：清雍正四年（1726）刻立。

形制：圆首。高 2.86 米，宽 0.80 米，厚
　　　0.26 米。

纹饰：四周饰云纹。

现藏：陕西洋县智果寺文物管理所。

提要：为清雍正二年（1724）第六次重修智
　　　果寺后绘制的寺院平面布局图。

重修长兴寺观音禅院碑记

年代：清雍正四年（1726）刻立。

形制：圆首。高 1.60 米，宽 0.74 米，厚
　　　0.18 米。

行字：额题篆书 1 行 4 字，题"千秋永垂"。
　　　正文行书 19 行，满行残留 35 字。

撰书：李梦弼撰，李卓年书，杨儒篆额。

现藏：户县草堂镇草堂营村学校。

著录：《户县碑刻》。

备注：碑下半部残缺。

提要：记载康熙五十二年（1713）至雍正三
　　　年（1725）重修长兴寺事。长兴寺，
　　　位于户县东南 15 公里处草堂寺东南
　　　（今草堂营学校），今已不存。

重修黉门

年代：清雍正四年（1726）刻立。

形制：正方形。边长 0.35 米。

行字：正文楷书 4 行，满行 7 字。

现藏：韩城市博物馆。

提要：此碑嵌于贤关门外侧墙上。全文"重
　　　修黉门，儒学教谕高梦傅、训导张宦、
　　　督理监生刘世才、乡正薛进福，雍正
　　　四年九月吉旦"。

东营创建三公祠记

年代：清雍正四年（1726）刻立。

形制：圆首。高 1.40 米，宽 0.06 米。

行字：额楷书"敕建碑记" 4 字。正文楷书

13 行，满行 45 字。

撰书：薛椿龄书。

纹饰：碑额饰龙纹，碑周饰万字纹。

现藏：韩城市博物馆。

提要：记载创建东营庙内三公祠之事，三公
　　　指刘关张三人。

重修龙兴寺记

年代：清雍正五年（1727）刻立。

形制：螭首方座。高 2.21 米，宽 0.97 米，
　　　厚 0.20 米。

行字：额篆书，碑阳题"重修碑记"，碑阴
　　　题"流芳奕奕"。正文楷书，行字数
　　　不详。

撰书：王进孝撰。

纹饰：碑额饰二龙戏珠图案，碑身四周饰
　　　卷云纹。

现藏：神木县神木镇刘家畔村龙兴寺。

备注：下部剥蚀较严重，碑座部分埋入地下。

提要：记重修龙兴寺事宜。

禁采兰草碑记

年代：清雍正五年（1727）刻立。

形制：高 1.63 米，宽 0.68 米，厚 0.19 米。

行字：正文楷书，行字数无法辨识。

撰书：杜簧生撰。

现藏：宝鸡市渭滨区神农镇益门堡。

备注：碑文近乎磨光，隐约可见落款"雍正
　　　五年" 4 字。

提要：记载宝鸡知县杜簧生为避免县民被野
　　　兽伤害而下令禁止进山采兰草之事。

重修学宫并置学田记

年代：清雍正六年（1728）刻立。

形制：圆首龟座。碑身高 1.98 米，宽 0.92 米。

行字：正文楷书 20 行，满行 37 字。

撰书：刘方夏撰。

纹饰：碑额饰二龙戏珠图案，碑身四周饰花边。

现藏：韩城市博物馆。

提要：记述学宫自洪武四年（1371）修建，历代知县等多次重修，知县刘方夏再次翻修并置学田之事。

*西岳庙签文碑

年代：清雍正六年（1728）刻立。

形制：两面刻。高 1.08 米，宽 2.22 米。

行字：阴阳两面各刻楷书 50 签，每签 15 行，满行 15 字。

现藏：华阴市西岳庙文物管理处。

备注：现存碑石为清咸丰三年（1853）重刻。

著录：《西岳庙碑石》。

提要：此碑在正反两面共刻签文 100 条。

朱子家训

年代：清雍正六年（1728）刻立。

形制：圆首方座。高 1.73 米，宽 0.70 米，厚 0.18 米。

行字：正文楷书 16 行，满行 40 字。

撰书：朱用纯撰，孙能宽书并跋。

现藏：西安碑林博物馆。

著录：《咸宁长安两县续志》《西安碑林全集》。

备注：碑阳为《冯景夏德政碑》。

提要：碑文为明朱用纯所编《治家格言》。撰者朱用纯，字致一，号柏庐，江苏昆山人。明末生员，入清后隐居不仕，潜心研究程朱理学，著有《朱子家训》《愧讷集》《大学中庸讲义》等。

许从龙请兵纪略

年代：清雍正七年（1729）刻立。

形制：高 0.56 米，宽 0.55 米。

行字：正文楷书 26 行，满行 30 字。

撰书：康无疾撰，康永年书。

现藏：合阳县博物馆。

备注：民国二十七年（1939）拓。

提要：记载明崇祯八年（1635）合阳县城被围，县北永宁村许从龙派人往潼关搬救兵解围事。

*灵岩寺捐资纪事碑

年代：清雍正七年（1729）刻立。

形制：高 0.51 米，宽 0.35 米。

行字：正文楷书 11 行，满行字数不详。

撰书：刘弘谟撰。

现藏：略阳县灵岩寺博物馆。

提要：记载刘弘谟游灵岩寺大佛殿，见大殿倾圮，有感而捐资修葺事。

重修寿峰院祖师庙松山碑记

年代：清雍正八年（1730）刻立。

形制：圆首方座。高 1.80 米，宽 0.69 米，厚 0.15 米。

行字：额篆书"皇清"2 字。正文楷书 23 行，满行 43 字。

撰书：徐瑗撰，陈世蕴书。

纹饰：四周饰卷云纹。

出土：1988 年出土于黄龙县崾崄乡官庄村无良山上。

现藏：黄龙县崾崄乡官庄林场。

著录：《新编黄龙县志》。

提要：记载清雍正八年重修寿峰院的经过及僧人保护森林等情况。

韩城县置学田记

年代：清雍正八年（1730）刻立。

形制：螭首方座。通高 2.94 米，宽 0.69 米。

行字：额楷书"千古棠荫"4 字。正文楷书

9 行，满行 61 字。

撰书：刘方夏撰。

纹饰：碑首饰二龙戏珠图案，碑身四周饰花边。

现藏：韩城市博物馆。

提要：记载知县刘方夏等捐银置田并院房一所，以供诸生月课茶饭、春秋两祭之用。

*梁一亮任职公文碑

年代：清雍正八年（1730）刻立。

形制：高 0.67 米，宽 0.35 米。

行字：正文楷书 13 行，满行 33 字。

现藏：周至县古楼观说经台。

著录：《楼观台道教碑石》。

提要：记载丛林院及道院禅僧道士百余人，素不为僧纲道纪所管，周至县正堂颁文，命梁一亮出任管束之公文。

延古堂咏物诗刻

年代：清雍正八年（1730）刻立。

形制：共 4 石。尺寸不等。

行字：正文行书 60 行，满行 9—10 字。跋文楷书 11 行，满行 15 字。

撰书：陈恭撰并书。

现藏：西安碑林博物馆。

著录：《西安碑林全集》。

提要：碑文为陈恭自撰七言律诗十首：《云鹤》《雁字》《莺梭》《蛛网》《风筝》《蜡泪》《松涛》《麦浪》《雨丝》《秧针》。陈恭，字颛度，号俨居父，又号钵池山人。

强大忠墓志

年代：清雍正九年（1731）刻。

形制：志长 0.57 米，宽 0.55 米。

行字：志文行书 28 行，满行 24 字。

出土：2004 年出土于子长县。

现藏：子长县马家砭镇强家沟村强德奎家。

提要：记载强大忠（字良臣）的生平。生二子，长子曾任江南主簿。

重修合龙山真武小庙碑记

年代：清雍正九年（1731）刻立。

形制：圆首方座。通高 2.31 米，宽 0.64 米，厚 0.09 米。

行字：正文楷书 17 行，满行 46 字。

纹饰：四周饰卷云纹。

现藏：绥德县合龙山祖师庙侧。

备注：碑身断为两截，已黏合。

提要：记载重修合龙山真武小庙事宜。

雷恒墓志

全称：皇清庚辰科进士绩溪县知县贞庵雷公墓志铭。

年代：清雍正九年（1731）刻。

形制：志正方形。边长 0.65 米，厚 0.08 米。

行字：盖文篆书 5 行，满行 5 字，题"皇清庚辰科进士绩溪县知县贞庵雷公墓志铭"。志文楷书 32 行，满行 61 字。

撰书：简延佐撰，史昌孟书，方士模篆盖。

出土：出土时间、地点不详。

现藏：渭南市临渭区中心博物馆。

提要：记载知县雷恒的家族世系、生平。

大司寇息园张公捐置学田碑记

年代：清雍正九年（1731）刻立。

形制：高 1.32 米，宽 0.63 米，厚 0.24 米。

行字：正文楷书 6 行，满行 50 字。

撰书：骆英撰，张宦书。

纹饰：四周饰花草纹。

现藏：韩城市博物馆。

提要：记载刑部尚书张廷枢捐银置买学田以供诸生乡试费用之事。

张公祠堂记

年代：清雍正九年（1731）刻立。

形制：圆首方座。通高 2.40 米，宽 0.62 米，厚 0.15 米。

行字：正文楷书 13 行，满行 50 字。

撰书：柏耐岁撰，刘奉宣篆额，赵必烈书。

现藏：户县光明乡郭村。

著录：《户县碑刻》。

提要：记载张成强家世、生平及其子张震生建祠事。

置田营租碑记

全称：（上阙）州同知强敬业捐金周恤贤士置田营租碑记。

年代：清雍正九年（1731）刻立。

形制：高 1.26 米，宽 0.61 米，厚 0.20 米。

行字：额楷书"碑记"2 字。正文楷书 4 行，满行 12 字。

纹饰：碑额饰花边，碑身四周饰花草纹。

现藏：韩城市博物馆。

提要：记载邑人州同知强敬业捐百金，一半买水地二段作为应试路费，一半周恤贤士。

王作梅先生德教碑

年代：清雍正九年（1731）刻立。

形制：圆首方座。通高 3.12 米，宽 0.74 米，厚 0.22 米。

行字：额篆书"皇清"2 字。正文楷书 13 行，满行 62 字。

撰书：王建丰撰，高端书。

纹饰：碑额饰双螭，碑身饰蔓草纹及莲花纹。

现藏：乾县注洴镇北注洴村王稳定果树地里（原王氏祖茔）。

提要：记载王作梅生平及子嗣、职官。

重修香溪洞碑文

年代：清雍正九年（1731）刻立。

形制：高 1.85 米，宽 0.79 米。

行字：额篆书"重修碑记"4 字。正文楷书 24 行，满行 53 字。

纹饰：额饰二龙戏珠图案。

现藏：安康市汉滨区香溪洞公园。

著录：《安康碑版钩沉》。

提要：记载陕西兴汉总兵董绍祖于雍正九年重修香溪洞事。

扶风县城隍庙□社会碑记

年代：清雍正十年（1732）刻立。

形制：圆首方座。高 1.74 米，宽 0.60 米，厚 0.22 米。

行字：正文楷书 18 行，满行 48 字。

撰书：海腾甲撰并书。

纹饰：四周饰蔓草纹。

现藏：扶风县博物馆。

提要：记载庙会教化作用及刻石缘由。

重修文庙碑记

年代：清雍正十年（1732）刻立。

形制：圆首座佚。碑残损。残高 1.80 米，宽 0.80 米。

行字：额篆书 2 行，满行 3 字，题"重修文庙碑记"。正文楷书 15 行，满行残存 53 字。

撰书：陈深书并篆额。

现藏：户县文庙。

著录：《户县碑刻》。

提要：记载清雍正十年重修文庙的经过。碑
上部横断及下部边缘残损缺文字。碑
石左半部为当时户县官吏、举人、贡
生、生员等姓名。

西骆谷龙化桥碑记

年代：清雍正十年（1732）刻立。

形制：圆首。碑残损。残高1.15米，宽0.73
米，厚0.18米。

行字：额篆书"皇清"2字。正文楷书16
行，满行31字。

纹饰：四周饰荷花纹及龙纹。

现藏：周至县骆峪镇骆峪村慈善桥东北。

提要：记载创建龙化桥、傥骆古栈道遗迹经
过该桥的史实及建龙王庙的经过。

*孙能宽箴言二则

年代：清雍正十年（1732）刻立。

形制：高0.38米，宽0.73米。

行字：正文楷书，分左右两栏，每栏10行，
满行16字。

撰书：孙能宽撰并书。

现藏：西安碑林博物馆。

著录：《西安碑林全集》。

备注：石缺一角。

提要：记载箴言二则。

读书箴

年代：清雍正十年（1732）刻立。

形制：高0.37米，宽1.06米。

行字：正文楷书19行，满行11字。

撰书：钱陈群书，魏振纲刻。

现藏：西安碑林博物馆。

著录：《西安碑林全集》。

提要：记述钱陈群随大司马史公巡视关中，
广交当地学士，交流探讨经传碑学之

事。钱陈群，浙江嘉兴人，字主敬，
号香树，又号拓南居士，与沈德潜并
称为"东南二老"。

修建天台山汤房碑

年代：清雍正十年（1732）刻立。

形制：圆首。高0.62米，宽0.43米，厚
0.07米。

现藏：宝鸡市渭滨区石鼓镇天台山。

提要：碑文模糊不清，可见"雍正十年四月"
6字。

张公太学义修道院记

年代：清雍正十一年（1733）刻立。

形制：圆首方座。高1.13米，宽0.49米。

撰书：刘清铅撰并书，高倏刻。

现藏：药王山博物馆。

著录：《药王山碑刻》《陕西药王山碑刻艺术
总集》。

提要：记述蒲城张国祚于雍正九年施银三十
两，供修道院费用事。

陕西葭州白云山东岳庙碑

年代：清雍正十一年（1733）刻立。

形制：圆首方座。高1.74米，宽0.77米，
厚0.10米。

行字：正文楷书8行，满行46字。

撰书：王润撰。

纹饰：碑额饰二龙戏珠图案，碑身四周饰卷
云纹。

现藏：佳县白云山白云观东岳大殿右侧。

著录：《白云山白云观碑刻》。

提要：记载山西兴县东会乡人感神恩而立碑。

*果亲王题诗碑（甲）

年代：清雍正十二年（1734）刻立。

形制：圆首方座。身高 2.30 米，宽 0.95 米。

行字：正文楷书 7 行，满行 20 字。

撰书：允礼撰并书。

纹饰：碑额饰二龙戏珠图案。

现藏：岐山县凤鸣镇仓颉村。

著录：《岐山文史资料》（第六辑）。

提要：碑身镌刻果亲王手书五言古体诗一首。诗文前钤朱文"满纸云烟"启首印，落款下钤朱文"学书贤于他好"闲章及"和硕果亲王宝"官印。果亲王名允礼，清圣祖仁皇帝玄烨之皇十七子。雍正元年（1723），封果郡王，六年（1728）晋果亲王。曾于雍正十二年奉命伴达赖喇嘛还藏，此诗当是途径岐山时所题留。

*果亲王题诗碑（乙）

年代：清雍正十二年（1734）刻立。

形制：螭首方座。通高 2.83 米，宽 0.87 米，高 2.15 米，厚 0.23 米。

行字：正文楷书 5 行，满行 13 字。

撰书：允礼撰并书。

纹饰：两侧饰升龙纹。

现藏：勉县武侯祠博物馆。

著录：《忠武祠墓志》。

提要：雍正十二年秋，果亲王护送入京朝觐的第六世达赖喇嘛返回西藏，沿途巡阅诸省防护及绿营兵时，路过沔县（勉县旧称），见到武侯祠破烂不堪，责令地方官拨付银两，限期维修。大工完成后，他在武侯祠亲笔题写了两幅匾额，同时又写了这首七律。

*雍正十二年重修轩辕庙碑

年代：清雍正十二年（1734）刻立。

形制：圆首方座。通高 3.90 米，宽 0.90 米，厚 0.21 米。

行字：正文楷书 17 行，满行 60 字。

撰书：李如沆撰。

现藏：黄帝陵轩辕庙碑廊。

著录：《黄帝陵碑刻》《延安市文物志》《黄陵文典·文物卷》。

提要：记载清世宗胤禛于雍正七年（1729）下诏，国库出资修缮各地陵庙，中部县轩辕黄帝陵庙于雍正十二年（1734）二月二十八日动工，九月十八日竣工。李如沆，鄜州知州。

重修佛殿题名碑记

年代：清雍正十二年（1734）刻立。

形制：圆首方座。通高 1.98 米，宽 0.64 米，厚 0.17 米。

行字：额隶书"佛殿碑记"4 字。正文楷书 17 行，满行 36 字。

纹饰：四周饰蔓草纹。

现藏：子长县石家湾乡曹家洼村佛祖关帝庙。

著录：《新编子长县志》《延安市文物志》。

提要：记载雍正年间重修佛殿事。

记述灵岩寺功德碑

年代：清雍正十二年（1734）刻立。

形制：圆首方座。高 0.85 米，宽 0.51 米。

行字：正文行楷 21 行，满行字数不等。

撰书：石进撰。

纹饰：四周饰卷云纹。

现藏：略阳县灵岩寺博物馆。

提要：记载王愚云修灵岩寺桥事。

僧肇碑记

全称：敕封大智圆正圣僧禅师僧肇碑记。

年代：清雍正十二年（1734）刻立。

形制：圆首座佚。高 2.44 米，宽 0.74 米，厚 0.13 米。

行字：正文楷书，行字数无法辨识。

现藏：户县草堂寺。

著录：《户县碑刻》。

备注：碑石在同治年间罹于兵火，碎为 8 块，掩埋于地下。1956 年整修时掘碑出土。

提要：记载魏晋时期著名高僧僧肇之事迹。僧肇曾拜鸠摩罗什为师，并亲受其衣钵，著有《般若无知论》等。雍正敕封僧肇"大智圆正圣僧禅师"。

*果亲王咏华山诗碑

年代：清雍正十二年（1734）刻立。

形制：高 2.00 米，宽 0.90 米。

行字：正文行书 7 行，满行 19 字。

撰书：允礼撰并书。

现藏：华阴市西岳庙文物管理处。

著录：《华山碑石》（乾隆）《华阴县志》。

备注：镌于《集陈抟书十字联碑》碑之阴。字迹清晰，石断为二。

提要：刊刻果亲王允礼咏叹华山诗。

立请住持大悲寺碑记

年代：清雍正十二年（1734）刻立。

形制：圆首座佚。高 2.00 米，宽 0.76 米，厚 0.19 米。

行字：正文楷书 13 行，满行 22 字。

现藏：户县石井镇栗峪口大悲寺。

著录：《户县碑刻》。

提要：记载僧人法性等立请住持大悲寺的经过。

增修大悲禅院碑

年代：清雍正十二年（1734）刻立。

形制：螭首龟座。通高 3.60 米，宽 0.79 米，厚 0.19 米。

行字：正文楷书 17 行，满行 62 字。

撰书：王心敬撰，吴樑书，徐行篆额。

现藏：户县石井镇大悲寺。

著录：《户县碑刻》。

提要：记载终南胜地——大悲禅院的地理位置及维修经过。大悲禅院，位于户县城南 10 公里处石井镇直峪口西慈云山坡上，创建年代不详。撰者王心敬，号丰川，户县人，师从关学大师李颙。一生专心治学，不留意功名利禄。有《丰川集》《关学编》《丰川易说》等 16 种。

*果亲王绘孔子像

年代：清雍正十二年（1734）刻立。

形制：高 2.92 米，宽 1.14 米。

撰书：允礼绘并篆额。

现藏：西安碑林博物馆。

著录：《西安碑林全集》。

提要：碑刻清和硕果亲王允礼亲手所绘孔子像。额篆题"至圣先师像"。

程夫子颜子所好何学论

年代：清雍正十二年（1734）刻立。

形制：螭首方座。通高 3.70 米，宽 0.94 米，厚 0.22 米。

行字：正文楷书 17 行，满行 48 字。

撰书：允礼书。

现藏：西安碑林博物馆。

著录：《咸宁长安两县续志》《西安碑林全集》。

提要：阐述孔子学生颜回与宋儒程颢、程颐兄弟的儒学宗旨及读书治学之道。

复置颜柳碑记

年代：清雍正十二年（1734）刻立。

形制：高 0.47 米，宽 1.07 米。

行字：正文楷书 26 行，满行 14 字。

撰书：杨秘撰并书。

现藏：西安碑林博物馆。

著录：《西安碑林全集》。

备注：多处残泐。

提要：记载当时陕西藩署长官杨秘复置新发现颜真卿书《郭家庙碑》、柳公权书《郑国文贞魏公家庙碑》的经过。杨秘，字静山，清奉天人。康熙时曾官至四川巡抚。

重修关帝庙记

年代：清雍正十三年（1735）刻立。

形制：高 1.80 米，宽 0.86 米。

行字：正文楷书 16 行，满行 40 字。

撰书：叶其馨撰，彭友闻书。

现藏：丹凤县博物馆。

提要：记载丹凤县商洛镇关帝庙沿革、维修状况。

重修合龙山玄天庙碑记

年代：清雍正十三年（1735）刻立。

形制：平首方座。通高 2.17 米，宽 0.69 米，厚 0.13 米。

行字：正文楷书 22 行，满行 62 字。

撰书：李金铎撰并书。

纹饰：四周饰卷云纹。

出土：此碑自立未移。

现藏：绥德县合龙山祖师庙侧。

备注：碑身断为两截，已黏合。

提要：记载重修合龙山玄天庙事宜。

*雍正十三年祭黄帝陵碑

年代：清雍正十三年（1735）刻立。

形制：圆首方座。通高 2.05 米，宽 0.72 米，

厚 0.17 米。

行字：正文楷书 10 行，满行 29 字。

纹饰：四周饰连云纹。

现藏：黄帝陵轩辕庙碑廊。

著录：《黄帝陵碑刻》《延安市文物志》《黄陵文典·文物卷》。

提要：记载清高宗弘历于雍正十三年（1735）即位，并派遣太仆寺少卿鲁国华祭祀轩辕黄帝事。

汉诸葛武侯之墓

年代：清雍正十三年（1735）刻立。

形制：平首剡角，二龙方座。高 0.50 米，宽 1.05 米，厚 0.35 米。

行字：碑正中大字楷书 7 字。

撰书：允礼撰并书。

纹饰：四周饰二龙戏珠图案。

出土：民国五年（1916）发现于现后坟亭处，后迁立于坟前。

现藏：勉县武侯祠博物馆。

提要：雍正十二年果亲王允礼护送入觐的六世达赖喇嘛返回西藏，路过沔县，见祠墓破烂不堪，责令地方拨款维修，次年题谒于此。

*武侯祠墓修葺纪事碑

年代：清雍正十三年（1735）刻立。

形制：高 0.63 米，宽 1.20 米。

行字：正文楷书 25 行，满行 20 字。

纹饰：四周饰花草纹。

现藏：勉县武侯祠博物馆。

提要：记载汉中府责令下属各县分工负责武侯祠墓进行维修的全过程。

重修古楼观说经台记

年代：清雍正十三年（1735）刻立。

形制：螭首方座。高 3.06 米，宽 0.98 米，
　　　厚 0.32 米。

行字：额篆书 2 行，满行 3 字，题"重修说
　　　经台记"。碑文楷书 18 行，满行 59 字。

撰书：朱文炳撰，王容书，张松龄篆额。

现藏：周至县古楼观说经台。

著录：《楼观台道教碑石》。

备注：碑阴刻《黄蕴锦楼观题咏》。

提要：记清雍正间道士梁一亮等于清雍正
　　　六年（1728）至雍正十三年重修说
　　　经台事。

文复敦墓志

全称：清故天文生厚宇文公墓志铭。

年代：清雍正十三年（1735）刻。

形制：志正方形。边长 0.56 米，厚 0.08 米。

行字：盖文篆书 3 行，满行 4 字，题"清故
　　　天文生厚宇文公墓志铭"。志文楷书
　　　23 行，满行 29 字。

撰书：吕功撰，文丰岐书，薛桴篆盖。

纹饰：四周饰蔓草纹。

出土：出土时间、地点不详。

现藏：韩城市博物馆。

提要：记载文复敦的家族世系、生平。

劝农俚歌四章

年代：清雍正十三年（1735）刻立。

形制：高 2.19 米，宽 0.82 米。

行字：正文行书 15 行，满行 50 字。

撰书：孙能宽撰书并跋。

现藏：西安碑林博物馆。

著录：《西安碑林全集》。

提要：碑文为农耕谚语。

*赐徐子茂诗

年代：清雍正十三年（1735）刻立。

形制：圆首方座。通高 1.86 米，宽 0.96 米，
　　　厚 0.35 米。

行字：正文行书 3 行，满行 10 字。

撰书：允礼书。

现藏：西安碑林博物馆。

著录：《西安碑林全集》。

提要：碑文为果亲王允礼书唐代著名诗人杜
　　　牧七言绝句《山行》。

*太白山全图

年代：清雍正十三年（1735）刻立。

形制：圆首方座。通高 1.87 米，宽 0.60 米，
　　　厚 0.10 米。

行字：额楷书"太白全图"4 字。正文楷书
　　　28 行，满行 11 字。

撰书：赵洁庵撰，魏振纲刻。

现藏：西安碑林博物馆。

著录：《西安碑林全集》。

提要：碑刻陕西太白山全图。撰者赵洁庵为
　　　山西安邑县理学。

文庙崇祀位次之图

年代：清雍正十三年（1735）刻立。

形制：圆首方座。通高 2.71 米，宽 0.88 米，
　　　厚 0.24 米。

行字：正文楷书 18 行，满行 30 字。

撰书：孙能宽书，魏振纲刻。

现藏：西安碑林博物馆。

著录：《西安碑林全集》。

备注：碑阳为《兴复五义学碑记》。

提要：碑上半部分为《文庙崇祀位次之图》，
　　　下半部分为记文。位次图即孔庙大殿
　　　和两庑的儒家圣贤崇祀位次标志。

徐槐安墓志

年代：清雍正时期（1723—1735）刻。

形制：志正方形。边长 0.76 米，厚 0.11 米。

行字：志文楷书 33 行，满行 34 字。

出土：2007 年出土于大荔县石槽乡马一村。

现藏：大荔县文物局。

提要：记载徐槐安生平事迹。

弘文宣化

年代：清雍正时期（1723－1735）刻立。

形制：高 0.78 米，宽 1.86 米。

行字：正文楷书 4 字。

撰书：允礼书。

现藏：西安碑林博物馆。

著录：《西安碑林全集》。

提要：果亲王允礼书"弘文宣化"四字。

读书乐

年代：清雍正时期（1723－1735）刻立。

形制：高 0.67 米，宽 1.30 米。

行字：正文行书 3 字。

撰书：允礼书。

纹饰：四周饰龙纹。

现藏：西安碑林博物馆。

著录：《西安碑林全集》。

提要：碑书"读书乐"三个大字。

望太白积雪

年代：清雍正时期（1723－1735）刻立。

形制：圆首方座。通高 2.48 米，宽 0.80 米，
      厚 0.21 米。

行字：正文行书 3 行，满行 11 字。

撰书：允礼撰并书。

纹饰：四边饰云龙纹。

现藏：西安碑林博物馆。

著录：《西安碑林全集》。

提要：碑刻《望太白积雪诗》一首。

*骊山温泉作

年代：清雍正时期（1723－1735）刻立。

形制：螭首龟座。通高 3.80 米，宽 0.80 米，
      厚 0.22 米。

行字：正文行书 7 行，满行 18 字。

撰书：允礼撰并书。

现藏：西安碑林博物馆。

著录：《西安碑林全集》。

提要：碑文为果亲王允礼在雍正十二年
      （1734）送达赖喇嘛回藏，途经西安
      时所作。

*果亲王即景诗（甲）

年代：清雍正时期（1723－1735）刻立。

形制：螭首方座。通高 3.35 米，宽 0.86 米，
      厚 0.21 米。

行字：正文行书 5 行，满行 13 字。

撰书：允礼撰并书。

现藏：西安碑林博物馆。

著录：《西安碑林全集》。

提要：碑文为七言律诗一首。

*果亲王即景诗（乙）

年代：清雍正时期（1723－1735）刻立。

形制：螭首方座。通高 3.65 米，宽 0.93 米，
      厚 0.21 米。

行字：正文行书 5 行，满行 13 字。

撰书：允礼撰并书。

现藏：西安碑林博物馆。

著录：《西安碑林全集》。

提要：碑文为七言律诗一首。

果亲王题诗碑（丙）

年代：清雍正十三年（1735）刻立。

形制：首座皆佚。高 1.32 米，宽 0.62 米。

行字：正文行书，共 20 字，落款共 6 字。

撰书：允礼书。

纹饰：四周饰二龙戏珠图案及云雷纹线。

现藏：汉中博物馆。

提要：雍正十二年（1734），允礼赴泰宁送达赖喇嘛返西藏，取道陕西连云栈入川，遂有鸡头关之行。

重修关帝文昌阁碑记

年代：清乾隆元年（1736）刻立。

形制：圆首方座。通高 2.19 米，宽 0.67 米，厚 0.08 米。

行字：额楷书 3 行，满行 5 字，题"重修关帝文昌阁碑记"。正文楷书 29 行，满行 46 字。

撰书：安日鹏撰，马登魁书。

纹饰：四周饰卷云纹。

现藏：绥德县名州镇七里铺村蕲王庙。

著录：《榆林碑石》。

备注：剥蚀严重，文字多难辨。

提要：该碑记邢廷选等人于乾隆元年重修关帝文昌阁事。

*乾隆元年祭周陵碑

年代：清乾隆元年（1736）刻立。

形制：圆首方座。通高 1.38 米，宽 0.54 米。

行字：正文行楷 15 行，满行 37 字。

纹饰：碑额两侧饰龙纹。

现藏：咸阳市周陵文物管理所。

著录：《咸阳市渭城区志》《渭城文物志》《咸阳碑刻》。

提要：乾隆元年皇帝登基遣官致祭周武王陵。

新建西山圣母行宫楼窑碑记

年代：清乾隆二年（1737）刻立。

形制：通高 1.79 米，宽 0.60 米，厚 0.16 米。

行字：碑阳行书 12 行，满行 40 字。碑阴行楷 17 行，满行 12 人姓名。

撰书：胡日省撰，折必宏书，苏宗孔篆额。

纹饰：四周饰几何纹。

现藏：神木县二郎山圣母行宫。

备注：碑文轻度剥蚀。

提要：记载胡日省等重修神木西山中峰圣母元君行宫事。

*乾隆二年祭黄帝陵碑

年代：清乾隆二年（1737）刻立。

形制：圆首方座。通高 2.05 米，宽 0.63 米，厚 0.13 米。

行字：正文楷书 13 行，满行 39 字。

纹饰：四周饰蔓草纹。

现藏：黄帝陵轩辕庙碑廊。

著录：《延安市文物志》《黄陵文典·文物卷》《黄帝陵碑刻》。

提要：记载清高宗弘历派遣翰林院侍读学士世臣于乾隆二年祭祀轩辕黄帝事。

重修四天王碑记

年代：清乾隆二年（1737）刻立。

形制：圆首方座。通高 2.25 米，宽 0.69 米，厚 0.16 米。

行字：正文楷书 17 行，满行 48 字。

撰书：李金铎撰。

纹饰：四周饰卷云纹。

现藏：绥德县张家砭镇合龙山祖师庙。

著录：《榆林碑石》。

备注：剥蚀严重。

提要：记载重修合龙山真武殿四天王事。

重修祖师老爷庙宇并金妆神像碑记

年代：清乾隆二年（1737）刻立。

形制：圆首方座。通高 1.60 米，宽 0.60 米，厚 0.10 米。

行字：碑阳楷书 23 行，满行 46 字。碑阴楷书 29 行，满行 50 字。

撰书：刘演梁撰。

纹饰：碑额刻日、月图案，碑身四周饰卷云纹。

出土：1999 年出土于黄龙县无量山莲云寺。

现藏：黄龙县石堡镇安善村无量山莲云寺。

提要：记载祖师老爷庙创建的时间及道人刘演梁率徒重修此庙的经过。

包裹正殿序

年代：清乾隆二年（1737）刻立。

形制：圆首方座。通高 1.80 米，宽 0.52 米，厚 0.11 米。

行字：正文楷书 17 行，满行 31 字。

撰书：张云飞撰。

纹饰：碑额饰日、月图案，界格为钱纹，四周饰荷花纹。

出土：1999 年出土于黄龙县无量山莲云寺。

现藏：黄龙县石堡镇安善村无量山莲云寺。

提要：记载万和山坐落的位置及山西路金顺等九人捐资修庙的情况。

*柏里坊关帝庙碑

年代：清乾隆二年（1737）刻立。

形制：高 1.16 米，宽 0.11 米。

行字：正文草书 2 行，满行 58 行。

撰书：李元进撰，杨贤书。

现藏：合阳县博物馆。

提要：记载柏里坊关帝庙地界划分事。

刘成宇暨妻郭氏王氏合葬墓志

全称：皇清太学生成宇刘公暨孺人郭氏继配孺人王氏合葬墓志铭。

年代：清乾隆二年（1737）刻立。

形制：志正方形。边长 0.60 米。

行字：志文楷书 30 行，满行 30 字。

撰书：杨谧撰，梁佐书。

出土：出土时间、地点不详。

现藏：蒲城县博物馆。

备注：盖佚。

提要：记载刘成宇家世生平。

*乾隆二年祭周陵碑

年代：清乾隆二年（1737）刻立。

形制：圆首方座。通高 1.95 米，宽 0.71 米。

行字：正文行楷 8 行，满行 33 字。

纹饰：碑额两侧饰龙纹。

现藏：咸阳市周陵文物管理所。

著录：《咸阳市渭城区志》《渭城文物志》《咸阳碑刻》。

提要：刊刻乾隆二年清高宗遣官致祭周文王陵文。

汉台碑

年代：清乾隆三年（1738）刻立。

形制：高 0.55 米，宽 1.55 米。

行字：正文楷书 2 字。

出土：1996 年冬出土于汉中市桂荫堂复建工程中。

现藏：汉中市博物馆北大门西侧。

提要："汉台"二字柳体，上款"乾隆三年三月二十五日"，下款"郡守朱闲圣重书"。朱闲圣，浙江绍兴人，雍正十二年（1734）任汉中知府，在任颇有政声。

建修八蜡神祠碑记

年代：清乾隆三年（1738）刻立。

形制：圆首。高 1.19 米，宽 0.52 米，厚

0.16 米。

行字：正文楷书 22 行，满行 42 字。

撰书：王邦光撰。

纹饰：碑额饰云龙纹，碑身四周饰云纹。

现藏：城固县五门堰文物管理所。

提要：记载乾隆三年重新修建八蜡神祠事。

后汉班固西都赋

年代：清乾隆三年（1738）刻立。

形制：共 3 石，均高 0.37 米。前 2 石宽 0.78
米，第 3 石宽 0.70 米。

行字：正文行书 55 行，满行 14 字。

撰书：班固撰，清杨建章书。

现藏：西安碑林博物馆。

著录：《西安碑林全集》。

备注：第 2 石断裂。

提要：刊刻东汉班固《西都赋》。

中皇山女娲氏庙碑记

年代：清乾隆三年（1738）刻立。

形制：高 2.15 米，宽 0.92 米，厚 0.43 米。

行字：额楷书 1 行 5 字，题"女娲庙碑记"。
正文楷书 23 行，满行 46 字。

撰书：古沣撰。

现藏：平利县文物管理所。

著录：（乾隆）《兴安府志》《安康碑石》《安
康碑版钩沉》。

备注：木质，由三块木板合成。

提要：记述女娲祠所在地的地理位置和由来，
以及清乾隆年间平利县令古沣奉旨修
女娲山庙事。此碑对女娲氏的考证，
广征博引，具有较高的参考价值。

葭州神木府谷朝山□经补修各庙功德碑记

年代：清乾隆四年（1739）刻立。

形制：圆首方座。通高 2.29 米，宽 0.73 米，
厚 0.12 米。

行字：正文楷书 20 行，满行 42 字。

纹饰：四周饰水波纹。

现藏：佳县白云山白云观真武祖师殿。

著录：《佳县白云山白云观碑刻》。

备注：剥蚀较重，漫漶不清。

提要：记载清乾隆三年冬白云山遭受地震 10
余次，摇损殿宇房屋 20 余所，次年
三县弟子募化十方，修补地震时损毁
房屋殿宇之事。

翠屏仙隐

年代：清乾隆四年（1739）刻立。

形制：长方形。尺寸不详。

撰书：朱贤圣撰。

现藏：留坝县张良庙文物管理所。

著录：《张良庙匾联石刻诗文集注》《汉张留
侯祠》《张良庙与紫柏山》。

提要：摩崖中剖，刻楷书"翠屏仙隐"4 字。

重修终南山古楼观说经台记

年代：清乾隆四年（1739）刻立。

形制：螭首须弥座。高 3.75 米，宽 1.24 米，
厚 0.34 米。

行字：额篆书 2 行，满行 3 字，题"说经台
重修记"。碑文楷书分上下六截，每
截 24 行，满行 9 字，碑阴额楷书 2
行，满行 2 字。

撰书：施阳烈撰，湛富书并篆额。

纹饰：四周饰花草纹。

现藏：周至县古楼观说经台。

著录：《楼观台道教碑石》。

备注：碑文分为六段而刻。

提要：记载全真道人梁一亮等于清雍正六年

（1728）始重修说经台，至乾隆二年（1737）峻工之事。

龙兴寺舍粮碑记

年代：清乾隆五年（1740）刻立。

形制：圆首方座。通高 1.70 米，宽 0.57 米，厚 0.14 米。

行字：正文楷书，行字数无法辨识。

纹饰：四周饰卷云纹。

现藏：神木县神木镇刘家畔村龙兴寺。

备注：剥蚀较严重。

提要：记龙兴寺舍粮赈灾事宜。

海潮堂砌基碑记

年代：清乾隆五年（1740）刻立。

形制：高 1.37 米，宽 0.59 米，厚 0.19 米。

行字：正文行书 10 行，满行 30 字。

撰书：王永吉撰并书。

纹饰：四周饰蔓草纹。

现藏：韩城市古城庆善寺。

提要：记载建修海潮堂经过。海潮堂位于庆善寺大佛殿后，今无存。

王丰川墓碑

全称：大清理学名儒丰川王先生之墓。

年代：清乾隆五年（1740）刻立。

形制：圆首方座。通高 2.32 米，宽 0.74 米，厚 0.19 米。

行字：志文隶书 13 字。

撰书：陈世倌题。

现藏：户县甘亭镇南河头村王丰川墓前。

著录：《户县碑刻》。

提要：上款书"乾隆五年岁次庚申孟春谷旦"，下款书"太子太保文渊阁大学士海宁后学陈世倌盥手谨题"。下部

阴刻陈氏方印二枚。王丰川，即关学名儒王心敬。

简云璧墓志

年代：清乾隆五年（1740）刻。

形制：志正方形。边长 0.55 米。

行字：志文楷书 25 行，满行 35 字。

撰书：屈锡祚撰。

出土：出土于蒲城县苏坊镇简家村，时间不详。

现藏：蒲城县文物保护开发中心。

提要：志文记简云璧生平。

赤壁赋

年代：清乾隆五年（1740）刻立。

形制：共 2 石。均高 0.44 米，宽 1.15 米。

行字：赋文草书共 47 行，满行 10—12 字不等。跋文草书 10 行，满行 10—11 字不等。

撰书：苏轼撰，鄂弥达书。

现藏：西安碑林博物馆。

著录：《西安碑林全集》。

提要：刊刻宋苏轼撰《前赤壁赋》。

*喜雨亭记

年代：清乾隆五年（1740）刻立。

形制：共 2 石，尺寸相同。高 0.44 米，宽 1.14 米。

行字：草书 40 行，满行 13 字。跋文楷书 10 行，满行 13 字。

撰书：苏轼撰，鄂弥达书，帅念祖跋，卜兆梦刻。

现藏：西安碑林博物馆。

著录：《西安碑林全集》。

提要：碑文为苏轼任凤翔通判时所作。鄂弥

达任职期间，遇干旱乞雨得遂，故书写苏轼《喜雨亭记》，并刻石立碑。喜雨亭在陕西凤翔县东湖。

列屏云塞

年代：清乾隆六年（1741）刻立。

形制：高 3.00 米，宽 7.60 米。

行字：正文楷书 1 行，满行 4 字。

撰书：许宗智撰。

现藏：榆林市红石峡西壁。

备注：剥蚀严重。

提要：上款可见"乾隆辛丑初夏"等字。

东岳庙重修汉关夫子并总嗣圣母二祠碑记

年代：清乾隆六年（1741）刻立。

形制：高 2.21 米，宽 0.86 米，厚 0.22 米。

行字：正文楷书 13 行，满行 54 字。

撰书：徐朝锦撰，李玳书，高文博刊。

出土：1983 年出土于大荔县朝邑镇岱祠楼院内。

现藏：大荔县朝邑镇岱祠楼内。

著录：（光绪）《大荔县志》《大荔碑刻》。

提要：记载东岳庙始建年代、历代重修及本次修复的经过。

*陈世德捐银置田营租碑记

年代：清乾隆六年（1741）刻立。

形制：高 0.33 米，宽 0.45 米。

行字：正文楷书 12 行，满行 12 字。

纹饰：碑周饰万字纹。

现藏：韩城市博物馆。

提要：记载堡安村陈世德捐银买地供文庙祭祀之用。

*孙大亨捐银碑

年代：清乾隆六年（1741）刻立。

形制：高 1.08 米，宽 0.51 米，厚 0.14 米。

行字：正文楷书 6 行，满行 15 字。

现藏：韩城市博物馆。

提要：记载乾隆四年（1739）贡生孙大亨捐银 100 两，买庙南院基并厦房 13 间。

九成宫醴泉铭

年代：清乾隆六年（1741）刻立。

形制：共 4 石，尺寸相同。高 0.44 米，宽 1.14 米。

行字：正文楷书 162 行，满行 7 字。跋文行书 18 行，满行 10 字。

撰书：魏征撰，欧阳询书，王端摹并跋。

现藏：西安碑林博物馆。

著录：《西安碑林全集》。

备注：均两面刻文，第 3、第 4 石断裂。

提要：碑刻唐魏征撰《九成宫醴泉铭》。清乾隆六年，麟游县令命重摹此碑。

重修集禖宫韦驮殿碑记

年代：清乾隆六年（1741）刻立。

形制：圆首方座。高 1.07 米，宽 0.44 米，厚 0.18 米。

行字：正文楷书 12 行，满行 35 字。

撰书：左钦祖撰并书。

出土：原存耀县药王山。

现藏：药王山博物馆。

著录：《药王山碑刻》《陕西药王山碑刻艺术总集》。

提要：记载乾隆五年重修集禖宫韦驮殿事。

梓潼文昌帝君阴骘文

年代：清乾隆七年（1742）刻立。

形制：高 0.36 米，宽 0.69 米。

行字：正文楷书 32 行，满行 20 字。

现藏：西安碑林博物馆。

著录：《西安碑林全集》。

提要：落款"天津弟子李锦同室人王氏立于西安碑林"。

润德泉记

年代：清乾隆八年（1743）刻立。

形制：圆首方座。高 1.60 米，宽 0.65 米。

行字：额篆书 2 行，满行 2 字，题"润德泉记"。正文楷书 13 行，满行 48 字。

撰书：王文朴撰，张时昌书。

现藏：岐山县周公庙管理处。

提要：碑文载乾隆五年（1740）润德泉由干涸而复涌，当时人们认为天下将呈太平之相。

重修萧寺碑记

年代：清乾隆八年（1743）刻立。

形制：高 2.43 米，宽 0.80 米，厚 0.14 米。

行字：碑额"重修萧寺碑记"，碑阴额题"题名"。正文行书 19 行，满行 51 字。

撰书：南九重撰并书。

纹饰：蔓草纹。

现藏：子长县安定镇萧寺宫。

提要：记载萧寺宫得名由来及重修茶楼、山门、僧舍等情况。

创修尧山圣母天华板记碑

年代：清乾隆八年（1743）刻立。

形制：通高 1.79 米，宽 0.68 米，厚 0.13 米。

行字：正文楷书 10 行，行字数不详。

纹饰：碑额饰云纹、瑞兽图案，碑身四周饰云纹。

现藏：蒲城县尧山庙大殿内东山墙下。

著录：《尧山圣母庙与神社》。

提要：记述尧山的灵异与翠裳白马的传说，及修建天华板之因由。碑阴刻乾隆五十三年（1788）《重修尧山灵应夫人庙碑》。

癸夏署中遣怀

年代：清乾隆八年（1743）刻立。

形制：高 0.36 米，宽 0.54 米。

行字：正文行楷 18 行，满行 17 字。

撰书：帅念祖撰并书。

现藏：西安碑林博物馆。

著录：《西安碑林全集》。

提要：碑文为四首七言律诗。撰书者帅念祖为清奉新人，字宗德，一字兰皋，室名树人堂。曾任陕西布政使，善指头画，著有《树人堂诗》。

重修蛟龙寺碑

年代：清乾隆九年（1744）刻立。

形制：顶座皆佚，身残。残高 0.85 米，宽 0.60 米，厚 0.18 米。

行字：正文楷书 10 行，满行存 13 字。

撰书：何瑜撰，温渐洽书。

纹饰：碑侧饰蔓草纹。

现藏：陇县东风镇西沟村闫家堡。

提要：记述该寺位于州南 30 余里处之侯村，创于宋，毁于元，明清有兴有废，康熙年间，白素、白坚、陈亮三人又主持重修。

崇圣祠记

年代：清乾隆九年（1744）刻立。

形制：高 1.43 米，宽 0.72 米。

行字：正文楷书，分 4 栏，每栏 32 行，满行

18 字。

撰书：杨毓芳撰。

现藏：西安碑林博物馆。

著录：《西安碑林全集》。

提要：碑文分《崇圣祠记》《重修关中名臣祠序》《修长安学记》《长安义学田记》四部分。其中后两部分著录于《咸宁长安两县续志》。撰者杨毓芳为贵州贵筑人，乾隆七年曾任长安县令。

吴浩然暨妻员氏刘氏合葬墓志

全称：皇清诰封赠安人吴公元配员氏刘氏墓志铭。

年代：清乾隆九年（1744）刻。

形制：志正方形。边长 0.55 米。

行字：盖文篆书 4 行，满行 22 字。志文楷书 31 行，满行 46 字。

撰书：王作宾撰，秦嗣超篆盖，刘子重书。

出土：出土时间、地点不详。1997 年入藏蒲城县博物馆。

现藏：蒲城县博物馆。

提要：记载吴浩然及妻员氏、刘氏的生平。

*张成因买地莂

年代：清乾隆九年（1744）刻立。

形制：长 0.29 米，宽 0.30 米，厚 0.06 米。

行字：正文楷书 8 行，满行 16—23 字不等。

出土：1996 年出土于户县草堂镇黄堆村。

现藏：户县文物管理委员会。

著录：《户县碑刻》。

提要：券文记买地葬张成因事。

三元图

年代：清乾隆九年（1744）刻立。

形制：碑残损。残高 0.64 米，宽 0.33 米。

行字：跋文楷书 12 行，满行 6 字。

撰书：李逢春画并题跋。

现藏：西安碑林博物馆。

著录：《西安碑林全集》。

提要：作者通过三颗挂在枝头的露籽石榴来分别代表三元，枝头的高低表明考试级别的不同。

秦中杂咏十首

年代：清乾隆九年（1744）刻立。

形制：高 0.36 米，宽 0.81 米。

行字：正文楷书 34 行，满行 17 字。

撰书：帅念祖撰并书。

现藏：西安碑林博物馆。

著录：《西安碑林全集》。

提要：碑文为五言诗十首，记载清乾隆年间陕西关中地区的风物民情。

洞阳宫记事碑

全称：洞阳宫暨下院扁鹊观来历山林土地水田粮石数目价值界限清楚刻石永记。

年代：清乾隆九年（1744）刻立。

形制：圆首。高 1.30 米，宽 0.65 米。

行字：正文楷书 42 行，满行 15 字。

纹饰：碑额饰二龙戏珠图案。

现藏：城固县洞阳宫。

提要：记洞阳宫及下院扁鹊观来历、公产及四界情况。

修筑西崖碑记

年代：清乾隆十年（1745）刻立。

形制：高 0.96 米，宽 0.68 米。

行字：正文行书 31 行，满行 30 字。

撰书：屈垂青撰并书。

纹饰：四周饰水波纹。

现藏：榆林市红石峡文物管理所。

提要：记载乾隆三年（1738）地震，西崖崩塌，南北数十丈，上下几十尺，寿宁寺住持僧设法筹集资金，数月后竣工。

重修午子观记

年代：清乾隆十年（1745）刻立。

形制：圆首方座。高 0.86 米，宽 0.55 米。

行字：正文楷书 21 行，满行 29 字。

撰书：宋象贤撰并书。

纹饰：四周饰莲花纹。

现藏：西乡县午子观。

提要：记述雍正至乾隆年间重修午子观的经过。

谒武侯祠

年代：清乾隆十年（1745）刻立。

形制：高 0.38 米，宽 0.54 米。

行字：正文楷书 11 行，满行 7 字。

撰书：李调元撰。

现藏：勉县武侯祠博物馆。

提要：诗颂诸葛亮鞠躬尽瘁、死而后已的精神。

重修享殿碑记

年代：清乾隆十年（1745）刻立。

形制：高 1.17 米，宽 0.55 米。

行字：额楷书"碑记"2 字。正文楷书 10 行，满行 47 字。

撰书：程朝铉撰，强焞书。

现藏：韩城市博物馆。

提要：记载知县戴章甫、祝钟贤等修建关圣庙之事。

奋兴会记

年代：清乾隆十年（1745）刻立。

形制：高 1.26 米，宽 0.54 米。

行字：额楷书"昭垂千古"4 字。正文楷书 7 行，满行 41 字。

撰书：程朝铉撰，刘铭书。

纹饰：四周饰花草纹。

现藏：韩城市博物馆。

提要：记载奋兴会集资 40 余金作赛会、演戏、祭祀之用。

独立朝冈图

年代：清乾隆十年（1745）刻立。

形制：碑残损，残高 0.60 米，宽 1.21 米。

行字：跋文楷书 15 行，满行 6 字。

撰书：李逢春画并题跋。

现藏：西安碑林博物馆。

著录：《西安碑林全集》。

备注：碑阳为《唐龙诗碑》。

提要：碑刻松石仙鹤。

*文昭墓志

全称：赐同进士出身诰授奉直大夫河南裕州休致知州云峰文公墓志。

年代：清乾隆十年（1745）刻。

形制：盖长 0.60 米，宽 0.54 米，厚 0.07 米。志长 0.56 米，宽 0.50 米，厚 0.07 米。

行字：盖文篆书 4 行，满行 8 字，题"赐同进士出身诰授奉直大夫河南裕州休致知州云峰文公墓志"。志文楷书 11 行，满行 20 字。

出土：1973 年于旬邑县太村镇文家村征集。

现藏：旬邑县博物馆。

著录：《咸阳碑刻》。

提要：记载文昭的家世、生平。

*大观楼石匾额

年代：约清乾隆十年（1745）刻立。

形制：高 0.66 米，宽 0.36 米，厚 0.05 米。

行字：正文楷书 3 字。

出土：原镶嵌于户县钟楼上。

现藏：户县文物管理委员会。

著录：《户县碑刻》。

提要：匾额正中横刻正书"大观楼"3 字。据现存乾隆十二年（1747）刻立的《重修大观楼碑记》碑文得知，该楼原名"文昌阁"，乾隆十年大修后易名"大观楼"。

萧何墓碑

全称：汉相国萧公讳何神墓。

年代：清乾隆十一年（1746）刻立。

形制：圆首。通高 0.97 米，宽 0.59 米。

行字：中部大字楷书 9 字。

纹饰：碑额饰龙纹，碑身四周饰云朵纹。

现藏：城固县萧何墓。

著录：《汉中碑石》。

提要：此碑为汉相国萧何墓碑。题"汉相国萧公讳何神墓"，落款"乾隆十一年闰二月□日，城固县知县臧应桐重立"。

西社创建佛堂小引

年代：清乾隆十一年（1746）刻立。

形制：方首方座。通高 1.75 米，宽 0.62 米，厚 0.15 米。

行字：额篆书"碑记"2 字。正文楷书 5 行，满行 61 字。

撰书：胡嘉宾撰，胡林炎书。

纹饰：四周饰蔓草纹。

现藏：韩城市大禹庙。

提要：记载清乾隆十一年禹王庙侧僧院僧人性嘉募捐创建僧院佛堂事。

吾老洞四址山图刻石

年代：清乾隆十一年（1746）刻立。

形制：高 0.70 米，宽 1.00 米。

出土：原在周至县吾老洞道院，清末移至说经台。

现藏：周至县古楼观说经台。

著录：《楼观台道教碑石》。

提要：刻吾老洞道观四址俯视图。

说经台梁公道行碑铭

年代：清乾隆十一年（1746）刻立。

形制：圆首方座。高 2.06 米，宽 0.77 米。

行字：额篆书 3 行，满行 3 字，题"说经台梁公道行碑铭"。碑文楷书 22 行，满行 49 字。

撰书：杨绎撰，曾天义书并篆额。

纹饰：碑额饰云纹仙鹤图案。

现藏：周至县古楼观说经台。

著录：《楼观台道教碑石》。

提要：记监院梁一亮的生平道行。

创造寝宫神阁记

年代：清乾隆十一年（1746）刻立。

形制：高 0.48 米，宽 0.83 米。

行字：正文楷书 16 行，满行 17 字。

撰书：陈策撰并书。

纹饰：四周饰波浪纹。

出土：1998 年出土于彬县城隍庙。

现藏：彬县文化馆。

提要：记载乾隆十一年郭氏等创修邠州城隍庙寝宫事。

重修大观楼碑记

年代：清乾隆十二年（1747）刻立。

形制：圆首方座。通高 1.76 米，宽 0.64 米，

厚 0.15 米。

行字：正文楷书 15 行，满行 49 字。

撰书：李文汉撰，王师智书。

现藏：户县钟楼。

著录：《户县碑刻》。

提要：记载大观楼的创建年代及县令李文汉重修大观楼事。撰者李文汉，江西金溪县人，原在内阁任职，乾隆八年（1743）调任户县知县，任职长达 10 年。在任期间修文庙，治城池，筑堤岸，立社学，革弊端，口碑很好。

蒙恬墓碑

年代：清乾隆十二年（1747）刻立。

形制：圆首座佚。高 0.15 米，宽 0.56 米，厚 0.11 米。

行字：额楷书"碑记"2 字。中部大字楷书"秦将军蒙恬墓"6 字。

撰书：张元林立。

纹饰：四周饰水波纹及几何纹。

出土：1996 年出土于绥德一中蒙恬墓前。

现藏：绥德县博物馆。

著录：《榆林碑石》。

提要：此碑为蒙恬墓碑。上款"乾隆十二年菊月吉旦"，下款"绥德州知州张元林立"。

三友图

年代：清乾隆十二年（1747）刻立。

形制：圆首方座。通高 2.21 米，宽 0.82 米，厚 0.27 米。

行字：跋文楷书 7 行，满行 17 字。

撰书：李逢春绘并撰。

现藏：西安碑林博物馆。

著录：《西安碑林全集》。

备注：附刻于清代《保举题名碑》碑阴。

提要：又称"岁寒三友图"。

*安母赵氏墓志

年代：清乾隆十二年（1747）刻。

形制：志、盖尺寸相同。长 0.53 米，宽 0.52 米。盖厚 0.09 米，志厚 0.10 米。

行字：盖文篆书 2 行，满行 6 字，题"皇清诰授宜人安母赵氏墓志"。志文楷书 10 行，满行 15 字。

出土：1958 年于旬邑县太村镇文家村征集。

现藏：旬邑县博物馆。

著录：《咸阳碑刻》。

提要：记载赵氏生平。

□建佛庙碑记

年代：清乾隆十三年（1748）刻立。

形制：平首方座。通高 2.08 米，宽 0.76 米，厚 0.11 米。

行字：正文楷书 25 行，满行 59 字。

撰书：刘时敏撰，刘如兰书。

纹饰：四周饰水波纹。

现藏：绥德县张家砂乡龙山祖师庙。

备注：碑面左上角残，边缘多处掉碴，擦痕较多。

提要：记载了新建佛庙事宜。

范相魁墓碑

全称：皇清特授寿官耆宾相魁范公墓碑记。

年代：清乾隆十三年（1748）刻立。

形制：高 1.10 米，宽 0.50 米。

行字：正文楷书 16 行，每行 50 字。

撰书：魏宪书。

出土：出土时间、地点不详。

现藏：合阳县博物馆。

提要：记载范相魁生平。

*乾隆十三年祭华山碑

年代：清乾隆十三年（1748）刻立。

形制：螭首龟座。高 2.36 米，宽 0.86 米。

行字：正文楷书 7 行，满行 24 字。

出土：华阴市西岳庙。

现藏：华阴市西岳庙文物管理处。

著录：《华山碑石》。

提要：记载清乾隆十三年李肖筼奉旨致祭西岳华山之神事。

众善舍斋文序

年代：清乾隆十三年（1748）刻立。

形制：圆首方座。高 1.50 米，宽 0.55 米，厚 0.18 米。

行字：额楷书"皇清"2 字。正文楷书 11 行，满行 30 字。

撰书：赵来成撰，高复义书，李春茂、马吉文刻。

纹饰：四周饰花草纹。

现藏：周至县古楼观说经台。

著录：《楼观台道教碑石》。

备注：碑阴记舍斋众善姓名。

提要：记兴平、武功、周至、礼泉、乾州等地每年于老子圣诞日，捐资助粮 60 余年事。

用里先生隐处

年代：清乾隆十三年（1748）刻立。

形制：高 1.35 米，宽 0.56 米。

行字：正文楷书 5 行，满行 12 字。

撰书：罗文思撰。

出土：1998 年出土于商南县城关镇双峰山。

现藏：商南县博物馆。

备注：磨损严重。

提要：甪里先生，姓周名术，秦博士，"商山四皓"之一。

*崇蚊赋

年代：清乾隆十三年（1748）刻立。

形制：高 1.87 米，宽 0.87 米，厚 0.16 米。

行字：正文楷书 27 行，满行 72 字。

撰书：李柏撰，左钦祖书。

现藏：药王山博物馆。

著录：《药王山碑刻》《陕西药王山碑刻艺术总集》。

备注：附刻于《锦阳川图》之阴。

提要：作者以拟人的手法，用第一人称，细致描述了蚊子的身世及残忍、顽固、害人的本性，深刻揭示了跳梁小丑蚊子的丑恶嘴脸。

朝山补修碑记

年代：清乾隆十四年（1749）刻立。

形制：圆首方座。通高 1.40 米，宽 0.56 米，厚 0.16 米。

行字：正文草书 9 行，满行 22 字。

撰书：王至周撰。

纹饰：碑额饰卷云纹图案，碑身四周饰云纹。

现藏：陇县新集川乡龙门洞道院四公祠。

提要：记述清乾隆十四年平凉府镇原县人捐款修补龙门洞事。

吊司马迁墓

年代：清乾隆十四年（1749）刻立。

形制：高 0.62 米，宽 0.33 米。

行字：志文楷书 10 行，满行 17 字。

撰书：虞蟬撰并书。

纹饰：四周饰卷云纹。

现藏：韩城市司马迁祠。

著录：《司马迁祠碑石录》。

提要：虞蟬曾任明朝钦差、陕西按察司执事，路经韩城，凭吊司马迁墓，作七言绝句三首。

重修司马太史庙碑记

年代：清乾隆十四年（1749）刻立。

形制：圆首方座。通高 2.95 米，宽 0.73 米，厚 0.22 米。

行字：正文楷书 10 行，满行 36 字。

撰书：唐桂生撰，王宁人书。

现藏：韩城市司马迁祠。

著录：《司马迁祠碑石录》。

提要：记载韩城知县唐桂生重修司马迁祠墓事。

御制平定金川告成太学碑文

年代：清乾隆十四年（1749）刻立。

形制：圆首方座，共 2 石，尺寸相同。通高 5.47 米，宽 1.71 米。

行字：正文楷书 20 行，满行 98 字。

撰书：弘历撰并书。

现藏：西安碑林博物馆。

著录：《西安碑林全集》。

备注：碑右侧为汉文，左侧为满文。

提要：记述乾隆十二年（1747），大金川土司莎罗奔举兵作乱，乾隆帝派兵平乱。十四年（1749）正月，金川叛乱被平定。乾隆皇帝表彰功臣，授经略大臣傅恒为忠勇公，岳钟琪为奋威大将军加兵部尚书衔，并赐岳钟琪诗一首。

*弃恶从善箴言残碑

年代：清乾隆十四年（1749）刻立。

形制：碑残损。残高 0.38 米，宽 0.90 米。

行字：正文残存楷书 32 行，满行 15 字。

撰书：姚大烈书，姚思康刻。

出土：原在华阴县敷南村太白庙，1976 年移入华阴县西岳庙，2003 年入藏西安碑林博物馆。

现藏：西安碑林博物馆。

著录：《华山碑石》。

备注：缺前部。

提要：碑前部残缺，主要内容是劝世人弃恶从善。

屈文兴墓志

全称：皇清待诰赠乡饮耆宾宅玉屈公墓志铭。

年代：清乾隆十四年（1749）刻。

形制：志正方形。边长 0.48 米。

行字：盖文篆书 1 行 5 字，题"屈公墓志铭"。志文楷书 16 行，满行 20 字。

撰书：陈大典撰，王克仕书。

出土：出土时间、地点不详。

现藏：商洛博物馆。

提要：记述屈文兴的家族世系、生平。

*乾隆十四年祭黄帝陵碑

年代：清乾隆十四年（1749）刻立。

形制：圆首方座。通高 2.15 米，宽 0.81 米，厚 0.14 米。

行字：正文楷书 14 行，满行 31 字。

纹饰：四周饰蔓草纹。

现藏：黄帝陵轩辕庙碑廊。

著录：《延安市文物志》《黄陵文典·文物卷》《黄帝陵碑刻》。

提要：记载清高宗弘历为庆祝边界安宁、中
宫摄位、慈宁晋号，派遣太常寺少卿
钟衡于乾隆十四年六月十三日祭祀
轩辕黄帝事。

重修天庆观记

年代：清乾隆十五年（1750）刻立。

形制：圆首方额，座佚。通高 2.12 米，宽
1.09 米，厚 0.31 米。

行字：额篆书 2 行，满行 3 字，题"重修万
寿宫记"。正文楷书 10 行，满行 36—
39 字。

撰书：朱永年撰，刘公辅书，张夷泽篆额。

纹饰：碑额饰二龙戏珠图案，碑身四周饰蔓
草纹。

现藏：凤翔县城关镇药王洞道院。

提要：记述天庆观创于宋代，昔韩非子曾于
此地牧马及历代屡毁屡修等事。

通边野赵二镇灯会碑记

全称：大清平凉府静隆州县通边野赵二镇灯
会碑记。

年代：清乾隆十五年（1750）刻立。

形制：圆首圭额，座佚。通高 1.55 米，宽
0.76 米，厚 0.24 米。

行字：正文楷书 9 行，满行 39 字。

撰书：郭阳通撰。

纹饰：碑额及碑身四周饰卷云纹。

现藏：陇县温水镇景福山道观院内。

提要：记述灯会缘由，以祈福求神灵护佑。

*杨家村石碑

年代：清乾隆十五年（1750）刻立。

形制：圆首。通高 1.60 米，宽 0.59 米，厚
0.17 米。

行字：正文楷书，行字数无法辨识。

纹饰：碑额饰双龙戏珠纹，中部雕人像。

现藏：蒲城县兴镇曹家杨家村。

备注：字迹漫漶不清，无法识读。

提要：此碑仅可看出落款为"大清乾隆十五
年岁次庚午七月二十八日立"，可能
是一块有关道教的记事碑。

重修清凉山三清庙记

年代：清乾隆十五年（1750）刻立。

形制：圆首座佚。通高 2.21 米，宽 0.84 米，
厚 0.24 米。

行字：正文楷书 17 行，满行 49 字。

撰书：高延儒撰，李文演书，张宁选篆额。

现藏：户县蒋村镇清凉山三清庙前。

著录：《户县碑刻》。

提要：记载历代重修清凉山三清庙的情况。
三清庙，位于户县城西南 12 公里处
白庙乡清凉山，创建于明万历年间。

篆字三星图

年代：清乾隆十五年（1750）刻立。

形制：高 1.06 米，宽 0.71 米。

行字：正文楷书 16 行，满行 6 字。

撰书：李逢春画并题跋。

现藏：西安碑林博物馆。

著录：《西安碑林全集》。

备注：附刻于清代《颂学翁诗碑》碑阴。

提要：碑刻一老者端坐鹿身上，旁有蝙蝠飞
舞。蝙蝠、鹿、老者分别寓意着福、
禄、寿三星。

李淡泉神道碑

全称：赐进士出身文林郎校河南开封府尉氏
县知县淡泉李公神道碑。

年代：清乾隆十五年（1750）刻立。

形制：高2.00米，宽0.80米，厚0.20米。

行字：正文楷书6行，满行19字。

撰书：□八骥撰并书。

纹饰：四周饰蔓草纹。

现藏：乾县灵源乡苏坊村。

提要：此碑系李淡泉墓之神道碑。

*万工堰碑

年代：清乾隆十五年（1750）刻立。

形制：圆首。高2.10米，宽0.98米。

行字：额题"万古堰记"4字。正文楷书，行字数不详。

撰书：刘士夫撰并书。

现藏：安康市汉滨区千工乡小垱村三官庙。

著录：《安康碑版钩沉》。

提要：记载兴安州知州刘士夫于乾隆十三年（1748）十一月至十五年三月重修万工堰事。

重修嘉岭书院记

年代：清乾隆十六年（1751）刻立。

形制：圆首方座。高1.80米，宽0.68米，厚0.13米。

行字：正文楷书17行，满行42字。

撰书：左炜龙撰，赵希武书。

出土：1979年出土于延安嘉岭书院遗址。

现藏：延安市宝塔山文物所。

备注：出土时碑身已残为两截，左下角部分文字风化脱落，原址建碑楼保护。

提要：记述范仲淹任陕西按察副使兼知延州时，创办嘉岭书院事。

重修玉皇阁序

年代：清乾隆十六年（1751）刻立。

形制：圆首。通高2.20米，宽0.76米，厚0.07米。

行字：正文楷书20行，满行51字。

撰书：康国栋撰。

纹饰：四周饰水波纹。

现藏：绥德县张家砭镇合龙山祖师庙。

著录：《榆林碑石》。

备注：碑身横断为三截。

提要：记载合龙山祖师庙建立于明朝万历年间，在一次地震中祖师庙中玉帝祠倒塌，信士李迈等捐资重修，于乾隆十六年三月谷旦竣工。

格言敬劝

年代：清乾隆十六年（1751）刻立。

形制：高0.58米，0.29米。

行字：正文楷书15行，满行11字。

撰书：李文汉撰。

现藏：嵌于户县钟楼一楼内壁。

著录：《户县碑刻》。

提要：以格言形式敬劝世人"天下事能忍者为贵，能和者为福""苦尽甜来，方知苦有功"等至理名言。

修筑华阴城垣碑记

年代：清乾隆十六年（1751）刻立。

形制：高2.18米，宽0.88米。

行字：正文楷书22行，满行69字。

撰书：姚远翻撰。

出土：原在华阴县文庙。

现藏：华阴市西岳庙文物管理处。

著录：（乾隆）《华阴县志》《华山碑石》。

备注：断裂为6块。

提要：记载华阴县城历代重修事。现址为隋大业四年（608）建，元至元年间、明嘉靖四十二年（1563）、明万历五年（1577）、清乾隆十四年（1749）、乾隆十六年均有重修。

赵绳武墓志

全称：皇清邑庠生仲述赵公墓志铭。
年代：清乾隆十六年（1751）刻。
行字：志文楷书 26 行，满行 26 字。
撰书：杨宣宾撰，赵和刚书，张昌言篆盖。
出土：出土于蒲城县三合乡赵家村，时间不详。
现藏：蒲城县文物保护开发中心。
提要：记述赵绳武生平。

重建山门碑记

年代：清乾隆十六年（1751）刻立。
形制：圆首。高 1.18 米，宽 0.55 米。
行字：正文楷书 9 行，满行 39 字。
撰书：马君密书。
纹饰：四周饰蔓草纹。
现藏：韩城市博物馆。
提要：记载乾隆十二年（1747）重修东营关帝庙山门之事。

改修崇圣祠碑记

年代：清乾隆十六年（1751）刻立。
形制：圆首座佚。通高 2.13 米，宽 0.90 米，厚 0.07 米。
行字：正文楷书 25 行，满行 50 字。
撰书：李文汉撰，王师智书。
现藏：户县文庙大成殿东侧碑廊。
著录：《户县碑刻》。
提要：记载清乾隆十六年改修崇圣祠的经过。崇圣祠为户县文庙的一部分，在文庙明伦堂之后，初称启圣祠，清雍正元年（1723）改为崇圣祠，追封孔子五代王爵。

蓝田县重修庙学记

年代：清乾隆十六年（1751）刻立。
形制：圆首。高 2.10 米，宽 0.76 米，厚 0.20 米。
行字：正文楷书 24 行，满行 60 字。
撰书：吴嗣富撰，穆灿书。
纹饰：碑额饰二龙戏珠图案，碑身四周饰云纹。
现藏：蓝田县蔡文姬纪念馆。
备注：碑下部断裂。
提要：记述重修庙学的原因和经过。

西安府碑洞石刻目录

年代：清乾隆十六年（1751）刻立。
形制：圆首方座。通高 2.19 米，宽 0.85 米。
行字：额题篆书 1 行 4 字，题"石刻拔萃"4 字。正文楷书，分 5 栏，共 72 行，满行字不等。跋文行草书，12 行。
撰书：柳觉先撰，邱仰文跋，柳云培书，侯钧题额，卜兆梦刻。
现藏：西安碑林博物馆。
备注：有册页式框格，碑阴刻"翰墨奇观"4 字。
提要：记录了西安碑林当时所藏重要碑石七十二种，是碑林第一部石刻碑目。"碑洞"即碑林。

重修孙真人祠碑记

年代：清乾隆十六年（1751）刻立。
形制：高 1.50 米，宽 0.67 米，厚 0.15 米。
行字：正文楷书 31 行，满行 36 字。
撰书：焦泽溥撰，焦惠溥书，庞可足镌。

现藏：铜川市耀州区孙塬镇真人祠。

提要：记载乾隆十六年重修真人祠的情况。碑阴刻捐资人姓名。

*乾隆十七年祭黄帝陵碑

年代：清乾隆十七年（1752）刻立。

形制：圆首方座。通高 2.22 米，宽 0.80 米，厚 0.14 米。

行字：正文楷书 19 行，满行 24 字。

纹饰：四周饰云纹。

现藏：黄帝陵轩辕庙碑廊。

著录：《黄帝陵碑刻》《延安市文物志》《黄陵文典·文物卷》。

提要：记载清高宗弘历因慈宁万寿，派遣太常寺少卿涂逢震于乾隆十七年二月初一祭祀轩辕黄帝事。

*刘基昌妻王氏墓志

年代：清乾隆十七年（1752）刻。

形制：志长 0.76 米，宽 0.46 米，厚 0.06 米。

行字：志文楷书 23 行，满行 46 字。

撰书：张文泰撰。

出土：1990 年宜川县丹州镇征集。

现藏：宜川县文物管理所。

著录：《新中国出土墓志·陕西叁》。

提要：记述刘基昌妻王氏的生平及家族世系。

黑池镇西门外碑

年代：清乾隆十七年（1752）刻立。

形制：高 1.29 米，宽 0.58 米。

行字：正文楷书 14 行，满行字数不详。

现藏：合阳县博物馆。

提要：记载合阳县黑池镇黑池村村规。

睡佛寺地亩记事碑

年代：清乾隆十七年（1752）刻立。

形制：圆首。高 1.23 米，宽 0.51 米。

行字：正文楷书 16 行，满行 39 字。

现藏：蒲城县博物馆。

提要：记载乾隆十七年蒲城知县孙某判定睡佛寺多余地亩欠租案事。

*乾隆十七年致祭西岳庙碑

年代：清乾隆十七年（1752）刻立。

形制：螭首龟座。高 3.70 米，宽 1.00 米，厚 0.25 米。

行字：正文楷书 10 行，满行 17 字。

现藏：华阴市西岳庙文物管理处。

提要：记载清乾隆十七年正月翰林院侍读学士周长发奉旨祭祀华山神一事。

*乾隆十七年祭周陵碑

年代：清乾隆十七年（1752）刻立。

形制：圆首方座。通高 1.54 米，宽 0.62 米。

行字：正文行楷 10 行，满行 23 字。

纹饰：碑额两侧饰仙鹤纹。

现藏：咸阳市周陵文物管理所。

著录：《咸阳市渭城区志》《渭城文物志》《咸阳碑刻》。

提要：该碑为清乾隆十七年，高宗弘历遣官致祭周文王陵事。

重修山神庙碑

年代：清乾隆十七年（1752）刻立。

形制：圆首方座。高 0.83 米，宽 0.40 米，厚 0.13 米。

行字：额楷书 2 行，满行 3 字，题"重修山神庙碑"。正文楷书 8 行，满行 29 字。

撰书：宋庆通撰并书。

出土：原存耀县药王山北洞。

现藏：药王山博物馆。

著录：《药王山碑刻》《陕西药王山碑刻艺术

总集》。

提要：记载西街乡约窦秉正以所收圣会布施
20 余两重修东角门外山神庙事。

重修七圣楼碑记

年代：清乾隆十八年（1753）刻立。

形制：圆首方座。通高 2.66 米，宽 0.88 米，
厚 0.15 米。

行字：正文楷书 25 行，满行 60 字。

撰书：刘以澄撰，马东图书。

纹饰：碑额刻二飞鸟，碑身四周饰折枝花纹。

现藏：佳县白云山白云观真人洞。

著录：《佳县白云山白云观碑刻》。

提要：记载白云山的形成、七圣历史和重修
七圣楼等相关事宜。

重修偏殿马王关帝庙序

年代：清乾隆十八年（1753）刻立。

形制：通高 2.27 米，宽 0.72 米，厚 0.13 米。

行字：额楷书"皇清" 2 字。正文行书 18
行，满行 56 字。

撰书：石瑞麟撰，折念秀、念毓书。

纹饰：四周饰蔓草纹。

现藏：子长县南沟岔镇石窑湾村。

提要：记载重修安定城北百里折家河佛殿事。

*王君暨妻任氏合葬墓碑

年代：清乾隆十八年（1753）刻立。

形制：圆首。高 1.68 米，宽 0.70 米，厚
0.15 米。

行字：正文楷书 3 行，满行 39 字。

纹饰：碑额饰二龙戏珠图案，四周饰如意花
草纹。

现藏：富县张家湾镇黑水寺村东。

提要：此为王君及其夫人任氏合葬墓碑。

重修庆善寺大佛殿碑记

年代：清乾隆十八年（1753）刻立。

形制：碑残损。残高 0.94 米，宽 0.79 米，
厚 0.18 米。

行字：正文楷书 13 行，满行 44 字。

撰书：福通阿撰。

纹饰：四周饰卷云纹。

现藏：韩城市庆善寺。

著录：（乾隆）《韩城县志》。

备注：碑仅存上半截，碑文不全。

提要：记载重修庆善寺大佛殿事。

权氏二分碑记

年代：清乾隆十八年（1753）刻立。

形制：高 1.82 米，宽 0.70 米，厚 0.14 米。

行字：正文楷书 22 行，满行 45 字。

撰书：权焕章撰，权同舆书。

纹饰：碑额饰牡丹花卉，两侧饰缠枝卷叶纹。

现藏：蒲城县博物馆。

提要：横书"权氏二分碑记"楷书，正文楷
书权氏家族及谱系人姓名。

改建香炉石碑记

年代：清乾隆十九年（1754）刻立。

形制：高 1.58 米，宽 0.75 米。

行字：正文楷书 21 行，满行 24 字。

撰书：韩鉴撰。

纹饰：四周饰水波纹。

现藏：佳县香炉寺。

著录：《榆林碑石》。

备注：碑石中部断裂，部分文字缺损。

提要：记载香炉寺的由来及乾隆十九年夏重
修事。

古景福

年代：清乾隆十九年（1754）刻立。

形制：圆首方座。通高 1.52 米，宽 0.68 米，
　　　厚 0.22 米。

行字：正文楷书 9 行，满行 67 字。

现藏：陇县新集川乡龙门洞道院。

提要：碑阳正中为"古景福"三个大字。碑
　　　阴标题为"重修龙门洞碑记"及捐资
　　　人姓名。

速报祠碑文

年代：清乾隆十九年（1754）刻立。

形制：圆首。高 1.75 米，宽 0.65 米。

行字：正文楷书 17 行，满行 41 字。

撰书：张体益书。

纹饰：四周饰水波纹。

现藏：佳县香炉寺。

著录：《榆林碑石》。

备注：碑石下部断裂，文字漫漶不清。

提要：记载速报祠原在城北东隅，后重修于
　　　香炉峰。

山川坛

年代：清乾隆十九年（1754）刻立。

形制：高 1.03 米，宽 0.62 米。

行字：碑正中大字楷书"山川坛"3 字。

现藏：潼关县。

提要：上款"乾隆十九年八月"，下款"抚
　　　民同知赵铨移建立石"。

吴芮暨妻薛氏合葬墓志

全称：皇清儒学佾礼生吴公字承伯暨德配薛
　　　孺人合葬墓志铭。

年代：清乾隆十九年（1754）刻。

形制：志长 0.61 米，宽 0.59 米，厚 0.09 米。

行字：盖文篆书 4 行，满行 5 字，题"皇清
　　　儒学佾礼生吴公字承伯暨德配薛孺
　　　人合葬墓志铭"。志文楷书 25 行，满

行 28 字。

撰书：张乾撰，吴照书，薛居宽篆盖。

纹饰：四周饰万字纹。

现藏：韩城市博物馆。

提要：记载吴芮及薛氏的家族世系、生平。

贞节石孺人墓表

年代：清乾隆十九年（1754）刻立。

形制：螭首龟座。高 1.72 米，宽 0.85 米，
　　　厚 0.22 米。

行字：额楷书"圣旨"2 字。正文楷书 15
　　　行，满行 52 字。

撰书：王思周撰，何永清书。

现藏：户县光明乡洪洞庵村。

著录：《户县碑刻》。

提要：记载张文博之妻石孺人的生平。

西岳庙碑

全称：高陵县西南庆安乡里人感戴西岳神
　　　碑记。

年代：清乾隆十九年（1754）刻立。

形制：螭首龟座。高 2.31 米，宽 0.91 米，
　　　厚 0.26 米。

行字：正文楷书 19 行，满行 67 字。

撰书：李应□撰。

纹饰：四周饰花草、八卦纹。

出土：2004 年出土于高陵县经渭镇姬家村。

现藏：高陵县文化馆。

提要：记载修建高陵西岳庙之事。

静泉山八景

年代：清乾隆十九年（1754）刻立。

形制：共 3 石，尺寸相同。高 0.78 米，宽
　　　0.81 米。

行字：正文楷书 27 行，满行 20 字。

撰书：王学逊撰。

现藏：商洛市静泉山。

提要：静泉山为清初新辟游览胜地，该碑所记为该山八区风景之诗文。

*新建瘟神殿捐资碑

年代：清乾隆十九年（1754）刻立。

形制：沙石质。圆首。高 1.78 米，宽 0.64 米，厚 0.16 米。

撰书：杨灿撰。

出土：2008 年出土于彬县县医院。

现藏：彬县文化馆。

著录：《彬州文化》（2008 年第 6 期）。

提要：记载乾隆十九年为新建瘟神庙捐金者姓名、共收布施银数量以及修庙工程开支情况。

新建瘟神殿记碑

年代：清乾隆十九年（1754）刻立。

形制：高 1.80 米，宽 0.66 米，厚 0.15 米。

行字：正文楷书，共约 360 字。

撰书：郭宗关撰，杨灿书。

纹饰：四周饰卷云纹。

出土：2008 年出土于彬县县医院。

现藏：彬县文化馆。

著录：《彬州文化》（2008 年第 6 期）。

提要：记述乾隆十九年疾疫流行，邠州市廛沽酒者发愿倡修瘟神殿事。

*乾隆二十年祭黄帝陵碑

年代：清乾隆二十年（1755）刻立。

形制：圆首方座。通高 2.00 米，宽 0.69 米，厚 0.16 米。

行字：正文楷书 16 行，满行 29 字。

纹饰：碑额饰云纹，碑身四周饰卷云纹。

现藏：黄帝陵轩辕庙碑廊。

著录：《黄帝陵碑刻》《延安市文物志》《黄陵文典·文物卷》。

提要：记载清高宗弘历因平定准噶尔大功告成，派遣太常寺卿熊学鹏祭祀轩辕黄帝事。

姚明德暨妻庞氏墓志

全称：皇清处士姚公暨孺人庞氏墓志铭。

年代：清乾隆二十年（1755）刻。

形制：志正方形。边长 0.51 米，厚 0.10 米。

行字：志文楷书 29 行，满行 26 字。

撰书：李必荣撰，杨敷极书，姚相尧篆盖。

纹饰：四周饰蔓草纹。

出土：出土于岐山县凤鸣镇姚家府村，时间不详。

现藏：岐山县博物馆。

提要：记载姚明德之家族世系、生平。

新建□佛祖观音庙记序碑

年代：清乾隆二十年（1755）刻立。

形制：圆首方座。高 1.63 米，宽 0.75 米，厚 0.14 米。

行字：正文楷书 27 行，258 字。

纹饰：碑额饰牡丹花纹，碑身四周饰几何纹。

现藏：富县交道镇老寨子村。

提要：记载当地村民为求风调雨顺、生活富裕而集资修庙的情况。

清相魁范公墓碑赞

年代：清乾隆二十年（1755）刻立。

形制：长方形，尺寸不详。

撰书：席奉乾撰并书。

现藏：合阳县博物馆。

提要：碑首书"德超风古"，碑文记县令席奉乾赞扬范公一生德行。

创建乾元老母庙记

年代： 清乾隆二十年（1755）刻立。

形制： 圆首方座。高 0.74 米，宽 0.34 米，厚 0.13 米。

行字： 正文楷书 16 行，满行 26 字。

现藏： 澄城县庄头镇柏东村戏台上。

提要： 记载创修澄城老母庙之事。

创建三圣庙记

年代： 清乾隆二十年（1755）刻立。

形制： 高 0.65 米，宽 0.65 米，厚 0.14 米。

行字： 正文楷书 18 行，满行 19 字。

撰书： 唐来□撰并书。

纹饰： 四周饰蔓草纹。

出土： 2006 年渭南市下吉镇高家村征集。

现藏： 西安市临潼博物馆。

提要： 记载修建临潼三圣庙之事。

*古槐记

年代： 清乾隆二十年（1755）刻立。

形制： 圆首。高 0.86 米，宽 0.38 米。

行字： 额篆书"古槐记"3 字。正文楷书 10 行，满行 25 字。

撰书： 张□□撰并书。

现藏： 蒲城县博物馆。

提要： 记载在蒲城县城东北古镇巷古槐三株，树盘根茂，叶上合下分，枝多鸟兽之形，人皆称神奇，巷人为保护此树特立此碑。

御制平定准噶尔告成太学碑文

年代： 清乾隆二十年（1755）刻立。

形制： 螭首方座，由二石并立。通高 5.59 米，宽 1.72 米。

行字： 额篆书 2 行，满行 2 字，题"御制碑文"。正文楷书 25 行，满行 110 字。

撰书： 弘历撰并书。

现藏： 西安碑林博物馆。

著录： 《西安碑林全集》。

备注： 碑右侧为汉文，左侧为满文。

提要： 记述乾隆十九年准噶尔部争权内乱，二十年二月，清庭分兵两路平定叛乱后，致祭太学之事。

*乾隆二十年祭周陵碑

年代： 清乾隆二十年（1755）刻立。

形制： 圆首方座。通高 1.70 米，宽 0.60 米。

行字： 正文行楷 10 行，满行 23 字。

纹饰： 碑额饰龙纹。

现藏： 咸阳市周陵文物管理所。

著录： 《咸阳市渭城区志》《渭城文物志》《咸阳碑刻》。

提要： 乾隆二十年六月，以平定准噶尔，恭加皇太后徽号，礼成，遣官致祭周文王陵。

重建偏殿关帝行宫碑记

年代： 清乾隆二十一年（1756）刻立。

形制： 通高 1.95 米，宽 0.63 米，厚 0.14 米。

行字： 额楷书"募缘题名"4 字。正文楷书 20 行，满行 45 字。

撰书： 袁介士撰，高国宾书，丁锰题额。

纹饰： 四周饰蔓草纹。

现藏： 子长县史家畔乡马家洼保吉寺。

提要： 记载重修马家洼关帝行宫事。

汉太史司马公墓碑

年代： 清乾隆二十一年（1756）刻立。

形制： 圆首方座。通高 1.68 米，宽 0.75 米。

行字： 正文隶书 3 行，满行 28 字。

撰书：毕沅撰。

现藏：韩城市司马迁祠。

著录：《司马迁祠碑石录》。

提要：清乾隆年间陕西巡抚毕沅为司马迁立的墓碑。

*禁止金粟山取石碑

年代：清乾隆二十一年（1756）刻立。

形制：高 0.66 米，宽 0.47 米，厚 0.26 米。

行字：正文楷书 5 行，满行 8 字。

现藏：蒲城县博物馆。

提要：记乾隆二十一年蒲城县为保护泰陵，禁止村民在金粟山取石事。

甘雨亭记

年代：清乾隆二十一年（1756）刻立。

形制：高 0.76 米，宽 0.80 米。

行字：正文楷书 24 行，满行 16 字。

撰书：杨俊烈撰。

现藏：商洛市静泉山。

提要：记述商州刺史罗文思在大旱之春到静泉山求雨而雨降，民众捐资立亭以纪其德事。

景福眷属输金自修客厅记

年代：清乾隆二十二年（1757）刻立。

形制：通高 2.12 米，宽 0.60 米，厚 0.16 米。

行字：正文楷书 5 行，满行 33 字。

纹饰：碑额饰二龙戏珠图案，碑身四周饰花草纹。

现藏：陇县温水镇景福山道观东侧。

提要：记述云溪宗东门法眷在景福山修建七间客厅的经过。

城隍庙创建乐楼碑记

年代：清乾隆二十二年（1757）刻立。

形制：圆首龟座。高 2.33 米，宽 0.78 米。

行字：正文楷书 23 行，满行 50 字。

纹饰：碑额饰祥云、瑞兽、火珠等图案，碑身四周饰缠枝花草纹。

现藏：三原县博物馆。

著录：《咸阳碑刻》。

提要：记载三原县城隍庙创建乐楼事。

重修玉皇庙碑记

年代：清乾隆二十三年（1758）刻立。

形制：高 0.65 米，宽 1.05 米。

行字：额楷书"重修题名"4 字。正文楷书 33 行，满行 19 字。

撰书：张述祖撰，贾士一书。

纹饰：四周饰蔓草纹。

现藏：子长县瓦窑堡镇玉龙山玉皇庙。

提要：记载玉皇庙沿革及重修事。

惠公神道碑

全称：例封征仕郎翰林院检讨武翼大夫署理游击服远惠公神道碑。

年代：清乾隆二十三年（1758）刻立。

形制：螭首圭额龟座。通高 2.95 米，宽 0.85 米，厚 0.24 米。

行字：正文楷书 4 行，共 56 字。

纹饰：四周饰云纹、花鸟纹。

现藏：周至县尚村镇涧里村。

提要：此碑为惠公墓碑。

创建书院感戴碑

全称：郡太守罗公捐俸创建书院阖属绅士感戴碑。

年代：清乾隆二十三年（1758）刻立。

形制：高 1.10 米，宽 0.75 米。

行字：正文楷书 12 行，满行 36 字。

现藏：商洛博物馆。

提要：记述商州知州罗文思捐俸数百金创建书院，延请名师，教导商州学子之功。

重修北寺山庙碑记

年代：清乾隆二十三年（1758）刻立。

形制：方首方座。高 2.00 米，宽 0.80 米，厚 0.20 米。

行字：额楷书，碑阳题"重修碑记"4 字，碑阴题"碑记"2 字。正文楷书，碑阳 30 行，满行 51 字。碑阴 32 行，满行 50 字。

撰书：张述祖撰。

纹饰：四周饰牡丹、莲花及卷云纹。

现藏：黄龙县圪台乡寺塔村北寺山庙内。

提要：记载重修北寺山庙的规模、历时、时间及布施情况。

重修享殿厨房垣墉增设墙屏序

年代：清乾隆二十三年（1758）刻立。

形制：方首方座。通高 1.72 米，宽 0.61 米，厚 0.17 米。

行字：额篆书"碑记"2 字。正文楷书 7 行，满行 53 字。

撰书：张大鉴撰，张大勋书，张大成篆额。

纹饰：四周饰蔓草纹。

现藏：韩城市大禹庙。

提要：记载清乾隆二十三年中西两社捐银重修大禹庙享殿、厨房、垣墉，增设墙屏事。

重修龙门学署记

年代：清乾隆二十四年（1759）刻立。

形制：高 0.56 米，宽 0.82 米，厚 0.13 米。

行字：正文楷书 17 行，满行 18 字。

撰书：黄元春撰，王杰书。

现藏：韩城市博物馆。

提要：记述教谕黄元春倡议重修龙门学署事。

华山记

年代：清乾隆二十四年（1759）刻立。

形制：圆首。高 1.51 米，宽 0.58 米。

行字：正文楷书 17 行，满行 52 字。

撰书：易大鹤撰，郑炳虎书。

现藏：西安碑林博物馆。

著录：《西安碑林全集》。

备注：记作者游华山经历。碑阴刻费正甲对联。

御制平定回部告成太学碑文

年代：清乾隆二十四年（1759）刻立。

形制：圆首方座，共 2 石，尺寸相同。通高 5.50 米，宽 1.70 米。

行字：额篆书 2 行，满行 2 字，题"平定回部"。正文楷书 32 行，满行 143 字。

撰书：弘历撰并书。

现藏：西安碑林博物馆。

著录：《西安碑林全集》。

备注：碑右侧为汉文，左侧为满文。

提要：记述清军平定大小和卓木叛乱的始末。

补山阁记

年代：清乾隆二十四年（1759）刻立。

形制：正方形。边长 0.80 米。

行字：正文楷书 12 行，满行 14 字。

撰书：钟兰枝撰。

现藏：商洛市静泉山。

提要：记述静泉山风景区建成，知州罗文思捐俸增建一阁，故名补山阁，并撰诗文记其事。

*乾隆二十五年祭黄帝陵碑

年代：清乾隆二十五年（1760）刻立。

形制：圆首方座。通高 2.13 米，宽 0.71 米，厚 0.16 米。

行字：正文楷书 16 行，满行 28 字。

纹饰：四周饰卷云纹。

现藏：黄帝陵轩辕庙碑廊。

著录：《黄帝陵碑刻》《延安市文物志》《黄陵文典·文物卷》。

提要：记载清高宗弘历因西师克捷，四部荡平，派遣都察院左副都御史赫庆于乾隆二十五年正月初八祭祀轩辕黄帝事。

重修铁尾殿施财碑

全称：重修斗母宫五瘟灵官铁尾殿施财众信刻列于左。

年代：清乾隆二十五年（1760）刻立。

形制：通高 1.20 米，宽 0.56 米。

行字：额楷书"皇清"2 字。正文楷书 42 行，满行 26 字。

纹饰：碑额饰龙纹。

现藏：城固县洞阳宫。

提要：记载重修斗母宫五瘟灵官铁尾殿施财众信捐资名单。

*乾隆二十五年祭华山碑

年代：清乾隆二十五年（1760）刻立。

形制：螭首龟座。高 2.05 米，宽 0.89 米，厚 0.27 米。

行字：正文楷书 10 行，满行 30 字。

撰书：屠用中、李星耀、顾馨等立。

现藏：华阴市西岳庙文物管理处。

著录：《华山碑石》。

备注：漫漶不清，右上角残缺。

提要：记载清乾隆十五年（1750）内阁侍读学士额玛璘奉旨祭祀华山神之事。

*乾隆二十五年祭周陵碑

年代：清乾隆二十五年（1760）刻立。

形制：圆首方座。通高 1.90 米，宽 0.72 米。

行字：正文行楷 10 行，满行 22 字。

纹饰：碑额饰二龙戏珠图案，碑身四周饰云纹。

现藏：咸阳市周陵文物管理所。

著录：《咸阳市渭城区志》《渭城文物志》《咸阳碑刻》。

提要：记载乾隆二十五年，以西师克捷，回部荡平，遣官致祭周文王陵事。

重修香严寺各殿创建圣母祠功德序

年代：清乾隆二十六年（1761）刻立。

形制：高 1.23 米，宽 0.62 米。

撰书：马维骃撰。

纹饰：四周饰水波纹。

现藏：榆林市榆阳区香严寺。

提要：记载乾隆二十六重修香严寺事。

重建轩辕庙记

年代：清乾隆二十六年（1761）刻立。

形制：圆首方座。通高 2.60 米，宽 0.83 米，厚 0.17 米。

行字：正文楷书 20 行，满行 60 字。

撰书：高麟勋撰。

纹饰：边框饰有蔓草纹，边框饰有典线波浪纹。

现藏：黄帝陵轩辕庙碑廊。

著录：《黄帝陵碑刻》《延安市文物志》《黄陵文典·文物卷》。

提要：记载乾隆二十六年中部县重修黄帝陵庙事。

王羽卿暨妻李氏段氏合葬墓志

全称：皇清敕封修职郎邑庠生王府君暨配敕赠（封）孺人李（段）太君合葬墓志铭。

年代：清乾隆二十六年（1761）刻。

形制：志正方形。边长 0.63 米。

行字：志文楷书 25 行，满行 33 字。

撰书：张耀先撰，王用贤书，吴绍诗篆盖。

出土：出土时间、地点不详。

现藏：蒲城县博物馆。

备注：盖佚。

提要：记述王羽卿的家族世系、生平。

雷珍暨妻张氏王氏合葬墓志

全称：皇清生员席君雷公暨元配孺人张氏继配孺人王氏合葬墓志铭。

年代：清乾隆二十六年（1761）刻。

形制：志长 0.52 米，宽 0.50 米。

行字：志文楷书 22 行，满行 32 字。

撰书：李天秀撰，刘庆云书。

出土：1974 年出土于华阴县南营村。

现藏：西安碑林博物馆。

备注：四周字迹尚清晰。

著录：《华山碑石》。

提要：记录雷珍家族世系、生平。

张宗载墓志

全称：举人嗣贤张君墓志铭。

年代：清乾隆二十六年（1761）刻。

形制：志正方形。边长 0.52 米。

行字：志文楷书 30 行，满行 29 字。

撰书：李天秀撰。

出土：1956 年出土于华阴县沙渠村。

现藏：西安碑林博物馆。

著录：《华山碑石》。

备注：字迹清晰，志石断为三截。

提要：记录张宗载的家族世系、生平。李天秀，华阴员庄人，雍正间举进士，官历城知县。

张宗良暨妻花氏墓志

全称：太学生汉卿张公暨孺人花氏墓志铭。

年代：清乾隆二十六年（1761）刻。

形制：志正方形。边长 0.47 米。

行字：志文楷书 24 行，满行 26 字。

撰书：张铭撰并书。

出土：1975 年出土于华阴县沙渠村。

现藏：西安碑林博物馆。

著录：《华山碑石》。

提要：记录张宗良的家族世系、生平。

重修山神土地庙碑记

年代：清乾隆二十六年（1761）刻立。

形制：圆首方座。高 1.60 米，宽 0.80 米，厚 0.12 米。

行字：正文楷书 11 行，满行 13 字。

纹饰：碑额饰二龙戏珠图案，碑身四周饰花卉及云纹。

现藏：黄龙县红石崖乡东梁家山村。

提要：记载重修山神、土地庙事。

重修圣母殿碑记

年代：清乾隆二十七年（1762）刻立。

形制：圆首。通高 1.70 米，宽 0.74 米，厚 0.16 米。

行字：正文楷书 9 行，满行 31 字。

纹饰：碑额饰双凤朝阳和云纹图案，碑身四周饰蔓草忍冬纹。

现藏：陇县温水镇景福山道观麟瑞殿前。

提要：记述重修圣母殿的原因。

掏大禹神泉祷雨灵应碑序

年代： 清乾隆二十七年（1762）刻立。

形制： 高 2.30 米，宽 0.85 米。

行字： 正文楷书 17 行，满行存 66 字。

撰书： 刘尔元撰，韩崇兴书，杨杰篆额。

现藏： 户县秦渡镇禹王庙村。

著录：《户县碑刻》。

备注： 碑石中部横向断为二截。

提要： 记载禹泉堡暨左右数十堡之乡人掏禹
帝泉祷雨一事。

大禹庙以西重修池碑记

年代： 清乾隆二十七年（1762）刻立。

形制： 圆首方座。通高 1.68 米，宽 0.43 米，
厚 0.14 米。

行字： 额篆书"碑记"2 字。正文楷书 5 行，
满行 32 字。

撰书： 胡鹏翰撰并书。

纹饰： 四周饰蔓草纹。

现藏： 韩城市大禹庙。

提要： 记载清乾隆二十七年，胡鹏翰等人捐
银倡修大禹庙以西水池。

*乾隆二十七年祭华山碑

年代： 清乾隆二十七年（1762）刻立。

形制： 螭首龟座。高 2.20 米，宽 0.86 米。

行字： 正文楷书 10 行，满行 28 字。

现藏： 华阴市西岳庙文物管理处。

著录：《华山碑石》。

提要： 记载清乾隆二十七年正月宗人府府丞
储麟趾钦命奉祭西岳华山之神。

*李谦暨妻合葬墓志

年代： 清乾隆二十七年（1762）刻。

形制： 志正方形。边长 0.61 米。

行字： 志文楷书 33 行，满行 34 字。

撰书： 王塏撰，李廷彪书，郭元楷书篆盖。

出土： 出土时间、地点不详。

现藏： 蒲城县文物保护开发中心。

备注： 志题受损。

提要： 志文记李吉六生平。李吉六，讳谦，
奉直大夫，湖北襄阳府均州知州。

朱氏墓志

全称： 皇清例赠孺人寅轩府君元配显妣朱孺
人墓志。

年代： 清乾隆二十八年（1763）刻。

形制： 志长 0.54 米，宽 0.52 米，厚 0.07 米。

行字： 志文楷书 20 行，满行 22 字。

现藏： 潼关县东门博物馆。

提要： 记载朱氏的生卒年月等。

杨子白墓志

全称： 皇清待赠显考纯天杨府君暨显妣雷孺
人合葬墓志铭。

年代： 清乾隆二十八年（1763）刻。

形制： 志正方形。尺寸不详。

行字： 志文楷书 32 行，满行 30 字。

撰书： 郭礤 生填讳，原景泰书，杨振祚篆盖。

出土： 出土于蒲城县县城北关，时间不详。

现藏： 蒲城县文物保护开发中心。

提要： 志文记杨子白家世、生平。杨子白
（1683—1763），字纯天，号椒园，
先世弘农人，明代迁蒲城县北关，
世代袭官。

*赖能发功德碑

年代： 清乾隆二十八年（1763）刻立。

形制： 高 0.97 米，宽 0.50 米。

行字： 正文楷书 6 行，满行 16 字。

撰书：陈友恭撰。

现藏：洛南县石坡镇火神庙。

提要：记载赖能发任洛南知县时，地方遭灾，豁免常水镇一切杂役，居民感德而立石。

马援墓碑

全称：始祖伏波将军马公讳援墓。

年代：清乾隆二十九年（1764）刻立。

形制：通高1.66米，宽0.75米，厚0.21米。

行字：正文楷书11字。

撰书：冯登元书。

纹饰：四周饰蔓草纹。

现藏：扶风县城关镇伏波村南马援墓前。

提要：上刻"始祖伏波将军马公讳援墓"。

重修龙兴寺碑记

年代：清乾隆二十九年（1764）刻立。

形制：砂石质。高1.77米，宽0.77米，厚0.16米。

行字：额楷书"重修碑记"4字。正文楷书，行字数无法辨识。

纹饰：四周饰卷云纹。

现藏：神木县神木镇刘家畔村龙兴寺孤魂祠外。

备注：剥蚀较重。

提要：记载重修龙兴寺事宜，背面记信士弟子姓名。

竖尧山圣母旗杆碑

年代：清乾隆二十九年（1764）刻立。

形制：圆首。通高1.79米，宽0.81米，厚0.21米。

行字：正文楷书，行字数不详。

纹饰：碑额饰瑞兽图案。

现藏：蒲城县尧山庙大殿东檐下。

著录：《尧山圣母庙与神社》。

提要：此碑叙尧山历代故事及重立旗杆事。

赵应矩墓表

全称：清故待诰文林郎法翁赵公墓。

年代：清乾隆二十九年（1764）刻立。

形制：圆首座佚。高1.75米，宽0.65米。

行字：正文楷书10行，满行60字。

撰书：张崧撰并书。

现藏：户县余下镇赵家堡。

著录：《户县碑刻》。

备注：碑文漫漶。

提要：此墓表记载赵应矩之家族世系、生平。

御制平定准噶尔告成太学碑文

年代：清乾隆三十年（1765）刻立。

形制：平首削肩。高2.72米，宽1.00米，厚0.19米。

行字：正文楷书20行，满行102字。

撰书：弘历撰，冯仑源书。

纹饰：四周饰云龙纹。

现藏：米脂县第一小学（原米脂县文庙）。

著录：《榆林碑石》。

备注：剥蚀严重，部分字迹漫漶不清。

提要：记载平定准噶尔经过。

辛桂暨妻孙氏合葬墓志

全称：皇清待赠修职郎太学生野庵辛公暨元配孙孺人合葬墓志铭。

年代：清乾隆三十年（1765）刻。

形制：志正方形。边长0.56米，厚0.08米。

行字：志文楷书30行，满行30字。

撰书：张克家撰，王士瀚书。

纹饰：边栏阴刻卷云纹。

出土：出土时间、地点不详。

现藏：渭南市临渭区中心博物馆。

提要：志文记辛桂生平。

张志超题诗碑

全称：谒汉丞相诸葛武侯祠。

年代：清乾隆三十年（1765）刻立。

形制：高 0.54 米，宽 1.04 米。

行字：正文楷书 20 行，满行 12 字。

撰书：张志超撰并书。

现藏：勉县武侯祠博物馆。

提要：此碑系紫阳令滇南张志超过沔县谒武
侯祠墓，对武侯一生艰难创业有感而
题诗二首。

重修学宫记

年代：清乾隆三十年（1765）刻立。

形制：螭首。通高 3.19 米，宽 0.96 米。

行字：额篆书"皇清" 2 字。正文楷书 10
行，满行 59 字。

撰书：解含章撰，王有勤书。

纹饰：碑额饰二龙戏珠图案，碑身四周饰富
贵连珠纹。

现藏：韩城市博物馆。

提要：记述知县福通阿、教谕黄元春重修学
宫事。

重修快手亭碑记

年代：清乾隆三十年（1765）刻立。

形制：圆首。通高 1.00 米，宽 0.54 米，厚
0.12 米。

行字：正文楷书 25 行，满行 42 字。

撰书：陈祖德篆，唐朝撰并书。

纹饰：碑额饰双龙云纹，碑身四周饰蔓草纹。

现藏：蓝田县文物管理所。

提要：记载重修关帝庙及快手亭的经过。

西山龙母庙碑记

年代：清乾隆三十一年（1766）刻立。

形制：高 0.93 米，宽 0.45 米。

行字：正文行楷 14 行，满行 44 字。

撰书：麻杰撰并书。

纹饰：四周饰几何纹。

现藏：神木县二郎山龙母庙。

备注：下部剥蚀稍重。

提要：记载麟邑西山龙母庙于乾隆元年
（1735）新修，然其后年久失修，高
芳奇、何士魁等每人输银一两重立圣
会事宜。

礼部保护庙产碑

年代：清乾隆三十一年（1766）刻立。

形制：通高 1.28 米，宽 0.84 米，厚 0.20 米。

行字：正文楷书 24 行，满行 22 字。

出土：此碑自立未移。

现藏：留坝县张良庙文物管理所。

著录：《汉张留侯祠》《张良庙匾联石刻诗文
集注》。

提要：记载乾隆三十一年，成都府成都县
林姓知县看到很多侵占庙产的现象，
连同浙江官员将此情况呈报礼部，
礼部批准后，立此碑石，以告四方。

雄山寺香火养赡地碑记

年代：清乾隆三十一年（1766）刻立。

形制：高 0.96 米，宽 0.81 米。

行字：正文楷书 16 行，满行 22 字。

现藏：榆林市红石峡东壁子孙圣母娘娘殿。

著录：《红石峡水利史迹与碑刻》。

提要：记载雄山寺历代地界事。

重修寿宁寺碑文

年代：清乾隆三十一年（1766）刻立。

形制：高 0.34 米，宽 0.57 米。

行字：正文楷书 32 行，满行 18 字。

撰书：黄壮采撰。

现藏：榆林市寿宁寺。

提要：记述会人吴周裔、陈瑛等捐资募化、修理寿宁寺佛殿僧舍，又新增关帝、韦陀顶阁一间，西凉亭二楹事。

原愔暨妻王氏合葬墓志

全称：皇清待赠邑增广生家严温如府君暨家慈王孺人合葬墓志铭。

年代：清乾隆三十一年（1766）刻。

形制：志正方形。边长 0.57 米。

行字：志文楷书 36 行，满行 33 字。

撰书：原承志撰，刘敦复书。

出土：出土时间、地点不详。

现藏：蒲城县博物馆。

提要：志文记原愔及其妻王氏生平。

修学碑记

年代：清乾隆三十一年（1766）刻立。

形制：螭首。通高 3.10 米，宽 0.86 米。

行字：额篆书"皇清"2 字。正文楷书 17 行，满行 49 字。

撰书：黄钧撰，李甲书。

纹饰：碑额饰二龙戏珠图案，碑身四周饰万字纹。

现藏：韩城市博物馆。

提要：记述知县娄杰继福通阿之后再次翻修文庙之事。

重修王母殿汤房碑记

年代：清乾隆三十一年（1766）刻立。

形制：圆首方座。高 1.22 米，宽 0.55 米，厚 0.17 米。

行字：正文楷书 8 行，满行 45 字。

撰书：李之实撰并书。

出土：原存耀县药王山。

现藏：药王山博物馆。

著录：《药王山碑刻》《陕西药王山碑刻艺术总集》。

提要：记载重修王母殿汤房事。

重葺清晖亭记

年代：清乾隆三十二年（1767）刻立。

形制：高 0.50 米，宽 1.09 米。

行字：正文楷书 31 行，满行 13 字。

撰书：王时熏撰，金徐有书。

现藏：汉中博物馆。

著录：《汉中碑石》

提要：清晖亭原在古汉台北院东北隅，为康熙时汉中太守陈邦器始建。王时熏扩大规模，捐俸重修。

恢天禅师功德碑记

年代：清乾隆三十二年（1767）刻立。

形制：圆首。高 1.70 米，宽 0.70 米。

行字：正文楷书 21 行，满行 43 字。

撰书：乔拱宸撰，许廷书。

现藏：榆林市红石峡东壁窟内。

著录：《红石峡水利史迹与碑刻》。

提要：记载恢天禅师的功德。

创建玉泉书院碑记

年代：清乾隆三十二年（1767）刻立。

形制：圆首。通高 2.06 米，宽 0.69 米，厚 0.20 米。

行字：楷书碑首 2 行，满行 4 字，题"创建玉泉书院碑记"。正文 11 行，满行 62 字。

撰书：额乐春撰。

出土：原存澄城县玉泉书院旧址，1982 年迁入县乐楼文物管理所。

现藏：澄城县乐楼文物管理所。

著录：《澄城碑石》。

提要：记载创建玉泉书院原因及经过。（乾隆）《澄城县志》卷十《职官上》载：额乐春，镶黄旗人，生员，宽厚简重，与民休息，创建书院与关帝庙，又修城垣，民敬爱之。后官潼、商兵备道。

创修宋蕲王韩忠武祠宇碑记

年代：清乾隆三十二年（1767）刻立。

形制：圆首方座。通高 2.16 米，宽 0.63 米，厚 0.07 米。

行字：额篆书"万古流芳"4 字。正文楷书 18 行，满行约 50 字。

撰书：范元勋撰，蔡渐磐书。

纹饰：四周饰几何纹及卷云纹。

现藏：绥德县名州镇七里铺村蕲王庙。

著录：《榆林碑石》。

备注：碑石下部剥蚀甚重，文字漫漶不清。

提要：记载宋蕲王韩世忠的籍贯、生平和功绩。

*韩世忠碑记

年代：清乾隆三十二年（1767）刻立。

形制：圆首方座。通高 2.19 米，宽 0.67 米，厚 0.08 米。

行字：额楷书"碑记"2 字，其下楷书横刻"宋蕲王韩忠武公勋猷略迹"。正文楷书 24 行，满行 65 字。

纹饰：四周饰几何纹及卷云纹。

现藏：绥德县名州镇七里铺村蕲王庙。

著录：《榆林碑石》。

备注：碑石下部剥蚀甚重，文字漫漶不清。

提要：记载宋蕲王韩世忠一生的主要功绩。

*颂沼亭封公诗

年代：清乾隆三十二年（1767）刻立。

形制：共 3 石，尺寸相同。高 0.30 米，宽 1.03 米。

行字：正文行书 63 行，满行 9 字。

撰书：沈廷芳、王杰文等撰。

纹饰：碑文分 9 部分，每部分四周饰龙纹。

出土：原在韩城市井溢村五大夫祠。

现藏：韩城市博物馆。

提要：此题为沈廷芳等为师彦公生父所作诗文。

郝克鉴暨妻冯氏墓志

全称：皇清登仕郎待赠仁孝明翁郝老先生暨元配孺人冯氏墓志铭。

年代：清乾隆三十二年（1767）刻。

形制：志正方形。边长 0.47 米。

行字：志文楷书 28 行，满行 32 字。

撰书：雷懋德撰，孔益申书。

纹饰：四周饰水波纹。

出土：1969 年出土于华阴县阳化村。

现藏：西安碑林博物馆。

著录：《华山碑石》。

提要：记载郝克鉴之家族世系、生平。其曾祖为候铨训导，父曾为医学训科。

圣母元君碑

年代：清乾隆三十二年（1767）刻立。

形制：高 0.84 米，宽 0.50 米。

行字：正文楷书 11 行，满行 18 字。

撰书：永龄撰，文□书，李孝刻。

纹饰：四周饰万字纹。

现藏：宝鸡市渭滨区石鼓镇天台山玄王洞。

提要：记述先王们的功绩及世代名号。

重修龙槐寺碑记

年代：清乾隆三十二年（1767）刻立。

形制：圆首方额。碑残损，残高1.43米，宽0.71米，厚0.15米。

行字：正文楷书20行，满行34字。

撰书：董骆撰。

纹饰：碑额饰梅花图案，碑身两侧饰花草纹。

现藏：千阳县龙槐塬村。

提要：记载重修龙槐寺缘由与经过。

圣姥碑

年代：清乾隆三十二年（1767）刻立。

形制：高0.84米，宽0.50米。

行字：正文楷书12行，满行40字。

撰书：杨偘撰，文口书。

纹饰：四周饰蔓草纹。

现藏：宝鸡市渭滨区石鼓镇天台山玄王洞。

提要：记述重修神洞的原因、经过。

重修汤房碑记

年代：清乾隆三十二年（1767）刻立。

形制：高0.92米，宽0.47米，厚0.20米。

行字：额篆书2行，满行4字，题"重修集禖宫汤房记"。正文楷书16行，满行32字。

撰书：焦明农撰并书，宋天眷篆额。

出土：原存耀县药王山。

现藏：药王山博物馆。

著录：《药王山碑刻》《陕西药王山碑刻艺术总集》。

提要：记载太元洞施汤会重修集禖宫汤房事。

吴瀚暨妻王氏合葬墓志

全称：皇清敕授文林郎湖南辰州府沅陵县知县诰授儒林郎湖南布政司理问浩然吴公暨继配王安人合葬墓志铭。

年代：清乾隆三十三年（1768）刻。

形制：志正方形。边长0.64米。

行字：盖文篆书4行，满行4字，题"皇清授儒林郎浩然吴公暨继配王安人合葬墓志铭"。志文楷书28行，满行28字。

撰书：陈裔虞撰，陈必膺书，叱兆鹏篆盖。

纹饰：盖四周饰卷云纹，志四周饰回纹。

出土：出土时间、地点不详。

现藏：蒲城县博物馆。

提要：记载吴瀚家族世系、生平。

*重修草堂寺碑

年代：清乾隆三十三年（1768）刻立。

形制：圆首。通高1.12米，宽0.48米。

行字：额楷书"皇清"2字。正文楷书18行，满行34字。

撰书：贾敦本撰，南作标书。

纹饰：碑额饰云龙图纹，碑身四周饰龙雀花纹。

现藏：户县草堂寺碑廊。

著录：《户县碑刻》。

备注：碑下部断裂为三块，损字较少。

提要：记载乾隆年间寺僧寂法重修草堂寺事。

谢太君恩义碑

全称：皇清明经进士张公元配儒人谢太君恩义碑。

年代：清乾隆三十三年（1768）刻立。

形制：圆首圭额。高2.00米，宽0.70米，厚0.14米。

行字：额楷书"皇清"2 字。正文楷书 14
行，满行 35 字。

纹饰：碑额饰二龙戏珠图案，碑身四周饰
蔓草花纹。

现藏：蓝田县孟村乡姚村。

提要：记载谢太君为邻村揖粮纳款事。

*督率联族碑

年代：清乾隆三十三年（1768）刻立。

形制：高 1.71 米，宽 0.80 米。

行字：正文楷书，行字数不详。

撰书：黄存膜撰。

现藏：白河县卡子乡黄家祠堂旧址。

著录：《安康碑版钩沉》。

备注：附刻黄燮书《督率联族引碑》。

提要：记载黄氏之族于清乾隆十五年（1750）
由南方接踵迁至白河县卡子乡，族人
各捐资财，创建祠庙事。

重镌黑河湾龙湾渠原委碑记

年代：清乾隆三十四年（1769）刻立。

形制：圆首方额。高 1.17 米，宽 0.50 米。

行字：额篆书 4 行，满行 3 字，题"重镌黑
河湾龙湾渠原委碑记"。正文楷书 22
行，满行 56 字。

撰书：任珂撰，司文炳书，任复元绘图，任
婉篆额。

纹饰：碑额饰龙纹。

现藏：周至县终南镇。

提要：记载重镌龙湾渠原委并订新志之误。

韩城会馆碑记

年代：清乾隆三十四年（1769）刻立。

形制：方首。高 1.41 米，宽 0.61 米。

行字：额楷书 2 行，满行 2 字，题"永垂不

朽"。正文楷书 12 行，满行 28 字。

撰书：卫学诗撰，王杰书。

纹饰：碑额饰云纹。

现藏：韩城市博物馆。

备注：碑阴刻捐资人姓名。

提要：记载韩城会馆在北京城西南宣武门附
近，原为大司寇张廷枢旧邸。缙绅购
之，并加以修葺。

重修太虚观记

年代：清乾隆三十四年（1769）刻立。

形制：圆首。高 1.00 米，宽 0.46 米。

行字：额篆书"皇清"2 字。正文楷书 10
行，满行 36 字。

撰书：周锡玉撰，石天著书。

纹饰：碑额饰云纹，碑身四周饰几何纹。

出土：原在华阴县泉店村太虚观。2003 年入
藏西安碑林博物馆。

现藏：西安碑林博物馆。

著录：《华山碑石》。

备注：字迹清楚，保存完整。太虚观在华阴
县东二十里泉店村东，今废。

提要：记载太虚观的历史及乾隆年间重修
之事。

重修关圣帝君庙照墙缭垣记

年代：清乾隆三十五年（1770）刻立。

形制：高 0.73 米，宽 0.69 米，厚 0.12 米。

行字：正文楷书 23 行，满行 21 字。

撰书：杜本寰撰，崔士温书。

现藏：户县县城西郊关帝庙内。

著录：《户县碑刻》。

备注：碑面泐蚀数处。

提要：记载本街乡党与住持道人纠合西街绅
士商民重新修葺县西街关圣庙照壁、
缭垣之事。

明道书院碑记

年代： 清乾隆三十五年（1770）刻立。

形制： 圆首。通高 1.79 米，宽 0.67 米，厚 0.17 米。

行字： 额篆书 2 行，满行 4 字，题"创建明道书院碑记"。正文楷书 23 行，满行 54 字。

撰书： 舒其绅撰，李宝裔篆额并书，李天锡镌。

出土： 原弃于户县县城西街小学明道书院故址。

现藏： 1985 年移竖于户县文庙大成殿东侧碑廊。

著录：《户县碑刻》。

备注： 碑下部文字漫漶，左上角斜断裂痕一道。

提要： 记载历代建书院的由来。以及清乾隆三十五年在县城西街谭氏房基建明道书院的经过。明道书院，故址即今户县西街小学，以宋代理学名儒程颢之号命名。程颢，世称明道先生，曾任户县主簿。

请修兴安六堤奏

年代： 清乾隆三十五年（1770）刻立。

形制： 圆首。高 2.50 米，宽 1.30 米。

行字： 正文楷书，行字数不详。

现藏： 安康市汉滨区新城粮库内。

著录：《安康碑版钩沉》。

提要： 记载募资修兴安六堤事。碑阴记载兴安州绅粮士民捐资姓名 217 人。

重修太玄洞汤房楼碑记

年代： 清乾隆三十五年（1770）刻立。

形制： 高 0.51 米，宽 0.87 米。

行字： 正文楷书 11 行，满行 16 字。

撰书： 成华实撰并书。

出土： 原存耀县药王山北洞。

现藏： 药王山博物馆。

著录：《药王山碑刻》《陕西药王山碑刻艺术总集》。

提要： 记载杨天增重修太玄洞汤房事。

*惠元士墓志

全称： 皇清诰封征仕郎翰林院检讨仲晦惠老先生之墓志铭。

年代： 清乾隆三十五年（1770）刻立。

形制： 盖长 0.74 米，宽 0.45 米，厚 0.07 米。志长 0.75 米，宽 0.45 米，厚 0.07 米。

行字： 盖文篆书 5 行，满行 4 字，题"皇清诰封征仕郎翰林院检讨仲晦惠老先生墓志铭"。志文楷书 46 行，每行 27 字。

撰书： 秦勇均撰，赵长民书，郝适篆盖。

出土： 出土时间、地点不详。

现藏： 周至县尚村镇涧里村。

提要： 记载惠元士之家族世系、生平。

重修太玄洞静明宫诸工碑记

年代： 清乾隆三十五年（1770）刻立。

形制： 圆首方座。高 1.00 米，宽 0.60 米。

行字： 正文楷书 12 行，满行 33 字。

撰书： 侯沆远撰并书。

出土： 原存耀县药王山。

现藏： 药王山博物馆。

著录：《药王山碑刻》《陕西药王山碑刻艺术总集》。

提要： 记载修整灵官殿、土地祠泥塑、戏楼以及桥墙诸工事。

革除现役陋规德政石

年代： 清乾隆三十六年（1771）刻立。

形制： 高 1.29 米，宽 0.61 米。

行字：正文楷书 25 行，满行字数不等。

现藏：合阳县博物馆。

提要：记载乾隆年间陕西布政司会同按察司革除合阳县陋规 75 条事。

*命张来泰执吾老洞事公文碑

年代：清乾隆三十六年（1771）刻立。

形制：高 0.45 米，宽 0.60 米。

行字：正文楷书 20 行，满行 16 字。

出土：原存周至县吾老洞道院，清末迁至说经台。

现藏：周至县古楼观说经台。

著录：《楼观台道教碑石》。

提要：记载吾老洞原住持翟无濯等不守道规被赶出洞外，由人品端方、道高望重的楼观台道人张来泰接任住持一事。

杨舟暨妻李氏合葬墓志

全称：皇清例赠修职郎儒学生员杨公暨元配孺人李氏合葬墓志铭。

年代：清乾隆三十六年（1771）刻。

形制：志长 0.85 米，宽 0.55 米。

行字：正文志文楷书，行字数不详。

撰书：李淳撰并书。

出土：出土时间、地点不详。

现藏：石泉县饶峰乡。

著录：《安康碑版钩沉》。

提要：记述墓主生平事迹。

*乾隆三十七年祭黄帝陵碑

年代：清乾隆三十七年（1772）刻立。

形制：圆首方座。通高 2.16 米，宽 0.72 米，厚 0.13 米。

行字：正文楷书 18 行，满行 35 字。

纹饰：四周饰波浪纹、花草纹。

现藏：黄帝陵轩辕庙碑廊。

著录：《黄帝陵碑刻》《延安市文物志》《黄陵文典·文物卷》。

提要：记载清高宗弘历因慈闱万寿，派遣宗人府府丞李友棠于乾隆三十七年正月祭祀轩辕黄帝事。

妙得庵香灯赡养碑记

年代：清乾隆三十七年（1772）刻立。

形制：高 0.50 米，宽 0.74 米。

行字：正文楷书 35 行，满行 16 字。

撰书：黄绅撰并书。

纹饰：四周饰水波纹。

现藏：榆林市寿宁寺。

备注：剥蚀较重，部分字迹漫漶不清。

提要：记述当地人郭氏临终前嘱咐儿子赵润，等她死后，让丈夫之妾李氏在妙得庵出家还愿，并捐资赡养事。

严全良墓碑

全称：皇清乡饮正宾培翁严公讳全良之墓。

年代：清乾隆三十七年（1772）刻。

形制：圆首座趺。高 2.16 米，宽 0.84 米，厚 0.22 米。

行字：正文楷书 13 行，满行 53 字。

撰书：王思周撰，严经书。

现藏：户县涝店镇余姚村。

著录：《户县碑刻》。

提要：记载严全良的简单生平。

严运光妻杨氏墓表

全称：明翁严公讳运光妻杨孺人之墓。

年代：清乾隆三十七年（1772）刻立。

形制：圆首。通高 2.14 米，宽 0.80 米，厚

0.19 米。

行字：正文行书 7 行，满行 35 字。

撰书：王思周撰，严经书。

现藏：户县涝店镇余姚村。

著录：《户县碑刻》。

提要：记载严运光妻杨氏的生平。

张宗华暨妻张氏合窆墓志

全称：皇清晋赠修职郎太学生张公暨孺人张氏合窆墓志铭。

年代：清乾隆三十七年（1772）刻。

形制：志长 0.52 米，宽 0.49 米。

行字：志文楷书 30 行，满行 29 字。

撰书：李士拔撰，李汝楠书。

出土：1959 年出土于华阴县沙渠村。

现藏：西安碑林博物馆。

著录：《华山碑石》。

备注：《华山碑石》所录图版有误。

提要：记载张宗华之家族世系、生平。

*乾隆三十七年祭周陵碑

年代：清乾隆三十七年（1772）刻立。

形制：圆首方座。通高 1.07 米，宽 0.57 米。

行字：正文行楷 8 行，满行 28 字。

纹饰：碑额饰龙纹。

现藏：咸阳市周陵文物管理所。

著录：《咸阳碑刻》《咸阳市渭城区志》《渭城文物志》。

提要：乾隆三十七年十二月，以皇太后八旬万寿大庆，恭上徽号，礼成致祭周文王陵。

朝武当山记

年代：清乾隆三十八年（1773）刻立。

形制：圆首。高 3.46 米，宽 0.78 米，厚 0.20 米。

行字：楷书 15 行，满行 39 字。

撰书：皇甫觉撰，王宗圣书，刘成顺、刘统绪刻。

纹饰：碑额饰二龙戏珠图案，中间道教人物及二童子，人物上方横题"北极宫"。

出土：此碑自立未移。

现藏：蒲城县三合乡谢家村。

备注：碑面部分剥落，无法全部识读。

*山环水匝古绥州题诗及跋碣

年代：清乾隆三十八年（1773）刻立。

形制：高 0.82 米，宽 2.10 米，厚 0.05 米。

行字：草书律诗 11 行，满行 1—6 字不等；跋语楷书 16 行，满行 22 字。

撰书：刘沄题跋，汪满玉刻。

现藏：绥德县博物馆。

著录：《榆林碑石》。

备注：断为两截。

提要：律诗为草书，传为张三丰所题。

*宋显德教碑

年代：清乾隆三十八年（1773）刻立。

形制：圆首。高 1.66 米，宽 0.63 米。

行字：正文楷书 17 行，满行 47 字。

纹饰：碑额饰麒麟及双龙戏水纹，碑四周饰蔓草纹。

现藏：洋县谢村镇智果寺。

提要：此碑文字剥蚀严重，已不能完整辨识。

李谨斋墓志

全称：皇清例修职郎议叙监知事谨斋李公墓志铭。

年代：清乾隆三十八年（1773）刻。

形制：志长 0.23 米，宽 0.16 米。

行字：盖文篆书 6 行，满行 4 字。志文楷书 56 行，满行 16 字。

撰书：马如麟撰。

出土：出土时间、地点不详。

现藏：合阳县博物馆。

提要：记载李谨斋的家族世系。

任公孚暨妻田氏陈氏合葬墓志

全称：公孚任君暨配田陈孺人合葬墓志铭。

年代：清乾隆三十八年（1773）刻。

形制：志正方形。边长 0.64 米，厚 0.13 米。

行字：志文楷书 28 行，满行 28 字。

撰书：乔口砥撰，陈克绳书，陈可相篆盖。

纹饰：四周饰八卦纹。

出土：1988 年出土于富平县杜村镇南吕村。

现藏：富平县文庙。

提要：记载墓主的籍贯、家族世系、生平情况。

灵岩寺常输地界碑

年代：清乾隆三十八年（1773）刻立。

形制：圆首方座。高 0.90 米，宽 0.50 米。

行字：正文行楷 21 行，满行字数不等。

纹饰：碑额饰二龙戏珠图案，碑身四周饰水波纹。

现藏：略阳县灵岩寺博物馆。

提要：叙述了灵岩寺的地理位置、勘界原因和地界起至以及负责勘测的人名。

刘友德夫妇合葬墓志

全称：皇清儒士仲善刘公暨配（下阙）。

年代：清乾隆三十八年（1773）刻。

行字：志文楷书 22 行，满行 31 字。

备注：志石左上及右侧中部受损。

出土：出土时间、地点不详。

现藏：蒲城县文物保护开发中心。

备注：志石左上及右侧中部受损。

提要：记载刘友德及夫人生平。

奉府宪断禁碑记

年代：清乾隆三十八年（1773）刻立。

形制：圆首。高 1.73 米，宽 0.59 米。

行字：额篆书"断禁碑记"4 字。正文楷书 8 行，满行 43 字。

纹饰：四周饰花卉纹。

现藏：韩城市博物馆。

提要：记载同州府宪查禁吏役殃民之事，订立革禁条款十一条。

朝武当山记

年代：清乾隆三十八年（1773）刻立。

形制：高 1.75 米，宽 0.80 米，厚 0.25 米。

行字：正文楷书 12 行，满行 44 字。

撰书：梁敬口书。

现藏：蒲城县博物馆。

提要：记载奉先普济寺里庄村同会，不远千里前去朝拜武当山之事。

刘维隆暨妻张氏合葬墓志

全称：皇清例赠登仕佐郎显考刘公孺人显妣张氏合葬墓志。

年代：清乾隆三十八年（1773）刻。

形制：志正方形。边长 0.45 米。

行字：志文楷书 18 行，满行 26 字。

撰书：刘彝宪撰。

纹饰：四周饰蔓草纹。

出土：1980 年出土于华阴县郭家城村。

现藏：西安碑林博物馆。

著录：《华山碑石》。

提要：记载刘维隆之家族世系、子嗣情况。

*临颜真卿与郭仆射书

年代：清乾隆三十八年（1773）刻立。

形制：共 4 石，尺寸相同。高 0.35 米，宽

0.60 米。

行字：正文行书，前 3 石均 21 行，末一石 22 行，满行字数不等。

撰书：孙作梅书。

现藏：西安碑林博物馆。

著录：《西安碑林全集》。

提要：碑文为孙作梅临摹颜真卿《与郭仆射书》。《与郭仆射书》又称《争座位稿》，为颜真卿代表作之一。

过马嵬咏古十首

年代：清乾隆三十八年（1773）刻立。

形制：圆首方额。高 1.95 米，宽 0.83 米，厚 0.20 米。

行字：额楷书"皇清"2 字。正文行书 13 行，满行 26 字。

撰书：毕沅撰并书。

出土：清乾隆三十八年出土于兴平县马嵬镇杨贵妃墓。

现藏：兴平市杨贵妃墓博物馆。

提要：此碑为乾隆年间毕沅任陕西巡抚时修缮贵妃墓，后为记述修缮等事宜写诗 10 首。

*白万谥暨妻李氏韩氏合葬墓碑

年代：清乾隆三十八年（1773）刻立。

形制：高 1.87 米，宽 0.65 米，厚 0.17 米。

行字：正文楷书，行字数不详。

纹饰：四周饰草叶纹。

现藏：彬县车家庄乡李家河村。

提要：记载白万谥及其妻姓氏及立碑时间。

移修吴岳庙碑

年代：清乾隆三十九年（1774）刻立。

形制：高 1.24 米，宽 0.61 米，厚 0.21 米。

行字：正文楷书 11 行，满行 42 字。

纹饰：碑阳饰莲花纹，碑阴饰蔓草纹。

现藏：千阳县柿沟乡冉家沟村元明寺学校。

提要：记载吴岳庙之建置、沿革、重修盛举等，碑阴为助缘人名。

*复立庙碣碑记

年代：清乾隆三十九年（1774）刻立。

形制：圆顶方座。通高 1.74 米，宽 0.63 米，厚 0.23 米。

行字：正文楷书 10 行，满行 37 字。

纹饰：碑额饰双凤朝阳图案，碑身四周饰花卉纹。

现藏：陇县温水镇景福山道观。

提要：记述杜生彦等为倡风化、淳民风而复立碑碣事。

范金崖暨妻杨氏高氏墓表

全称：赠君太学生金崖范公暨原配杨安人继配高宜人墓表。

年代：清乾隆三十九年（1774）刻立。

形制：高 1.55 米，宽 0.60 米。

行字：正文楷书 11 行，满行 43 字。

撰书：张辨志撰，车绪贤书。

现藏：合阳县博物馆。

提要：记载范金崖的生平、德行、子嗣情况。

重修合龙山庙宇碑记

年代：清乾隆三十九年（1774）刻立。

形制：圆首方座。通高 2.41 米，宽 0.73 米，厚 0.09 米。

行字：正文楷书 22 行，满行 58 字。

撰书：白鹏撰并书。

纹饰：四周饰水波纹。

现藏：绥德县张家砭镇合龙山祖师庙。

著录：《榆林碑石》。

备注：碑文下半部分剥蚀严重。

提要：记载李继峤等人乾隆三十九年重修合龙山庙宇事。

范鋆暨妻雷氏王氏雷氏墓志

全称：皇清待赠君太学生东鋆范公暨元配雷太君继配王太君雷太君墓志。

年代：清乾隆三十九年（1774）刻。

形制：高 1.55 米，宽 0.62 米。

行字：志文楷书 11 行，满行 43 字。

撰书：侯章撰，秦贻谋书。

出土：出土时间、地点不详。

现藏：合阳县博物馆。

提要：墓志记范鋆生平。

*喜雨诗并记

年代：清乾隆三十九年（1774）刻立。

形制：高 0.75 米，宽 1.30 米。

行字：正文行书 10 行，满行 9 字。跋文楷书 39 行，满行 26 字。

撰书：弘历撰并书，毕沅跋。

现藏：西安碑林博物馆。

著录：《西安碑林全集》。

提要：记述毕沅在陕西任巡抚期间，因关中大旱逢雨上报朝廷。乾隆皇帝高兴之余作七言诗一首赐给毕沅，毕沅和诗一首。

王母丁贞女传

年代：清乾隆三十九年（1774）刻立。

形制：双面刻，高 0.32 米，宽 0.62 米。

行字：正文楷书 40 行，满行 14 字。

撰书：戴祖启撰，盛悙崇书。

现藏：西安碑林博物馆。

著录：《西安碑林全集》。

提要：记述洋县王擅魁后母丁贞女 17 岁丧夫，守寡 39 年养子成人之事。

补塑金妆

年代：清乾隆三十九（1774）刻立。

形制：高 0.70 米，宽 0.99 米。

行字：正文楷书 1 行，满行 4 字。

现藏：榆林市红石峡东壁圆觉寺内门额。

提要：上款"时大清乾隆三十九年岁次甲午中秋谷旦"，下款"本山住持成衲性明敬刊。徒宗贤、宗教"。

重修汉建信侯庙碑

年代：清乾隆三十九年（1774）刻立。

形制：螭首方座。通高 2.90 米，宽 0.80 米，厚 0.15 米。

行字：正文行楷 23 行，满行 47 字。

撰书：王自敬撰并书，王之桢篆额。

纹饰：四周饰缠枝花卉纹。

现藏：永寿县店头镇明月山碑林。

提要：记汉建信侯娄公享庙祭祀于明月山，历代重修事。

三圣庙立会碑记

年代：清乾隆四十年（1775）刻立。

形制：平首方座。通高 1.71 米，宽 0.56 米，厚 0.15 米。

行字：碑阳额篆书"永垂不朽"4 字，碑阴额篆书"碑铭"2 字。正文楷书，碑阳 18 行，满行 40 字；碑阴 22 行，满行 40 字。

撰书：马尚忠撰并书。

纹饰：四周饰卷草纹。

现藏：神木县二郎山二郎庙。

备注：碑剥蚀严重。

提要：记神木城西驼峰山旧建三圣庙，内供关帝、二郎神、黑虎大圣，邑人杨正伯、韩玉、单永聚等于此立会事。

重修永固寺募缘碑记

年代： 清乾隆四十年（1775）刻立。

形制： 圆首龟座。高 2.00 米，宽 0.70 米，厚 0.15 米。

行字： 正文楷书 24 行，满行 48 字。

撰书： 张自选撰。

纹饰： 四周饰卷云莲花及蔓草纹。

出土： 此碑自立未移。

现藏： 澄城县赵庄镇东永固村。

提要： 记载募资重修永固寺经过及捐资人姓名。

*修武侯祠捐资碑

年代： 清乾隆四十年（1775）刻立。

形制： 方首方座。通高 1.66 米，宽 0.75 米，厚 0.12 米。

行字： 正文楷书 18 行。满行 25 字。

出土： 此碑自立未移。

现藏： 勉县武侯祠博物馆。

提要： 记载乾隆四十年捐款补修武侯祠墓事。

谒太史公祠墓

年代： 清乾隆四十年（1775）刻立。

形制： 高 1.88 米，宽 0.64 米。

行字： 正文楷书 12 行，满行 29 字。

撰书： 张开东撰并书。

出土： 此碑自立未移。

现藏： 韩城市司马迁祠。

著录：《司马迁祠碑石录》。

提要： 碑文为七律一首。

重建说经台记

年代： 清乾隆四十年（1775）刻立。

形制： 高 0.64 米，宽 0.70 米。

行字： 正文行书。分上下二截，共 48 行，满行 14 字。

撰书： 毕沅撰，徐作梅书。

现藏： 周至县古楼观说经台。

著录：《楼观台道教碑石》。

备注： 为上下两块拼接。

提要： 记清乾隆四年（1739）春，说经台大殿发生火灾及灾后重建事。

恳圣颁匾碑

年代： 清乾隆四十年（1775）刻立。

形制： 高 3.50 米，宽 4.75 米。

行字： 正文楷书 74 行，满行 21 字。

撰书： 毕沅撰并书。

纹饰： 碑额饰龙纹，四周饰几何纹。

出土： 华阴市西岳庙文物管理处旧藏。

现藏： 华阴市西岳庙文物管理处。

著录：（乾隆）《华阴县志》《华山碑石》。

提要： 记乾隆四十年关中大旱，陕西巡抚毕沅上华山祈雨，华岳庙灵昭，连降三天大雨。毕沅上奏，乾隆皇帝御书匾额，以答谢华岳神澍荫之美。

岳莲灵澍

年代： 清乾隆四十年（1775）刻立。

形制： 高 3.50 米，宽 4.75 米。

行字： 正文楷书 1 行 4 字。

撰书： 弘历书。

纹饰： 碑额饰五条团龙，碑座浮雕二龙戏珠及双凤朝阳等图案，碑身四周饰几何纹。

出土： 华阴市西岳庙文物管理处旧藏。

现藏： 华阴市西岳庙文物管理处。

著录：（乾隆）《华阴县志》《华山碑石》。

备注： 碑阴有《恳圣颁匾碑》。

提要： 刻乾隆皇帝御书"岳莲灵澍"四字。

赵聆暨妻王氏合葬墓志

全称: 皇清乡饮耆宾聪若赵公暨德配王孺人合葬墓志铭。

年代: 清乾隆四十年（1775）刻。

形制: 志正方形。边长 0.67 米。

行字: 志文楷书 30 行，满行 31 字。

撰书: 李辅清撰，窦亮书，赵瓖篆盖。

出土: 蒲城县三合乡义龙村。

现藏: 蒲城县文物保护开发中心。

提要: 记赵聆生平。

张绪母李氏节操传

年代: 清乾隆四十年（1775）刻立。

形制: 圆首。高 1.87 米，宽 0.71 米，厚 0.16 米。

行字: 正文行书 17 行，满行 43 字

撰书: 温克□撰，严经书。

现藏: 户县涝店镇余姚村。

著录: 《户县碑刻》。

备注: 碑面有剥蚀。

提要: 记载张绪母亲李氏生平。温克□撰文，戊午举人，曾任绥德直隶州儒学学正。

有邰书院碑记

年代: 清乾隆四十年（1775）刻立。

形制: 圆首。高 1.64 米，宽 0.70 米，厚 0.19 米。

行字: 额篆书"皇清"2 字。正文楷书 22 行，满行 42 字。

撰书: 刘宗礼撰，耿汝宽书。

纹饰: 碑额饰三鹤及云纹，碑身四周饰莲花、蔓草及梅花。

出土: 2007 年出土于武功县武功镇政府（原文庙旧址）院内。

现藏: 武功县城隍庙碑廊。

备注: 碑右下角残。

提要: 记有邰书院沿革及历代修建事。

安金藏墓碑

全称: 唐代国忠公安公金藏墓碑。

年代: 清乾隆四十一年（1776）刻立。

形制: 螭首方座。通高 2.90 米，宽 0.69 米，厚 0.20 米。

行字: 正文楷书 3 行，共 52 字。

撰书: 毕沅书。

现藏: 永寿县监军镇东南安家营铺。

著录: 《新编永寿县志》。

提要: 碑文简述安金藏名讳、生卒年等信息。

御制平定两金川告成太学碑文

年代: 清乾隆四十一年（1776）刻立。

形制: 圆首方座。通高 1.17 米，宽 0.51 米。

行字: 正文楷书 18 行，满行 20 字。

撰书: 徐作梅识。

纹饰: 四周饰龙纹。

现藏: 咸阳市周陵文物管理所。

著录: 《咸阳碑刻》《渭城文物志》。

提要: 记乾隆四十一年七月二十九日，皇帝遣官祭告平定两金川大功，并祭周武王陵之事。

马援墓碑

全称: 汉伏波将军马公墓。

年代: 清乾隆四十一年（1776）刻立。

形制: 圆首。高 1.79 米，宽 0.79 米，厚 0.25 米。

行字: 正文隶书 1 行 8 字。

撰书: 毕沅书。

纹饰: 四周饰蔓草纹。

现藏：扶风县城关镇伏波村南马援墓前。
提要：碑中部刻"汉伏波将军马公墓"。

陆贾墓碑

全称：汉大中大夫陆公贾墓。
年代：清乾隆四十一年（1776）刻立。
形制：圆首方座。高 1.80 米，宽 0.75 米，厚 0.10 米。
行字：正文楷书 1 行 9 字。
撰书：毕沅书。
现藏：永寿县店头镇陆贾塬。
著录：《新编永寿县志》。
提要：碑中部刻"汉大中大夫陆公贾墓"。

王时熏题诗

年代：清乾隆四十一年（1776）刻立。
形制：高 0.44 米，宽 0.60 米。
行字：正文楷书 8 行，满行 7 字。
撰书：王时熏撰并书。
现藏：洋县蔡伦墓祠文物管理所。
提要：记丙申督粮使者王时熏夕阳西下时途经汉江渭门，触景生情，抒发知音难觅、心态难平之感。

重修佛堂寺碑

年代：清乾隆四十一年（1776）刻立。
形制：圆首方座。高 2.79 米，宽 0.81 米，厚 0.17 米。
行字：正文楷书 26 行，满行 28 字。
撰书：薛鹏撰，武佩璋书，武佩璨篆额。
纹饰：四周饰蔓草纹及方格纹。
现藏：佳县朱家坬乡崖畔村佛堂寺。
备注：碑石下部刻蚀严重。
提要：记重修佛堂寺事，及施地人、捐资人姓名等。

*乾隆四十一年祭黄帝陵碑

年代：清乾隆四十一年（1776）刻立。
形制：圆首方座。通高 1.93 米，宽 0.66 米，厚 0.14 米。
行字：正文楷书 14 行，满行 33 字。
纹饰：四周饰波浪纹及卷云纹。
现藏：黄帝陵轩辕庙碑廊。
著录：《黄帝陵碑刻》《延安市文物志》《黄陵文典·文物卷》。
提要：记清高宗弘历因两金川大功告成，逆党全俘，派遣内阁学士塘古泰于乾隆四十一年七月十四日祭祀轩辕黄帝事。

丙申九日登白云山步李太白韵

年代：清乾隆四十一年（1776）刻立。
形制：高 0.39 米，宽 0.94 米。
行字：正文行书 23 行，满行 11 字。
撰书：郑仔、徐绳槐、董世绩撰。
现藏：佳县白云山白云观马王庙。
著录：《白云山白云观碑刻》。
提要：题诗三首，郑仔、徐绳槐、董世绩各一首。

汉惠帝安陵

年代：清乾隆四十一年（1776）刻立。
形制：圆首方座。通高 4.20 米，宽 0.90 米，宽 0.23 米。
行字：正文隶书 1 行 5 字，题款楷书 48 字。
撰书：毕沅书，孙景燧立。
现藏：汉阳陵博物馆。
备注：碑身为两块青石铆接而成。
提要：碑为清乾隆四十一年陕西巡抚毕沅为西汉帝王陵园正名时所立标志碑。误将汉景帝王皇后陵确定为汉惠帝安陵，并立石勒名。

蔡伦墓碑

全称： 汉龙亭侯蔡公伦墓。

年代： 清乾隆四十一年（1776）刻立。

形制： 圆首方座。通高 2.64 米，宽 0.29 米，厚 0.29 米。

行字： 正文隶书 1 行 8 字，题款楷书 47 字。

撰书： 毕沅书。

纹饰： 四周饰卷云纹。

现藏： 洋县蔡伦墓祠文物管理所。

提要： 碑为清乾隆间陕西巡抚毕沅所题。

李固墓碑

全称： 汉太尉李公固墓。

年代： 清乾隆四十一年（1776）刻立。

形制： 圆首。通高 1.82 米，宽 0.81 米。

行字： 正文隶书 1 行 7 字，题款楷书 45 字。

撰书： 毕沅书。

纹饰： 碑额饰二龙戏珠图案，四周饰云朵纹。

出土： 此碑自立未移。

现藏： 城固县李固墓。

提要： 李固系城固县人，曾在东汉时任太尉，博学多才，不畏权贵，有"北斗喉舌"之美誉。

张骞墓碑

全称： 汉博望侯张公骞墓。

年代： 清乾隆四十一年（1776）刻立。

形制： 圆首方座。通高 1.80 米，宽 0.80 米，厚 0.16 米。

行字： 正文隶书 1 行 8 字，题款楷书 47 字。

撰书： 毕沅书。

现藏： 城固县张骞纪念馆。

提要： 毕沅为张骞墓所题，城固县知县朱休承立石。

移建关圣帝赵二郎神庙碑

年代： 清乾隆四十一年（1776）刻立。

形制： 高 1.60 米，宽 0.67 米。

行字： 正文楷书 6 行，满行 60 字。

撰书： 李天郎撰，赵永誉书。

现藏： 合阳县博物馆。

提要： 记移建关圣帝赵二郎碑的位置及其构造。

唐让帝惠陵

年代： 清乾隆四十一年（1776）刻立。

形制： 圆首方座。通高 3.20 米，宽 0.92 米，厚 0.28 米。

行字： 正文隶书 1 行 5 字。题款楷书。

撰书： 毕沅书，冯方邺立。

纹饰： 碑额饰双龙图案。

现藏： 蒲城县三合乡三合村。

著录： 《蒲城县志》。

提要： 清乾隆四十一年陕西巡抚毕沅所题，蒲城知县冯方邺立石。

樊哙墓碑

全称： 汉舞阳侯樊将军墓碑。

年代： 清乾隆四十一年（1776）刻立。

形制： 圆首。通高 1.80 米，宽 0.76 米。

行字： 正文隶书 1 行 8 字，题款楷书 48 字。

撰书： 毕沅书。

纹饰： 四周饰云纹。

出土： 此碑自立未移。

现藏： 城固县樊哙墓。

提要： 碑为乾隆年间陕西巡抚毕沅所题。

汉景帝阳陵

年代： 清乾隆四十一年（1776）刻立。

形制：圆首方座。通高 4.30 米，宽 0.90 米，厚 0.23 米。

行字：正文隶书 1 行 5 字，题款楷书 48 字。

撰书：毕沅书，孙景燧立。

现藏：汉阳陵博物馆。

备注：碑身为两块青石铆接而成。

提要：清陕西巡抚毕沅为汉阳陵所立标志碑。

唐穆宗光陵

年代：清乾隆四十一年（1776）刻立。

形制：圆首方座。通高 3.50 米，宽 0.96 米，厚 0.19 米。

行字：正文隶书 1 行 5 字，题款楷书 42 字。

撰书：毕沅书，冯方邺立。

纹饰：碑额饰双龙图案。

现藏：蒲城县翔村乡光陵村。

著录：《蒲城县志》。

提要：碑为清乾隆四十一年陕西巡抚毕沅下令修葺光陵时所题。

唐元宗泰陵

年代：清乾隆四十一年（1776）刻立。

形制：圆首方座。通高 3.40 米，宽 1.21 米，厚 0.32 米。

行字：正文隶书 1 行 5 字，题款楷书，41 字。

撰书：毕沅书，冯方邺立。

现藏：蒲城县椿林乡石道村。

著录：《蒲城县志》。

备注：原碑因避讳改"唐玄宗"为"唐元宗"。

提要：碑为清乾隆四十一年陕西巡抚毕沅下令修葺唐玄宗泰陵时所题。

唐宪宗景陵

年代：清乾隆四十一年（1776）刻立。

形制：圆首方座。通高 3.30 米，宽 0.87 米；身高 2.55 米。

行字：正文隶书 1 行 5 字，题款楷书 48 字。

撰书：毕沅书，冯方邺立。

纹饰：碑额饰双龙图案，碑身四周饰卷云纹。

现藏：蒲城县三合乡景陵村。

著录：《蒲城县志》。

提要：碑为清乾隆四十一年陕西巡抚毕沅下令修葺景陵时所题。

周老子墓

年代：清乾隆四十一年（1776）刻立。

形制：圆首。高 2.25 米，宽 0.85 米，厚 0.25 米。

行字：正文隶书 1 行 4 字，题记楷书存 25 字。

撰书：毕沅书。

出土：原立于周至县古楼观老子墓山脚下，"文化大革命"中佚，1985 年找回，立于原处。

现藏：周至县古楼观大陵山东侧山脚下。

著录：《楼观台道教碑石》。

备注：下部残，拼接复原。

提要：碑为陕西巡抚毕沅所题。

王宝宝墓碑

全称：元武德将军王宝宝之墓。

年代：清乾隆四十一年（1776）刻立。

形制：圆首。高 1.82 米，宽 0.78 米，厚 0.32 米。

行字：正文隶书 1 行 9 字，题款楷书 41 字。

撰书：毕沅书。

出土：此碑自立未移。

现藏：周至县广济镇黄甫寨小学内。

提要：碑为清陕西巡抚毕沅题，知周至县事徐作梅立石。

唐睿宗桥陵

年代：清乾隆四十一年（1776）刻立。

形制：圆首方座。通高 3.40 米，宽 1.21 米，厚 0.32 米。

行字：正文隶书 1 行 5 字，题记楷书 41 字。

撰书：毕沅书，冯方邺立。

现藏：蒲城县坡头镇安王村。

提要：碑为清乾隆四十一年陕西巡抚毕沅下令修葺桥陵时所题。

史绳武墓志

全称：皇清太学生绪统史公墓志铭。

年代：清乾隆四十一年（1776）刻。

形制：志正方形。边长 0.60 米，厚 0.06 米。

行字：盖文篆书 4 行，满行 3 字，题"皇清太学生绪统史公墓志铭"。志文楷书 93 行，满行 11 字。

撰书：常主鼎撰，石应晋书，薛道立篆盖。

出土：出土时间、地点不详。

现藏：韩城市博物馆。

提要：记史绳武家族世系、生平。

周王季陵

年代：清乾隆四十一年（1776）刻立。

形制：圆首。高 2.30 米，宽 0.86 米，厚 0.20 米。

行字：正文隶书 1 行 4 字，题记楷书 50 字。

撰书：毕沅书。

现藏：户县玉蝉镇陂头村王季陵。

著录：《户县碑刻》。

提要：碑为陕西巡抚毕沅题，知户县事汪以诚立石。

陈平墓

全称：汉曲逆侯陈公平墓。

年代：清乾隆四十一年（1776）刻立。

形制：圆首座佚。高 2.13 米，宽 0.86 米，厚 0.17 米。

行字：正文隶书 1 行 8 字，题记楷书 49 字。

撰书：毕沅书。

现藏：户县石井镇曹家堡东辛垦小学。

著录：《户县碑刻》。

提要：碑为陕西巡抚毕沅题，知户县事汪以诚立石。

庭柯篇并序

年代：清乾隆四十一年（1776）刻立。

形制：共 2 石，尺寸相同。高 0.27 米，宽 0.73 米。

行字：正文行书 47 行，满行 14 字。

撰书：王杰撰，穆大展镌。

出土：原在韩城市井溢村五大夫祠。

现藏：韩城市博物馆。

提要：此为师彦公生母薛太君所写悼词。

宋进士杨砺墓

年代：清乾隆四十一年（1776）刻立。

形制：圆首。通高 2.10 米，宽 0.86 米。

行字：正文隶书 1 行 6 字。

撰书：毕沅书。

现藏：户县庞光镇堡迤北处原杨砺墓前。

著录：《户县碑刻》。

提要：碑为陕西巡抚毕沅题，知户县事汪以诚立石。

耿晏若墓志

全称：皇清乡饮耆宾晏若耿公墓志铭。

年代：清乾隆四十一年（1776）刻。

形制：志正方形。边长 0.45 米。

行字：志文楷书 21 行，满行 26 字。

撰书：孙士拔撰，李汝楠书。

纹饰：四周饰云纹。

出土：1965 年出土于华阴县赵坪村。

现藏：西安碑林博物馆。

著录：《华山碑石》。

提要：耿河清，字晏若，先世山西洪洞人。始祖友原明洪武初徙居华阴之阳化村。性质直，以孝谨闻于乡闾。生于康熙三十六年（1697）三月初九日，卒于乾隆四十年（1775）十二月二十一日。元配边氏，继楚氏、员氏、徐氏俱先卒。子一女二；孙一孙女三。孙士拔撰文，庚寅恩科举人，吏部候铨知县，主管云台书院。李汝楠书丹，庚午举人，吏部候铨知县，借补甘肃巩昌府安定县儒学副堂，署会宁县儒学正堂。

穆辅虞墓志

全称：皇清敕封文林郎山东泰安府肥城县知县九韶穆公墓志铭。

年代：清乾隆四十一年（1776）刻。

形制：志长 0.62 米，宽 0.66 米。

行字：志文楷书 30 行，满行 37 字。

撰书：尹文泽撰，李燕书，张琨篆盖。

出土：1965 年出土于西安市西郊土门。

现藏：西安碑林博物馆。

著录：《西安碑林全集》。

提要：记穆辅虞生平，曾任山东泰安府肥城县知县。

*杨公德政碑

年代：清乾隆四十一年（1776）刻立。

形制：圆首。高 1.83 米，宽 0.75 米。

行字：正文楷书，行字数不详。

撰书：康济民撰。

纹饰：额饰云龙纹。

出土：《安康碑版钩沉》。

现藏：安康市汉滨区天柱山白云寺。

提要：记乾隆四十一年天旱，都督杨公祈雨灵应，捐资修建韩真人殿事。

*乾隆四十一年祭周陵碑

年代：清乾隆四十一年（1776）刻立。

形制：圆首方座。通高 1.17 米，宽 0.51 米。

行字：正文行楷 9 行，满行 29 字。

纹饰：碑额饰龙纹。

现藏：咸阳市周陵文物管理所。

著录：《咸阳市渭城区志》《渭城文物志》。

提要：乾隆四十一年，以平定大小金川，恭加皇太后徽号礼成，遣官致祭。

岩疆丽览

年代：清乾隆四十二年（1777）刻立。

形制：高 2.30 米，宽 6.30 米。

行字：正文楷书 1 行 4 字。

现藏：榆林市红石峡西壁。

备注：上款剥蚀不清，下款"□□白山三□□"。

天成雄秀

年代：清乾隆四十二年（1777）刻立。

形制：高 3.00 米，宽 5.70 米。

行字：正文楷书 2 行，满文 4 字，汉文 4 字。

撰书：德明撰并书。

现藏：榆林市红石峡西壁。

备注：剥蚀较重。

提要：上行四字为满文，下行为"天成雄秀"。上款"榆林守长白德明并书"，下款"乾隆丁酉荷月"。

重修药王古洞记

年代：清乾隆四十二年（1777）刻立。

形制：圆首座佚。通高 0.98 米，宽 1.60 米，厚 0.19 米。

行字：正文楷书 21 行，满行 28 字。

纹饰：碑额饰卷云纹，碑身四周饰蔓草纹。

现藏：礼泉县城关镇药王洞道院。

提要：记修药王洞经过及捐助人姓名。

*重修水道碑

年代：清乾隆四十二年（1777）刻立。

形制：高 0.70 米，宽 0.42 米。

行字：正文行楷 9 行，满行字数无法辨识。

现藏：略阳县灵岩寺博物馆。

备注：碑文漫漶不清。

重修西岳庙上谕

年代：清乾隆四十二年（1777）刻立。

形制：螭首龟座。高 6.20 米，宽 1.66 米，厚 0.70 米。

行字：正文楷书 7 行，满行 25 字。

撰书：弘历撰，毕沅书。

纹饰：碑身四周饰云龙纹，碑座饰波浪纹。

现藏：华阴市西岳庙文物管理处。

著录：（乾隆）《华阴县志》《华山碑石》。

提要：乾隆四十二年（1877）十月初九日上谕，命内务府拨银十二万两，葺治西岳庙，交陕西巡抚毕沅核实办理。

重建仙游潭苏公祠记

年代：清乾隆四十二年（1777）刻立。

形制：共 2 石，尺寸相同。高 0.33 米，宽 0.69 米。

行字：正文楷书 50 行，满行 12 字。

撰书：徐作梅撰并书。

现藏：西安碑林博物馆。

著录：《西安碑林全集》。

提要：记清乾隆年间重修仙游潭苏公祠事。"仙游潭"在今陕西省周至县，又名"黑水潭"或"五龙潭"，南北两岸建有寺院。南岸为仙游寺，亦称"南寺"；北岸为中兴寺，也称"北寺"。北寺正

殿前有道光年间"苏公藏书处"匾额，即"苏公祠"，传为苏轼读书处。

唐狄仁杰墓

年代：清乾隆四十二年（1777）刻立。

形制：圆首方座。通高 2.68 米，宽 0.81 米，厚 0.30 米。

行字：正文隶书 1 行 5 字，题款楷书 41 字。

撰书：毕沅书。

现藏：乾陵博物馆。

备注：此碑原竖于乾陵 2 号陪葬墓前。2010 年移入乾陵博物馆。

提要：碑为清陕西巡抚毕沅为唐狄仁杰所题墓碑，知乾州事崔龙见立石。

*唐僖宗幸蜀经马嵬诗碣

年代：清乾隆四十二年（1777）刻立。

形制：高 0.66 米，宽 0.31 米，厚 0.08 米。

行字：正文楷书 12 行，满行 13 字。

撰书：李儇、李商隐撰，顾声雷书。

出土：1957 年出土于兴平县马嵬镇杨贵妃墓。

现藏：兴平市杨贵妃墓博物馆。

提要：此碑为乾隆年顾声雷书写唐僖宗过马嵬诗与李商隐和诗二首。

重修马嵬故冢记

年代：清乾隆四十二年（1777）刻立。

形制：高 0.32 米，宽 0.68 米，厚 0.08 米。

行字：正文楷书 28 行，满行 18 字。

撰书：顾声雷撰并书。

现藏：兴平市杨贵妃墓博物馆。

提要：记清乾隆年间顾声雷重修贵妃墓事。

唐高宗乾陵

年代：清乾隆四十二年（1777）刻立。

形制：圆首方座。通高 3.22 米，宽 0.80 米，

厚 0.31 米。

行字：正文隶书 1 行 5 字，题款楷书 41 字。

撰书：毕沅书。

现藏：乾陵陵园内城献殿遗址北。

备注：此碑原断为两截，1957 年整修加固。

提要：清陕西巡抚毕沅为唐高宗乾陵所题碑。

徐兆璜暨妻冉氏合葬墓志

全称：德安徐公暨元配冉硕人合葬墓志铭。

年代：清乾隆四十三年（1778）刻。

形制：志正方形。边长 0.56 米。

行字：志文楷书 25 行，满行 25 字。

撰书：闵继元撰，李旺甲书。

出土：出土时间、地点不详。

现藏：渭南市临渭区南七乡北徐村徐家庄。

著录：《古县下邽》。

备注：此碑已残成两段，接茬处有缺损。

提要：记徐兆璜生平。

关帝庙碑

年代：清乾隆四十三年（1778）刻立。

形制：高 1.49 米，宽 0.67 米，厚 0.12 米。

行字：正文楷书 15 行，满行 38 字。

撰书：金之佩撰并书。

出土：原立于褒城县鸡头关关帝庙，1970
年迁至汉中博物馆。

现藏：汉中博物馆。

著录：《石门摩崖刻石研究》。

备注：字迹漫漶，碑首佚。

提要：记乾隆三十八年（1773）褒城县知事
金之佩慨叹鸡头关连云栈关帝庙残
破，三年后汉中知府穆和捐资，由金
之佩主持修葺事。

*临定武兰亭序

年代：清乾隆四十三年（1778）刻立。

形制：共 2 石，尺寸相同。高 0.34 米，宽
0.73 米。

行字：序文行书 28 行，满行 12 字。跋文楷
书 16 行，满行 19 字。

撰书：徐作梅临并跋。

现藏：西安碑林博物馆。

著录：《西安碑林全集》。

提要：碑为清代徐作梅临"定武本"《兰亭
序》。跋文详记"定武本"传世过程。

祈雨感应碑

全称：兴平顾侯祈雨感应碑文。

年代：清乾隆四十三年（1778）刻立。

形制：螭首。高 2.40 米，宽 0.85 米，厚
0.22 米。

行字：额篆书 3 行，满行 2 字，题"祈雨感
应碑"。正文篆书 21 行，满行 25 字。

撰书：张埙撰，钱坫书。

纹饰：碑额饰二龙戏珠图案。

现藏：兴平市博物馆。

著录：（乾隆）《兴平县志》。

提要：记兴平知县顾氏祈雨应验事。清代书
法家钱坫书。

*乾隆太白庙御诗碑

年代：清乾隆四十三年（1778）刻立。

形制：高 2.63 米，宽 1.10 米，厚 0.27 米。

行字：正文楷书 10 行，满行 30 字。

现藏：眉县槐芽镇清湫村太白庙。

著录：《中国文物地图集·陕西分册》。

提要：该碑为研究太白山的宗教文化活动提
供了实物依据，有较高的历史价值。

重修五台山集禖宫许真君张仙神殿记

年代：清乾隆四十三年（1778）刻立。

形制：圆首方座。高 1.25 米，宽 0.62 米，

厚 0.22 米。

行字：正文楷书 15 行，行 43 字。

撰书：左铭野撰，左德印书。

现藏：药王山博物馆。

著录：《药王山碑刻》《陕西药王山碑刻艺术总集》。

提要：记东街胡朝栋以太元洞口所收钱粮重修集禖宫许真君张仙神殿事。

万峰寺龙王庙祈雨碑

全称：建修青石崖万峰寺龙王庙祈雨碑记。

年代：清乾隆四十四年（1779）刻立。

形制：圆首。通高 1.35 米，宽 0.58 米，厚 0.16 米。

行字：正文楷书 13 行，满行 39 字。

撰书：谢金书。

纹饰：碑额、碑身饰二龙戏珠图案及卷云纹。

现藏：陇县八渡镇桃园村青石崖古庙。

提要：记清乾隆年间村人祈雨事。

蔺天开墓碑

年代：清乾隆四十四年（1779）刻立。

形制：螭首。高 1.60 米，宽 0.60 米，厚 0.12 米。

行字：正文楷书 3 行，共 34 字。

纹饰：四周饰蔓草纹。

现藏：富县南道德乡兴民村北疙瘩崄。

提要：碑楼对联"石楼千古载，先泽万世留"。

重修诸葛忠武侯祠墓并捐置田亩记

年代：清乾隆四十四年（1779）刻立。

形制：高 0.32 米，宽 0.50 米。

行字：正文楷书 22 行，满行 19 字。

撰书：董书撰。

现藏：勉县武侯墓博物馆。

著录：《定军山下话武侯》《沔阳碑石》。

提要：记清乾隆四十三年，沔县知县董书呈请皇帝内帑修葺墓庙，并捐置土地四十余亩。

敕建西岳庙图

年代：清乾隆四十四年（1779）刻立。

形制：高 2.00 米，宽 0.86 米。

现藏：华阴市西岳庙文物管理处。

著录：《华山碑石》。

提要：界画西岳庙图，西岳庙布局，殿堂楼阁名称、形式及开间大小、门窗斗拱等。

王志义墓志

年代：清乾隆四十四年（1779）刻。

形制：志长 0.63 米，宽 0.67 米。

行字：志文楷书 33 行，满行 33 字。

撰书：王世吉、王世文、王世安、王世元撰并书。

出土：1956 年出土于西安市北郊。

现藏：西安碑林博物馆。

著录：《西安碑林全集》。

备注：石断为四块，残损。

提要：王志义，字友常，号泗亭。晋王羲之五十九世孙。历任金匮、南汇县尉，泗亭邮政，通州、华州州佐。后寄居西安马巷坊东木头市。卒于乾隆四十二年，享年 73 岁。妻朱氏，奉直大夫直仁女，终于乾隆三十八年。子四，长世吉，候选县尉；次世文，太学生；次世安，候选从九品；次世元，候选吏司。女二。乾隆四十四年十二月廿日合葬。

齐母胡君捐修养素书院明经洞记

年代：清乾隆四十四年（1779）刻立。

形制：高 0.96 米，宽 0.36 米。

行字：正文楷书 33 行，满行 13 字。

撰书：杨生洲、侯世法、杨毓秀撰。

现藏：兴平市桑镇杨家村杨双山墓园。

提要：记齐母胡君因敬仰夫子学识品行而捐资修养素书院建明经洞事。

马嵬怀古二首

年代：清乾隆四十四年（1779）刻立。

形制：圆首。高 2.28 米，宽 0.85 米，厚 0.23 米。

行字：正文楷书 8 行，满行 20 字。

撰书：王文简撰，顾声雷书。

现藏：兴平市杨贵妃墓博物馆。

提要：诗人王文简过马嵬抒发对杨贵妃红颜薄命的惋惜。

紫台胜景

年代：清乾隆四十五年（1780）刻立。

形制：砂岩质。高 0.40 米，宽 0.82 米。

行字：正文楷书 4 字。

撰书：马郅书。

纹饰：四周饰十字花瓣纹、竹节纹、几何纹等。

出土：此碑自立未移。

现藏：绥德县义合镇紫台山娘娘庙。

提要：上款"乾隆四十五年"，题词"紫台胜景"，其下刻"总理纠首""协力纠首"等 10 人人名。

*乾隆四十五年祭黄帝陵碑

年代：清乾隆四十五年（1780）刻立。

形制：圆首方座。通高 2.03 米，宽 0.56 米，厚 0.14 米。

行字：正文楷书 14 行，满行 39 字。

纹饰：四周饰波浪纹。

现藏：黄帝陵轩辕庙碑廊。

著录：《延安市文物志》《黄陵文典·文物卷》《黄帝陵碑刻》。

提要：记清高宗弘历因七旬展庆，遣内阁学士钱载于乾隆四十五年三月十四日祭祀轩辕黄帝。

重修汉太史司马公祠记

年代：清乾隆四十五年（1780）刻立。

形制：高 1.60 米，宽 0.70 米，厚 0.19 米。

行字：正文行书 14 行，满行 44 字。

撰书：蔡念祖撰，鱼丰书，常主鼎篆额。

现藏：韩城市司马迁祠。

著录：《司马迁祠碑石录》。

提要：碑记蔡念祖任韩城县令期间维修司马迁祠门廊事。

重修观音菩萨庙碑记

年代：清乾隆四十五年（1780）刻立。

形制：圆首。高 1.24 米，宽 0.55 米。

行字：正文楷书 26 行，满行 36 字。

撰书：阎公望撰并书。

纹饰：碑额饰二龙图案。

现藏：蒲城县博物馆。

备注：碑身右下角缺失。

提要：记清乾隆丙申（1776）王门郭氏、万氏亲人重修菩萨庙事。

杨大仕墓碑

全称：皇清大耆德耀庵大仕杨公老□人墓碑。

年代：清乾隆四十五年（1780）刻立。

形制：圆首。通高 1.60 米，宽 0.58 米，厚 0.15 米。

行字：正文楷书 17 行，满行 43 字。

撰书：杨灿撰，蒙昶书。

现藏：户县草堂镇黄堆村。

著录：《户县碑刻》。

提要：杨大仕，字耀庵，耕读传家。兄弟五人，行五，尚义乐施。娶同邑王氏，育二子一女。生于康熙庚子（1720）七月十九日，卒于乾隆丁酉（1777）二月二十七日。撰文杨灿，吏部候铨儒学教谕。书丹蒙昶，户县儒学教谕。

赵承祖墓志

全称：皇清处士耀先赵公墓志铭。

年代：清乾隆四十五年（1780）刻。

形制：志长 0.62 米，宽 0.60 米，厚 0.07 米。

行字：志文楷书 29 行，满行 29 字。

撰书：赵士元撰，蕲致中书，范毓玢篆盖。

纹饰：四周饰蔓草纹。

出土：2005 年出土于西安市阎良区。

现藏：西安市临潼博物馆。

提要：记赵承祖（字耀先）生平及子嗣情况。

般若多心经

年代：清乾隆四十五年（1780）刻立。

形制：高 0.32 米，宽 0.83 米。

行字：正文行书 29 行，满行 9—12 字不等。

撰书：徐元书。

出土：西安碑林旧藏。

现藏：西安碑林博物馆。

著录：《西安碑林全集》。

纳尔珠噶巴图鲁三德功绩碑

全称：钦命镇守陕西兴安汉羌等处地方挂印总镇都督府纳尔珠噶巴图鲁带功加五等军功纪录二次寻常纪录一次三讳德功绩碑。

年代：清乾隆四十五年（1780）刻立。

形制：方首。高 1.60 米，宽 0.68 米。

行字：正文楷书，行字数不详。

撰书：李鸣冈撰并书。

纹饰：四周饰蔓草纹。

现藏：安康市汉滨区天柱山白云寺。

著录：《安康碑版钩沉》。

提要：记乾隆二十年（1755）旱灾，民无生路，兴安总镇三德于天柱山祷雨应验及捐俸修理寺宇之事。

凿石梁滩险矶并修石路碑

年代：清乾隆四十五年（1780）刻立。

形制：圆首。尺寸不详。

行字：额楷书 2 行，满行 2 字，题"永垂不朽"。正文楷书，行字数不详。

撰书：许逢熙撰并书。

现藏：汉阴县汉阳镇。

著录：《安康碑版钩沉》。

提要：记清雍正初年邑人屈、张、潘等修凿石阶事。

*乾隆四十五年祭周陵碑

年代：清乾隆四十五年（1780）刻立。

形制：圆首方座。通高 1.95 米，宽 0.68 米。

行字：正文行楷 7 行，满行 30 字。

纹饰：碑额饰二龙戏珠图案，碑身四周饰云纹。

现藏：咸阳市周陵文物管理所。

著录：《咸阳市渭城区志》《渭城文物志》。

提要：记清乾隆四十五年正月遣官致祭周文王陵事。

王珽墓表

全称：处士王君维伸墓表。

年代：约清乾隆四十五年（1780）刻立。

形制：圆首。通高 1.68 米，宽 0.75 米，厚 0.14 米。

行字：额篆书"墓表"2 字。正文楷书 14 行，满行 40 字。

撰书：王应槿撰。

现藏：户县甘亭镇吕公寨。

著录：《户县碑刻》。

备注：石周边残缺，碑面上部有横向断裂，部分文字破损。

提要：王珽，字搢黻，号维伸，廉德世家。劳苦经营 30 余载，其家以康，为人孝友，好义乐施。生于雍正癸卯（1723）十二月五日，卒于乾隆己亥（1779）三月九日。撰文王应槿，明道书院山长。

重修合龙山庙宇碑

年代：清乾隆四十六年（1781）刻立。

形制：圆首方座。通高 2.10 米，宽 0.65 米，厚 0.06 米。

行字：正文楷书 17 行，满行约 40 字。

撰书：姬秉钺撰并书。

纹饰：碑额饰二鹿与花草纹，碑身四周饰水波纹。

现藏：米脂县十里铺乡周家沟村黑龙庙。

著录：《榆林碑石》。

备注：碑文下半部剥蚀严重，部分文字无存。

提要：记周家沟重修观音菩萨、关圣帝君庙行宫事。碑阴为捐资者姓名。

日月常明

年代：清乾隆四十六年（1781）刻立。

行字：楷书 1 行 4 字。

现藏：岐山县周公庙管理处。

提要：匾书"日月常明"4 字。

创建娘娘庙财神庙碑记

年代：清乾隆四十六年（1781）刻立。

形制：高 0.70 米，宽 0.39 米。

行字：正文楷书 10 行，满行 33 字。

撰书：秦锡明撰，范集祥书。

现藏：合阳县博物馆。

提要：记创建娘娘庙、财神庙缘由及建成后情况。

*惠琢彰墓志

年代：清乾隆四十六年（1781）刻。

形制：志长 0.68 米，宽 0.69 米，厚 0.07 米。

行字：志文楷书。一面 8 行，满行 11 字；二面 7 行，满行 10 字；三面 9 行，满行 16 字。

撰书：惠戈岱撰，李登衡书，邵锡霖篆盖。

出土：出土时间、地点不详。

现藏：周至县终南镇杨家大墙村东林寺。

提要：记载惠琢彰生平。

徐永泉墓志

全称：皇清例授登仕郎吏部候铨巡政厅永泉徐公德配梁孺人墓志铭。

年代：清乾隆四十六年（1781）刻。

形制：志正方形。边长 0.60 米。

行字：志文楷书 22 行，满行 25 字。

撰书：刘士玉撰。

出土：出土于蒲城县上王村，时间不详。

现藏：蒲城县文物保护开发中心。

提要：记徐永泉生平，例授登仕郎，吏部候铨巡政厅。

重修学宫碑记

年代：清乾隆四十六年（1781）刻立。

形制：高 2.10 米，宽 0.87 米，厚 0.18 米。

行字：正文楷书 22 行，满行 48 字。

撰书：王垂纪撰。

现藏：兴平市博物馆。

提要：记学宫始建于明洪武五年（1372），重修于清乾隆四十六年。

*牛山庙碑

年代： 清乾隆四十六年（1781）刻立。

形制： 方首。高 1.30 米，宽 0.60 米。

行字： 正文楷书，行字数不详。

撰书： 万士显撰，陈浩生书。

纹饰： 四周饰忍冬纹。

现藏： 安康市汉滨区富强乡牛山庙。

著录：《安康碑版钩沉》。

提要： 牛山庙创自康熙间道士严寿兰。于雍正十三年约请三铺士民乡人踏清庙宇界畔，立簿为据。后因尹氏羽化，住持乏人，遂致山径荒凉，庙祀几绝。至乾隆年间，道士杨本合募资创建正殿三间，廊房二所。乾隆三十五年道士崔本修主持增修。

普照寺神楼碑

全称： 普照寺大殿前墙西头碑。

年代： 清乾隆四十七年（1782）刻立。

形制： 圆首。高 1.04 米，宽 0.53 米。

行字： 正文楷书 27 行，670 字。

撰书： 刘殿英撰。

纹饰： 四周饰水波纹。

现藏： 韩城市普照寺。

提要： 记重修神楼事。

洞天瑞霭

年代： 清乾隆四十七年（1782）刻立。

形制： 高 3.46 米，宽 1.50 米。

行字： 正文楷书 4 字。

撰书： 巴一德书。

纹饰： 四周饰水波纹。

现藏： 略阳县灵岩寺博物馆。

提要： 此摩崖正中书"洞天瑞霭"，上款"钦命镇守陕西兴安汉羌等处地方总纳尔珠噶巴图鲁，带功加五等军功纪录

二次，寻常纪录一次又加一级"，下款"大清乾隆四十七年岁次壬寅四月，设略阳游击邓汉文镌"。

钟思齐德行碑

全称： 钟公讳思齐字效天德行碑。

年代： 清乾隆四十七年（1782）刻立。

形制： 圆首。高 1.56 米，宽 0.63 米。

行字： 额楷书"皇清"2 字。正文楷书 15 行，满行 42 字。

撰书： 王景梅撰，邢曰琳书。

现藏： 户县牛东乡北待诏村。

著录：《户县碑刻》。

提要： 钟思齐，字效天。兄弟三人，行二。懿行见重于族党，里中举为总约，处事公正，后又被举为仓长。撰文王景梅，邑儒学生员任约正事。书丹邢曰琳，邑儒学生员。

*贾经儒母墓志

年代： 清乾隆四十七年（1782）刻。

形制： 志长 0.76 米，宽 0.68 米。

行行： 志文楷书，分上下二栏，65 行，满行 15 字。

撰书： 刘光第撰，王允中书，郝适篆盖。

出土： 1969 年出土于户县牛东乡牛东大堡村东北。

现藏： 户县牛东乡牛东村。

著录：《户县碑刻》。

备注： 志石共两块，上块佚失，只存下块。

提要： 贾经儒母口氏，性和善忍，督子孙读书甚严，明大义，抚育宗族遗孤。生男二，俱为太学生。孙男七人，或为廪生，或为附贡、武魁。以孙昇泰职例赠安人。生于康熙壬午（1702）四月十四日，卒于乾隆庚子（1780）十

一月十二日。撰文刘光第，己卯举人，历官内阁中书，国子监学生，太常寺博士。书者王允中，赐进士出身，翰林院检讨。篆盖郝适，赐进士出身，知南昌府奉云县。

*弥直斋墓志

年代：清乾隆四十七年（1782）刻。

形制：志正方形。边长 0.52 米。

行字：志文楷书 17 行，满行 27 字。

撰书：樊秉秀撰并书。

出土：出土于蒲城县罕井镇弥家村，时间不详。

现藏：蒲城县文物保护开发中心。

备注：部分文字湮灭。

提要：记弥直斋生平。

重修睡佛寺碑

年代：清乾隆四十七年（1782）刻立。

形制：高 1.30 米，宽 0.56 米。

行字：正文楷书 18 行。满行 38 字。

撰书：赵士恺撰并书。

纹饰：碑额饰二龙图案，碑身四周饰回纹。

出土：1997 年征集。

现藏：蒲城县博物馆。

提要：记清乾隆四十七年蒲城西北桥陵附近村民重修睡佛寺事。

张可仪暨妻邢氏合葬墓碑

全称：处士象庵张公暨元配邢孺人合葬之墓。

年代：清乾隆四十七年（1782）刻立。

形制：圆首。通高 1.60 米，宽 0.66 米。

行字：额楷书"皇清"2 字，正文楷书 10 行，满行 38 字。

撰书：阎辅辉题并撰，王国瑛书。

现藏：户县蒋村镇富村张志辉家。

著录：《户县碑刻》。

提要：张可仪，字象庵。世居清凉山下富村，耕读传家，廉正自持，孝悌力田。撰文阎辅辉，吏部候铨儒学训导。书丹王国瑛，廪膳生员。

薛氏墓志

全称：皇清孺人文母薛太君墓志铭。

年代：清乾隆四十七年（1782）刻。

形制：志长 0.64 米，宽 0.63 米，厚 0.08 米。

行字：盖文篆书 4 行，满行 4 字，题"皇清孺人文母薛太君墓志铭"。志文楷书 56 行，满行 13 字。

撰书：王杰撰，王逢时书，吉佩璠篆盖。

出土：出土时间、地点不详。

现藏：韩城市博物馆。

提要：记薛太君生平。

重修保宁寺并建万寿宫碑

年代：清乾隆四十七年（1782）刻立。

形制：通高 2.31 米，宽 0.82 米，厚 0.22 米。

行字：正文楷书 26 行，满行 54 字。

撰书：谢天爵撰，傅应旂书。

出土：1983 年出土于兴平县北塔下。

现藏：兴平市北塔巷保宁寺。

著录：（乾隆）《兴平县志》《咸阳文物古迹大观》《中国文物地图集·陕西分册》。

提要：记清梵寺于宋太平兴国三年（978）敕赐改名为保宁寺及乾隆四十七年集资创修万寿宫、补修大雄宝殿之经过。

重修名医神殿暨过风楼碑

全称：重修十大名医神殿并过风楼暨诸工碑记。

年代：清乾隆四十七年（1782）刻立。

形制：圆首方座。高 2.03 米，宽 0.87 米，厚 0.17 米。

行字：正文楷书 13 行，满行 50 字。

撰书：焦司农撰，郑伯典书。

现藏：药王山博物馆。

著录：《药王山碑刻》《陕西药王山碑刻艺术总集》。

备注：附在《王安仁等题诗碑》碑阴。

提要：记重修十大名医神殿及其附属建筑经过。

重修东乡阖会施茶房序

年代：清乾隆四十七年（1782）刻立。

形制：圆首方座。高 1.80 米，宽 0.86 米，厚 0.19 米。

行字：正文楷书 12 行，满行 51 字。

撰书：焦惠溥撰，李廷材书。

现藏：药王山博物馆。

著录：《药王山碑刻》《陕西药王山碑刻艺术总集》。

提要：记会众各发心输财并四方善信助缘，重修大殿东角及施茶房事。

周太王陵

年代：清乾隆四十八年（1783）刻立。

形制：碑残损。残高 1.55 米，宽 0.85 米，厚 0.45 米。

行字：正文隶书 1 行 4 字。

撰书：毕沅书。

现藏：岐山县祝家庄镇岐阳村。

著录：《岐山县志》。

备注：碑现存三分之二，2001 年 3 月复立时，修补残损三分之一，并配顶座，建碑楼。

提要：碑为清陕西巡抚毕沅题写"周太王陵"。

灵岩寺记事碑

全称：邑侯高太尹灵岩寺安置住持并清查常住地碑记。

年代：清乾隆四十八年（1783）刻立。

形制：高 1.26 米，宽 0.83 米，厚 0.15 米。

行字：正文楷书 22 行，满行 37 字。

撰书：李俌撰并书。

纹饰：四周饰蔓草纹。

现藏：略阳县灵岩寺博物馆。

著录：《汉中碑石》。

提要：记因灵岩寺内无僧人，寺为道士所占，而历任略阳知县皆不允准。乾隆四十八年，时任知县高瑆批准道士据灵岩寺，并清查常住地，安置主持管理寺庙。

*权滋庵墓志

年代：清乾隆四十八年（1783）刻。

形制：志正方形。边长 0.59 米。

行字：志文楷书 25 行，满行 23 字。

出土：出土于蒲城县贾曲村，时间不详。

现藏：蒲城县文物保护开发中心。

提要：记权滋庵生平。

朱建基暨妻马氏合葬墓志

全称：皇清庠生伯业朱公暨配马氏孺人合葬墓志铭。

年代：清乾隆四十八年（1783）刻。

形制：志长 0.64 米，宽 0.57 米。

行字：志文楷书 24 行，满行 30 字。

撰书：李文英撰，孙士拔书。

纹饰：四周饰水波纹。

出土：1964 年出土于华阴县油巷村。

现藏：西安碑林博物馆。

著录：《华山碑石》。

提要：朱建基，字伯业。兄弟三人，行一。以家计所迫弃儒业贾江淮间。生于康熙四十七年（1708）十二月廿五日，乾隆三十四年（1769）五月二十八日以病卒于陆安麻埠镇。子一，登仕郎，孙男二，孙女一。撰文李文英，镇守湖广临武宜章桂阳等处总兵。书丹孙士拔，庚寅举人，吏部候铨知县。

沈堡暨妻陆氏合葬墓志

全称：皇清敕授文林郎知陕西同州府华阴县事显考次城府君暨元配陆孺人墓志。

年代：清乾隆四十八年（1783）刻。

形制：志长 0.55 米，宽 0.61 米。

行字：志文楷书 21 行，满行 26 字。

撰书：沈铮撰并书。

出土：1968 年出土于华阴县东王村。

现藏：西安碑林博物馆。

著录：《华山碑石》。

提要：沈堡，字次城，号郎峰，世居钱塘县草鞋岭。雍正甲辰科副榜，由荐仕陕西华阴县知县，历任凤翔、眉县、蒲城、榆林、洛川等县知县。

太上感应篇

年代：清乾隆四十八年（1783）刻立。

形制：共 7 石，尺寸相同。高 0.34 米，长 0.74 米。

行字：正文楷书 131 行，满行 10 字。

撰书：蒋勋书。

现藏：西安碑林博物馆。

著录：《西安碑林全集》。

提要：刊刻道教《太上感应篇》。

文昌帝君劝孝文

年代：清乾隆四十八年（1783）刻立。

形制：共 3 石，尺寸相同。高 0.29 米，宽 0.62 米。

行字：正文楷书，前 2 石均 20 行，第 3 石 18 行，满行 10 字。

撰书：蒋勋书。

出土：西安碑林旧藏。

现藏：西安碑林博物馆。

著录：《西安碑林全集》。

文昌帝君阴骘文

年代：清乾隆四十八年（1783）刻立。

形制：共 3 石，尺寸相同。高 0.29 米，宽 0.62 米。

行字：正文楷书，前 2 石均 20 行，第 3 石 18 行，满行 10 字。

撰书：蒋勋书。

出土：西安碑林旧藏。

现藏：西安碑林博物馆。

著录：《西安碑林全集》。

开元寺八景图记

年代：清乾隆四十八年（1783）刻立。

形制：共 2 石，尺寸相同。高 0.65 米、宽 1.10 米。

行字：记文楷书 30 行，满行 16 字。跋文 4 行，满行 8 字。

撰书：吴泰来撰，朱爔书。

出土：原在咸宁县开元寺。

现藏：西安碑林博物馆。

著录：《咸宁长安两县续志》《西安碑林全集》。

提要：记乾隆壬寅（1782）年，有同年好友三人游开元寺，"风晨月夕，讨论风雅，选幽访古，标其最者，为开元寺八景"。

耿劢暨妻曹氏丁氏杨氏合葬墓志

全称：皇清太学生莲峰耿公暨元配曹氏继丁
氏杨氏合葬墓志铭。

年代：清乾隆四十九年（1784）刻。

形制：志正方形。边长 0.50 米。

行字：志文楷书 20 行，满行 26 字。

撰书：陈尹东撰，郝光国书。

纹饰：四周饰卷云纹。

出土：1965 年出土于华阴县赵坪村。

现藏：西安碑林博物馆。

著录：《华山碑石》。

备注：志面严重剥蚀。

提要：耿劢，字莲峰，先世山西洪洞人。
始祖友原明洪武中迁华阴县阳化村。
耕读传家，生于雍正六年（1723）
十二月初五日，终于乾隆四十七年
（1782）十一月二十日，育三男二
女，乾隆四十九年十二月十九日与
配曹、丁、杨氏合葬于赵坪村北祖
茔。撰文陈尹东，赐明经进士，例
叙儒学教谕。书丹郝光国，邑儒学
生员。

重修明伦堂碑

年代：清乾隆四十九年（1784）刻立。

形制：高 0.68 米，宽 0.54 米，厚 0.22 米。

行字：正文楷书 24 行，满行 20 字。

撰书：路学宏撰并书。

出土：原在麟游县九成宫镇城关村。

现藏：麟游县博物馆。

提要：记清乾隆四十九年明伦堂及大成殿重
修事。撰书路学宏，时任麟游县令。

岩穴仙境

年代：清乾隆四十九年（1784）刻。

形制：高 3.80 米，宽 1.80 米。

行字：正文行楷 4 字。

撰书：高琟书。

现藏：略阳县灵岩寺博物馆。

提要：此摩崖正中书"岩穴仙境"，上款"乾
隆四十九年甲辰夏六月"，下款"滇
南高琟书"。

游灵岩寺集毛诗

年代：清乾隆四十九年（1784）刻立。

形制：高 0.49 米，宽 0.68 米，厚 0.16 米。

行字：正文楷书 23 行，满行 18 字。

撰书：高琟书。

现藏：略阳县灵岩寺博物馆。

著录：《汉中碑石》。

提要：高琟游览灵岩寺集并书毛诗。

重修张载祠堂碑

全称：重修宋张横渠先生祠堂并立书院碑记。

年代：清乾隆四十九年（1784）刻立。

形制：圆首座佚。通高 2.36 米，宽 0.86 米，
厚 2.25 米。

行字：额篆书 5 行，满行 3 字，题"重修宋
张横渠先生祠堂并立书院碑"。正文
楷书 16 行，满行 40 字。

撰书：蒋勋撰并书。

纹饰：四周饰平安富贵纹。

出土：2008 年出土于西安市临潼区华清小学。

现藏：西安市临潼博物馆。

备注：碑额残，碑身中部横向断残。

提要：碑记康熙壬午（1702）临潼令赵于
京修建张载祠堂并设立书院。乾隆
戊午（1738），县令朱一蜚修葺后
又增加了学舍，至此县令蒋勋再次
修缮。

大清防护唐昭陵碑

年代： 清乾隆四十九年（1784）刻立。

形制： 高 2.71 米，宽 1.08 米，厚 0.24 米。

行字： 正文篆书 28 行，满行 55 字。

撰书： 毕沅撰，钱坫书，孙星衍摹勒并篆额，王景恒刻。

出土： 原在礼泉县烟霞镇东坪村燕妃墓前。

现藏： 礼泉县昭陵博物馆。

著录：《昭陵碑石》。

提要： 申述保护昭陵之意。该碑书法为钱坫铁线篆，宗法李斯、李阳冰，沉着苍劲，得汉人法，孙星衍誉为"本朝第一"。

*李兰亭夫妇合葬墓碑

年代： 清乾隆四十九年（1784）刻立。

形制： 高 1.29 米，宽 0.60 米，厚 0.16 米。

行字： 正文楷书 3 行，共 48 字。

现藏： 宝鸡市渭滨区石鼓镇甘何坡村。

提要： 此碑为李兰亭夫妇合葬墓碑，简记二人名讳及葬期。

李天长墓志

全称： 皇清太学生悠久李公墓志铭。

年代： 清乾隆四十九年（1784）刻。

形制： 志正方形。边长 0.52 米，厚 0.08 米。

行字： 盖文篆书 4 行，满行 3 字。志文楷书 65 行，满行 10 字。

撰书： 牛光燇撰，牛毓秀书，刘苞篆盖。

出土： 出土时间、地点不详。

现藏： 韩城市博物馆。

提要： 记李天长家族世系、生平。

创修天池书院记

年代： 清乾隆四十九年（1784）刻立。

形制： 圆首。高 2.50 米，宽 1.10 米。

撰书： 李宗信撰并书。

纹饰： 额饰"鲤鱼跳龙门"纹。

现藏： 白河县革命陵园。

著录：《安康碑版钩沉》。

提要： 记乾隆年间白河县令李宗信创修天池书院事。

重修静明宫孙真人殿碑

年代： 清乾隆四十九年（1784）刻立。

形制： 圆首方座。高 1.71 米，宽 0.75 米，厚 0.14 米。

行字： 正文楷书 13 行，满行 38 字。

撰书： 宋大顺撰并书。

出土： 原存耀县药王山南庵。

现藏： 药王山博物馆。

著录：《药王山碑刻》。

提要： 记乾隆四十八年重修孙真人寝宫、献殿，且于门楼重塑魁星菩萨，并砌石磴事。

重修毗卢殿金身碑

年代： 清乾隆五十年（1785）刻立。

形制： 圆首须弥座。通高 1.19 米，宽 0.50 米。

行字： 正文楷书 9 行，满行 23 字。

现藏： 榆林市红石峡东壁窟内。

提要： 记毗卢殿内诸佛、菩萨法身损坏，募化重修金妆像之事。

*保护洞阳宫碑

年代： 清乾隆五十年（1785）刻立。

形制： 圆首。通高 0.95 米，宽 0.50 米。

行字： 正文楷书 25 行，满行 10 字。

现藏： 城固县洞阳宫。

备注： 碑额残。

提要： 记张复元及其徒陈本秀保护洞阳宫事。

游灵岩寺长歌

年代： 清乾隆五十年（1785）刻立。

形制： 高 0.72 米，宽 0.48 米，厚 0.15 米。

行字： 正文楷书 23 行，满行 21 字。

撰书： 高珵撰并书。

现藏： 略阳县灵岩寺博物馆。

著录： 《灵岩流光》《汉中碑石》。

提要： 高珵游灵岩寺所作二首律诗和长歌，诗中描写了灵岩寺的地理位置和自然景观。

韩世忠庙碑

全称： 新建宋韩蕲王庙碑记。

年代： 清乾隆五十年（1785）刻立。

形制： 平首方座。通高 2.40 米，宽 0.79 米，厚 0.15 米。

行字： 正文楷书 22 行，满行 50 字。

纹饰： 四周饰几何纹、卷云纹。

现藏： 绥德县名州镇七里铺村蕲王庙。

著录： 《榆林碑石》。

备注： 碑石中下段剥蚀严重，文字漫漶。

提要： 略述宋蕲王韩世忠一生主要功绩和事迹。乾隆五十年六月州牧吴公、杜公等在名州镇一步岩合力捐修蕲王庙。

*福字碑

年代： 清乾隆五十年（1785）刻立。

形制： 高 0.87 米，宽 0.56 米。

行字： 正文楷书 4 行。

撰书： 高珵书。

现藏： 略阳县灵岩寺博物馆。

*乾隆五十年祭华山碑

年代： 清乾隆五十年（1785）刻立。

形制： 螭首龟座。高 2.51 米，宽 0.94 米。

行字： 正文楷书 9 行，满行 24 字。

纹饰： 四周饰宝相缠枝花边栏。

现藏： 华阴市西岳庙文物管理处。

著录： 《华山碑石》。

提要： 记清乾隆五十年三月四日署理内阁学士胡高望奉钦命祭西岳华山之神事。

薛振修墓志

全称： 皇清敕授文林郎知县借补长芦海丰场盐大使勉斋薛君墓志铭。

年代： 清乾隆五十年（1785）刻。

形制： 志正方形。边长 0.70 米，厚 0.09 米。

行字： 盖文篆书 6 行，满行 6 字，题"皇清敕授文林郎知县借补长芦海丰场盐大使勉斋薛君墓志铭"。志文楷书 68 行，满行 16 字。

撰书： 张坦撰，史在鲁书，师彦公篆盖。

出土： 出土时间、地点不详。

现藏： 韩城市博物馆。

提要： 记薛振修家族世系、生平。

*太白庙碑

年代： 清乾隆五十年（1785）刻立。

形制： 圆首。高 1.45 米，宽 0.65 米，厚 0.27 米。

行字： 额楷书"皇清"2 字。正文楷书 14 行，满行 43 字。

纹饰： 碑额饰二龙戏珠图案，碑身四周饰蔓草纹。

出土： 原在乾县周城乡紫邀村太白庙。

现藏： 乾县周城乡紫邀村学校西南角墙外。

提要： 记紫邀太白庙沿革及庙属田亩事。

*乾隆五十年祭周陵碑

年代： 清乾隆五十年（1785）刻立。

形制：圆首方座。通高 1.70 米，宽 0.83 米。

行字：正文行楷 9 行，满行 27 字。

纹饰：碑额饰二龙戏珠图案，碑身四周饰蔓草纹。

现藏：咸阳市周陵文物管理所。

著录：《咸阳市渭城区志》《渭城文物志》。

提要：记清乾隆五十年正月，以皇帝御极五十年大庆，遣官致祭。

*曹母侯氏墓志

年代：清乾隆五十一年（1786）刻。

形制：志正方形。边长 0.51 米，厚 0.08 米。

纹饰：盖四周饰双凤牡丹纹。

出土：2004 年出土于富县富城镇王家崾岘。

现藏：鄜州博物馆。

提要：记曹母侯氏生平事迹。

重修石宫寺碑

全称：邑信士太学生刘汉功重装石宫寺万佛金容碑。

年代：清乾隆五十一年（1786）刻立。

形制：圆首方座。通高 2.17 米，宽 0.75 米，厚 0.15 米。

行字：额篆书"重修万佛金容记"。正文楷书 18 行，满行 46 字。

撰书：王梦寿撰，孙效宗书，石殿甲篆额。

纹饰：碑额饰花鸟、祥云、飞龙、界格富贵纹，碑身四周饰海水、行龙及莲花纹。

现藏：子长县钟山石窟。

备注：右上角残损，碑文部分风化。

提要：记石宫寺自宋宣和以来遭受损坏以及太学生刘汉功重修事。

扈氏先茔碑

年代：清乾隆五十一年（1786）刻立。

形制：高 1.69 米，宽 0.67 米，厚 0.13 米。

行字：额篆书"皇清"2 字。正文楷书 14 行，满行 34 字。

撰书：张佩象撰，陈宪章书。

现藏：户县苍游乡陶官寨村。

著录：《户县碑刻》。

提要：扈氏世居户邑陶官寨、茔卜村南，有东西二处，自始祖至高祖俱葬西茔，及曾祖茂公，卜葬东茔，立为始祖。生子四：岩、崇、峻、峨。撰文张佩象，大荔县儒学副堂。书丹陈宪章，吏部候铨儒学司训。

沉云篇并序

年代：清乾隆五十一年（1786）刻立。

形制：共 2 石，尺寸相同。高 0.28 米，宽 0.65 米。

行字：正文行书 38 行，满行 14 字。

撰书：李瑞冈撰，穆大展刻。

出土：原在韩城市井溢村五大夫祠。

现藏：韩城市博物馆。

提要：此为李瑞冈所作悼词。

陶母孙孺人与瑢公并立祖墓记

年代：清乾隆五十一年（1786）刻立。

形制：圆首座佚。高 1.71 米，宽 0.68 米，厚 0.13 米。

行字：额篆书"皇清"2 字。正文楷书 13 行，满行 39 字。

撰书：于绥撰，山荣杰书。

现藏：户县苍游乡陶官寨。

著录：《户县碑刻》。

提要：瑢公系孝义里陶官寨民籍，先世不可考，曾祖仕学，廪生；仕学生沐，庠生；沐生启明；启明生瑢、瑄。瑢娶王氏，葬村东北茔，立为始祖。生子五人，孙若干。俱列上石。撰文人于绥，癸卯举人，吏部候铨知县，书丹人山荣杰，浙江台州府太平县分县事。

耿恒暨妻张氏周氏合葬墓志

全称： 皇清太学生圣阶耿公暨元配张孺人继配周孺人合葬墓志铭。

年代： 清乾隆五十一年（1786）刻。

形制： 志正方形。边长 0.56 米。

行字： 志文楷书 22 行，满行 30 字。

撰书： 杨奋翰撰，李会萩书。

纹饰： 四周饰水波纹。

出土： 1965 年出土于华阴县赵坪村。

现藏： 西安碑林博物馆。

著录： 《华山碑石》。

提要： 耿恒，字圣阶，号东亭。先世山西洪洞人，元末避兵迁华阴县阳化村。以俊秀入太学，生于康熙五十二年（1713）十二月初八日，卒于乾隆五十一年（1786）四月初九日。元配张氏，继周氏，初育胞侄敬迪为子。后生子二，女二；孙男三，孙女三；曾孙男二。撰文杨奋翰，邑生员。书丹李会萩，郡学生。

张聪生暨妻赵氏合葬墓志

全称： 皇清文学乡饮介宾例封文林郎颐庵张君暨配赵孺人合葬墓志铭。

年代： 清乾隆五十一年（1786）刻。

形制： 志正方形。边长 0.57 米。

行字： 志文楷书 38 行，满行 36 字。

撰书： 李汝楠撰，张瑞图书。

出土： 1976 年出土于华阴县沙渠村。

现藏： 西安碑林博物馆。

著录： 《华山碑石》。

备注： 志左右向残断。

提要： 张聪生，字伯宣，号颐庵。世居华阴沙渠南堡。祖必训，好善乐施。父宗良，太学生；母花孺人。张聪生年三十补邑博士弟子员，后推为介宾。武功孙酉峰赠诗云"品居华岳千寻上"。生于康熙四十五年（1706）二月十二日，卒于乾隆四十六年（1781）闰五月十二日。子一，孙一。撰文李汝楠，庚午举人，候铨知县借补甘肃巩昌府安定县训导。书丹张瑞图，壬午举人，知河南陈州府项城县事。

*摹刻汉裴岑纪功碑等四种

年代： 清乾隆五十一年（1786）刻立。

形制： 四面刻。高 0.97 米，宽 0.49 米，厚 0.17 米。

行字： 正文隶书。碑阳 6 行，满行 10 字。碑阴 2 行，满行 6 字。两侧行字数不等。

撰书： 申兆定摹写。

现藏： 西安碑林博物馆。

著录： 《金石萃编》《关中金石记》《咸宁长安两县续志》《西安碑林全集》。

提要： 清乾隆金石学家申兆定摹刻新疆《裴岑纪功碑》（碑阳），四川《会仙友碑》（碑阴）、《王稚子石阙》、《熹平石经》（两侧）。申兆定，号铁蟾，著有《涵真阁汉碑文字跋》。

进贤门

年代： 清乾隆五十二年（1787）刻立。

形制： 高 0.77 米，宽 1.93 米，厚 0.19 米。

行字： 正文楷书 3 字。题款共 23 字。

撰书：冯思忠书。

现藏：大荔县文物局。

著录：《大荔碑刻》。

备注：此为利用康熙四十四年（1705）旧碑重刻。

提要：上款"知同州府事冯思忠建并书"；正文楷书"进贤门"三大字；下款楷书"乾隆丁未岁孟秋月中浣穀旦"。

文昌宫记事碑

全称：文昌宫二月初二七月初七恭祝圣诞置田碑记。

年代：清乾隆五十二年（1787）刻立。

形制：圆首。高1.20米，宽0.60米。

行字：额楷书"皇清"2字。正文楷书19行，满行34字。

撰书：范琪撰并书。

纹饰：碑额饰龙凤纹，碑四周饰莲花纹。

现藏：城固县五门堰文物管理所。

提要：记文昌宫乾隆五十二年二月初二、七月初七新置田亩数。

朱子治家格言

年代：清乾隆五十二年（1787）刻立。

形制：高0.17米，宽0.76米。

行字：正文楷书37行，满行14字。

撰书：陈万青书。

现藏：合阳县博物馆。

提要：载朱子治家格言。

赵氏贞节碑

全称：旌表邢母赵孺人贞节碑记。

年代：清乾隆五十二年（1787）刻立。

形制：螭首龟座。通高1.95米，宽0.65米，厚0.13米。

行字：额楷书"皇清"2字。正文楷书13行，满行40字。

撰书：齐钟麟撰，张进鉴书。

现藏：户县天桥乡丈八寺村邢怀亮家先茔。

著录：《户县碑刻》。

备注：碑文有剥蚀。

提要：邢先登母赵氏，周邑曹村里人。生于康熙四十二年（1703），康熙五十八（1719）归于形绩。年十九，夫以疾卒，孝事公婆，教子有方，儿孙满堂。撰文齐钟麟，吏部候铨进士。

重修文庙碑

全称：重修文庙暨恭制礼器纱灯公项碑记。

年代：清乾隆五十二年（1787）刻立。

形制：螭首龟座。通高4.07米，宽0.90米，厚0.20米。

行字：正文楷书20行，行37字。

撰书：傅应奎撰，解复书。

纹饰：碑额饰二龙戏珠图案，碑身四周饰富贵连珠纹。

现藏：韩城市博物馆。

提要：记知县傅应奎捐银重修文庙事。

张宗振墓志

全称：皇清庠生乡饮介宾锐夫张公墓志铭。

年代：清乾隆五十二年（1787）刻。

形制：志长0.62米，宽0.64米。

行字：志文楷书29行，满行28字。

撰书：王士棻撰，李汝榛书。

纹饰：四周饰水波纹。

出土：1965年出土于华阴县沙渠村。

现藏：西安碑林博物馆。

著录：《华山碑石》。

提要：张宗振，字锐夫，世居华阴沙渠堡。

高曾以来，耕读传家。兄弟五人，行四。二、五为太学生，三为康熙庚子举人，选授临潼教谕。少孤，事诸兄尽礼。侄贞生由选拔任教谕升知县，历任福建建安、晋江、彰化诸县。诸侄诸孙皆有成立。生于康熙二十四年（1685）六月初一日，卒于乾隆三十二年（1767）十二月二十二日。元配王氏，继配李氏、廖氏，妾王氏。嗣子元生（弟宗华子），女五，孙二，孙女六。撰文王士棻，赐进士出身，历官刑部浙江司员外郎，广东司郎中，翰林院编修。书丹李汝榛，历任江苏溧水、山东历城知县。

重修太白庙碑

年代：清乾隆五十二年（1787）刻立。

形制：圆首。高 1.84 米，宽 0.63 米，厚 0.19 米。

行字：额篆书"皇清"2 字。正文楷书 7 行，满行 60 字。

撰书：王镇撰文，樊峰英撰诗，党海书，李文英篆额。

纹饰：碑额饰二龙捧寿图案。

出土：原在乾县姜村镇姜村太白庙。

现藏：乾县姜村镇姜村街道路北太白庙。

提要：记重修姜村镇太白庙事。

*王君夫妇合葬墓志

年代：清乾隆五十二年（1787）刻。

形制：志正方形。边长 0.61 米，厚 0.07 米。

行字：志文楷书 24 行，满行 23 字。

出土：出土于洛川县杨舒乡百谷村，时间不详。

现藏：洛川县博物馆。

提要：简记王氏夫妇生平。

重修娘娘庙碑

年代：清乾隆五十三年（1788）刻立。

形制：高 1.47 米，宽 0.73 米。

行字：额楷书"重修题名"4 字。正文楷书 25 行，满行 50 字。

撰书：张雯撰，得盛书。

纹饰：四周饰云纹、花卉、雷纹。

现藏：子长县杨家园子镇万寿山娘娘庙。

提要：记杨涝等 8 人捐资重修万寿山娘娘庙事。

张氏五世祖墓碑

年代：清乾隆五十三年（1788）刻立。

形制：圆首。通高 1.40 米，宽 0.59 米，厚 0.24 米。

行字：正文楷书 10 行，满行 30 字。

纹饰：碑额饰五蝠献寿图。

现藏：千阳县南寨镇闫家村。

提要：记张氏先祖"孝友传家、垂祐后昆"等事迹及后裔姓名。

文昌宫记事碑

全称：文昌宫五月初二七月初七恭祝□□置田姓名碑记。

年代：清乾隆五十三年（1788）刻立。

形制：圆首。长 1.20 米，宽 0.62 米。

行字：额楷书"皇清"2 字。正文楷书 17 行，满行 30 字。

撰书：范琪撰并书。

纹饰：四周饰龙凤、云纹。

现藏：城固县五门堰文物管理所。

提要：记文昌宫于乾隆五十三年五月初二、七月初七新置田亩数。

□建佛庙碑记

年代：清乾隆五十三年（1788）刻立。

形制：平首方座。通高 2.08 米，宽 0.76 米，厚 0.11 米。

行字：正文楷书 25 行，满行 59 字。

撰书：刘时敏撰，刘如兰书。

纹饰：四周饰水波纹。

现藏：绥德县张家砭镇合龙山祖师庙。

著录：《榆林碑石》。

备注：碑右上角残，边沿多处掉渣，擦痕较多。

提要：记李擢元、李挺元等于乾隆五十三年重修佛庙事。

水流花开

年代：清乾隆五十三年（1788）刻立。

形制：高 4.00 米，宽 0.40 米。

行字：正文楷书 1 行 4 字。

撰书：赵希璜书。

现藏：略阳县灵岩寺博物馆。

提要：上款"乾隆戊申"，正文"水流花开"，下款"惠州赵希璜"。

重修合龙山庙宇碑记

年代：清乾隆五十三年（1788）刻立。

形制：螭首龟座。通高 2.30 米，宽 0.73 米，厚 0.13 米。

行字：正文楷书 12 行，满行 55 字。

撰书：刘时敏撰，刘如兰书。

纹饰：四周饰卷云纹、几何纹。

现藏：绥德县张家砭镇合龙山祖师庙。

著录：《榆林碑石》。

备注：碑右下半部分文字漫漶不清。

提要：记乾隆五十三年李擢元、李挺元等重修合龙山佛庙事。

游灵岩寺拓郙阁铭摹本

年代：清乾隆五十三年（1788）刻立。

形制：高 0.84 米，宽 0.59 米。

行字：正文隶书 17 行，满行 20 字。

撰书：赵希璜撰并书。

现藏：略阳县灵岩寺博物馆。

著录：《汉中碑石》。

提要：此碑共录赵希璜诗三首，分别为七律二首、五古一首。赵希璜，广东长宁人，字渭川，乾隆举人，官安阳知县，著有《四百三十二峰草堂诗钞》《研机斋集》。

师氏五大夫传

年代：清乾隆五十三年（1788）刻立。

形制：共 5 石。其中 4 石长 0.26 米，宽 0.36 米；另 1 石长 0.45 米，宽 0.37 米。

行字：正文行书 69 行，满行 10 字。

撰书：沈初撰，康基田书。

现藏：韩城市博物馆。

提要：师氏系出太原，汉琅琊节侯师丹之后，侨居韩城，明初进士师铎迁居井溢村，因师彦公任淮扬观察使，嗣伯祖、本生族、嗣叔祖、嗣父元思、本生父元恕俱得中宪大夫，故曰五大夫祠。

卫焕章暨妻孙氏合葬墓志

全称：皇清俏礼生员焕章卫公暨配孺人孙氏合葬墓志铭。

年代：清乾隆五十三年（1788）刻。

形制：志正方形。边长 0.53 米，厚 0.08 米。

行字：盖文篆书 7 行，满行 3 字，题"皇清俏礼生员焕章卫公暨配儒人孙氏合葬墓志铭"。志文楷书 67 行，满行 12 字。

撰书：史汉佐撰，卫怀琼书，孙自麓篆盖。

出土：出土时间、地点不详。

现藏：韩城市博物馆。

提要：记卫焕章家族世系、生平。

布施碑

全称：乾隆五十三年七社八社布施碑。

年代：清乾隆五十三年（1788）刻立。

形制：圆首。通高 1.24 米，宽 0.52 米，厚 0.16 米。

行字：正文楷书 36 行，满行字数不详。

现藏：蒲城县尧山庙前殿台基西南角。

著录：《尧山圣母庙与神社》。

备注：碑阳刻宋崇宁二年（1103）《宋尚书省牒碑》。

提要：为乾隆五十三年尧山庙诸社捐资碑之一。

布施碑

全称：乾隆五十三年二三四社布施碑。

年代：清乾隆五十三年（1788）刻立。

形制：圆首。通高 1.41 米，宽 0.66 米，厚 0.17 米。

行字：正文楷书、草书均有，满行字数不等。

纹饰：碑身左右刻有"福""寿"。

现藏：蒲城县尧山庙大殿内东壁下。

著录：《尧山圣母庙与神社》。

提要：为乾隆五十三年诸社捐资碑之一。

重修尧山灵应夫人庙碑

年代：清乾隆五十三年（1788）刻立。

形制：圆首。通高 1.79 米，宽 0.68 米，厚 0.13 米。

行字：正文楷书 9 行，满行 60 字。

现藏：蒲城县尧山庙大殿内东山墙下。

著录：《尧山圣母庙与神社》。

备注：刻于乾隆八年（1743）《创修尧山圣母天华板记碑》碑阴。

提要：碑文记庙宇历史及重修经过，多为十一社中头社之人，亦有四街人众。

*曹君墓志

年代：清乾隆五十四年（1789）刻。

形制：志正方形。边长 0.48 米，厚 0.08 米。

行字：志文楷书 16 行，共 248 字。

纹饰：盖四周饰二龙戏珠图案。

出土：2004 年出土于富县富城镇王家崾岘。

现藏：鄜州博物馆。

提要：记曹君生平事迹。

重修佛祖关帝庙序

年代：清乾隆五十四年（1789）刻立。

形制：圆首方座。通高 2.17 米，宽 0.65 米，厚 0.19 米。

行字：正文行书 16 行，满行 42 字。

撰书：冯开教撰并书。

现藏：子长县石家湾乡曹家洼村佛祖关帝庙。

著录：《新编子长县志》《延安市文物志》。

提要：记乾隆间重修佛祖关帝庙事。

古昌暨妻雷氏合葬墓志

全称：皇清待赠太学生又生古公暨继配雷孺人合葬墓志铭。

年代：清乾隆五十四年（1789）刻。

形制：盖长 0.51 米，宽 0.64 米，厚 0.07 米。志长 0.51 米，宽 0.65 米，厚 0.06 米。

行字：盖文篆书 5 行，满行 5 字，题"皇清待赠太学生又生古公暨继配雷孺人合葬墓志铭"。志文楷书 33 行，满行

28 字。

撰书：王家驹撰，宋天眷书，胡元鼎篆盖。

出土：1994 年出土于耀县城关镇陕西省桃曲坡管理局院中。

现藏：铜川市耀州区博物馆。

提要：记古昌家族世系、生平。

*清真寺创立碑

年代：清乾隆五十四年（1789）刻立。

形制：高 1.48 米，宽 0.90 米。

行字：正文楷书 24 行，满行 38 字。

纹饰：上沿刻阿拉伯文一行。

现藏：镇安县西口回族镇程家川杨家垭清真寺。

提要：记镇安清初回民迁居，建清真寺由来，并以韵文形式记述了回民生产生活中某些风俗习惯。

重修救苦天尊殿碑

年代：清乾隆五十四年（1789）刻立。

形制：圆首方座。高 2.14 米，宽 0.79 米，厚 0.23 米。

行字：正文楷书 7 行，满行 60 字。

撰书：王家驹撰，左建中书，宋天眷篆额。

现藏：药王山博物馆。

著录：《药王山碑刻》《陕西药王山碑刻艺术总集》。

提要：记重修药王山后救苦天尊殿事。

建置景福山门记

年代：清乾隆五十五年（1790）刻立。

形制：圆首。通高 1.80 米，宽 0.68 米，厚 0.18 米。

行字：正文楷书 6 行，满行 36 字。

纹饰：碑额饰狮子滚绣球，碑身四周饰花草纹及卷云纹。

现藏：陇县温水镇景福山道观。

提要：碑阳记述门户的重要和建门经过，碑阴为捐款人姓名及捐款数。

花母孟氏墓志

全称：皇清敕封旌节孝花母孟孺人墓志铭。

年代：清乾隆五十五年（1790）刻。

形制：志正方形。边长 0.64 米。

行字：志文楷书 26 行，满行 30 字。

撰书：李汝榛撰，宁鸿翼书。

纹饰：四周饰几何纹。

出土：1962 年出土于华阴县花家寨。

现藏：西安碑林博物馆。

著录：《华山碑石》。

提要：孟氏，处士花君和之妻，廪生含秀之母。年十八于归花室，事舅姑孝，与娣姒和，伉俪相敬如宾。年二十四夫卒，事老抚孤，茹荼守志。得朝廷赐金建坊旌表。生于康熙五十年（1711）十月二十二日，卒于乾隆五十四年（1789）十二月十三日。撰文李汝榛，原任东阿知县。篆盖张翼云，癸卯副贡。书丹宁鸿翼，郡廪膳生员。

*遵示严禁碑

年代：清乾隆五十五年（1790）刻立。

形制：高 1.73 米，宽 0.91 米。

行字：额横刻楷书 4 字，题"遵示严禁"。正文楷书 37 行，满行 68 字。

现藏：镇安县岵峪供销社院内。

提要：乡民共主禁赌、禁盗、禁户婚、禁酗酒、欺凌妇女等公约。

陈光族墓碑

全称：清待赠荣封陈公讳光族大人之墓。

年代：清乾隆五十五年（1790）刻立。

形制：高 0.83 米，宽 0.48 米。

行字：正文楷书 14 行，满行 26 字。

撰书：万年芳撰。

现藏：镇安县永乐镇蚂蝗村。

提要：简述墓主人原籍江南潜邑，乾隆二十二年（1757）迁入镇安置家情况。

重修太白三官神殿碑

年代：清乾隆五十五年（1790）刻立。

形制：碑残损。残高 0.74 米，宽 0.58 米，厚 0.14 米。

行字：正文楷书 9 行，满行残存字数不等。

撰书：宋天眷撰并书。

出土：原存耀县药王山。

现藏：药王山博物馆。

著录：《药王山碑刻》。

备注：碑上下残缺。

提要：记重修太白三官神殿事。

重修盘龙山真武庙碑记

年代：清乾隆五十六年（1791）刻立。

形制：螭首方座。通高 3.92 米，宽 0.90 米，厚 0.16 米。

行字：正文楷书 17 行，满行 47 字。

撰书：广厚篆额，张秉愚书。

纹饰：四周饰几何纹、花瓣纹。

现藏：米脂县李自成行宫启祥殿西侧。

著录：《榆林碑石》。

提要：记清乾隆五十六年高君等人合资重建盘龙山真武庙事。

重修飞云寺碑

年代：清乾隆五十六年（1791）刻立。

形制：高 1.83 米，宽 0.55 米。

行字：正文行楷 9 行，满行 47 字。

撰书：康强书。

现藏：合阳县博物馆。

提要：记合阳知县赵氏重修飞云寺事。

重修永寿寺碑记

年代：清乾隆五十六年（1791）刻立。

形制：圆首方座。通高 2.48 米，宽 0.75 米，厚 0.09 米。

行字：额楷书"皇清"2 字。正文楷书 23 行，满行 48 字。

撰书：黄道撰，黄醇心书。

纹饰：四周饰卷云纹及几何纹。

现藏：绥德县名州镇七里铺村蕲王庙。

著录：《榆林碑石》。

提要：记清乾隆五十六年康步宗、王连魁等捐资重修永寿寺事。

四川峨眉山碑

年代：清乾隆五十六年（1791）刻立。

形制：高 1.12 米，宽 0.73 米。

行字：正文楷书 10 行，满行 17 字。

撰书：李景芳书。

纹饰：四周饰莲花纹及波浪纹。

现藏：洋县子房山。

提要：记清乾隆五十六年朝山信士被白云山的山色美景及神灵所感，将白云山当做四川峨眉山神灵之地朝拜事。

*刘子占墓志

年代：清乾隆五十六年（1791）刻。

形制：正方形。边长 0.65 米。

行字：志文楷书 35 行，满行 31 字。

撰书：王增撰并书。

出土："文化大革命"期间出土于蒲城县马湖村。

现藏：蒲城县文物保护开发中心。

提要：记刘子占生平。

赵惺暨妻陈氏合葬墓志

全称：皇清佾礼生员静庵赵公暨德配陈孺人合葬墓志铭。

年代：清乾隆五十六年（1791）刻。

形制：志正方形。边长 0.64 米，厚 0.08 米。

行字：盖文篆书 4 行，满行 6 字。志文楷书 43 行，满行 34 字。

撰书：高铦撰并书。

出土：出土时间、地点不详。

现藏：韩城市博物馆。

提要：记赵惺及妻陈氏家族世系、生平。

平凉府纪恩碑

年代：清乾隆五十六年（1791）刻立。

形制：共 11 石，尺寸相同。高 0.32 米，宽 0.34 米。

行字：正文楷书。每石 12 行，满行 16 字。

撰书：秦震钧书并跋，袁治刻。

现藏：西安碑林博物馆。

著录：《西安碑林全集》。

提要：记清乾隆年间甘肃平凉府土地贫瘠，粮食歉收，平凉知府秦震钧奏准皇帝，免去粮食税，吏民感其德而立碑。秦震钧，字茎经，号蓉庄，江苏无锡人，曾任平凉知府、陕西督粮道。

重修龙王庙碑

年代：清乾隆五十六年（1791）刻立。

形制：高 0.35 米，宽 0.42 米。

行字：正文楷书 7 行，满行 19 字。

撰书：郝光国撰并书。

出土：原在周至县阳化村龙王庙。

现藏：西安碑林博物馆。

著录：《西安碑林博物馆藏碑刻总目提要》。

提要：记重修龙王庙事。

*铁溪堰放水条规碑

年代：清乾隆五十六年（1791）刻立。

形制：圆首。高 1.30 米，宽 0.58 米。

行字：额楷书"万古千秋"4 字。正文楷书，满行字数不详。

现藏：汉阴县月河乡政府院内。

著录：《安康碑版钩沉》。

提要：记南关铁溪堰为息争端，制定放水条规事。

州志补编南丰山记

年代：清乾隆五十七年（1792）刻立。

形制：高 0.62 米，宽 0.77 米。

行字：正文楷书 23 行，满行 24 字。

撰书：刘光谦撰。

纹饰：四周饰回纹。

现藏：子洲县苗家坪乡南丰寨祖师殿内。

提要：该题记云古志于南丰未有详细记载，乾隆四十九年重修《绥德州志》时对此作了补充。

薛母王氏墓志

全称：皇清待赠孺人薛母王太君墓志铭。

年代：清乾隆五十七年（1792）刻。

形制：志正方形。边长 0.58 米，厚 0.08 米。

行字：盖文篆书 4 行，满行 4 字。志文楷书 68 行，满行 13 字。

撰书：张擢撰，薛钟琏书，薛吉篆盖。

出土：出土时间、地点不详。

现藏：韩城市博物馆。

提要：记王氏生平。

*耿君暨妻翟氏合葬墓志

年代：清乾隆五十七年（1792）刻。

形制：志长 0.50 米，宽 0.45 米。

行字：志文楷书 23 行，满行 26 字。

撰书：李彧撰，李荟莪书。

出土：1972 年出土于华阴县赵坪村。

现藏：西安碑林博物馆。

著录：《华山碑石》。

备注：石断为四块，其一佚。

提要：耿君，山西洪洞人，始祖友原以明洪武初来迁。耕读传家。四岁丧母，长任家事，克勤克俭。配翟氏，思芳公女。耿公生于雍正二年（1724）七月十六日，卒于乾隆四十八年（1783）九月十五日。生男四、女一；孙男二。撰文李彧，辛卯举人，吏部候铨知县授南郑县教谕。书丹李荟莪，同州府儒学廪膳生员。

石永德墓志

全称：皇清太学生石公希仁墓志铭。

年代：清乾隆五十七年（1792）刻。

形制：志正方形。边长 0.68 米。

行字：志文楷书 26 行，满行 29 字。

撰书：孙玥撰，李彧书，石经邦篆盖。

出土：1993 年出土于华阴县义合村。

现藏：西安碑林博物馆。

著录：《华山碑石》。

提要：石永德，字希仁。华阴义合里人。始祖彦恭洪武初由周至迁华邑。十二传至永德，兄弟五人，行三。舍儒业贾，富拟猗顿。捐监生。周贫济困，戚党赖之而食者指不胜数。配李氏在堂。生男一；孙男一，孙女三。生于雍正七年（1729）八月初八日，卒于乾隆

五十四年（1789）三月初六日。撰文孙玥，邑儒学廪膳生员。书丹李彧，辛卯举人，曾任吏部候铨知县、西乡县教谕、凤翔县训导、眉县训导。篆盖石经邦，例授昭武大夫，兵部候铨都司。

创建奎文阁碑记

年代：清乾隆五十七年（1792）刻立。

形制：圆首。高 2.00 米，宽 0.72 米。

行字：正文楷书 12 行，满行 44 字。

撰书：马允刚撰并书。

出土：2003 年出土于镇安县城关粮站。

现藏：镇安县城校场沟口。

提要：记镇安知县马允刚恢复创建文昌宫、奎文阁缘起及其倡行文教事宜。

香严寺重理增修碑序

年代：清乾隆五十八年（1793）刻立。

形制：圆首方座。高 1.51 米，宽 0.63 米。

行字：正文楷书 19 行，满行 34 字。

撰书：田晶撰并书。

纹饰：碑额对刻二麒麟图案，碑身四周饰万字纹、花瓣纹及卷云纹。

现藏：榆林市榆阳区香严寺。

提要：记香严寺住持通佑募善款修葺香严寺，于乾隆五十八年二月动工，十月告竣，并新建两间禅室，在东窑内新塑观音菩萨金身、护法韦陀金身。

清宁寺佛祖娘娘庙重修碑

年代：清乾隆五十八年（1793）刻立。

形制：方首方座。通高 1.65 米，宽 0.70 米，厚 0.07 米。

行字：正文楷书 17 行，满行 43 字。

撰书：傅洪撰，孙学刻。

纹饰：四周饰蔓草纹。

现藏：子长县马家砭镇任家寺村清宁寺佛祖庙。

提要：记明成化、弘治、嘉靖和清康熙年间四次重修清宁寺，以及乾隆三十三年（1768）重修后因捐地引起纠纷事。

*严禁借盐课加耗勒索农民碑

年代：清乾隆五十八年（1793）刻立。

形制：圆首方座。高 1.24 米，宽 0.58 米，厚 0.16 米。

行字：额楷书"宪示"2 字。正文楷书 9 行，满行 18 字。

出土：原竖于宁羌州署前。

现藏：宁强县文化馆。

著录：《汉中碑石》。

提要：申令严禁借盐课加耗勒索农民，违者立毙，并将官员严参治罪。

袁鼎铉暨妻杨氏合葬墓碑

全称：例赠朝议大夫邑庠生员高祖考鼎铉袁公敕旌贤孝贞节应封恭人高祖妣杨氏合葬墓。

年代：清乾隆五十八年（1793）刻立。

形制：高 2.33 米，宽 0.78 米，厚 0.22 米。

行字：碑阳楷书 4 行，共 72 字。碑阴楷书 12 行，满行 70 字。

纹饰：碑阳四周饰草叶纹，碑阴四周饰枝叶花卉纹。

现藏：周至县侯家村乡马营村西街。

提要：碑阴为袁氏先茔墓次记，主要记载了袁氏先茔 25 座墓冢的次序。

袁养和墓碑

年代：清乾隆五十八年（1793）刻立。

形制：高 2.40 米，宽 0.78 米，厚 0.20 米。

行字：正文楷书 6 行，满行 16 字。

出土：原在周至县东风村袁养和墓前。

现藏：周至县东风村马营堡袁炳义家。

提要：此为袁养和及妻辛氏合葬墓碑。袁养和，字祥夫，号节寰。明中宪大夫，历官四川龙安、江西吉安知府，云南按察司副使，澜江兵备道等。

重修楼观碑记

年代：清乾隆五十八年（1793）刻立。

形制：圆首方座。高 2.04 米，宽 0.81 米。

行字：额篆书 2 行，满行 3 字，题"重修楼观碑记"。正文楷书 14 行，满行 36 字。

撰书：和宁撰并书。

纹饰：四周饰云龙纹。

现藏：周至县古楼观说经台。

著录：《楼观台道教碑石》。

提要：记清乾隆五十七年秋修葺楼观之事。

蒙学谦墓志

全称：大德益轩蒙公墓志铭。

年代：清乾隆五十八年（1793）刻。

形制：志正方形。边长 0.63 米。

行字：志文楷书 22 行，满行 21 字。

撰书：牛从禹撰，刘峻德书。

出土：1960 年出土于华阴县横陈村。

现藏：西安碑林博物馆。

著录：《华山碑石》。

备注：字迹漫漶。

提要：蒙学谦，字益轩，陕西同州府华阴县人。世以耕读传家。父起俊，娶同邑蔺氏,生男三,学谦居其次,耕不废商,守正不阿,乡里举为镇堡约正。卒于乾隆五十五年(1790)十二月十五日,年八十三。撰文牛从禹,明经进士吏部候铨儒学司训。书丹刘峻德,邑庠生。

*佑文公墓志
年代:清乾隆五十八年(1793)刻。
形制:志正方形。边长0.66米,厚0.09米。
行字:志文楷书,上下两栏共43行,满行12字。
出土:1972年出土于高陵县城东春城堡村。
现藏:高陵县文化馆。
著录:《高陵碑石》。
备注:共2石,缺一石。
提要:记佑文公生平。

重修石佛洞碑
年代:清乾隆五十八年(1793)刻立。
形制:圆首方座。高1.59米,宽0.73米,厚0.19米。
行字:正文楷书11行,满行44字。
撰书:焦司农撰并书。
出土:原存耀县药王山。
现藏:药王山博物馆。
著录:《药王山碑刻》《陕西药王山碑刻艺术总集》。
提要:记明崇祯四年(1631),石佛庙易殿为洞,至清乾隆五十八年,洞宇倾颓。东街乡约李天秀等以洞口所取布施,并借城隍庙钱重修石洞数间。

重修蝉耳山弦蒲寺碑
年代:清乾隆五十九年(1794)刻立。

形制:高1.16米,宽0.57米,厚0.17米。
行字:正文楷书18行,满行38字。
纹饰:四周饰蟠螭纹。
现藏:陇县天成乡铁原村。
提要:记弦蒲寺创建于唐代,屡兴屡废,至清乾隆五十九年重修之。

续修魁星庙碑
年代:清乾隆五十九年(1794)刻立。
形制:圆首方座。双面刻。通高2.38米,宽0.83米,厚0.16米。
行字:额楷书"碑记"及"日"、"月"4字。正文楷书22行,满行45字。
撰书:薛鹏展撰,高辂书。
纹饰:碑额饰云纹,碑身四周饰卷草纹。
现藏:佳县白云山白云观魁星阁下。
著录:《白云山白云观碑刻》。
提要:记清乾隆五十二年(1787)至五十六年(1791)续修白云观魁星阁事。

创建祠堂碑记
年代:清乾隆五十九年(1794)刻立。
形制:圆首座佚。通高1.36米,0.56米,厚0.11米。
行字:额楷书"皇清"2字。正文楷书11行,满行40字。
现藏:户县石井镇柿园村。
著录:《户县碑刻》。
提要:连氏迁居户邑历十一世,耕读承家。祠堂创始于乾隆癸丑(1793)孟春,其年初冬落成。占地壹亩贰分壹厘,有祭田四亩。末署连氏七世孙5人,八世孙11人,九世孙16人,十世孙2人,十一世1人。

祈应灵雨碑

年代： 清乾隆五十九年（1794）刻立。

形制： 圆首。通高 1.26 米，宽 0.62 米，厚 0.21 米。

行字： 正文楷书 19 行。满行 61 字。

纹饰： 碑额饰双龙纹，碑身四周饰云纹。

现藏： 蒲城县尧山庙三门西侧崖下。

著录：《尧山圣母庙与神社》。

提要： 记清乾隆五十九年春大旱，县右堂冯国璋至尧山祈雨有应，与环山居民大举报祭活动。

重修楼观台宗圣宫碑记

年代： 清乾隆五十九年（1794）刻立。

形制： 圆首方座。高 2.00 米，宽 0.75 米，厚 0.20 米。

行字： 碑额篆书"皇清" 2 字。正文楷书 17 行，满行 27 字。

撰书： 邓秉纶撰，李联宫书。

纹饰： 碑额饰二龙戏珠图案，碑身四周饰回纹。

现藏： 周至县古楼观说经台。

著录：《楼观台道教碑石》。

备注： 碑阴刻楼观台全景图。

提要： 记清乾隆间陕西巡抚捐资修葺宗圣宫事。

米宗苔暨妻张氏合葬墓志

全称： 皇清例授文林郎己亥恩科经元景章米公暨元配张孺人合葬志铭。

年代： 清乾隆五十九年（1794）刻。

形制： 志正方形。边长 0.96 米。

行字： 盖文篆书 5 行，满行 6 字，题"皇清例授文林郎己亥恩科经元景章米公暨元配张儒人合葬墓志铭"。志文楷书 38 行，满行 42 字。

撰书： 郭士颍撰，柳迈祖书，崔景仪篆盖。

纹饰： 盖四周饰莲花纹。

出土： 出土时间、地点不详。

现藏： 蒲城县博物馆。

提要： 记米宗苔家庭谱系及元配张氏生平事迹。

耿兆鹅墓志

全称： 皇清例貤赠文林郎太学生继周耿公墓志铭。

年代： 清乾隆五十九年（1794）刻。

形制： 志长 0.47 米，宽 0.44 米。

行字： 志文楷书 24 行，满行 25 字。

撰书： 张云鹤撰，杨奋翰书。

纹饰： 四周饰卷云纹。

出土： 1970 年出土于华阴县阳化村。

现藏： 西安碑林博物馆。

著录：《华山碑石》。

备注： 志断为三块。

提要： 耿兆鹅，字继周，世居华下阳化里，为邑四大家之一。曾祖毓良，康熙辛未（1691）进士，淳化县训导。兄弟四人，行三，幼继叔父嗣。配梁氏，生男二，孙一。生于雍正五年（1727），卒于乾隆□□年，寿六十有四。撰文人张云鹤，甲寅举人。书丹人杨奋翰，邑儒学增广生员。

将军山重修满庙神像碑

全称： 大清天下陕西兴安府安康县河北岸香獐铺将军山重修满庙神像碑序。

年代： 清乾隆五十九年（1794）刻立。

形制： 方首。高 1.37 米，宽 0.75 米。

行字： 额楷书"万古山门" 4 字。正文楷书，行字数不详。

撰书：赵丹书撰。

现藏：安康市汉滨区将军乡将军山将军洞。

著录：《安康碑版钩沉》。

提要：将军山之庙，上殿古洞有真武祖师像，洞上金殿有玉皇大帝像，中殿有观音老母像，殿左有药王、五瘟神像，殿右有诸娘娘像，前殿有关帝像，以世远年湮，金容悉败。住持僧法智于乾隆五十九年春募捐重修，冬月告成。

清凉庵碑

年代：清乾隆六十年（1795）刻立。

形制：通高 1.16 米，宽 0.55 米，厚 0.19 米。

行字：正文楷书 7 行，满行 37 字。

纹饰：碑额饰双凤朝阳图案，碑身两边饰蔓草纹。

现藏：千阳县沙家坊乡马家岭石湾村。

提要：记清凉庵香火使用事由及合社人布施情况。

重建城隍庙碑

年代：清乾隆六十年（1795）刻立。

形制：圆首。通高 1.70 米，宽 0.80 米，厚 0.12 米。

行字：正文楷书 24 行，满行 42 字。

撰书：刘敬、刘忠撰。

纹饰：四周饰蔓草纹。

出土：原在略阳县城隍庙。

现藏：略阳县江神庙民俗博物馆。

提要：记清乾隆六十年略阳县令重修城隍庙事。

统计学租小引

年代：清乾隆六十年（1795）刻立。

形制：高 0.40 米，宽 0.50 米。

行字：正文楷书 12 行，满行 17 字。

现藏：韩城市博物馆。

提要：此碑分项统计学租银，立石公示。

原承光暨妻曹氏合葬墓志

全称：皇清待赠子明原公暨德配曹孺人合葬墓志铭。

年代：清乾隆六十年（1795）刻。

形制：志正方形。边长 0.60 米。

行字：盖文篆书 5 行，满行 4 字，题"皇清待赠子明原公暨德配曹孺人合葬墓志铭"。志文楷书 28 行，满行 31 字。

撰书：刘可祝撰，党起秘书，马殿翼篆盖。

出土：出土时间、地点不详。

现藏：蒲城县博物馆。

提要：记原承光家世及妻曹氏生平。

重修寿圣寺碑

年代：清乾隆六十年（1795）刻立。

形制：圆首。通高 1.92 米，宽 0.68 米，厚 0.19 米。

行字：正文楷书，行字数不详。

撰书：燕有荣撰，燕绍时书，杨兴刻石。

纹饰：碑额饰龙凤纹，碑身四周饰花草纹。

现藏：蒲城县椿林乡椿林村。

提要：记寿圣寺历史及捐资修庙情况。

为善最乐

年代：清康熙乾隆年间（1662—1795）刻立。

形制：高 0.56 米，宽 1.70 米。

行字：正文楷书 1 行 4 字。

撰书：朱鼎书。

现藏：西安碑林博物馆。

著录：《西安碑林全集》。

提要：朱鼎，字永怀，江苏昆山人，明神宗

万历前后在世，善书画，与顾允墨弟兄友善。著有传奇《玉镜台》。

王竹轩暨妻吕氏合葬墓志

全称：皇清敕授修职郎监运知事乡饮大宾附置生竹轩王公暨德配吕氏合葬墓志铭。

年代：清乾隆年间（1736—1795）刻。

形制：志长 0.29 米，宽 0.13 米。

行字：志文楷书 74 行，满行 16 字。

撰书：李梦周撰，王鳞炳书，张鸣凤篆盖。

出土：出土时间、地点不详。

现藏：合阳县博物馆。

提要：记王竹轩家世生平。

仆仆红尘寓六骸

年代：清乾隆年间（1736—1795）刻立。

形制：高 0.52 米，宽 0.83 米。

行字：正文楷书 14 行，满行 10 字。

撰书：叶馨撰。

出土：此碑自立未移。

现藏：绥德县名州镇七里铺村蕲王庙。

提要：载刻叶馨所作诗文二首。

革除陋规碑

全称：合邑士庶人等尊奉御旨督□□□通府各大人革除现役陋规德政碑。

年代：清乾隆年间（1736—1795）刻立。

形制：高 1.49 米，宽 0.69 米。

行字：正文楷书 28 行，满行 73 字。

现藏：合阳县博物馆。

提要：记清乾隆时陕甘总督、陕西巡抚等重申乾隆十三年（1748）革除陋规条款。

重修革除陋规碑

全称：重修合邑士庶人等尊奉御旨革除现役陋规德政石。

年代：清乾隆年间（1736—1795）刻立。

形制：高 1.95 米，宽 0.71 米。

行字：正文楷书 20 行，满行 64 字。

现藏：合阳县博物馆。

备注：碑阴缺革除陋规条款。

提要：记清乾隆时陕甘总督、陕西巡抚等重申革除陋规事。

妆关帝神像碑

年代：清乾隆年间（1736—1795）刻立。

形制：圆首。通高 0.98 米，宽 0.48 米。

现藏：韩城市九郎庙三圣殿东侧。

备注：碑文漫漶不清。

福禄财神庙碑

年代：清乾隆年间（1736—1795）刻立。

形制：高 1.21 米，宽 0.54 米。

行字：正文楷书 17 行，满行 22 字。

现藏：潼关县东门博物馆。

备注：碑文漫漶不清。

重修圣寿寺碑

全称：邑侯杜太爷归地圣寿寺遗爱勒石记。

年代：清乾隆年间（1736—1795）刻立。

形制：高 1.45 米，宽 0.29 米，。

行字：正文楷书 7 行，满行 62 字。

撰书：赵学鉴撰。

现藏：合阳县博物馆。

提要：记圣寿寺自唐以来历代重修及杜氏再修事。

*张秉愚等十人题名碑

年代：清乾隆年间（1736—1795）刻立。

形制：高 0.54 米，宽 0.88 米，厚 0.08 米。

行字：正文楷书 19 行，满行 13 字。

纹饰：四周饰云卷纹。

现藏：绥德县博物馆。

著录：《榆林碑石》。

提要：记张秉愚、张崧等 10 人姓名、官职。

扁鹊观碑

年代：清乾隆年间（1736—1795）刻立。

形制：圆首。通高 2.10 米，宽 0.77 米，厚 0.20 米。

行字：额楷书"皇清"2 字。正文楷书 20 行，满行 45 字。

撰书：薛如炳撰并书。

纹饰：碑额饰二龙戏珠图案。

现藏：城固县城隍庙。

提要：记扁鹊观来历，及扁鹊观地产、公产和三县信士姓名。

*马馨等十六人题名碑

年代：清乾隆年间（1736—1795）刻立。

形制：高 0.64 米，宽 0.81 米，厚 0.05 米。

行字：正文楷书 16 行，满行 9—20 字不等。

现藏：绥德县博物馆。

著录：《榆林碑石》。

提要：记马馨、马重爱等 16 人姓名、历官。

*摹九成宫醴泉铭

年代：清乾隆年间（1736—1795）刻立。

形制：横石册页式。共 3 石。

行字：册页式，共 12 页。正文楷书，每页 10 行，满行 10 字。

撰书：朱鼎书，卜兆梦刻石。

现藏：西安碑林博物馆。

著录：《西安碑林全集》。

提要：此碑刊朱鼎临摹《九成宫醴泉铭》。

卢询书翰

全称：光禄寺正卿卢老先生讳询书。

年代：清乾隆年间（1736—1795）刻立。

形制：高 0.29 米，长 0.31 米。

行字：正文楷书 12 行，满行 16 字。

撰书：卢询书。

现藏：西安碑林博物馆。

著录：《西安碑林全集》。

提要：碑文内容为卢询答谢他人赠予的集王羲之书法拓本的一封信，收信人不详。卢询，康熙朝任光禄寺卿。

式好堂藏帖

年代：清乾隆年间（1736—1795）刻立。

形制：共 36 石，尺寸相同。高 0.32 米，宽 0.34 米。

行字：正文行书，行字数不等。

现藏：西安碑林博物馆。

著录：《咸宁长安两县续志》《西安碑林全集》。

提要：又名"董香光十六种"，清乾隆年间张世范辑，原在蒲城张家，民国归张凤翔，1955 年入藏西安碑林。董其昌，华亭人，字玄宰、思白，号香光居士。神宗万历十七年（1589）进士，官至南京礼部尚书，谥文敏。精书画，明末四大书法家之一。

*张焕斗兰竹图

年代：清乾隆年间（1736—1795）刻立。

形制：圆首。高 1.73 米，宽 0.69 米。

撰书：张焕斗画并书题诗。

现藏：西安碑林博物馆。

著录：《西安碑林博物馆藏碑刻总目提要》。

备注：碑阴为张焕斗画，吴泰来行书题诗。

提要：碑阳绘兰草数丛，右上侧空白处题诗一首。张焕斗，字耀北，清代陕西蒲城人。吴泰来，字企晋，号竹屿，清代常州（今江苏省吴县）人，乾隆进士，为吴中七子之一。

废邱关创立义学碑

年代：清乾隆年间（1736—1795）刻立。

形制：方首龟座。通高 1.36 米，宽 0.64 米，厚 0.19 米。

行字：正文楷书 20 行，满行 40 字。

纹饰：碑额饰牡丹纹。

现藏：凤县南星镇留凤关中学。

提要：记创立义学缘由。

*咏马嵬吊贵妃诗

年代：清乾隆年间（1736—1795）刻立。

形制：高 0.34 米，宽 2.68 米，厚 0.08 米。

行字：正文行书 103 行，满行 18 字。

撰书：李商隐、郑畋、贾岛、温庭筠、崔道融等撰，顾声雷书。

现藏：兴平市杨贵妃墓博物馆。

提要：此碑为清乾隆间兴平知县顾声雷书写唐代诗人李商隐、郑畋、贾岛、温庭筠、崔道融等人诗。

*乾隆圣旨碑

年代：清乾隆年间（1736—1795）刻立。

形制：通高 2.38 米，宽 0.93 米，厚 0.25 米。

行字：正文楷书 19 行，满行 26 字。

撰书：毕沅撰。

现藏：眉县槐芽镇清湫村太白庙。

提要：记太白山祷雨宗教活动。

贾经儒墓志

全称：皇清例赠文林郎乡饮介宾太学生林辅贾老先生墓志铭。

年代：清嘉庆元年（1796）刻。

形制：共 2 石，尺寸相同。长 0.72 米，宽 0.67 米。

行字：册页式，共 13 页。志文楷书 84 行，满行 15 字。

撰书：杨毓江撰，梁世禄书并篆盖，张汉卿镌。

出土：1969 年出土于户县牛东乡牛东大堡村东。

现藏：户县牛东乡牛东村。

著录：《户县碑刻》。

提要：贾经儒，字林辅。世居户县留犊堡。兄弟二人，行一。父仪天翁早年贾于四川打箭炉，遂富甲一邑。辛巳、壬午岁饥，经儒周济闾里，捐粟施粥。邑令以"尚义乐施"匾之。生于康熙五十九年（1720）十二月二十四日，卒于乾隆五十九年（1794）四月初一日。配纪氏，生子四，长交泰，戊申举人；次丰泰，附贡生；次升泰，辛卯武魁；次居泰，廪贡生。孙男四、孙女六；曾孙一。撰文杨毓江，赐进士出身、户部主事。书丹梁世禄，原任山东兰山县知县。

田伯程暨妻周氏墓志

年代：清嘉庆元年（1796）刻。

形制：志正方形。边长 0.50 米。

行字：志文楷书 25 行，满行 27 字。

撰书：何有论撰并书。

出土：出土于蒲城县龙阳镇尹家村，时间

不详。

现藏：蒲城县文物保护开发中心。

提要：记田伯程及其夫人生平。

百寿图碑

年代：清嘉庆元年（1796）刻立。

形制：高 1.55 米，宽 0.60 米。

行字：正文篆书 6 行，共 100 字。题记草书 3 行，满行字数不等。

撰书：李元凤书，邱仲金刻字。

现藏：西安碑林博物馆。

提要：以各种篆体书百寿字。

*嘉庆元年祭周陵碑

年代：清嘉庆元年（1796）刻立。

形制：圆首方座。通高 1.10 米，宽 0.45 米。

行字：正文行楷 8 行，满行 26 字。

现藏：咸阳市周陵文物管理所。

著录：《咸阳市渭城区志》《渭城文物志》。

提要：记清嘉庆元年，以授受大典礼成，遣西安副都统祭周文王陵。

孝义川新修城隍庙记

年代：清嘉庆元年（1796）刻立。

形制：高 1.37 米，宽 0.78 米。

行字：正文楷书 15 行，满行 33 字。

撰书：叶文麟撰并书。

现藏：柞水县城。

提要：记柞水县于清初设孝义厅时，人口渐众，讼事日纷，陋规甚多，修城隍庙以安地方之过程。

*王君墓志

年代：清嘉庆二年（1797）刻。

形制：志正方形。边长 0.54 米，厚 0.08 米。

行字：志文楷书 15 行，满行 17 字。

纹饰：盖四周饰麒麟图案。

出土：2004 年出土于富县富城镇王家崾岘。

现藏：鄜州博物馆。

提要：记王君生平事迹。

*郭痖夫墓志

年代：清嘉庆二年（1797）刻。

形制：圆首座趺。通高 1.75 米，宽 0.69 米，厚 0.20 米。

行字：志文楷书 19 行，满行 39 字。

撰书：王士魁撰并书。

纹饰：碑额饰卷云纹，碑身四周饰几何纹。

出土：出土时间、地点不详。

现藏：陇县李家河乡曹家咀村南。

提要：记郭痖夫生平。

侯长禧题诗碑

年代：清嘉庆二年（1797）刻立。

形制：高 0.45 米，宽 0.65 米。

行字：正文楷书 16 行，满行 10 字。

撰书：侯长禧撰。

现藏：勉县武侯祠博物馆。

提要：碑系嘉庆二年郏城学者谒武侯祠，为表敬仰之情，题颂诗一首。

重修献殿志

年代：清嘉庆二年（1797）刻立。

形制：高 1.20 米，宽 0.64 米。

行字：正文楷书 13 行，满行 32 字。

纹饰：四周饰莲花纹。

出土：原在华阴县拱极观，1976 年迁移西岳庙。

现藏：华阴市西岳庙文物管理处。

著录：《华山碑石》。

提要：记拱极观献殿年久倾圮，众人捐资重

修，乾隆六十年（1795）兴工，嘉庆
二年告竣。

立铁旗杆志

年代：清嘉庆二年（1797）刻立。

形制：圆首。高 1.62 米，宽 0.60 米。

行字：正文楷书 9 行，满行 31 字。

纹饰：四周饰卷云纹。

现藏：华阴市西岳庙文物管理处。

著录：《华山碑石》。

备注：断为二块。

提要：记清嘉庆年间华阴拱极观募化十方，
在观前竖立铁旗杆一对，重 5000 余
斤，不三月而成功事。

指路碑

年代：清嘉庆二年（1797）刻立。

形制：圆首。高 0.70 米，宽 0.42 米。

纹饰：额刻弓一张，矢三支。

现藏：平利县迎太乡。

著录：《安康碑版钩沉》。

备注：此为清同治十年（1871）重刊。

提要：记邹氏立指路牌事。

军需局设立条规碑记

年代：清嘉庆二年（1797）刻立。

形制：圆首方座。通高 2.09 米，宽 0.62 米，
厚 0.15 米。

行字：正文楷书 14 行，满行 43 字。

现藏：三原县博物馆。

提要：记载军需局管理条规。

*创修蜀河石堡碑

年代：清嘉庆二年（1797）刻立。

形制：方首。高 2.30 米，宽 1.20 米。

撰书：周光裕撰。

出土：《安康碑版钩沉》。

现藏：旬阳县蜀河镇。

提要：记清嘉庆二年知兴安府事周光裕集资
创修蜀河石堡以防乱事。

郭世贵暨妻朱氏墓碑

年代：清嘉庆三年（1798）刻立。

形制：圆首。通高 1.77 米，宽 0.70 米，厚
0.18 米。

行字：额篆书"寿"字。正文楷书 19 行，
满行 42 字。

撰书：王士魁撰，刘德明书。

纹饰：碑额饰卷云纹，碑身四周饰几何纹。

现藏：陇县李家河乡郭家山村。

提要：碑阳为墓主人名及立碑者。碑阴记郭
世贵生平。

建修弥勒佛四大尊王碑序

年代：清嘉庆三年（1798）刻立。

形制：圆首方座。通高 2.14 米，宽 0.67 米，
厚 0.07 米。

行字：额楷书 3 行，满行 3 字，题"建修
弥勒佛碑记"。正文楷书 18 行，满
行 38 字。

撰书：黄养纯撰，李增荣书。

纹饰：碑额饰水波纹，碑身四周饰龙纹、
龟背纹、折枝石榴、桃果、菱形花
瓣纹等。

现藏：绥德县名州镇七里铺村蕲王庙。

著录：《榆林碑石》。

提要：记绥德一步岩四方乡众捐资修建弥勒
佛和四大尊王像事并记助缘人姓名。

*王俊儒施地题记

年代：清嘉庆三年（1798）刻立。

形制：高 0.58 米，宽 0.72 米。

行字：正文楷书 13 行，满行 12 字。

撰书：王纯儒书，杨万忠刻。

现藏：绥德县名州镇七里铺村蕲王庙。

著录：《榆林碑石》。

提要：记王俊儒自愿将五饷地施予一步崖，永为香火之费。

屈仲翔墓碑

年代：清嘉庆三年（1798）刻立。

形制：圆首。高 1.30 米，宽 0.60 米，厚 0.19 米。

行字：正文楷书，共 43 字。

现藏：蒲城县三合乡义龙村屈家祠堂前。

提要：此碑为屈仲翔墓碑。屈仲翔，官云南道监察御史。

原相吉墓志

全称：皇清邑庠生相吉原公墓志铭。

年代：清嘉庆三年（1798）刻。

形制：志正方形。边长 0.63 米。

行字：志文楷书 34 行，满行 33 字。

撰书：刘可祝撰，党起秘书，原简篆盖。

出土：出土时间、地点不详。

现藏：蒲城县博物馆。

提要：记原相吉家族世系、生平。

穆昊墓志

全称：皇清敕授文林郎原任山东济南府章邱县知县继任甘肃皋兰县知县沧岚穆公墓志铭。

年代：清嘉庆三年（1798）刻。

形制：志、盖尺寸相同。长 0.70 米，宽 0.74 米。

行字：册页式。正文行楷 81 行，满行 16 字。

撰书：秦维岳撰，汪墉书。

出土：1956 年出土于西安市西郊。

现藏：西安碑林博物馆。

著录：《西安碑林全集》。

提要：穆昊，字映旭，号熙斋，别号沧岚。世居南京，后移居长安。乾隆二十四年（1759）举人，曾任山东肥城、章邱县令和甘肃皋兰县令。嘉庆三年卒，享年六十五。本年十月廿五日葬。

闫常蠹暨妻屈氏墓碑

年代：清嘉庆四年（1799）刻立。

形制：圆首方座。通高 2.45 米，宽 0.88 米，厚 0.28 米。

纹饰：碑额饰香炉及花瓶图案，碑身四周饰人物、花卉图案。

现藏：陇县东风水泥厂。

提要：闫常蠹，字正霄，吏部候铨，登仕郎。

*圣母殿长明灯碑

年代：清嘉庆四年（1799）刻立。

形制：砂石质，圆首。高 0.99 米，宽 0.42 米。

行字：正文楷书 14 行，满行 40 字。

纹饰：四周饰卷草纹。

现藏：神木县二郎山圣母庙。

备注：略有剥蚀。

提要：记刘体元、刘泽远父子募捐集资供奉圣母殿长明灯事宜。

刘厨子辩

年代：清嘉庆四年（1799）刻立。

形制：共 4 石。高 0.30 米，前 3 石宽 0.50 米，后 1 石宽 0.35 米。

行字：正文楷书，每石 15 行，满行 13 字。跋文 16 行，满行 18 字。

撰书：马慧裕撰并书。

现藏：西安碑林博物馆。

提要：刘厨子原名刘文徽，曾任河南储使，

他曾以屠夫和羹喻治天下，遂得厨子之号。撰书马慧裕，汉军正黄旗人，乾隆进士，嘉庆间任河南布政使，官至礼部尚书。

文昌阁记

年代：清嘉庆四年（1799）刻立。

形制：正方形。边长 0.56 米，厚 0.07 米。

行字：正文行楷 23 行，满行 20 字。

撰书：李芳桂撰并书。

现藏：渭南市临渭区中心博物馆。

提要：记胡贤东在村南建文昌帝君阁事。

*王梁汉墓志

年代：清嘉庆四年（1799）刻。

形制：志长 0.63 米，宽 0.59 米，厚 0.10 米。

行字：志文楷书 26 行，满行 32 字。

出土：出土于蒲城县三合乡忽家村，时间不详。

现藏：蒲城县王鼎纪念馆。

提要：记王梁汉家族世系、生平。

修墙记

年代：清嘉庆四年（1799）刻立。

形制：高 1.50 米，宽 0.63 米。

行字：正文楷书 8 行，满行 40 字。

撰书：徐双桂撰，萧知音书，魏韶振篆额。

现藏：韩城市博物馆。

提要：记知县徐双桂募资重修韩城文庙墙垣事。

王静斋墓碑

年代：清嘉庆四年（1799）刻立。

形制：圆首。通高 0.66 米，宽 0.50 米，厚 0.16 米。

行字：正文楷书 3 行，满行 15 字。

出土：原立于蒲城县三合乡忽家村。

提要：此系王静斋后人所立墓碑。

*王静斋墓志

年代：清嘉庆四年（1799）刻。

形制：长 0.65 米，宽 0.64 米，厚 0.05 米。

行字：志文楷书 28 行，满行 32 字。

出土：蒲城县三合乡忽家村，时间不详。

现藏：蒲城县王鼎纪念馆。

提要：记王静斋家世生平。

重修蓝田县庙学碑

年代：清嘉庆四年（1799）刻立。

形制：圆首。高 2.05 米，宽 0.80 米。

行字：正文楷书 14 行，满行 36 字。

撰书：俞廷樟撰并书，强力悦刻。

纹饰：碑额饰二龙戏珠图案，碑身左右饰龙纹。

现藏：蔡文姬文物管理所。

提要：记清嘉庆四年重修蓝田县庙学事。

*王梦祖墓志

年代：清嘉庆四年（1799）刻。

形制：志长 0.96 米，宽 0.94 米，厚 0.10 米。

行字：志文楷书 39 行，满行 44 字。

出土：出土于蒲城县三合乡忽家村，时间不详。

现藏：蒲城县王鼎纪念馆。

提要：记王梦祖家族世系、生平。

*穆辅虞妻萧氏墓志

年代：清嘉庆四年（1799）刻立。

形制：志长 0.49 米，宽 0.40 米。

行字：志文行楷 9 行，满行 22 字。

出土：1956 年出土于西安市西郊土门。

现藏：西安碑林博物馆。

著录:《西安碑林全集》。

提要:萧氏,为文林郎穆辅虞继配夫人,封太孺人。嘉庆四年七月廿五日卒,享年八十,十一月一日葬。

史母刘氏墓志

全称:皇清敕封孺人史母刘孺人墓志铭。

年代:清嘉庆四年(1799)刻立。

形制:志长 0.66 米,宽 0.63 米。

行字:志文行楷 29 行,满行 30 字。

撰书:史天枢撰,杨翼翰书,张代昌篆盖。

出土:1972 年出土于华阴县南营村。

现藏:西安碑林博物馆。

著录:《华山碑石》。

提要:刘氏为故秦安训导刘启业之女,适史犹龙为继配。犹龙以明通进士教谕富平,升阳武知县,以继母忧去职。刘氏生于康熙六十年(1721)十一月初十日,卒于嘉庆三年(1798)十一月二十五日。撰文史天枢,庚子举人。篆盖张代昌,太学生。书丹杨翼翰,生员。

汉黄征君祠记

年代:清嘉庆四年(1799)刻立。

形制:共 8 石,尺寸相同。高 0.35 米,宽 0.38 米。

行字:正文楷书 10 行,行字数不等。

撰书:吴蔚光撰,马慧裕书。

现藏:西安碑林博物馆。

著录:《咸宁长安两县续志》《西安碑林全集》。

提要:黄征君即黄宪,其祠始建于明嘉靖四十三年(1564),在正阳县治西北隅。清乾隆二十九年(1764)重修,六十年(1795)又重修。黄宪,字叔度,汝南慎阳人。东汉名士,《后汉书》有传。

普济群婴

年代:清嘉庆四年(1799)刻立。

形制:高 0.38 米,宽 0.34 米,厚 0.06 米。

行字:正文楷书 4 字。

现藏:彬县龙高镇程家川村。

提要:正中"普济群婴"四字,上款"大清嘉庆岁次庚申季春之吉",下款"独堆川合社人等重修"。

谒武侯庙诗

年代:清嘉庆四年(1799)刻立。

形制:高 0.37 米,宽 0.61 米。

行字:正文隶书 17 行,满行 10 字。

撰书:杜鄂撰并书。

现藏:岐山县五丈原诸葛亮庙博物馆。

提要:记岐山知县杜鄂题诗两首。

重修五丈原武侯祠记

年代:清嘉庆四年(1799)刻立。

形制:高 1.90 米,宽 0.70 米。

行字:正文楷书 19 行,满行 60 字。

撰书:杜鄂撰,□廷楷书。

现藏:岐山县五丈原诸葛亮庙博物馆。

提要:记岐山知县杜鄂重修武侯祠事。

*创立商山宗祠

年代:清嘉庆四年(1799)刻立。

形制:高 0.63 米,宽 0.51 米。

行字:正文楷书 16 行,满行 22 字。

撰书:陈典文撰并书。

现藏:商南县党马乡黑漆河村刘家祠堂。

提要:记刘氏一族迁徙状况以及公议祭田设置状况。

重修山神庙碑

全称:重修山神庙暨照壁栏墙碑记。

年代：清嘉庆四年（1799）刻立。

形制：圆首方座。高 1.09 米，宽 0.51 米，厚 0.17 米。

行字：正文楷书 10 行，满行 25 字。

撰书：刘振绪撰，宋敷训书。

出土：原存耀县药王山北洞。

现藏：药王山博物馆。

著录：《药王山碑刻》《陕西药王山碑刻艺术总集》。

提要：记嘉庆元年（1796）二月刘重道等重修山神庙暨照壁栏墙事。

剔积弊碑

全称：署陇州正堂王太爷剔积弊碑记。

年代：清嘉庆五年（1800）刻立。

形制：圆首方座。两面刻。通高 1.12 米，宽 0.58 米，厚 0.14 米。

行字：正文楷书 23 行，满行 34 字。

撰书：王玺教书。

纹饰：碑额饰仙鹤图案，碑身四周饰蔓草纹。

现藏：陇县东南镇河沟村村委会院内。

提要：碑阳记釐剔积弊的必要性。碑阴为陇州知州王某所订立章程。

姜嫄圣母记

年代：清嘉庆五年（1800）刻立。

形制：高 0.80 米，宽 0.60 米。

行字：正文楷书 20 行，满行 14 字。

现藏：岐山县周公庙管理处。

提要：碑文对周人始祖姜嫄圣德进行赞美，对《史记》《诗经》中关于姜嫄的记载进行了考证。

戴一秀墓碑

全称：羽化恩师戴一秀真人碑墓志。

年代：清嘉庆五年（1800）刻立。

形制：高 0.77 米，宽 0.36 米。

行字：正文楷书 7 行，满行字数不等。

撰书：王阳喜、王来会、赵来成、舒来朝立。

纹饰：碑额饰卷云纹，碑身四周饰蔓草纹。

出土：灵岩寺旧藏。

现藏：略阳县灵岩寺博物馆。

提要：记载戴一秀名号及立碑时间。

汉丞相诸葛忠武侯墓记

年代：清嘉庆五年（1800）刻立。

形制：平首剡角。高 1.40 米，宽 0.68 米，厚 0.15 米。

行字：志文楷书 22 行，满行 52 字。

撰书：龚景瀚撰，马允刚书。

现藏：勉县武侯墓博物馆。

著录：（光绪）《沔县志》《沔阳碑石》《汉中碑石》。

提要：记兵部尚书督理粮储总督陕甘部堂松筠于嘉庆年间来武侯墓拜谒，幕僚谭炳通堪舆之学，踏勘地形后，妄言大殿后墓冢为假坟，真坟应在其后西南 50 米的半坡之处。松筠信以为真，即命知县马允刚垒土为坟，以实其说。

维修关帝庙纪事碑

年代：清嘉庆五年（1800）刻立。

形制：圆首方座。通高 1.62 米，宽 0.80 米，厚 0.12 米。

行字：正文楷书 18 行，满行 39 字。

撰书：马允刚撰并书。

纹饰：两边饰卷草纹。

现藏：勉县武侯祠博物馆。

提要：记清嘉庆五年，沔县为关羽修建祠庙事。

王军门碑

全称：建威将军固原军门王公祠堂记。

年代：清嘉庆五年（1800）刻立。

形制：碑残损。残高 0.79 米，宽 0.74 米，厚 0.14 米。

行字：额楷书"王军门碑"4 字。正文楷书 28 行。

撰书：马允刚撰并书。

出土：原竖于勉县王公祠。

现藏：勉县武侯祠博物馆。

著录：《汉中碑石》。

提要：记嘉庆五年七月，固原提督王文雄追剿白莲教起义军，殉命于西乡棱罗关。当地贤达与百姓在沔县为其建祠于马公祠西侧。撰书马允刚，大名府开州人，时任沔县知县。

诸葛亮前后出师表

年代：清嘉庆五年（1800）刻立。

形制：平首方座。通高 2.08 米，宽 0.86 米。

行字：正文楷书 38 行，满行 43 字。

撰书：马允刚书。

现藏：勉县武侯祠博物馆。

提要：刊马允刚所书《出师表》和《后出师表》。

惠介夫暨妻简氏合葬墓志

全称：皇清大学生介夫惠公暨元配简孺人合葬墓志铭。

年代：清嘉庆五年（1800）刻。

形制：志正方形。边长 0.60 米。

行字：志文楷书 26 行，满行 29 字。

撰书：魏梦龙撰。

出土：出土于蒲城县苏坊镇，时间不详。

现藏：蒲城县博物馆。

提要：记惠介夫生平。

修神场山门阁王匾碑

年代：清嘉庆五年（1800）刻立。

形制：圆首。通高 1.33 米，宽 0.64 米，厚 0.26 米。

行字：正文楷书 50 行，满行 30 字。

纹饰：四周饰缠枝花卉纹。

现藏：蒲城县尧山庙山门内石狮后。

著录：《尧山圣母庙与神社》。

备注：此碑系磨去原碑阳文字重刻。

提要：记尧山庙前山路与庙宇神场山门被水冲毁后捐资修补事。

*嘉庆五年祭华山碑

年代：清嘉庆五年（1800）刻立。

形制：平首。高 2.30 米，宽 1.00 米。

行字：正文楷书 14 行，满行 29 字。

纹饰：四周饰宝相缠枝花纹。

现藏：华阴市西岳庙文物管理处。

著录：《华山碑石》。

提要：记清嘉庆五年二月十三日户部侍郎周兴岱奉钦命祭西岳华山之神。

集楔帖

年代：清嘉庆五年（1800）刻立。

形制：共 37 石，尺寸相同。边长 0.38 米。

行字：正文楷书，每石 14 行，满行字数不等。

撰书：马慧裕书，叶文麟跋。

现藏：西安碑林博物馆。

著录：《咸宁长安两县续志》《西安碑林全集》。

提要：此帖是马慧裕集王羲之书法而编纂的对联，前半部为集《兰亭序》，后半部为集《怀仁集王圣教序》，原为马慧裕嘉庆五年赴河南时赠叶文麟。原有 2000 联，叶择其中 300 至精者上石，陈列于碑林。

恪遵章程

年代：清嘉庆五年（1800）刻立。

形制：圆首方座。通高 2.24 米，宽 0.67 米，厚 0.16 米。

行字：正文楷书 23 行，满行 32 字。

纹饰：碑额饰瑞兽、寿字等。

现藏：三原县博物馆。

提要：记载三原乡民议定之乡规民约。

重修真人娘娘洞碑

年代：清嘉庆五年（1800）刻立。

形制：圆首。高 1.83 米，宽 0.72 米，厚 0.15 米。

行字：正文楷书 7 行，满行 46 字。

撰书：吕仲选撰并书。

纹饰：碑额饰二龙戏珠图案，碑身四周饰花卉草叶纹。

现藏：彬县龙高镇程家川村西南。

提要：记程家川合社人等集资修真人娘娘洞事。

*嘉庆五年祭周陵碑

年代：清嘉庆五年（1800）刻立。

形制：圆首方座。通高 1.18 米，宽 0.48 米。

行字：正文行楷 7 行，满行 30 字。

纹饰：碑额饰龙纹。

现藏：咸阳市周陵文物管理所。

著录：《咸阳市渭城区志》《渭城文物志》。

提要：恭奉高宗纯皇帝升配南北郊，礼成致祭周文武王之陵。

重修神殿神像记

年代：清嘉庆五年（1800）刻立。

形制：螭首方座。高 2.05 米，宽 0.75 米，厚 0.25 米。

行字：正文楷书 6 行，满行 41 字。

撰书：文致中撰并书。

出土：1905 年出土于耀县文家堡之崇庆寺遗址。

现藏：药王山博物馆。

著录：《药王山碑刻》《陕西药王山碑刻艺术总集》。

备注：附刻于《张僧妙法师碑》之阴。

提要：记七社等公议重修唐原东村石佛寺神殿三间，塑佛一尊、菩萨二尊及左右率神四尊。举于戊午，成于庚申。

重修白云山仙人井记

年代：清嘉庆六年（1801）刻立。

形制：方首方座。通高 2.25 米，宽 0.77 米，厚 0.15 米。

行字：正文楷书 13 行，满行 51 字。

撰书：张珣撰，杜如牧书并篆额。

纹饰：四周饰花卉纹、水波纹。

现藏：佳县白云山白云观真武祖师殿。

著录：《白云山白云观碑刻》。

提要：记仙人井由来，以年久淤塞，乾隆己未夏五月，葭州阴阳典术杜宗文督工掘泥，使泉水复涌，并覆以石洞保护。

重修白云山碑

年代：清嘉庆六年（1801）刻立。

形制：方首方座。通高 2.56 米，宽 0.81 米，厚 0.17 米。

行字：正文楷书 19 行，满行 62 字。

撰书：薛鹏翼撰，杜如牧书并篆额，李汗儒刊。

纹饰：四周饰卷云纹。

现藏：佳县白云山白云观正殿前鼓楼下。

著录：《榆林碑石》《白云山白云观碑刻》。

提要：记重修低头石牌坊及乾隆辛卯年
（1771）监生郭显琮等维修 10 余处
庙宇，乾隆甲午年（1774）阴阳典术
杜宗文补修其余庙宇事宜。

□士施舍地亩碑

年代：清嘉庆六年（1801）刻立。

形制：高 0.65 米，宽 0.60 米。

行字：正文楷书 18 行，满行 19 字。

撰书：李如淮撰并书，萧木忠立石。

现藏：勉县武侯墓博物馆。

著录：《沔阳碑石》。

备注：右上方残缺。

提要：记朱详训等 6 人捐助武侯墓田地亩
数、地理位置、产粮数量，以及前主
持常松置地情况。

忠武侯梁父吟琴吟碑

年代：清嘉庆六年（1801）刻立。

形制：方座。通高 1.50 米，宽 0.76 米，厚
0.10 米。

行字：正文楷书 12 行，满行 26 字。

撰书：马允刚书。

纹饰：碑额饰二龙戏珠图案，碑身四周饰
回纹。

出土：此碑自立未移。

现藏：勉县武侯祠博物馆。

著录：《忠武祠墓志》。

提要：碑刻诸葛亮《梁父吟》《琴吟》全文
两首。

重修观音庙碑记

年代：清嘉庆六年（1801）刻立。

形制：圆首。高 1.81 米，宽 0.69 米。

行字：正文楷书 18 行，满行 50 字。

纹饰：碑额饰二龙戏珠图案。

现藏：蒲城县博物馆。

提要：记贾镇西府重修观音庙事。

*抵抚白莲教纪事碑

年代：清嘉庆六年（1801）刻立。

形制：高 0.92 米，宽 0.46 米。

行字：正文楷书 18 行，满行 35 字。

撰书：马鸣銮撰，寇序臣书。

现藏：洛南县麻坪镇农兴村。

提要：记清嘉庆五年四月二十七日洛南石庵
村三保军民乡勇与白莲教战事。

*裘行简咏马嵬诗碣

年代：清嘉庆六年（1801）刻立。

形制：高 0.73 米，宽 0.37 米，厚 0.08 米。

行字：正文行书 14 行，满行 8 字。

撰书：裘行简撰并书。

现藏：兴平市杨贵妃墓博物馆。

提要：此碑为嘉庆六年直隶总督裘行简过马
嵬作诗四首并立石作记。

谒小瞿塘庙诗

年代：清嘉庆七年（1802）刻立。

形制：高 0.54 米，宽 0.79 米，厚 0.07 米。

行字：正文楷书 24 行，共 350 字。

撰书：曹玉树、李步瀛撰。

纹饰：左右梅花纹饰、上下兽头纹饰。

出土：原在延川县石沟湾真武庙。

现藏：延川县文化文物馆。

著录：《延川县文物志》。

提要：举人曹玉树、李步瀛随县令张炽往谒
真武庙和诗三首。

七里湾重修庙成书以纪事

年代：清嘉庆七年（1802）刻立。

形制：高 0.53 米，宽 0.80 米，厚 0.07 米。

行字：正文楷书 22 行，满行 13 字。

撰书：张炽书。

纹饰：上下边存云纹、左右饰兽首纹。

出土：延川县石沟湾真武庙。

现藏：延川县文化文物馆。

著录：《延川县文物志》。

提要：记载重修七里湾真武庙成，赋诗四首事。

*禁挖山河堰堤碑

年代：清嘉庆七年（1802）刻立。

形制：高 1.45 米，宽 0.66 米。

行字：正文楷书 16 行，满行 41 字。

撰书：王多士撰，孙骏烈书。

纹饰：两侧饰龙纹。

出土：原立于汉中褒城山河堰头。

现藏：汉中博物馆。

提要：山河堰自汉而降，惠泽一方，自古有严格的护堰、用水管理制度。此碑记述嘉庆六年因天旱水竭，第三堰不遵旧制，私掘官堰。南郑、褒城二县派员勘验，为禁绝用水争端，特刊碑为记。

杨义菴功德碑

全称：敕旌孝子例赠永德郎举孝廉方正给六品顶带大学生义菴杨公宾行碑记。

年代：清嘉庆七年（1802）刻立。

形制：高 1.35 米，宽 0.68 米。

行字：正文楷书 15 行，满行 47 字。

撰书：李逢泰撰并书。

现藏：合阳县博物馆。

提要：此碑为六品顶戴太学生杨义菴子孙为其所立功德碑。

重修诸葛武侯庙碑记

年代：清嘉庆七年（1802）刻立。

形制：平首方座。通高 1.60 米，宽 0.80 米，厚 0.18 米。

行字：正文楷书 20 行，满行 41 字。

撰书：马允刚撰，余兆璎书。

现藏：勉县武侯祠博物馆。

著录：《汉中碑石》。

提要：记清嘉庆元年（1796），白莲教起事致诸葛武侯庙被毁。沔县诸生合议，重修围墙、寝宫、戟门、客厅、别院、琴亭、碑亭等。

题武侯墓碑

全称：重修汉丞相诸葛武乡侯墓成敬题。

年代：清嘉庆七年（1802）刻立。

形制：高 0.98 米，宽 0.64 米。

行字：正文楷书 19 行，满行 17 字。

撰书：马允刚书，王俊章刻。

纹饰：四周饰云雷纹。

现藏：勉县武侯墓博物馆。

提要：赞颂武侯忠贞精神。

重修诸葛武侯墓记

年代：清嘉庆七年（1802）刻立。

形制：平首刹角。高 1.50 米，宽 0.74 米，厚 0.18 米。

行字：正文楷书 19 行，满行 64 字。

撰书：吴宗文、李长庚、周天昌、李润撰，余兆璎书。

纹饰：四周饰卷云纹。

现藏：勉县武侯墓博物馆。

著录：《沔阳碑石》。

提要：记清嘉庆七年勉县知县马允刚集资重修武侯墓事。

*捐款碑记

年代：清嘉庆七年（1802）刻立。

形制：平首刹角。高 1.63 米，宽 0.74 米，
厚 0.13 米。

行字：正文楷书 21 行，满行 52 字。

纹饰：额饰卷云纹。

现藏：勉县武侯墓博物馆。

提要：记额勒登保等川、陕、汉中 61 名地
方官员捐资事。

重修汉丞相忠武侯墓祠记

年代：清嘉庆七年（1802）刻立。

形制：高 1.78 米，宽 0.77 米，厚 0.20 米。

行字：正文楷书 19 行，满行 58 字。

撰书：马允刚撰并书，王俊章刻。

纹饰：额饰二龙戏珠图案，碑身两侧饰云纹。

现藏：勉县武侯墓博物馆。

著录：《沔阳碑石》。

提要：记清嘉庆七年修武侯墓大殿、献殿、
斋室、道院等情况，以及郭景纯等人
考证前后二墓真假一事。

谒武乡侯墓四诗

年代：清嘉庆七年（1802）刻立。

形制：高 0.66 米，宽 0.96 米，厚 0.15 米。

行字：志文行书 20 行，满行 18—19 字不等。

撰书：祝曾撰并书，王俊章刻。

纹饰：四周饰云纹。

现藏：勉县武侯祠博物馆。

著录：《汉中碑石》。

提要：赞颂诸葛亮鞠躬尽瘁、死而后已的高
风亮节。

重修关帝庙碑

年代：清嘉庆七年（1802）刻立。

形制：高 1.20 米，宽 0.32 米。

行字：正文楷书 8 行，满行 51 字。

撰书：党绍修撰，党绍祖书。

现藏：合阳县博物馆。

提要：记重修百里坊关帝庙缘由及重修后
规模。

*谒武侯墓题诗碑

年代：清嘉庆七年（1802）刻立。

形制：高 0.32 米，宽 0.64 米。

行字：正文楷书 23 行，满行 9 字。

撰书：额勒德理撰并书。

现藏：勉县武侯祠博物馆。

提要：记清嘉庆壬戌年（1802）孟秋慕山额
勒德理谒忠武侯祠墓题诗二首。

文昌帝君阴骘文

年代：清嘉庆七年（1802）刻立。

形制：高 0.85 米，宽 0.57 米。

行字：正文隶书，分 3 截，每截 15 行，满
行 13 字。

撰书：陈启圭书。

现藏：西安碑林博物馆。

提要：刻道教劝人向善之《文昌帝君阴骘文》。

高峰寺建立施汤碑

年代：清嘉庆七年（1802）刻立。

形制：圆首。残高 1.79 米，宽 0.72 米，厚
0.20 米。

行字：额篆书"皇清"2 字。正文楷书 15
行，满行 39 字。

撰书：侯建官撰，王士元书。

纹饰：四周饰蔓草纹。

出土：此碑自立未移。

现藏：乾县石牛乡和新阳乡交界处方山高
峰寺。

著录：《新编乾县志》。

提要：记高峰寺每年六月施饭食事。

修理道院记

年代：清嘉庆七年（1802）刻立。

形制：圆首方座。高 1.32 米，宽 0.58 米，厚 0.11 米。

行字：正文楷书 7 行，满行 27 字。

撰书：宋天眷撰并书。

出土：原存耀县药王山。

现藏：药王山博物馆。

著录：《药王山碑刻》《陕西药王山碑刻艺术总集》。

提要：记乾清隆四十二年（1777），道人胡本荣出资修理静明观事。

杜公重修白云山庙功德碑

年代：清嘉庆八年（1803）刻立。

形制：方首方座。高 1.76 米，宽 0.66 米。

行字：正文楷书 19 行，满行 53 字。

纹饰：四周饰花卉纹。

现藏：佳县白云山白云观正殿。

著录：《白云山白云观碑刻》。

备注：剥蚀较重。

提要：杜宗文字焕章，承先人业为阴阳典术官。自乾隆三十年（1765）至嘉庆八年，经约四十年募化十方，补修庙宇。

重修大象寺山门记

年代：清嘉庆八年（1803）刻立。

形制：高 0.75 米，宽 0.62 米。

行字：正文行书 13 行，满行 21 字。

撰书：杨知畏撰并书。

现藏：合阳县博物馆。

提要：记杨知畏重修大像寺事。

*诸葛武侯神位碑

年代：清嘉庆八年（1803）刻立。

形制：平首剁角，方座。高 1.28 米，宽 0.64 米，厚 0.15 米。

行字：正文楷书 14 行，满行 26 字。

纹饰：四周饰龙云纹。

现藏：勉县武侯祠博物馆。

著录：《沔阳碑石》。

提要：记清嘉庆八年皇帝钦命工部右侍郎兼管理钱法堂事务初彭龄致祭于武侯墓。

镇江庵赏输地记

年代：清嘉庆八年（1803）刻立。

形制：圆首。高 1.48 米，宽 0.82 米。

行字：正文楷书 15 行，满行 52 字。

纹饰：碑额饰双龙戏珠图案。

现藏：洋县龙亭镇镇江庵。

提要：记镇江庵庵产地 100 余亩的散失及回收过程。

创建真武行宫碑

全称：创建元天上帝真武行宫碑记。

年代：清嘉庆八年（1803）刻立。

形制：龟座。高 2.40 米，宽 0.83 米，厚 0.18 米。

行字：正文楷书 11 行，满行 60 字。

撰书：原崎撰。

纹饰：四周饰桃形、回纹。

现藏：蒲城县贾曲镇椿兴村。

提要：记创建真武行宫事。

原玉山暨妻合葬墓志

年代：清嘉庆八年（1803）刻。

形制：志正方形。边长 0.66 米，厚 0.09 米。

行字：志文楷书 28 行，满行 29 字。

撰书：惠纪常撰。

出土："文化大革命"期间出土于蒲城县苏

坊镇。

现藏：蒲城县文物保护开发中心。

提要：记原玉山生平。

牛氏墓表

全称：恭纪董孺人牛太君墓表铭。

年代：清嘉庆八年（1803）刻立。

形制：圆首。高 1.10 米，宽 0.52 米。

行字：正文行楷 11 行，满行 30 字。

纹饰：碑额饰牡丹纹，碑身四周饰几何纹。

出土：1956 年出土于华阴县横上村。

现藏：西安碑林博物馆。

著录：《华山碑石》。

提要：牛太君，董玉贤之妻，及笄于归。年廿岁夫卒。坚志守节，育子成人。后子董之凤病故，媳牛氏亦卒，复抚孙德生成立，及育曾孙游龙，寿登九旬。

六艺折中

年代：清嘉庆八年（1803）刻立。

形制：高 0.43 米，宽 0.96 米。

行字：正文楷书 4 字。

撰书：傅正志、晁升监修。

纹饰：四周饰花卉纹。

现藏：西安碑林博物馆。

提要：上款"嘉庆癸亥孟冬"，下款"咸宁傅正志、晁升等监修"。

纂修删定

年代：清嘉庆八年（1803）刻立。

形制：高 0.46 米，宽 1.23 米。

行字：正文楷书 4 字。

撰书：叶世倬、周道隆督建。

纹饰：四周饰花卉纹。

现藏：西安碑林博物馆。

提要：上款"嘉庆癸亥孟冬"，下款"上元叶世倬，泾阳周道隆督建"。

*何承燕过马嵬诗碣

年代：清嘉庆八年（1803）刻立。

形制：高 0.81 米，宽 0.57 米，厚 0.15 米。

行字：正文楷书 16 行，满行 19 字。

撰书：何承燕撰并书。

现藏：兴平市杨贵妃墓博物馆。

提要：碑为嘉庆诗人何承燕过马嵬赋诗四首。

*王万箱暨妻冯氏墓碑

年代：清嘉庆八年（1803）刻立。

形制：通高 1.20 米，宽 0.65 米，厚 0.20 米。

行字：正文楷书 40 字。

现藏：宝鸡市渭滨区马营镇南坡村。

提要：记载王万箱名讳及葬期。

五台山北道院创修献殿碑记

年代：清嘉庆八年（1803）刻立。

形制：圆首方座。高 1.32 米，宽 0.62 米。

行字：正文楷书 17 行，满行 38 字。

撰书：张树德撰，张习书，卫阶篆额。

现藏：药王山博物馆。

著录：《药王山碑刻》《陕西药王山碑刻艺术总集》。

提要：记池阳王象鼎捐资创修北道院献殿事。

重修三圣庙碑

年代：清嘉庆八年（1803）刻立。

形制：圆首方额。高 1.90 米，宽 0.72 米，首高 0.41 米。

行字：正文楷书，行字数无法辨识。

撰书：赵硕德书。

纹饰：碑额饰双凤朝八卦图案，碑身四周饰蔓草纹。

现藏：眉县金渠镇八练村三圣庙。

著录：《中国文物地图集·陕西分册》。

提要：记叙了原庙因年久颓废，重修后塑关帝、文昌、药王像各一尊。

重修青龙庙碑

年代：清嘉庆九年（1804）刻立。

形制：圭首方座。通高 2.49 米，宽 0.80 米，厚 0.12 米。

行字：额行书"重修题名"4 字。正文行书 28 行，满行 54 字。

撰书：强化方撰，栾逢会书。

纹饰：碑额饰双龙图案，碑身四周饰蔓草纹。

现藏：子长县栾家坪乡南家坪青龙庙。

提要：记重修青龙庙事。

*冯刘氏墓志

年代：清嘉庆九年（1804）刻。

形制：志长 0.45 米，宽 0.61 米，厚 0.08 米。

行字：志文楷书 30 行，满行 26 字。

撰书：张琛撰，李滋芳书。

出土：2006 年出土于黄龙县瓦子街镇偏石村。

现藏：黄龙县文物管理所。

提要：记冯刘氏家族世系、生平。

山河堰水利管理协议碑

年代：清嘉庆九年（1804）刻立。

形制：碑残损。残高 1.05 米，宽 0.67 米，厚 0.12 米。

行字：正文楷书 23 行，满行 44 字。

撰书：欧阳文学撰，郑兆祥、张瑞香书。

出土：原在汉中褒谷口东侧河东店境内。

现藏：汉中博物馆。

备注：碑首及碑身右上角断缺。

提要：记因山河堰无专人管理，弊窦丛生，故针对田主钻营和堰甲舞弊作出专门规定，晓谕公众。

薛氏家谱并规条序

年代：清嘉庆九年（1804）刻立。

形制：圆首。高 1.06 米，厚 0.41 米。

行字：额篆书"流芳百世"4 字。正文楷书 6 行，满行 36 字。

撰书：薛都明撰，薛辛戊书，薛逢甲篆额。

现藏：韩城市博物馆。

提要：记薛国观生平历官、生卒年月及子嗣情况，官至内阁大学士。

米景章先生传

年代：清嘉庆九年（1804）刻立。

形制：高 1.11 米，宽 0.74 米。

行字：正文楷书 40 行，满行 26 字。

撰书：岳振川撰。

纹饰：四周饰梅花及回纹。

出土：1997 年征集。

现藏：蒲城县博物馆。

提要：记米景章生平。

小三友图

年代：清嘉庆九年（1804）刻立。

形制：高 0.62 米，宽 0.28 米。

行字：正文楷书 9 行，满行 9 字。

现藏：西安碑林博物馆。

著录：《西安碑林博物馆藏碑刻总目提要》。

建修湖广会馆引

年代：清嘉庆九年（1804）刻立。

形制：高 1.85 米，宽 0.85 米。

行字：正文楷书 21 行，满行 43 字。

现藏：山阳县禹王宫。

提要：记清初山阳县移民纷至，山林渐开，

众多"下湖人"为增强联络，创建湖广会馆事由。

*游红石峡诗

年代：清嘉庆十年（1805）刻立。

形制：高 0.65 米，宽 0.75 米。

行字：正文行书 8 行，满行 8 字。

撰书：马履泰撰并书。

现藏：榆林市红石峡东壁。

提要：诗为马履泰游红石峡所作。

北伏龙刘姓村东水路碑记

年代：清嘉庆十年（1805）刻立。

形制：圆首。通高 1.06 米，宽 0.47 米。

行字：正文楷书 9 行，满行 25 字。

纹饰：四周饰蔓草纹。

现藏：澄城县韦庄镇北伏龙村。

著录：《澄城碑石》。

提要：记北伏龙村民众请风水师看治修补村东水路事。

武侯祠琴室纪略

年代：清嘉庆十年（1805）刻。

形制：木质。高 1.62 米，宽 2.18 米。

行字：正文隶书 27 行，满行 21 字。

撰书：李复心撰，张岱书。

出土：此碑自立未移。

现藏：勉县武侯祠博物馆。

著录：《汉中碑石》《忠武祠墓志》。

备注：文前印篆书"古迹重光"4 字。

提要：记清嘉庆十年（1805），武侯祠住持李复心积香火钱，维修沔县前任知县所建琴室事。

山陕会馆

年代：清嘉庆十年（1805）刻立。

形制：高 0.77 米，宽 1.51 米，厚 0.07 米。

行字：正文楷书 6 行，满行 6 字。

撰书：应丹诏书。

出土：此碑自立未移。

现藏：城固县五门堰文物管理所。

提要：此系山陕会馆门匾。

王杰墓志盖

全称：赐进士及第诰授光禄大夫太子太保晋太子太傅经筵讲官南书房供奉尚书房总师傅军机大臣紫光阁功臣东阁大学士兼管礼部事务予告在籍食奉赠太子太师入祀贤良祠王文端公墓志铭。

年代：清嘉庆十年（1805）刻。

形制：盖长 1.03 米，宽 0.43 米。

行字：盖文篆书 13 行，满行 6 字。

现藏：韩城市博物馆。

备注：志石佚。

补修圣庙各灯碑记

年代：清嘉庆十年（1805）刻立。

形制：圆首方座。通高 1.14 米，宽 0.41 米。

行字：正文楷书，行字数不详。

现藏：韩城市博物馆。

提要：记助缘人姓名。

关圣帝君训世真经

年代：清嘉庆十年（1805）刻立。

形制：高 1.26 米，宽 0.61 米。

行字：正文楷书 50 行，满行 11 字。

撰书：张述燕书，晁升刻。

现藏：西安碑林博物馆。

著录：《西安碑林全集》《西安碑林博物馆藏碑刻总目提要》。

备注：又名《觉世篇》《觉世宝训》，简称

《觉世经》，成书年代不详，一般认为是清初。

文昌帝君觉世文

年代：清嘉庆十年（1805）刻立。

形制：高 1.25 米，宽 0.60 米。

行字：正文楷书 24 行，满行 64 字。

撰书：张述燕书，晁升刻。

现藏：西安碑林博物馆。

著录：《西安碑林全集》《西安碑林博物馆藏碑刻总目提要》。

提要：刊刻文昌帝君觉世文一篇。

纯阳吕祖垂训

全称：孚佑帝君纯阳吕祖垂训。

年代：清嘉庆十年（1805）刻立。

形制：高 1.25 米，宽 0.63 米。

行字：正文楷书 23 行，满行 63 字。

撰书：张述燕书，晁升刻。

现藏：西安碑林博物馆。

著录：《西安碑林全集》《西安碑林博物馆藏碑刻总目提要》。

提要：刊刻纯阳祖师吕洞宾垂训一篇。

太上感应篇

年代：清嘉庆十年（1805）刻立。

形制：高 1.25 米，宽 0.63 米。

行字：正文楷书 23 行，满行 63 字。

撰书：张述燕书，晁升刻。

现藏：西安碑林博物馆。

著录：《西安碑林全集》《西安碑林博物馆藏碑刻总目提要》。

重修西安府学碑林记

年代：清嘉庆十年（1805）刻立。

形制：螭首方座。通高 2.80 米，宽 0.86 米。

行字：正文楷书 18 行，满行 64 字。

撰书：庄炘撰，盛惇崇书。

现藏：西安碑林博物馆。

著录：《西安碑林全集》《西安碑林博物馆藏碑刻总目提要》。

提要：记西安知府盛惇崇捐资重修西安碑林事，此碑首次使用"碑林"称谓。盛惇崇，字孟岩，号柳五，江苏阳湖人，乾隆四十六年（1781）进士。嘉庆九年由同州府知府调补西安府知府。官至甘肃布政使，工书法，善绘事，著有《睦园诗集》。撰文庄炘，字虚庵，江苏武进人，官至邠州知州。

革除陋规碑

年代：清嘉庆十年（1805）刻立。

形制：高 0.53 米，宽 0.67 米。

行字：正文楷书 17 行，满行 20 字。

纹饰：四周饰蔓草纹。

现藏：宝鸡市渭滨区神农镇益门堡村。

提要：记宝鸡县正堂为革除陋习，防止差役借采兰草而扰乱乡民之事。

南寨村潦池占地碑

年代：清嘉庆十年（1805）刻立。

形制：圆首。高 1.10 米，宽 0.60 米。

行字：正文楷书 9 行，满行 33 字。

纹饰：碑额饰二龙戏珠图案，碑身两侧饰忍冬纹。

现藏：乾县周城乡南寨村。

著录：《新编乾县志》。

提要：记该村韩、张、强三姓买地作潦池所立，并注明潦池的位置、大小和四至。

*设醮开光碑

年代：清嘉庆十年（1805）刻立。

形制：高 1.33 米，宽 0.59 米。

行字：正文楷书 13 行，满行 33 字。

现藏：镇安县铁厂镇河湾村。

提要：记该村因兵祸庙宇损毁，后人捐资复修并设醮开光事。

*重建千佛洞庙宇碑

年代：清嘉庆十年（1805）刻立。

形制：平首方座。高 1.17 米，宽 0.41 米。

行字：正文楷书 8 行，满行 43 字。

现藏：旬阳县赤岩镇千佛洞石窟内。

著录：《安康碑石》。

提要：记旬阳县千佛洞至明末战事四起，人民寥落，神若隐然，及清代重建庙宇诸事。

田老夫子教泽碑

年代：清嘉庆十年（1805）刻立。

形制：圆首方额。高 2.18 米，宽 0.69 米，厚 0.23 米。

行字：额楷书"皇清"2 字。正文楷书 13 行，满行 47 字。

纹饰：碑额饰三足神鸟，碑身四周饰回纹。

现藏：乾县大杨乡闫家庙村。

提要：记田老夫子开馆授徒，育人有成事。

桥华山人书碑

年代：清嘉庆十一年（1806）刻立。

形制：高 0.90 米，宽 0.31 米。

行字：正文楷书 10 行，满行 4 字。

撰书：桥华山人撰并书。

出土：大荔县朝邑镇。

现藏：大荔县文物局。

著录：《大荔碑刻》。

提要：桥华山人书汉班固《燕然山铭》。

*陈肇鳌书隆中对

年代：清嘉庆十一年（1806）刻立。

形制：高 0.48 米，宽 0.82 米。

行字：正文楷书 23 行，满行 18 字。

撰书：陈肇鳌书。

纹饰：四周饰花草纹。

现藏：勉县武侯祠博物馆。

提要：录诸葛亮《隆中对》全文。

*瞿颉题诗碑

年代：清嘉庆十一年（1806）刻立。

形制：高 0.39 米，宽 0.70 米，厚 0.12 米。

行字：正文楷书 19 行，满行 17 字。

撰书：瞿颉撰并书。

现藏：勉县武侯祠博物馆。

著录：《忠武祠墓志》《汉中碑石》。

提要：略述诸葛亮生平大事。

改作文昌阁奎星楼碑记

年代：清嘉庆十一年（1806）刻立。

形制：高 2.32 米，宽 0.83 米，厚 0.22 米。

行字：正文楷书 18 行，满行 79 字。

撰书：萧鸣远撰，李学儒书，谢之连篆额。

现藏：户县甘河镇户县二中。

著录：《户县碑刻》。

提要：记将倾圮之岱岳府三门改为文昌阁、奎星楼的经过。文末有当时粮价。

严母刘孺人墓碑记

年代：清嘉庆十一年（1806）刻立。

形制：圆首。通高 1.69 米，宽 0.67 米，厚 0.14 米。

行字：额楷书"皇清"2 字。正文楷书 14 行，满行 34 字。

撰书：晏成章撰并书。

现藏：户县涝店镇余姚村。

著录：《户县碑刻》。

备注：碑身横断为两截。

提要：严正举母刘氏，户邑元村太学生刘子魁次女，产子未弥月而卒，以年少不能入祖茔。其子正举成立后见其母墓茔萧条，遂立石为志。撰书晏成章，二曲儒学廪膳生员。

赵宜暄临赵孟頫乐志论

年代：清嘉庆十一年（1806）刻立。

形制：共 5 石，尺寸相同。高 0.28 米，宽 0.29 米。

行字：正文行书，每石 6 行，行字数不等。

撰书：赵宜暄书。

现藏：西安碑林博物馆。

著录：《西安碑林全集》《西安碑林博物馆藏碑刻总目提要》。

提要：《乐志论》，东汉仲长统撰。

创立悟真观记事碑

全称：创立云蒙书堂万寿宫小魁川悟真观地亩碑记。

年代：清嘉庆十一年（1806）刻立。

形制：高 1.22 米，宽 0.60 米。

行字：正文楷书20行，满行34字。

撰书：张金柱撰，梁耒照书。

现藏：洛南县博物馆。

提要：记畅仁才由山西平阳来洛南万寿宫拜师学道，并艰难创业，创立悟真观事迹。

*重修青崖观音殿碑

年代：清嘉庆十一年（1806）刻立。

形制：圆首。高 1.45 米，宽 0.62 米。

行字：正文楷书，行字数不详。

撰书：邱通理撰，胡永年书。

现藏：汉阴县红星乡青崖寺。

著录：《安康碑版钩沉》。

提要：记青崖观音殿重修事。

*锁龙寺重修戏台碑

年代：清嘉庆十一年（1806）刻立。

形制：圭首。高 1.65 米，宽 0.85 米。

行字：额楷书"于万斯年"4 字。正文楷书，行字数不详。

撰书：殷国才刻石。

纹饰：四周饰忍冬纹。

现藏：岚皋县锁龙镇泰山庙。

著录：《安康碑版钩沉》。

提要：记岚河铺锁龙寺戏台重修事。

*师彦公捐学碑

年代：清嘉庆十二年（1807）刻立。

形制：螭首方座。通高 2.89 米，宽 0.72 米。

行字：正文楷书 5 行，满行 16 字。

纹饰：碑额饰二龙戏珠图案。

现藏：韩城市博物馆。

提要：记师彦公辞官归里，捐银 5000 两予学宫之事。

王杰后人捐学碑

全称：大学士惺园王公捐银置田取租碑。

年代：清嘉庆十二年（1807）刻立。

形制：螭首方座。通高 2.87 米，宽 0.73 米。

行字：额楷书"皇清"2 字。正文楷书 4 行，满行 15 字。

纹饰：碑额饰二龙戏珠图案。

现藏：韩城市博物馆。

提要：记清嘉庆十年（1805）王杰去世后，其子孙以王杰名义为学宫捐银 500 两。

道安里七甲山场记

年代：清嘉庆十二年（1807）刻立。

形制：圆首。通高 1.38 米，宽 0.58 米。

行字：额楷书"皇清"2 字。正文楷书 14 行，满行 29 字。

现藏：户县大王镇兆伦村。

著录：《户县碑刻》。

提要：记清乾隆末年县主毕氏判罗什寺王天才混争毛姓山场一案经过。王天才并无凭据，遂将山场断于毛姓。

*师懋公捐学碑

年代：清嘉庆十二年（1807）刻立。

形制：方座。通高 2.71 米，宽 0.70 米。

行字：正文楷书 5 行，满行 15 字。

现藏：韩城市博物馆。

提要：记师彦公次弟师懋公于乾隆五十一年（1786）逝世，其子孙以师懋公名义为学宫捐银 1000 两。

重修建东城石堤并挑河记

年代：清嘉庆十二年（1807）刻立。

形制：高 1.43 米，宽 0.72 米。

行字：正文楷书 29 行，满行 39 字。

撰书：费瀚撰，张景益书。

现藏：铜川市耀州区博物馆。

提要：碑记知州费瀚动员民众捐资维修耀州东城石堤和西城石堤并挑开河道以利行洪事。

*冀书堂墓志

年代：清嘉庆十二年（1807）刻。

形制：共 5 石，尺寸相同。长 0.36 米，宽 0.52 米。

行字：志文楷书 20 行，满行 20 字。

撰书：刘光第撰，王廷选书。

出土：出土时间、地点不详。

现藏：洛南县博物馆。

提要：记冀书堂生平、妻室及子嗣情况。

寇秉正墓志

全称：皇清恩给八品寿官顶带守公寇公墓志铭。

年代：清嘉庆十三年（1808）刻立。

形制：志正方形。尺寸不详。

行字：志文楷书 28 行，满行 30 字。

撰书：姚亦美撰。

出土：出土时间、地点不详。

现藏：商洛博物馆。

提要：记寇秉正生平。

刘维懋暨妻许氏高氏合葬墓志

全称：皇清显考太学生大饮宾刘府君暨许高孺人合厝墓志。

年代：清嘉庆十三年（1808）刻。

形制：志正方形。边长 0.58 米，厚 0.08 米。

行字：志文楷书 14 行，满行 18 字。

纹饰：盖四周饰富贵不断头纹。

出土：1996 年出土于宜川县人民银行基建工地。

现藏：宜川县文物管理所。

提要：记刘维懋生平。

黄镇墓志

全称：皇清敕授文林郎知广东广州府龙门县事乡饮大宾静庵黄公墓志铭。

年代：清嘉庆十三年（1808）刻。

形制：正方形。边长 0.69 米。

行字：志分上下两栏，楷书 58 行，满行 18 字。

撰书：张廷楠撰，李星垣书，王锡锦篆盖。

出土：1979 年出土于华阴县阳化村。

现藏：西安碑林博物馆。

著录：《华山碑石》。

提要：黄镇，字子重，号静庵。先世浙江余姚人，祖培官陕西抚民同知，遂籍潼关。父裳以太学生佐理军输，议叙知县。生二子，静庵居长。黄镇由贵州安南尉起家，历官江西广丰县令、广东海防同知、儋州知州、龙门令。生于雍正元年（1723）正月十七日，卒于嘉庆十二年（1807）九月十一日。元配程氏，继配梁氏，又继配周氏。撰文张廷楠，山东淄川知县。篆盖王锡锦，吏部拣选知县。书丹李星垣，吏部拣选知县。

重修望仙坪集仙观碑记

年代：清嘉庆十三年（1808）刻立。

形制：高 0.86 米，宽 0.56 米，厚 0.10 米。

行字：正文楷书 35 行，满行 23 字。

撰书：杨承先撰，杨垣书，康宁刻。

现藏：户县蒋村镇望仙坪。

著录：《户县碑刻》。

提要：记清嘉庆十三年（1808）望仙坪住持道人翟正健募化十方、重修集仙观经过。

本镇七堡重修土主庙碑记

年代：清嘉庆十三年（1808）刻立。

形制：螭首。高 3.25 米，宽 0.83 米，厚 0.18 米。

行字：正文楷书 12 行，满行 62 字。

撰书：高尚徽撰，宁学古书。

现藏：户县庞光镇杨家堡。

著录：《户县碑刻》。

提要：记清嘉庆年间土主庙住持德润召集七堡当事募金 600 余两重修土主庙事。

*垂鉴碑

年代：清嘉庆十三年（1808）刻立。

形制：圭首。高 1.38 米，宽 0.58 米，厚 0.15 米。

行字：额篆书"皇清"2 字。正文楷书 9 行，满行 32 字。

现藏：户县蒋村镇富村窑。

著录：《户县碑刻》。

提要：记清乾隆末年白莲教乱及陕西，告诫防患之方逃避为上。

*户县焦将磨渠水利词案碑

年代：清嘉庆十三年（1808）刻立。

形制：高 2.28 米，宽 0.87 米，厚 0.17 米。

行字：正文楷书 44 行，满行 63 字。

撰书：郑东卿撰并书。

现藏：户县庞光镇东焦蒋村戏楼东侧。

著录：《户县碑刻》。

备注：碑文有剥蚀，左下角残。

提要：碑上端为东卿录文"西安府户县造赍境内历年咨部渠道灌田数目清册"；中部为"户县焦将磨渠水利词案记载"，详细记述户县焦将堡民与黄堆堡民争水利一案审判经过；下端为东卿绘制的"勘河图"。

办理冒籍碑记

年代：清嘉庆十三年（1808）刻立。

形制：圆首。高 1.20 米，宽 0.78 米，厚 0.20 米。

行字：额楷书"皇清"2 字。正文楷书 33 行，满行 26 字。

纹饰：碑额饰双龙戏珠，碑身四周饰蔓草纹。

现藏：蓝田县蔡文姬纪念馆。

提要：记清嘉庆年间对冒籍的管理办法和规定。

山一

年代：清嘉庆十三年（1808）刻立。

形制：高 0.71 米，宽 1.74 米。

行字：正文楷书 1 行 2 字。跋文行书 8 行，行字数不等。

撰书：松筠书，盛惇崇跋。

现藏：西安碑林博物馆。

著录：《西安碑林全集》《西安碑林博物馆藏碑刻总目提要》。

备注：松筠（1754—1835），字湘浦，正蓝旗人，历仕乾隆、嘉庆、道光三朝。嘉庆间官至武英殿大学士、陕甘总督、两江总督。

*李应众等四代合葬墓碑

年代：清嘉庆十三年（1808）刻立。

形制：高 1.82 米，宽 0.66 米，厚 0.14 米。

纹饰：碑额饰二龙戏珠图案，碑身四周饰蔓草、几何纹。

现藏：彬县底店乡李湾村。

提要：记李氏五世姓名。

广植蚕桑谕

年代：清嘉庆十三年（1808）刻立。

形制：高 1.52 米，宽 0.83 米。

撰书：钱鹤年撰并书。

现藏：汉阴县城关李家台砖厂。

著录：《安康碑版钩沉》。

提要：记劝谕广植蚕桑以滋利益事。

*白君暨妻陈氏杨氏合葬墓碑

年代：清嘉庆十四年（1809）刻立。

形制：螭首龟座。高 0.98 米，宽 0.81 米，厚 0.38 米。

行字：正文楷书 10 行，满行字数不等。

纹饰：两侧饰蔓草纹。

现藏：富县富城镇秋家沟西南。

提要：记白公暨原配陈太君、继配杨太君生平事迹。

石真人墓碑

全称：皇清羽化仙师阳喜石真人墓。

年代：清嘉庆十四年（1809）刻立。

形制：高 0.85 米，宽 0.45 米。

行字：正文楷书 4 行，满行字数不等。

撰书：王来惠撰并书。

现藏：略阳县灵岩寺博物馆。

提要：记载石真人籍贯、名讳等。

*嘉庆十四年建修卷棚碑

年代：清嘉庆十四年（1809）刻立。

形制：高 0.63 米，宽 0.80 米。

行字：正文楷书 20 行，满行 18 字。

现藏：绥德县义合镇紫台山娘娘庙。

著录：《榆林碑石》。

提要：记绥德紫台山娘娘庙于嘉庆十四年春修建卷棚事，并追溯娘娘庙自金明昌五年（1194）创修以来历代加以修葺事。

屠苏庵

年代：清嘉庆十四年（1809）刻立。

形制：高 1.14 米，宽 0.57 米。

行字：正文楷书 3 字。

撰书：雷元德书。

现藏：蒲城县博物馆。

提要：为雷元德等于嘉庆十四年为其好友所书石匾。

*盛惇崇行书四条屏

年代：清嘉庆十四年（1809）刻立。

形制：共 4 石，尺寸相同。高 1.32 米，宽 0.35 米。

行字：正文行书。每石 4 行，行字数不等。

撰书：盛惇崇书。

现藏：西安碑林博物馆。

著录：《西安碑林全集》《西安碑林博物馆藏碑刻总目提要》。

备注：盛惇崇，字孟岩，号柳五，乾隆四十六年（1781）进士，清嘉庆九年（1804）由同州府知府调补西安府知府。工书画，山水法黄公望，笔极苍润。著有《睦园诗集》。

提要：条屏内容，一为录黄庭坚诗句，一为临三希堂法帖，一为录董其昌语，一为盛惇崇自撰。

*盛惇崇行书对联

年代：清嘉庆十四年（1809）刻立。

形制：对联。高 1.32 米，宽 0.28 米。

行字：正文行书 2 行，满行 7 字。

撰书：盛惇崇书。

现藏：西安碑林博物馆。

著录：《西安碑林全集》《西安碑林博物馆藏碑刻总目提要》。

提要：联云："醇酒饮如花渐放，旧书读似客初归。"上款"嘉庆己已孟秋"，下款"晋陵盛惇崇书"。

*修杨家沟古道功德碑

年代：清嘉庆十四年（1809）刻立。

形制：方首。高 1.01 米，宽 0.58 米。

现藏：平利县桃坪乡杨家沟。

著录：《安康碑版钩沉》。

提要：记集资补修杨家沟王爷庙之山道事。

补建启秀阁前魁星楼碑记

年代：清嘉庆十四年（1809）刻立。

形制：高 1.84 米，宽 0.74 米。

行字：正文楷书 8 行，满行 50 字。

现藏：商洛市档案局家属院。

提要：记启秀阁曾遭白莲教毁坏，经修葺后，复捐资补建魁星楼等事。

*嘉庆十四年祭周陵碑

年代：清嘉庆十四年（1809）刻立。

形制：圆首方座。通高 1.55 米，宽 0.58 米。

行字：正文行楷 7 行，满行 30 字。

纹饰：碑额饰二龙戏珠图案，碑身四周饰云纹。

现藏：咸阳市周陵文物管理所。

著录：《咸阳市渭城区志》《渭城文物志》。

备注：碑身有裂纹。

提要：记清嘉庆十四年正月，皇帝五旬万寿，遣官致祭周文王陵。

*文氏墓碑

年代：清嘉庆十四年（1809）刻立。

形制：沙岩质。高 1.90 米，宽 0.65 米，厚 0.13 米。

纹饰：碑额饰花草纹，碑身四周饰蔓草纹。

现藏：彬县曹家店乡肖家村平禄家门前。

备注：漫漶不清。

显月寺补修功德碑

年代：清嘉庆十四年（1809）刻立。

形制：圆首。尺寸不详。

撰书：魏施溥撰，员君实书。

纹饰：紫阳县宝狮乡显月寺旧址。

著录：《安康碑版钩沉》。

提要：记显月寺清嘉庆三至四年（1798—

1799）间，道人阳法不守清规，干犯法戒，致庙宇破败，田地丧失，后赵本镜等人重修事。并记显月寺四至边界，课租差粮等，经兴安州府立簿存证。

元帝洞重修记

年代：清嘉庆十五年（1810）刻立。

形制：圆首方座。高 1.10 米，宽 0.50 米。

行字：正文楷书 15 行，满行 39 字。

撰书：王佐贰刻。

现藏：澄城县城关镇埝村。

提要：记载嘉庆年间重修元帝洞之事。

*灵岩寺地界碑

年代：清嘉庆十五年（1810）刻立。

形制：圆首方座。高 0.70 米，宽 0.41 米，厚 0.14 米。

行字：额楷书"皇清"及"永奉礼祀"6 字。正文行楷 17 行，满行 29 字。

撰书：曹洛撰并书。

纹饰：四周饰卷云纹。

出土：此碑自立未移。

现藏：略阳县灵岩寺博物馆。

著录：《汉中碑石》。

提要：记灵岩寺勘界缘由、地界起至及勘测负责人姓名。

潘一良墓碑

全称：龙门正宗第十一代羽化恩师讳一良潘老仙灵之墓。

年代：清嘉庆十五年（1810）刻立。

形制：高 1.17 米，宽 0.59 米。

行字：正文楷书 14 行，满行 20 字。

现藏：留坝县张良庙文物管理所。

著录：《汉中碑石》《张良胜迹诗词选》。

备注：只存墓碑，墓葬未见。

提要：记张良庙由道至僧、由僧而道之变迁，及潘一良重修张良庙事。

募捐碑

年代：清嘉庆十五年（1810）刻立。

形制：圆首方座。高 1.35 米，宽 0.76 米。

行字：正文楷书 27 行，字迹模糊。

出土：此碑自立未移。

现藏：略阳县灵岩寺博物馆。

提要：记助缘人姓名及款项。

*李君墓志

年代：清嘉庆十五年（1810）刻。

形制：志正方形。边长 0.25 米。

行字：志文楷书 7 行，满行 8—10 字不等。

现藏：西安市长安博物馆。

提要：记墓主人李君之葬时、墓地等。

重修暖泉寺记载

年代：清嘉庆十五年（1810）刻立。

形制：圆首。高 1.16 米，宽 0.55 米，厚 0.13 米。

行字：额楷书"皇清"2 字。正文楷书 20 行，满行 35 字。

撰书：何光汉撰，张锡书，刘同泰、刘俊英刻石。

纹饰：碑额饰云龙纹，碑身四周菊花枝叶纹。

出土：此碑自立未移。

现藏：周至县广济镇红卫村阎家舍暖泉寺。

提要：记修庙、庙产、地亩及捐款人等情况。

重修楼观台记

年代：清嘉庆十五年（1810）刻立。

形制：高 2.21 米，宽 0.86 米，厚 0.21 米。

行字：正文楷书 20 行，满行 51 字。

撰书：刘合仑撰。

纹饰：四周饰回形纹。

现藏：周至县古楼观说经台。

著录：《楼观台道教碑石》。

备注："文化大革命"中被推倒，断为三节，右下角缺，修复竖立。

提要：记清嘉庆十四年春，常方伯、叶司马、蔡西林捐助重修楼观台事。

张贞生墓志

全称：诰授奉直大夫福建彰化县知县渠南张公墓志铭。

年代：清嘉庆十五年（1810）刻。

形制：志正方形。边长 0.76 米。

行字：志文行楷 34 行，满行 40 字。

撰书：刘加封撰，赵德彰书。

纹饰：志四周饰几何纹。

出土：1976 年出土于华阴县沙渠村。

现藏：西安碑林博物馆。

著录：《华山碑石》。

提要：张贞生，字子正，号渠南，华阴人。由拔贡铨古浪训导，补武功教谕。授福建建安知县，又署晋江，调彰化护理理番同知，旋以事被议戍伊犁。在彰化任遇林爽文之乱，驱驰其间，劳绩无虚时，未及录功而去职。子怀清，以举人任县令，升州牧。配赵氏，继配姚氏，侧室佟氏。子二，女六；孙三；曾孙二。生于雍正乙酉年（1729）二月十二日，卒于嘉庆乙丑年（1805）十二月二十四日。撰文刘加封，赐进士出身，山东历城知县，翰林院庶吉士。书丹赵德彰，辛酉拔贡，候铨教谕。

张庆清墓志

全称：候铨布政司经历孝廉方正辉堂张公墓志铭。

年代：清嘉庆十五年（1810）刻。

形制：志正方形。边长 0.62 米。

行字：志文楷书 37 行，满行 48 字。

撰书：霍树清撰，孟嘉会书。

出土：1959 年出土于华阴县沙渠村。

现藏：西安碑林博物馆。

著录：《华山碑石》。

备注：志文剥蚀严重。

提要：张庆清，字仲荣，号辉堂。张贞生之子。嘉庆元年（1796）举人。正室司氏，侧室叶氏。子三；孙男一，孙女一。生于乾隆十七年（1752）三月三十日，卒于嘉庆二年（1797）六月初一日。撰文霍树清，赐进士出身，翰林院庶吉士，镇原知县。书丹孟嘉会，朝邑县儒学廪膳生员。

*陈珠树临兰亭序

年代：清嘉庆十五年（1810）刻立。

形制：共 2 石，尺寸相同。高 0.28 米，宽 0.54 米。

行字：正文行书 43 行，行字数不等。

撰书：陈珠树书，费滨跋。

现藏：西安碑林博物馆。

著录：《西安碑林全集》《西安碑林博物馆藏碑刻总目提要》。

备注：陈珠树所临"颍上兰亭"，传为米芾所摹入石者。

提要：刊陈珠树所临"颍上兰亭"。

春雨草堂

年代：清嘉庆十五年（1810）刻立。

形制：高 0.38 米，宽 1.11 米。

行字：正文行书 4 字。

撰书：盛惇崇书。

现藏：西安碑林博物馆。

著录：《西安碑林全集》《西安碑林博物馆藏碑刻总目提要》。

提要：上款"庚午二月"，下款"盛惇崇"。

班超食邑碑

全称：汉定远侯班仲升食邑。

年代：清嘉庆十六年（1811）刻立。

形制：圆首方座。通高 1.25 米，宽 0.70 米，厚 0.13 米。

行字：正文楷书 3 行，满行 9 字。

撰书：石珩书。

出土：原立于镇巴县班侯庙内。

现藏：镇巴县文物管理所。

著录：《汉中碑石》（光绪）《定远厅志》。

备注：碑座有残缺。

提要：上款"嘉庆辛未九月"，正中直行书"汉定远侯班仲升食邑"，下款"署定远厅同知石珩"。

重修三官殿记

年代：清嘉庆十六年（1811）刻立。

形制：圆首方座。高 3.10 米，宽 0.80 米，厚 0.28 米。

行字：正文楷书 17 行，满行字数不等。

撰书：孙世道撰，苏重文书，赵庆荣篆额。

纹饰：碑额饰二龙戏珠图案，碑身两侧饰花卉纹。

现藏：陇县东风镇苏家坡村。

提要：记三官殿重修缘由、经过及建成后规模等。

修建湫神庙碑

全称：凤翔府陇州南原杨家滩一会人等建修

湫神庙宇记载。

年代：清嘉庆十六年（1811）刻立。

形制：圆首。高 1.72 米，宽 0.56 米，厚 0.15 米。

行字：正文楷书 15 行，满行 30 字。

撰书：郭永泰撰并书。

纹饰：碑额饰二龙戏珠图案，碑身两侧饰二龙戏珠及花卉图案。

现藏：陇县八渡镇碾盘村杨家滩湫神庙。

提要：记杨家滩修建湫神庙事。

*盛惇崇书对联

年代：清嘉庆十六年（1811）刻立。

形制：高 1.19 米，宽 0.28 米。

行字：正文行书 2 行，满行 7 字。

撰书：盛惇崇书。

现藏：西安碑林博物馆。

著录：《西安碑林全集》《西安碑林博物馆藏碑刻总目提要》。

提要：联云"竹屋纸窗苏学士，微云疏雨孟山人"。上款"嘉庆辛未冬月"，下款"晋陵盛惇崇书"。

般若波罗蜜多心经

年代：清嘉庆十六年（1811）刻立。

形制：高 0.37 米，宽 0.99 米。

行字：正文楷书 32 行，满行 10 字。

撰书：季智安书。

现藏：西安碑林博物馆。

著录：《西安碑林全集》《西安碑林博物馆藏碑刻总目提要》。

重修无量祖师庙碑记

年代：清嘉庆十六年（1811）刻立。

形制：圆首方座。通高 1.86 米，高 1.60 米，宽 0.64 米，厚 0.10 米。

行字：额楷书"皇清" 2 字。正文楷书 13 行，满行 35 字。

撰书：张鹏羽撰，贾荣甲书。

纹饰：碑额饰云纹，碑身四周饰牡丹富贵纹。

出土：此碑自立未移。

现藏：黄龙县石堡镇安善村无量山莲云寺。

提要：记张鹏羽捐资修庙事。

铁业定价制度碑

年代：清嘉庆十六年（1811）刻立。

形制：圆首。高 1.21 米，宽 0.59 米，厚 0.18 米。

行字：额楷书"皇清" 2 字。正文楷书 5 行，满行 27 字。

撰书：张化龙撰并书。

纹饰：碑额饰云纹、凤鸟纹，碑身四周饰回纹。

出土：原立于永生坊东西两村中间。

现藏：乾县大羊乡永生坊西村。

提要：记铁业行定价事。

湖广会馆碑记

年代：清嘉庆十六年（1811）刻立。

形制：高 1.32 米，宽 0.43 米。

行字：正文楷书 20 行，满行 28 字。

现藏：山阳县禹王宫。

提要：记山阳湖广会馆创自乾隆年间，并记馆界四至，以及至嘉庆间所施、买土地、庙产状况。

弥家川关帝庙碑

年代：清嘉庆十七年（1812）刻立。

形制：圆首方座。高 1.58 米，宽 0.62 米，

厚 0.11 米。

行字：正文楷书 18 行，满行字数不等。

纹饰：碑额饰双龙。

现藏：富县吉子现镇弥家川村。

提要：记修建关帝庙缘由、捐款人姓名及捐款金额。

重修岳王献殿碑记

年代：清嘉庆十七年（1812）刻立。

形制：高 1.11 米，宽 1.55 米，厚 0.18 米。

行字：正文楷书 12 行，满行 32 字。

纹饰：四周饰蔓草纹。

现藏：礼泉县城关镇药王洞道院。

提要：记建殿事由。

小儿城城隍庙碑

年代：清嘉庆十七年（1812）刻立。

形制：圆首。高 1.27 米，宽 0.50 米。

行字：正文楷书 31 行，满行 26 字。

撰书：王观沐撰，骞运刚等立。

现藏：蓝田县冯家村乡骞湾小学。

提要：记骞运刚等修建小儿城城隍庙事。

增修献殿碑

年代：清嘉庆十七年（1812）刻立。

形制：螭首。高 2.27 米，宽 0.80 米，厚 0.19 米。

行字：额篆书"皇清" 2 字。正文楷书 23 行，满行 56 字。

撰书：王者梦撰，李植槐书，薛秉铨篆额，高玉汝、陈世魁刻。

出土：原弃卧于户县县城北街小学。1986 年移竖于户县文庙东侧碑廊。

现藏：户县文庙。

著录：《户县碑刻》。

备注：碑身右上角有断痕一道。

提要：记清嘉庆十七年（1812）同社首事人共议续建山西会馆献殿事。山西会馆，乾隆四十二年（1777）于户县县城北街创建。撰文王者梦，吏部候铨儒学司训，邑岁贡生。

公建义学碑记

年代：清嘉庆十七年（1812）刻立。

形制：圆首。高 1.19 米，宽 0.51—0.53 米，厚 0.12 米。

行字：额篆书"皇清"2 字。正文楷书 16 行，满行 45 字。

撰书：杨赓文撰，裴成章书。

现藏：户县草堂镇黄堆村。

著录：《户县碑刻》。

提要：记清嘉庆年间县东南乡黄堆堡增广生王国梁、监生杨奋扬等于黄堆堡公建义学事。撰文杨赓文，直隶固安人，举人，时任户县知县。书丹裴成章，户县人，嘉庆十五年举人，二十二年进士，后任湖南迁阳知县。

重修兰州城碑

年代：清嘉庆十七年（1812）刻立。

形制：高 2.86 米，宽 0.80 米。

行字：正文楷书 18 行，满行 48 字。

撰书：那彦成撰并书，仇文发刻。

现藏：西安碑林博物馆。

著录：《西安碑林全集》《西安碑林博物馆藏碑刻总目提要》。

提要：记嘉庆十六年夏至次年秋补修兰州城垣并以工代赈事。那彦成，字韶九，一字东甫，号绎堂。满洲正白旗人，官至陕甘总督，直隶总督。

重修泉神庙碑

年代：清嘉庆十七年（1812）刻立。

形制：高 0.83 米，宽 1.64 米。

行字：正文楷书 33 行，满行 18 字。

撰书：那彦成撰并书，仇文发刻。

现藏：西安碑林博物馆。

著录：《西安碑林全集》《西安碑林博物馆藏碑刻总目提要》《咸宁长安两县续志》。

提要：记嘉庆十七年重修皋兰县何家山泉神庙事。并记本县有名泉五处，可资灌溉，泽惠一方。

*张君墓碑

年代：清嘉庆十七年（1812）刻立。

形制：圆首。通高 2.08 米，宽 0.66 米，厚 0.12 米。

纹饰：碑额饰花叶纹，碑身四周饰云纹及草叶纹。

现藏：彬县百子沟南坡。

备注：漫漶不清。

提要：楷书大字"恩荣寿官显考行四张公之墓碑"。碑身左侧有"大清嘉庆十七年"等字。

*兴安魏孝子碑

年代：清嘉庆十七年（1812）刻立。

形制：圆首。高 1.75 米，宽 0.88 米。

撰书：岳震川撰。

纹饰：额雕"老莱娱亲""王祥卧冰"图案。

现藏：安康市汉滨区文武乡赵台山。

著录：《安康碑版钩沉》。

提要：记孝子魏兴生平事迹。兴安新城城隍庙前有孝子魏兴，父早殁，弟阵亡，贫不能娶，樵佣以供母。以米食母而自食糟糠。年六十九，母年

九十，拆屋易米以供老母。安康廪
生张鹏翼以其状上书知府叶公，叶
赐粟捐金，使兴母子衣食无忧。文
后有张鹏翼附识。

药王财神两祠重修记

年代：清嘉庆十七年（1812）刻立。

形制：高 0.86 米，宽 0.68 米。

行字：正文楷书 8 行，满行 29 字。

撰书：张容撰。

现藏：武功县城隍庙。

提要：记重修武功县药王、财神庙事。

*修观音峡路碑记

年代：清嘉庆十七年（1812）刻立。

形制：方首。高 1.05 米，宽 0.58 米。

撰书：吴诏撰并书。

现藏：汉阴县天星乡观音河水库。

著录：《安康碑版钩沉》。

提要：记双河口六品军功舒达政，捐资修
观音河峡路，兴工三月，费银百余
两，上通宁陕，下接兴安。邑令吴
诏为之记。

冯君墓志

全称：皇清例授登仕佐郎待赠武略骑尉渭阳
冯君墓志铭。

年代：清嘉庆十七年（1812）刻。

形制：志长 1.18 米，宽 0.33 米，厚 0.13 米。

行字：盖文篆书 6 行，满行 4 字。志文楷书
36 行，满行 16 字。

现藏：咸阳市秦都区渭滨镇两寺渡村。

提要：记载墓主生平事迹。

*范仲赵登马嵬坡诗碣

年代：清嘉庆十七年（1812）刻立。

形制：正方形。边长 0.64 米，厚 0.24 米。

行字：正文行书 10 行，满行 17 字。

撰书：范仲赵撰并书。

现藏：兴平市杨贵妃墓博物馆。

提要：碑为范仲赵于嘉庆壬申年（1812）六
月任兴平县丞时作诗四首。

三原县正堂程碑

全称：持调三原县正堂候补分府加七级记录
八次程。

年代：清嘉庆十七年（1812）刻立。

形制：圆首方座。通高 2.08 米，宽 0.67 米，
厚 0.12 米。

行字：正文楷书 18 行，满行 30 字。

纹饰：碑额饰五蝠、祥云图，碑身三边饰
缠枝花草纹，座正面饰花卉图案。

现藏：三原县博物馆。

*住持僧人印库及徒空性捐银碑

年代：清嘉庆十八年（1813）刻立。

形制：圆首方座。高 0.90 米，宽 0.53 米，
厚 0.10 米。

行字：正文楷书 4 行，满行 17 字。

纹饰：四周饰卷云纹。

现藏：黄龙县圪台乡寺塔村北寺山庙。

提要：记住持僧人及徒弟捐资事。

魁盛老店捐资碑

年代：清嘉庆十八年（1813）刻立。

形制：圆首方座。高 1.80 米，宽 0.67 米，
厚 0.14 米。

行字：正文楷书 20 行，满行 30 字。

撰书：梁君义撰并书。

纹饰：四周饰卷云纹。

现藏：黄龙县圪台乡寺塔村北寺山庙。

提要：记魁盛老店修庙经过及捐资数量等。

重修菩萨殿施财碑

年代：清嘉庆十八年（1813）刻立。

形制：圆首方座。高 1.80 米，宽 0.76 米，厚 0.14 米。

行字：正文楷书。碑阳 12 行，满行 21 字。碑阴 10 行，满行 19 字。

纹饰：碑阳饰鹿纹，碑阴饰蔓草纹。

现藏：黄龙县垇台乡寺塔村北寺山庙。

著录：《新编黄龙县志》。

提要：记重修菩萨殿时间、规模及布施等情况。

雅坡村肆族捐银碑

年代：清嘉庆十八年（1813）刻立。

形制：圆首方座。高 1.80 米，宽 0.75 米，厚 0.15 米。

行字：正文楷书 19 行，满行 56 字。

撰书：严金宝撰并书。

纹饰：碑额饰祥云图案，碑身四周饰莲花及卷云纹。

现藏：黄龙县垇台乡寺塔村北寺山庙。

提要：记载雅坡村肆族捐银数量、人名及建造情况。

重修菩萨庙碑

年代：清嘉庆十八年（1813）刻立。

形制：圆首方座。高 1.85 米，宽 0.70 米，厚 0.16 米。

行字：正文楷书 18 行，满行 55 字。

撰书：张仲和撰并书。

纹饰：碑额饰牡丹花纹，碑身四周饰水波及卷云纹。

现藏：黄龙县垇台乡寺塔村北寺山庙。

提要：记重修菩萨庙事。

撒鸣莹墓碑

年代：清嘉庆十八年（1813）刻立。

形制：圆首。通高 1.45 米，宽 0.68 米，厚 0.20 米。

纹饰：碑额饰二龙戏珠图案。

现藏：陇县东南镇杨家坡村。

提要：碑正中楷书"太学生讳鸣莹字佩玉撒翁墓碑"。

合龙山重立三月三香烟会碑记

年代：清嘉庆十八年（1813）刻立。

形制：螭首龟座。通高 2.42 米，宽 0.74 米，厚 0.13 米。

行字：正文楷书 24 行，满行 52 字。

撰书：李耀撰，张甲第书。

纹饰：四周饰卷云纹、几何纹。

现藏：绥德县张家砭镇合龙山祖师庙。

著录：《榆林碑石》。

备注：碑面剥蚀严重，字多漫漶不清。

提要：记众信士多次对合龙山进行修理，又捐资复立三月三香烟大会事。

*子房山山场地界碑

年代：清嘉庆十八年（1813）刻立。

形制：圆首方座。高 1.08 米，宽 0.53 米。

行字：正文楷书 15 行，满行 23 字。

现藏：洋县子房山。

提要：记子房山庙产山场被千山王姓强开，近山绅士上告县衙，县主亲自调查了结，断情审明事。

重修药王洞碑记

年代：清嘉庆十八年（1813）刻立。

形制：圆首方座。高 1.50 米，宽 0.60 米。

行字：正文楷书 20 行，满行 41 字。

撰书：高泰云书。

纹饰：碑额饰荷花图案。

现藏：户县石井镇栗峪口村。

著录：《户县碑刻》。

提要：记清嘉庆年间重修栗峪口药王洞事，并记药王洞地界四至。

创建锡福堂记

年代：清嘉庆十八年（1813）刻立。

形制：圆首方座。高 1.15 米，宽 0.54 米，厚 0.13 米。

行字：额楷书"皇清" 2 字。正文楷书 17 行，满行 31 字。

撰书：曹泽公撰并书。

纹饰：碑额饰二龙戏珠图案，碑身四周饰牡丹花卉。

现藏：周至县西骆峪乡西骆峪村。

提要：记创建锡福堂及修建大禹庙经过。

说经台谒老子像

年代：清嘉庆十八年（1813）刻立。

形制：高 0.40 米，宽 0.77 米。

行字：正文行书 15 行，满行 9 字。

撰书：尹振麟撰并书。

现藏：周至县古楼观说经台。

著录：《楼观台道教碑石》。

提要：记滇南令尹振麟登台拜谒老子事。

*牛山庙祈雨碑

年代：清嘉庆十八年（1813）刻立。

形制：圆首。高 1.93 米，宽 1..05 米。

撰书：叶世倬撰。

现藏：安康市汉滨区富强乡牛山庙。

著录：《安康碑版钩沉》。

提要：记清嘉庆十八年六月六日至七月十

三日不雨，兴安知府叶世倬祈雨灵应事。

*贾馨墓碑

年代：清嘉庆十九年（1814）刻立。

形制：圆首。高 0.98 米，宽 0.60 米。

行字：正文楷书 12 行，满行字数不等。

撰书：寇有声撰。

现藏：吴堡县丁家湾乡杨家畔村。

提要：记贾馨生平。

*四壁韩原峻诗碑

年代：清嘉庆十九年（1814）刻立。

形制：圆首方座。高 1.30 米，宽 0.52 米。

行字：正文行楷 6 行，满行 18 字。

撰书：张琛撰并书。

纹饰：四周饰卷云纹。

现藏：韩城市司马迁祠。

著录：《司马迁祠碑石录》。

提要：记嘉庆十九年冬，韩城知县张琛拜谒司马迁祠题五言律诗二首。

无影城并引

年代：清嘉庆十九年（1814）刻立。

形制：高 0.60 米，宽 0.80 米。

行字：正文行书 26 行，满行 20 字。

撰书：尹振麟撰并书。

现藏：澄城县庄头镇柏东村。

著录：《澄城碑石》。

提要：碑文详述无影城之奇观及世人之评论。

重修义合井并置田记

年代：清嘉庆十九年（1814）刻立。

形制：圆首。高 0.68 米，宽 0.39 米，厚 0.07 米。

行字：正文楷书 14 行，满行 28 字。

撰书：王式维撰并书。

纹饰：碑额饰双凤，碑身四周饰云纹。

出土：此碑自立未移。

现藏：城固县五门堰文物管理所。

提要：记重修义合井及新置田亩数。

刘可信暨妻王氏合葬墓志

全称：皇清国子监太学生近庵刘公暨德配王
孺人合葬墓志铭。

年代：清嘉庆十九年（1814）刻。

形制：志正方形。边长 0.66 米。

行字：盖文篆书 8 行，满行 3 字，题"皇清
国子监太学生近庵刘公暨德配王孺
人合葬墓志铭"。志文楷书 66 行，满
行 14 字。

撰书：高朝五撰，卫有雅书，阮开基篆盖。

出土：出土时间、地点不详。

现藏：韩城市博物馆。

提要：记刘可信及妻王氏生平。

李允恭墓志

全称：皇清国子监太学生乡饮介宾而安李公
墓志铭。

年代：清嘉庆十九年（1814）刻。

形制：志正方形。边长 0.66 米，厚 0.09 米。

行字：盖文篆书 4 行，满行 5 字，题"皇清
国子监太学生乡饮介宾而安李公墓
志铭"。志文楷书 75 行，满行 12 字。

撰书：高朝五撰并书。

出土：出土时间、地点不详。

现藏：韩城市博物馆。

提要：记李允恭家族世系、生平。

*汉阴修城记

年代：清嘉庆十九年（1814）刻立。

形制：圆首。高 1.50 米，宽 0.75 米。

行字：正文楷书，行行数不详。

撰书：陈九龄撰并书。

现藏：汉阴县粮库。

著录：《安康碑版钩沉》。

提要：记清嘉庆十九年（1814）修汉阴县城
垣事。

*善士胡大朝创修石路碑

年代：清嘉庆十九年（1814）刻立。

形制：圆首。高 2.51 米，宽 1.10 米。

撰书：叶世倬撰，张珍书。

纹饰：碑额饰二龙戏珠图案。

现藏：安康市汉滨区长岭乡长岭村。

著录：《安康碑版钩沉》。

提要：记清嘉庆十七年胡大朝捐钱 2300 余
缗修路事。胡大朝，汉中西乡县人。
壮岁以负贩糊口秦蜀间。后以所积修
越岭路 700 余丈，继又修长枪岭路
800 丈。兴安知府叶世倬撰文，邑生
员张珍书丹。

重修定慧寺碑记

全称：天台山定慧寺重修佛殿暨观音菩萨圣
母娘娘殿碑记。

年代：清嘉庆十九年（1814）刻立。

形制：高 2.06 米，宽 0.82 米。

行字：正文楷书 26 行，满行 71 字。

撰书：解用中撰，黄俊书。

现藏：镇安县西口回族镇天台山定慧寺。

备注：右上角断缺。

提要：记天台山定慧寺恢复重建经过。

*立社卖山文约碑

年代：清嘉庆十九年（1814）刻立。

形制：高 1.95 米，宽 0.86 米。

行字：正文楷书 9 行，满行 60 字。

现藏：镇安县西口回族镇板庙子。

提要：记胡生琏出卖山地面积、界至、价钱及地租事宜。

汉中府修补城垣碑

全称：汉中府修补城垣内外土城砖城段落丈尺记。

年代：清嘉庆二十年（1815）刻立。

形制：高 0.66 米，宽 1.04 米，厚 0.14 米。

行字：正文楷书 48 行，满行 35 字。

出土：原石立于汉中府城墙上三台阁，"文化大革命"中移至古汉台。

现藏：汉中博物馆。

著录：《汉中碑石》。

提要：记清嘉庆十七年（1812）汉中知府严如熤对汉中府城墙加以修葺的经过。严如熤，嘉庆贡生，后任汉中知府，累官至陕西按察使，撰有《汉南续修郡志》。

陈母陈氏碑

全称：皇清待赠孺人陈母陈太君贻徽碑记。

年代：清嘉庆二十年（1815）刻立。

形制：高 1.13 米，宽 0.50 米。

行字：正文楷书 13 行，满行 30 字。

现藏：潼关县东门博物馆。

提要：记载墓主人生平及家世。

重修野鹤观碑记

年代：清嘉庆二十年（1815）刻立。

形制：圆首。高 1.30 米，宽 0.71 米，厚 0.11 米。

行字：正文楷书 22 行，满行 33 字。

撰书：王贰鳌撰并书。

纹饰：碑额饰云龙纹。

出土：此碑自立未移。

现藏：城固县五门堰文物管理所。

提要：记清嘉庆二十年重修野鹤观事。

*英和题跋暨刘墉手迹

年代：清嘉庆二十年（1815）刻立。

形制：高 0.89 米，宽 0.31 米。

行字：刘墉字迹为行草 8 行，满行 10 字。英和跋文 12 行，满行 12 字。

撰书：刘墉撰并书，英和跋。

现藏：大荔县文物局。

著录：《大荔碑刻》。

提要：刊刻刘墉所作诗文及英和叙述其先辈与刘墉交往情况。

新建右王殿碑记

年代：清嘉庆二十年（1815）刻立。

形制：高 1.30 米，宽 0.57 米。

行字：正文楷书 8 行，满行 32 字。

现藏：合阳县博物馆。

提要：记合阳建学宫、考院、龙王神庙及右王神像事。

重修文庙灯记

年代：清嘉庆二十年（1815）刻立。

形制：高 1.62 米，宽 0.71 米，厚 0.14 米。

行字：正文楷书 11 行，满行 55 字。

撰书：张廷楷撰，黄正宇书。

纹饰：四周饰万字纹。

现藏：韩城市博物馆。

提要：记教谕张廷楷回顾乾隆五十二年（1787）知县傅应奎制东牌楼纱灯及重修事。

强克捷碑

全称： 原任河南滑县知县加知府衔谥忠烈
强克捷碑文。

年代： 清嘉庆二十年（1815）刻立。

形制： 高 1.08 米，宽 0.34 米。

行字： 正文楷书 35 行，满行 10 字。

撰书： 颙琰撰，林则徐书。

出土： 原在韩城市西街强公祠。

现藏： 韩城市博物馆。

提要： 记强克捷于嘉庆十八年（1813）镇压
八卦教起义事。

*薛氏墓碑

年代： 清嘉庆二十年（1815）刻立。

形制： 圆首。高 1.58 米，宽 0.57 米，厚
0.12 米。

行字： 正文楷书共 5 行，满行 42 字。

现藏： 蓝田县大寨乡薛家村。

提要： 记薛忠诚后人为其立碑的原因和经过。

重修雷神殿碑

年代： 清嘉庆二十年（1815）刻立。

形制： 圆首。高 1.75 米，宽 0.91 米。

撰书： 叶世倬撰并书。

纹饰： 碑额饰双龙纹。

现藏： 安康市历史博物馆。

著录： 《安康碑版钩沉》。

提要： 记雷神殿来由及嘉庆十九年、二十年
重修事。

五丈原谒忠武祠并序

年代： 清嘉庆二十年（1815）刻立。

形制： 高 0.32 米，宽 0.62 米。

行字： 正文行书 17 行，满行 14 字。

撰书： 段典撰并书。

现藏： 岐山县五丈原诸葛亮庙博物馆。

提要： 碑为段典谒五丈原武侯祠题诗。

重修白塔寺碑记

年代： 清嘉庆二十年（1815）刻立。

形制： 圆首。通高 1.89 米，宽 0.69 米，厚
0.23 米。

行字： 额篆书"皇清"2 字。正文楷书 20
行，满行 51 字。

撰书： 吴玉撰，赵登甲书，王金绅篆额。

纹饰： 碑额饰双螭，碑身四周饰回纹及莲花
图案。

现藏： 乾县新阳乡白塔村白塔寺。

提要： 记白塔村重修白塔寺事。

征收仓粮定例碑记

年代： 清嘉庆二十年（1815）刻立。

形制： 高 1.37 米，宽 0.70 米。

行字： 正文楷书 15 行，满行 30 字。

现藏： 山阳县禹王宫。

提要： 记清初山阳常平仓浮收百姓钱赋引起
诉讼后，官民会议制定新的征税比例、
风车使用及粮主回收等例规。

创修雷祖庙碑记

年代： 清嘉庆二十一年（1816）刻立。

形制： 圆首。通高 1.39 米，宽 0.55 米，厚
0.13 米。

行字： 正文楷书 7 行，满行 24 字。

撰书： 翟义儒撰，儒学烈书。

纹饰： 碑额饰双凤朝阳和卷云纹，碑身四周
饰花草纹。

现藏： 陇县八渡镇桃园村。

提要： 记创建雷祖庙经过。

重修太平寺碑记

年代：清嘉庆二十一年（1816）刻立。

形制：圆首。高 1.15 米，宽 0.69 米。

行字：正文楷书 18 行，满行 35 字。

纹饰：碑额饰二龙戏珠图案。

现藏：岐山县实验小学。

提要：记岐山县太平寺创建于北宋元祐三年
（1088），清嘉庆二十一年重修。

创建数世禅师灵骨塔铭

年代：清嘉庆二十一年（1816）刻立。

形制：高 0.33 米，宽 0.31 米，厚 0.10 米。

行字：正文楷书 19 行，满行 20 字。

撰书：张汝楠撰并书。

出土：原在澄城县安里乡三门村。

现藏：澄城县乐楼文物管理所。

提要：刊刻数世大师生平概况。

重修东岳行宫记

年代：清嘉庆二十一年（1816）刻立。

形制：高 0.50 米，宽 0.54 米。

行字：正文楷书 22 行，满行 20 字。

撰书：刘教禄撰并书。

现藏：户县玉蝉镇陂头村。

著录：《户县碑刻》。

提要：记清嘉庆年间重修玉蝉陂头堡东岳行
宫、献殿、墙垣之事。

贾扬泰暨妻萧氏合葬墓表

全称：皇清邑儒学增广生员明翁贾老先生暨
配萧孺人墓表。

年代：清嘉庆二十一年（1816）刻立。

形制：圆首。高 1.77 米，宽 0.69 米，厚
0.12 米。

行字：额篆书"皇清"2 字。正文楷书 17

行，满行 54 字。

撰书：南棠撰，牛鉴书，许联升篆额，明众
瞻刻。

纹饰：碑额饰云龙纹，碑身四周饰曲回纹。

现藏：户县牛东乡牛东村。

著录：《户县碑刻》。

备注：碑文部分文字毁损。

提要：贾扬泰，世居户县留犊堡，邑庠增广
生员，受业于关中大儒孙景烈。生于
乾隆九年（1744），卒于嘉庆十八年
（1813）。配萧氏，育有三男一女；
孙男五，孙女四；曾孙女一。撰文南
棠，嘉庆戊午（1798）举人，吏部候
铨知县。书丹牛鉴，翰林院庶吉士。
篆额许联升，嘉庆癸酉（1813）拔贡，
广东试用知县。

李英墓碑

全称：显考太学生南峰英公李君之墓。

年代：清嘉庆二十一年（1816）刻立。

形制：圆首。高 1.81 米，宽 0.62 米。

行字：额篆书"皇清"2 字。正文楷书 3 行，
共 37 字。

纹饰：碑额饰双龙戏珠图案及菊花纹，碑
身两侧饰对称人物、花瓶、花草、
"福"、"寿"图案。

现藏：周至县集贤镇东村。

提要：碑为李介福为其父李英所立神道碑。

田宽业墓志

全称：皇清例授九品元功田公墓志铭。

年代：清嘉庆二十一年（1816）刻。

形制：志正方形。边长 0.52 米。

行字：志文行楷 19 行，满行 22 字。

撰书：王丙吉撰。

纹饰：四周饰蔓草纹。

出土：1976 年出土于华阴县城南村。

现藏：西安碑林博物馆。

著录：《华山碑石》。

提要：田宽业，字元功，先世山西洪洞人，洪武初迁华阴，始居渭滨土洛坊，后徙居县治城南堡。宽业兄弟三人，行一。勤俭持家，济困扶贫。子一，女二；孙女一。生于乾隆六年（1741）四月初九日，卒于嘉庆十八年（1813）十二月初一日。撰文王丙吉，邑儒学生员。

太白山行纪

年代：清嘉庆二十一年（1816）刻立。

形制：共 12 石，尺寸相同。高 0.32 米，宽 0.44 米。

行字：正文楷书，每石 14 行，满行 12 字。

撰书：胡枝蕙撰并书。

现藏：西安碑林博物馆。

著录：《西安碑林全集》《西安碑林博物馆藏碑刻总目提要》。

提要：前 9 石为行纪，后 3 石为七言诗四首。记胡枝蕙等修葺太白山诸庙后奉命前往告祭经过，及沿途景物。

清风来故人

年代：清嘉庆二十一年（1816）刻立。

形制：高 0.25 米，宽 0.94 米。

行字：正文行书 1 行 5 字。

撰书：铁保书。

现藏：西安碑林博物馆。

著录：《西安碑林全集》《西安碑林博物馆藏碑刻总目提要》。

备注：铁保（1752—1824），字冶亭，号梅庵、铁卿，姓爱新觉罗氏，满洲正黄旗人。乾隆三十七年（1772）进士，官至两江总督。楷法颜真卿，草法王羲之，旁及怀素、孙过庭。北人论者，以刘墉、翁方纲与之为鼎足，亦善画梅。著有《惟清斋集》《梅庵诗钞》。

魁星楼记

年代：清嘉庆二十一年（1816）刻立。

形制：高 1.30 米，宽 0.71 米。

撰书：蓝田玉撰并书。

现藏：汉阴县城关南城墙外。

著录：《安康碑版钩沉》。

提要：记清嘉庆十七年（1812）改建魁星楼于龙岗之巅事。

花振兴暨妻杨氏合葬墓志

全称：皇清大监元象山花公暨元配杨孺人合葬墓志铭。

年代：清嘉庆二十二年（1817）刻。

形制：志长 0.53 米，宽 0.45 米。

行字：志文楷书 28 行，满行 22 字。

撰书：王梦熊撰并书。

出土：1968 年出土于华阴县花家寨。

现藏：西安碑林博物馆。

著录：《华山碑石》。

提要：花振兴，字象山，先祖陆，明殿前校尉，金带都指挥使，自怀远徙戍华阴东北乡永清寨。传十五世至振兴。元配杨氏，继配杨氏。生男三，女二；孙男三，孙女四。生于乾隆九年（1744）正月三十日，卒于嘉庆十九年（1814）七月二十二日。撰书王梦熊，邑儒学廪膳生员。

创修祠堂碑记

年代：清嘉庆二十二年（1817）刻立。

形制：圆首方座。尺寸不详。

行字：正文楷书 8 行，满行 52 字。

撰书：李书升撰。

现藏：岐山县故郡乡渚村苏公祠。

提要：记清代建修苏氏祠堂经过。

重修龙王庙碑

年代：清嘉庆二十二年（1817）刻立。

形制：圆首。通高 1.10 米，宽 0.54 米，厚 0.19 米。

行字：正文楷书 16 行，满行 32 字。

撰书：尹仲撰，李如瑶书。

纹饰：碑额饰狮子滚绣球图案，碑身四周饰蔓草纹。

现藏：陇县博物馆。

提要：记龙王庙位置、重修经过等。

新建圣母娘娘庙碑记

年代：清嘉庆二十二年（1817）刻立。

形制：高 1.4 米，宽 0.69 米，厚 0.12 米。

行字：正文行楷 22 行，满行 20 字。

撰书：侯述职撰。

纹饰：两侧饰卷云纹。

出土：原在志丹县保安镇杨畔村三寺庙。

现藏：志丹县文物管理所。

提要：记清嘉庆二十一年至二十二年新建圣母娘娘庙事。

重修卜夫子祠记

年代：清嘉庆二十二年（1817）刻立。

形制：高 1.41 米，宽 0.60 米。

行字：正文楷书 11 行，满行 50 字。

撰书：李炜撰，王楷书。

备注：碑已佚，存民国二十七年（1938）拓本。

提要：记卜商祠年久失修，合阳县绅士捐资重修事。

重修诸葛忠武侯正殿拜殿碑记

年代：清嘉庆二十二年（1817）刻立。

形制：平首方座。通高 1.36 米，宽 0.77 米，厚 0.17 米。

行字：正文楷书 22 行，满行 45 字。

撰书：严如煜撰，柏台书。

现藏：勉县武侯祠博物馆。

著录：《忠武祠墓志》（嘉庆）《汉中府志》《汉中碑石》。

提要：记清嘉庆二十二年重修勉县武侯祠正殿、拜殿事。

重修药王献殿并阶级甬道碑

年代：清嘉庆二十二年（1817）刻立。

形制：高 0.43 米，宽 0.60 米。

行字：正文楷书 7 行，满行 6 字。

现藏：嵌于韩城市孙真人祠献殿西山墙。

备注：碑文漫漶。

提要：记嘉庆二十二年夏五月铸宝坊荡平会重修药王献殿并阶级甬道事。

省疚

年代：清嘉庆二十二年（1817）刻立。

形制：高 0.66 米，宽 1.02 米。

行字：正文行书 1 行 2 字。

撰书：古亭主人书。

纹饰：四周饰回形纹。

出土：1997 年蒲城县南街征集。

现藏：蒲城县博物馆。

提要："省疚"二字横匾。

卖地碣

年代：清嘉庆二十二年（1817）刻立。

形制：高 0.84 米，宽 0.42 米。

行字：正文楷书 19 行，行 17 字。

现藏：嵌于乾县马连乡南上官小学墙壁。

提要：记本村陈姓两家互相买卖土地事，碣文注明买方要在每年清明节祭祀卖方祖先，以示酬谢。

五丈原怀古诗碑

年代：清嘉庆二十二年（1817）刻立。

形制：高 0.38 米，宽 0.95 米。

行字：正文楷书 35 行，满行 16 字。

撰书：陈尧撰并书。

现藏：岐山县五丈原诸葛亮庙博物馆。

提要：刻岐山知县陈尧题诗一首。

重修文庙序

年代：清嘉庆二十二年（1817）刻立。

形制：高 1.70 米，宽 0.84 米。

行字：正文楷书 20 行，满行 45 字。

撰书：范仲赵撰，阴大福书。

出土：2004 年出土于镇安县城关粮站。

现藏：镇安县城校场沟。

提要：记复修镇安文庙及其附属建筑事。

扶立铁旗杆碑记

年代：清嘉庆二十三年（1818）刻立。

形制：圆首方座。高 1.90 米，宽 0.67 米，厚 0.20 米。

行字：额楷书"皇清"。正文楷书 16 行，满行 45 字。

撰书：薛元均撰并书。

纹饰：碑额饰麒麟及云纹。

现藏：黄龙县垮台乡寺塔村北寺山庙。

提要：记扶立铁旗杆缘由、经过及捐资修造情况。

重修龙王殿碑记

年代：清嘉庆二十三年（1818）刻立。

形制：圆首方座。高 1.80 米，宽 0.65 米，厚 0.15 米。

行字：正文楷书 23 行，满行 41 字。

撰书：李天右撰并书。

纹饰：碑额饰八卦、云龙图案，碑身四周饰莲花及卷云纹。

现藏：黄龙县垮台乡寺塔村北寺山庙。

提要：记李天右等人捐资修殿事。

重修汉太史公祠记

年代：清嘉庆二十三年（1818）刻立。

形制：龟座。通高 3.00 米，宽 0.78 米，厚 0.18 米。

行字：正文楷书 20 行，满行 60 字。

撰书：冀兰泰撰，朱景云书，杨鲠篆额。

现藏：韩城市司马迁祠。

著录：《司马迁祠碑石录》。

提要：记韩城知县冀兰泰集资重修太史公祠事。工起于嘉庆丙子（1817）三月，迄十月告竣。书丹朱景云，甲寅科举人，韩城县儒学教谕。篆额杨鲠，韩城县典史。

*题仙游寺碑

年代：清嘉庆二十三年（1818）刻立。

形制：高 0.39 米，宽 0.80 米，厚 0.08 米。

行字：正文行楷 27 行，满行 18 字。

撰书：盖方泌撰并书。

现藏：周至县仙游寺博物馆。

提要：记周至县令盖方泌与友人同游仙游寺
后所赋七言歌行一首。

骞氏长门牛首山南元岭坡祖坟碑记

年代：清嘉庆二十三年（1818）刻立。

形制：圆首。通高 1.14 米，宽 0.50 米，厚
0.12 米。

行字：额楷书"皇清"2 字。正文楷书 19
行，满行 38 字。

撰书：骞乃绩、骞拱辰撰，骞汉仙书。

出土：原立于户县庞光镇牛首山。

现藏：户县牛东乡骞五桥村。

著录：《户县碑刻》。

备注：碑文有磨损。

提要：记骞氏长门自远祖世雄以下九世谱系。
撰文骞拱辰为八世孙，生员。书丹骞
汉仙为六世族孙，生员。

*鱼龙溪夫妇合葬墓志

年代：清嘉庆二十三年（1818）刻。

形制：志正方形。边长 0.55 米。

出土："文化大革命"期间出土于蒲城县苏
坊镇。

现藏：蒲城县文物保护开发中心。

提要：记鱼龙溪生平。

*重刊礼部题奉碑

年代：清嘉庆二十三年（1818）刻立。

形制：高 0.61 米，宽 0.62 米。

行字：正文楷书 22 行，满行 24 字。

现藏：韩城市博物馆。

提要：刻礼部题奉晓示生员八条。

*赐何培元之父制书

年代：清嘉庆二十三年（1818）刻立。

形制：碑残损。残高 2.17 米，宽 0.70 米。

行字：额篆书"重镌□河湾龙湾渠□□记载"。
正文楷书 8 行，满行 41 字。

撰书：何培元书。

纹饰：碑额饰龙纹。

现藏：周至县司竹乡北淇水村。

备注：碑已佚，仅存拓片。

提要：碑文为嘉庆二十三年赐何培元之父
制书。

刘大勋暨妻王氏合葬墓志

全称：皇清例赠文林郎庠生世臣刘公暨德配
例赠孺人王太君墓志铭。

年代：清嘉庆二十三年（1818）刻。

形制：志正方形。边长 0.60 米。

行字：志文楷书 31 行，满行 41 字。

撰书：杨翼武撰，王联甲书。

出土：1981 年出土于华阴县西纪村。

现藏：西安碑林博物馆。

著录：《华山碑石》。

备注：石残断为四块，其一佚。

提要：刘大勋，字世臣，先世河南内乡人，
明初以军功授潼关百户，遂卜居古
城屯。大勋弱冠入庠，后以家计废
学，五旬后不治产业。生于康熙五
十四年（1715）正月二十五日，卒
于乾隆五十三年（1788）五月初七
日。元配留氏，继王氏，又继王氏。
子一，名燕桂，庚午举人；女四，
孙女一。撰文杨翼武，华阴长宁坊
人，历任甘肃宁夏府知府、甘肃布
政使司。书丹王联甲，明经进士，
吏部候补儒学司训。

李荫春暨妻冯氏合葬墓志

全称：皇清待赠孺人太学生茂亭李君继配冯

孺人合葬墓志铭。

年代：清嘉庆二十三年（1818）刻。

形制：志正方形。边长 0.50 米。

行字：志文楷书 30 行，满行 30 字。

撰书：李彧撰，□荣书并篆额。

出土：1982 年出土于华阴县油巷村。

现藏：西安碑林博物馆。

著录：《华山碑石》。

备注：志文剥蚀严重。

提要：李荫春，字茂亭。兄弟三人，行二。捐监生。卒于嘉庆八年（1803）十一月二十一日。年 67 岁，已与元配刁氏合葬于祖茔。继配冯氏，嘉庆二十三年（1818）十二月与茂亭公合葬。撰文李彧，辛卯科举人，兴安府教授。

关圣帝君觉世真经

年代：清嘉庆二十三年（1818）刻立。

形制：共 2 石。一石高 0.30 米，宽 1.33 米；一石高 0.28 米，宽 0.44 米。

行字：正文楷书 10 栏，每栏 5 行，满行 11 字。

撰书：李绍膺书，刘恒堂刻。

现藏：西安碑林博物馆。

著录：《西安碑林全集》《西安碑林博物馆藏碑刻总目提要》。

提要：作者托名"关圣帝君"，谓"人生在世，贵尽忠孝节义等事，方于人道无愧"。并列举应行诸善，应戒之恶。

苏氏笔法论

年代：清嘉庆二十三年（1818）刻立。

形制：高 1.46 米，宽 0.37 米。

行字：正文行书 3 行，满行字数不等。

撰书：铁保撰，刘恒堂刻。

现藏：西安碑林博物馆。

著录：《西安碑林全集》《西安碑林博物馆藏碑刻总目提要》。

提要：刻铁保论苏轼书法。

*蕃尔千阳县十章诗碣

年代：清嘉庆二十三年（1818）刻立。

形制：高 0.88 米，宽 0.64 米，厚 0.18 米。

行字：正文楷书 26 行，满行 23 字。

撰书：郭繁春撰并书。

现藏：千阳县文化馆。

提要：碑刻郭繁春诗 10 首。

*陈大溶题诗碑

年代：清嘉庆二十三年（1818）刻立。

形制：高 0.50 米，宽 0.62 米。

行字：正文楷书 8 行，满行字数不等。

撰书：陈大溶撰。

纹饰：四周饰草叶纹。

出土：此碑自立未移。

现藏：勉县武侯祠博物馆。

提要：内容为清江司马陈大溶自京旋蜀道出沔阳谒相祠有感题诗二首，颂扬武侯之功德。

重修燃灯寺院碑

年代：清嘉庆二十三年（1818）刻立。

形制：高 1.92 米，宽 0.71 米，厚 0.20 米。

撰书：刘元端撰，冯儒生书。

纹饰：四周饰花草纹。

现藏：宝鸡市渭滨区马营镇燃灯寺村。

提要：记嘉庆二十三年重修燃灯寺事。

学规碑

年代：清嘉庆二十四年（1819）刻立。

形制：高 1.40 米，宽 0.70 米。

行字：正文楷书，行字数不详。

撰书：陈元杰立。

现藏：吴堡县古城女学校。

提要：全文共八条，是清顺治九年（1652）颁发全国学官生员守则八条。

*嘉庆二十四年祭黄帝陵碑

年代：清嘉庆二十四年（1819）刻立。

形制：圆首方座。高 1.60 米，宽 0.69 米，厚 0.16 米。

行字：正文楷书 13 行，满行 35 字。

纹饰：两侧饰蔓草纹、钱纹及富贵不断头纹。

现藏：黄帝陵轩辕庙碑廊。

著录：《延安市文物志》《黄陵文典·文物卷》。

提要：记清仁宗颙琰为庆祝六十寿辰，派遣都察院左副都御使和桂于嘉庆二十四年三月祭祀轩辕黄帝。

宝峰寺建修斗母圣宫碑记

年代：清嘉庆二十四年（1819）刻立。

形制：圆首。高 1.76 米，宽 0.80 米，厚 0.18 米。

行字：额楷书"皇清"及"功德碑"。正文楷书 30 行，满行 44 字。

撰书：邢迁书，高绥宇篆额。

纹饰：两侧饰双龙拱卫图案。

现藏：汉中市哑姑山宝峰寺。

著录：《汉中碑石》。

提要：记宝峰寺自嘉庆十三年开工建至二十三年竣工事。

修建龙王庙及里长所记

年代：清嘉庆二十四年（1819）刻立。

形制：高 1.38 米，宽 0.64 米。

行字：正文楷书 11 行，满行 48 字。

撰书：杨葆光书。

现藏：合阳县博物馆。

提要：记里长的由来及作用，同时记载万寿宫供奉龙神后年丰人福事。

*惠文斋墓志

年代：清嘉庆二十四年（1819）刻。

形制：志正方形。尺寸不详。

撰书：张少川撰并书。

出土：出土于蒲城县甜水井乡惠家村，时间不详。

现藏：蒲城县文物保护开发中心。

提要：记惠文斋生平。

*重修太山庙碑

年代：清嘉庆二十四年（1819）刻立。

形制：圆首。高 1.85 米，宽 0.86 米。

行字：正文楷书 31 行，满行 46 字。

现藏：镇安县永乐镇花甲村。

提要：记众人募资重修太山庙事。

重修城隍庙记

年代：清嘉庆二十四年（1819）刻立。

形制：高 1.40 米，宽 0.76 米。

行字：正文楷书 19 行，满行 36 行。

撰书：范仲赵撰，阴大福书。

现藏：镇安县校场沟口。

提要：记复修城隍庙、戏楼、文武庙之经过。

*嘉庆二十四年祭周陵碑

年代：清嘉庆二十四年（1819）刻立。

形制：圆首方座。通高 1.67 米，宽 0.65 米。

行字：额篆书"御制"2 字。正文行楷 9 行，满行 30 字。

纹饰：碑额饰二龙戏珠图案，碑身四周饰云纹。

现藏：咸阳市周陵文物管理所。

著录：《咸阳市渭城区志》《渭城文物志》。

备注：碑身有裂纹。

提要：记清嘉庆二十四年八月，皇帝遣官致祭周文王陵。

敕封宣武将军赵公碑

年代：清嘉庆二十四年（1819）刻立。

形制：圆首。高 1.20 米，宽 0.52 米，厚 0.14 米。

行字：正文楷书 3 行，满行 10 字。

出土：乾县周城乡董城村赵氏宗祠。

现藏：乾县周城乡董城村北堡子村。

提要：记清嘉庆年间赵文炳等为彰显先祖英明，勒石纪念。

*龙洞渠铁眼斗用水告示碑

年代：清嘉庆二十四年（1819）刻立。

形制：螭首龟座。通高 2.82 米，宽 0.70 米，厚 0.16 米。

行字：正文行楷 22 行，满行 52 字。

撰书：怡文炜撰并书。

纹饰：四周饰缠枝纹。

出土：1963 年出土于泾阳县王桥镇衙背后村南。

现藏：泾惠渠管理局张家山水库管理处。

备注：石碑断裂为两部分。

提要：记泾阳县龙洞渠用水制度。

重修文昌宫记

年代：清嘉庆二十四年（1819）刻立。

形制：圆首。高 1.72 米，宽 0.73 米。

行字：正文楷书 16 行，满行 45 字。

撰书：范仲赵撰，阴大福书。

出土：2004 年出土于镇安县粮站。

现藏：镇安县城校场沟。

提要：记镇安县文昌宫奎文阁重修事。

歇马塬新修二郎殿碑

年代：清嘉庆二十四年（1819）刻立。

形制：圆首。通高 1.58 米，宽 0.65 米，厚 0.20 米。

行字：正文楷书 21 行，满行 35 字。

撰书：赵锡贵撰并书。

纹饰：碑额饰二龙戏珠图案，碑身四周饰蔓草纹。

现藏：千阳县崔家头镇。

提要：记新修二郎神殿庙事。

游青莲山诗碑

年代：清嘉庆二十五年（1820）刻立。

形制：高 0.46 米，宽 0.66 米，厚 0.12 米。

行字：正文楷书 28 行，满行 21 字。

撰书：林聪、王余晋撰，李同梓书。

纹饰：四周饰阴刻万字纹。

出土：出土于麟游县九成宫镇永安村，时间不详。

现藏：麟游县博物馆。

提要：碑为清乾隆五十年（1785）、嘉庆二十二年（1817）、二十五年（1820）麟游知县林聪、王余晋偕邑生员及友人登县境西南青莲山酬唱奉和之作。

重修狄青牢记碑

年代：清嘉庆二十五年（1820）刻立。

形制：圆首。高 1.80 米，宽 0.67 米。

纹饰：四周饰蔓草纹。

现藏：延安市宝塔区狄青牢石窟。

提要：记北宋名将狄青功绩，嘉庆二十五年洪水淹没狄青牢及修葺经过。

重修永寿寺妆饰神像新建乐楼碑序

年代：清嘉庆二十五年（1820）刻立。

形制：平首方座。通高 2.49 米，宽 0.76 米，厚 0.12 米。

行字：正文楷书 19 行，满行 40 字。

纹饰：四周饰卷草纹。

现藏：绥德县名州镇七里铺村蕲王庙。

著录：《榆林碑石》。

备注：碑石下段剥蚀甚重，文字漫漶不清。

提要：记绥德人康万厥等为纪念蕲王合力捐资，在一步岩蕲王庙修乐楼事。末署捐资人官职及捐款数额。

祖师田真人传

年代：清嘉庆二十五年（1820）刻立。

形制：高 1.17 米，宽 0.88 米。

行字：正文楷书 33 行，满行 28 字。

撰书：张绳直撰并书。

现藏：城固县五门堰文物管理所。

备注：上部残。

提要：记田真人生平事迹。

五门堰创置田亩碑

全称：五门堰创置田地暨合工碑记。

年代：清嘉庆二十五年（1820）刻立。

形制：高 1.72 米，宽 0.69 米。

行字：正文楷书 22 行，满行 58 字。

撰书：李时中撰，方春和书。

出土：城固县桔园镇后湾村，时间不详。

现藏：城固县五门堰文物管理所。

提要：记五门堰局于嘉庆年间创置田亩数，及改修堰堤后重新置地数。

朱灵斋墓志

全称：皇清太学生乙亥乡饮介宾灵斋朱公墓志铭。

年代：清嘉庆二十五年（1820）刻。

形制：志正方形。边长 0.56 米，厚 0.06 米。

行字：志文楷书 24 行，满行 32 字。

撰书：蔺绕祖撰，刘裕间书。

现藏：渭南市临渭区中心博物馆。

提要：记朱灵斋家族世系、生平。

临池臆说

年代：清嘉庆二十五年（1820）刻立。

形制：高 1.88 米，宽 0.85 米，厚 0.21 米。

行字：正文楷书、草书均有，共 37 行，满行 95 字。

撰书：张绳直撰并书。

现藏：城固县五门堰文物管理所。

提要：此碑为清代张绳直的一部书法专著。城固关王堡人，曾任山东澄州知府。于嘉庆二十一年（1816）写成《临池臆说》，推行"永字八法"之用笔，评晋、唐、宋、元、明各书法之优劣。

梁国璧暨妻任氏合葬墓志

全称：大清候铨直隶分州梁公王任氏合葬墓志铭。

年代：清嘉庆二十五年（1820）刻。

形制：砂石质。志长 0.70 米，宽 0.39 米，厚 0.07 米。

行字：志文楷书 27 行，满行 15 字。

出土：铜川市耀州区瑶曲镇上刘村征集。

现藏：铜川市耀州区博物馆。

备注：中部断开，右下部残缺。

提要：记梁国璧生平。

重修孙真人祠暨圣母殿碑记

年代：清嘉庆二十五年（1820）刻立。

形制：螭首。高 2.20 米，宽 0.75 米。

行字：正文楷书 38 行，满行 63 字。

撰书：辛运隆撰并书。

纹饰：碑额饰二龙戏珠图案、波浪纹，碑身四周刻回纹。

现藏：铜川市耀州区孙塬镇孙塬村真人祠。

提要：记清嘉庆年间维修孙真人（孙思邈）祠及其夫人圣母殿事。

张载东西铭碑

年代：清嘉庆二十五年（1820）刻立。

形制：高 0.29 米，宽 1.25 米。

行字：正文行草 45 行，满行 10 字。

撰书：张载撰，吴荣光书。

现藏：西安碑林博物馆。

著录：《西安碑林全集》《西安碑林博物馆藏碑刻总目提要》。

提要：刊张载《订顽》《砭愚》两篇铭文。

兴化禅院免粮碑

年代：清嘉庆二十五年（1820）刻立。

形制：正方形。边长 0.43 米。

行字：正文楷书 14 行，行 17 字。

现藏：乾县梁村镇中曲村兴化寺。

提要：记免除乾州兴化禅院粮，同时命寺院修设学堂一所事。

布施碑

年代：清嘉庆二十五年（1820）刻立。

形制：圆首。高 1.89 米，宽 0.69 米，厚 0.18 米。

纹饰：碑额饰二龙戏珠图案，碑身两侧饰花卉图案。

现藏：宝鸡市渭滨区神农镇姜城堡村。

提要：记布施者姓名及银两数目。

*盛惇崇临东坡书

年代：清乾隆嘉庆年间（1796—1820）刻。

形制：高 0.74 米，宽 1.66 米。

行字：正文行书 20 行，满行 6 字。

撰书：盛惇崇书。

现藏：西安碑林博物馆。

著录：《西安碑林全集》《西安碑林博物馆藏碑刻总目提要》。

提要：刊盛惇崇临苏轼尺牍。

扩道榜文

年代：清嘉庆年间（1796—1820）刻立。

形制：平首方座。通高 1.30 米，宽 0.19 米，高 0.90 米。

行字：正文楷书 34 行，满行 30 字。

纹饰：碑座饰花卉图案。

现藏：留坝县张良庙文物管理所。

提要：记清嘉庆年间所颁 14 道圣旨。碑文分两部分内容。前半部分为：皇上下令相关布政司查处假僧道及白莲教、天主教等教派人员，并缉拿问罪，发配充军。同时让僧道多处宣道，使民众免受迷惑。下半部分为：皇上下旨十三布政司及大小衙门对有度帖的僧道者，在十三布政司管辖内及四大名山，可随意挂单上香，地方官员不得克扣，延迟发放僧道俸银。

*石珩行书座右箴

年代：清嘉庆年间（1796—1820）刻立。

形制：高 1.12 米，宽 0.73 米。

行字：正文行书 5 行，满行 12 字。

现藏：洋县蔡伦墓祠文物管理所。

提要：刊石珩所书座右箴。

行道铭

年代：清嘉庆（1796—1820）刻立。

形制：高 0.45 米，宽 0.70 米。

行字：正文行书 7 行，满行字数不等。

撰书：赵宜暄撰并书。

现藏：西安碑林博物馆。

著录：《西安碑林全集》《西安碑林博物馆藏碑刻总目提要》。

提要：刊赵宜暄所作铭言一篇。

荣恩

年代：清嘉庆年间（1796—1820）刻立。

形制：高 0.51 米，宽 0.95 米，厚 0.16 米。

行字：正文楷书 2 字。

撰书：郑绪章书。

现藏：宁强县文化馆。

*南海吴荣光题诗碑

年代：清嘉庆年间（1796—1820）刻立。

形制：正方形。边长 0.65 米。

行字：正文行楷 9 行，满行字数不等。

撰书：吴荣光撰并书。

现藏：略阳县灵岩寺博物馆。

提要：吴荣光对灵岩寺景色感而赋诗，并祈佛祖保佑。

杜际司墓志

全称：郡博士际司杜公墓志铭。

年代：清嘉庆年间（1796—1820）刻。

形制：志正方形。边长 0.62 米，厚 0.09 米。

行字：志文楷书 26 行，满行 27 字。

撰书：万宁达撰，刘秉阳书。

纹饰：四周饰水波纹。

出土：出土时间、地点不详。

现藏：华县文物管理会。

提要：记杜公生平。

尹振麟咏瓜道人诗

年代：清嘉庆年间（1796—1820）刻立。

形制：高 0.45 米，宽 0.85 米。

行字：正文行书 19 行，满行 13 字。

撰书：尹振麟撰并书。

现藏：周至县古楼观说经台。

著录：《楼观台道教碑石》。

提要：碑为赞咏瓜道人七言一首。

陈仓古道之灵墓碑

年代：清嘉庆年间（1796—1820）刻立。

形制：长方形。尺寸不详。

行字：正文楷书 1 行 7 字。

现藏：凤县南星镇连云寺村陈仓沟。

提要：碑文"陈仓古道之灵墓"。传说为汉臣韩信离朝出走，行至此处，向樵夫问明逃路后，恐樵夫告知追兵，杀樵夫灭口，埋葬于此。清代嘉庆年间陈起栋立石记之。

重修定觉寺碑

年代：清嘉庆年间（1796—1820）刻立。

形制：螭首。通高 1.79 米，宽 0.72 米，厚 0.21 米。

行字：正文楷书 20 行，满行 36 字。

撰书：王金绅撰，王清泰书。

纹饰：碑身两侧饰回纹，碑座饰莲花纹。

出土：原在乾县定觉寺内。

现藏：乾县新阳乡三兴村村西新建定觉寺庙前。

提要：记清嘉庆年间重修定觉寺事。

*道光元年祭黄帝陵碑

年代：清道光元年（1821）刻立。

形制：圆首方座。通高 2.64 米，宽 0.93 米，厚 0.12 米。

行字：正文楷书 15 行，满行 39 字。

纹饰：两侧饰龙纹。

现藏：黄帝陵轩辕庙碑廊。

著录：《延安市文物志》《黄陵文典·文物卷》《黄帝陵碑刻》。

提要：记清宣宗旻宁派遣西安副都统哈兴阿于道光元年七月十五日祭祀轩辕黄帝。

灵湫广济

年代：清道光元年（1821）刻立。

形制：高 1.97 米，宽 0.74 米，厚 0.21 米。

行字：正文楷书 4 字。

纹饰：四周饰花卉纹。

现藏：礼泉县城关镇药王洞道院。

提要：碑身正中竖刻"灵湫广济"。

城隍神会记

年代：清道光元年（1821）刻立。

形制：圆首方座。通高 1.80 米，宽 0.69 米，厚 0.15 米。

行字：正文楷书 11 行，满行 39 字。

出土：2007 年出土于澄城县人民政府院内。

现藏：澄城县乐楼文物管理所。

备注：碑身断裂。

提要：刊载道光年间城隍神会之事。

汉张留侯辟谷处

年代：清道光元年（1821）刻立。

形制：圆首。高 1.44 米，宽 0.65 米，厚 0.20 米。

行字：正文行书 7 字。

撰书：程恩泽书。

现藏：留坝县张良庙文物管理所。

著录：《张良庙匾联石刻诗文集注》《张良庙与紫柏山》。

提要：碑刻"汉张留侯辟谷处"。

香雪斋雁字回文诗碑

年代：清道光元年（1821）刻立。

形制：共 24 石，尺寸相同。高 1.54 米，宽 0.66 米，厚 0.20 米。

行字：碑文篆书、楷书均有，分上下 5 栏，共 100 行，满行 8 字。

撰书：张玉德撰并书，刘义明、杜思白刻。

出土：原在户县县城北街张氏宗祠。

现藏：户县文庙明伦堂东侧碑廊。

著录：《重修户县志》《户县碑刻》。

提要：张玉德，字比亭，户县人，邑庠生，一生无意科举功名，倾心于书法与回文诗的研究与创作，潜心研究名帖，其书法兼获众妙，五体皆工。其所撰书的《雁字回文诗》296 首，被民国《重修户县志》赞为"三绝"。

北五社五常会重建南琉璃照壁

年代：清道光元年（1821）刻立。

形制：高 0.51 米，宽 0.35 米。

行字：正文楷书 8 行，行 15 字。

现藏：韩城市博物馆。

提要：刊载邑人捐资重建韩城文庙南琉璃照壁之事。

杨奋扬墓志

全称：皇清恩赐粟帛太学生子威杨公墓志铭。

年代：清道光二年（1822）刻。

形制：共 2 石，尺寸相同。志长 0.45 米，宽 0.36 米，厚 0.06 米。

行字：志文楷书 27 行，满行 19 字。

撰书：贾一中撰并书。

出土：1989 年出土于户县宋村乡黄堆村。

现藏：户县文物管理委员会。

著录：《户县碑刻》。

提要：杨奋扬，字子威，号振翻。父大烈，母张氏。乾隆三十九年（1774）援例入国学。生于乾隆十六年（1751）三月廿一日，卒于嘉庆二十四年（1819）闰四月初四日。配王氏，生子二，女二；孙男三，孙女四，曾孙女二。撰书贾一中，丙子进士，吏部候铨儒学训导。

重修名臣祠碑记

年代：清道光元年（1821）刻立。

形制：圆首方座。高 1.54 米，宽 0.63 米。

行字：正文楷书 15 行，满行 40 字。

撰书：邓廷桢撰，沈琮书。

现藏：西安碑林博物馆。

著录：《西安碑林全集》《西安碑林博物馆藏碑刻总目提要》。

提要：记重修西安府学院内名臣祠事。

建营志碑

年代：清道光元年（1821）刻立。

形制：圆首方座。高 2.00 米，宽 0.90 米，厚 0.11 米。

行字：正文楷书 19 行，满行 40 字。

撰书：康节撰。

现藏：旬阳县城西门外洞儿碥。

著录：《安康碑石》。

备注：碑文多磨泐，不知立碑年月。据《洵阳志·建置志》，为清道光元年八月。

提要：记清康熙十九年（1680）吴三桂叛乱后，洵阳建营以防患未然。

*重建玉帝庙碑

年代：清道光二年（1822）刻立。

形制：圆首。高 1.20 米，宽 0.53 米。

行字：正文楷书 14 行，满行 28 字。

撰书：强儒英撰并书。

纹饰：碑额刻花卉图案，周饰富贵不断头纹。

现藏：子长县瓦窑堡镇玉龙山玉皇庙。

提要：记重修稻园坪玉帝庙事。

黄老始祖碣

年代：清道光二年（1822）刻立。

形制：高 0.83 米，宽 0.47 米，厚 0.08 米。

行字：正文楷书 7 行，满行 15 字。

撰书：李宗江书。

纹饰：四周饰博古插花图案。

现藏：陇县新集川乡龙门洞道院四公祠。

提要：记黄老在明朝时由武当山游至龙门，并对龙门进行修葺事。

重修太上殿序

年代：清道光二年（1822）刻立。

形制：圆首。通高 3.61 米，宽 0.41 米，厚 0.25 米。

行字：正文楷书 8 行，满行 38 字。

撰书：李宗泾撰并书。

纹饰：碑额饰蟠螭纹，碑身四周饰花草纹。

现藏：陇县新集川乡龙门洞道院。

提要：记龙门洞胜迹及重修太上殿事。

捐济茕民碑记

年代： 清道光二年（1822）刻立。

形制： 圆首方座。高 1.92 米，宽 0.67 米，厚 0.17 米。

行字： 正文楷书 16 行，满行 39 字。

撰书： 袁汝嵩撰。

现藏： 扶风县博物馆。

提要： 记捐济灾民三资来源及管理办法、资助标准。

贺氏五亩陵记

年代： 清道光二年（1822）刻立。

形制： 高 0.88 米，宽 0.46 米。

行字： 正文楷书 9 行，满行 30 字。

撰书： 雷遇春撰，杨清书。

现藏： 合阳县博物馆。

提要： 记贺家凸村五亩陵地势，汉光武时营造，迄今千年，屡遭兵燹而尚存。乾隆年间掘扩，道光二年族中首事划陵地五亩之界，勒石记之。

梁氏茔墓记

全称： 元南京镇江府才卿梁公暨五子十五孙茔墓记。

年代： 清道光二年（1822）刻立。

形制： 高 1.10 米，宽 0.50 米。

行字： 正文楷书 15 行，满行 47 字。

撰书： 梁垌撰，梁造书。

现藏： 合阳县博物馆。

提要： 记梁才卿家族世系、生平。

重修三大士庙碑记

年代： 清道光二年（1822）刻立。

形制： 高 1.12 米，宽 0.22 米。

行字： 正文楷书 4 行，满行 50 字。

撰书： 范绍泗撰，范绍濂书。

现藏： 合阳县博物馆。

提要： 记三大士庙创建于明崇祯十年（1637），清乾隆二十年（1755）、道光二年重修。

重修大禹庙楼塔殿宇碑

全称： 重修神庙神洞神楼神塔并创建享殿围墙碑记。

年代： 清道光二年（1822）刻立。

形制： 圆首方座，双面刻。通高 1.56 米，宽 0.48 米，厚 0.11 米。

行字： 碑阳楷书"重修记载"4 字，碑阴楷书"芳名丕著"4 字。正文楷书 8 行，满行 34 字。

撰书： 杨金相撰并书。

现藏： 韩城市大禹庙。

提要： 记清道光二年杨仲义等倡议重修神庙神洞神楼神塔并创建享殿围墙事。

隆氏圹记

全称： 先妣隆氏圹记。

年代： 清道光二年（1822）刻立。

形制： 志、盖均为正方形，尺寸相同。边长 0.57 米，厚 0.07 米。

行字： 盖文篆书 1 行，题"皇清显妣秦太君隆氏之志"。志文楷书，分为上下两截四段，每截 16 行，满行 10 字。

出土： 出土时间、地点不详。2006 年由耀县征集。

现藏： 西安市临潼博物馆。

备注： 盖左上残。

提要： 记隆氏生平。

新建佛祖菩萨殿序

年代： 清道光二年（1822）刻立。

形制： 圆首。高 1.66 米，宽 0.72 米。

行字：额篆书"皇清"2 字。正文楷书 20
　　　行，满行 29 字。

撰书：王大年撰，王锦秋书。

纹饰：碑额饰二龙戏珠图案及卷草纹。

出土：原在蒲城县。

备注：碑佚，仅存拓片。

提要：记新建佛殿菩萨庙事及捐款人姓名。

郝学诗暨妻张氏合葬墓志

全称：皇清待赠处士西园郝太公暨淑配太孺
　　　人张氏合葬墓志铭。

年代：清道光二年（1822）刻。

形制：志长 0.62 米，宽 0.58 米。

行字：志文行楷 28 行，满行 30 字。

撰书：杨玉树撰并书。

出土：1969 年出土于华阴县阳化村。

现藏：西安碑林博物馆。

著录：《华山碑石》。

备注：志文磨损严重。

提要：郝学诗，字析经，号西园。先世自山
　　　西洪洞迁陕西同州府华阴县阳化村，
　　　后移鱼池屯。学诗兄弟四人，行一。
　　　生于乾隆五年（1740）九月二十六日，
　　　卒于嘉庆十六年（1811）闰三月初十
　　　日。配张氏，生子四；孙男五，孙女
　　　六；曾孙女一。撰文杨玉树，邑儒学
　　　生员。

文赋

年代：清道光二年（1822）刻立。

形制：共 22 石，尺寸相同。高 0.27 米，宽
　　　0.36 米。

行字：正文楷书，每石 10 行，满行 8 字。

撰书：邓廷桢书，李天全刻。

现藏：西安碑林博物馆。

著录：《西安碑林全集》《西安碑林博物馆藏
　　　碑刻总目提要》。

提要：刊晋陆机所作《文赋》。

江南重浚吴淞江碑

年代：清道光二年（1822）刻立。

形制：共 3 石，尺寸相同。高 0.31 米，宽
　　　0.43 米。

行字：正文楷书，每石 3 栏，每栏 6 行，满
　　　行 22 字。

撰书：唐仲冕撰并书。

现藏：西安碑林博物馆。

著录：《西安碑林全集》《西安碑林博物馆藏
　　　碑刻总目提要》《咸宁长安两县续志》。

提要：借江南重浚吴淞江，勉励陕人治理泾
　　　水之志。

重刻莒国公唐俭碑

年代：清道光二年（1822）刻立。

形制：共 4 石，尺寸相同。高 0.31 米，宽
　　　0.43 米。

行字：正文楷书，每石 24 行，满行 25—30
　　　字不等。

撰书：唐仲冕书。

现藏：西安碑林博物馆。

著录：《西安碑林全集》《西安碑林博物馆藏
　　　碑刻总目提要》。

备注：唐俭碑，原立于礼泉县昭陵陵区唐俭
　　　墓前，后移存昭陵博物馆。

提要："唐俭碑"原碑在昭陵，其下半部剥
　　　落过甚，仅存千余字。道光二年，唐
　　　俭后裔、时任陕西布政使唐仲冕取新
　　　旧拓本对勘，并参证史书，补凑成文
　　　2100 余字。

书富平县贞妇温王氏事

年代：清道光二年（1822）刻立。

形制：高 0.31 米，宽 0.43 米。

行字：正文楷书 18 行，满行字数不等。

撰书：唐仲冕撰并书。

现藏：西安碑林博物馆。

著录：《西安碑林全集》《西安碑林博物馆藏碑刻总目提要》。

提要：记载富平县木节口村王氏贞洁之行迹。唐仲冕（1753—1827），字云积，号陶山居士，湖南善化人。

重修龙洞渠碑

年代：清道光二年（1822）刻立。

形制：高 0.31 米，宽 0.43 米。

行字：正文楷书 50 行，满行字数不等。

撰书：唐仲冕撰并书。

现藏：西安碑林博物馆。

著录：《西安碑林全集》《西安碑林博物馆藏碑刻总目提要》。

提要：记道光元年邠州牧鄂山等主持重修泾阳县龙洞渠事。

朱登癸墓碑

全称：故曾祖考朱公登癸字壬兆老大人之墓。

年代：清道光二年（1822）刻立。

形制：高 1.25 米，宽 0.55 米。

行字：正文楷书 15 行，满行 31 字。

现藏：镇安县铁厂镇。

提要：简述墓主人生前履历及功德，附立碑人名。

*池君墓碑

年代：清道光二年（1822）刻立。

形制：高 2.62 米，宽 0.64 米，厚 0.16 米。

行字：正文楷书 10 字。

纹饰：碑额饰二龙戏珠图案，碑身四周饰

波浪纹。

现藏：彬县小章乡赵寨村。

提要：可见"道光二年囗月吉日穀旦"年款。

重修老爷庙碑

年代：清道光二年（1822）刻立。

形制：高 1.60 米，宽 0.67 米，厚 0.17 米。

撰书：赵忠撰并书。

纹饰：碑额饰双螭，碑身四周饰花草、几何纹及水波纹。

现藏：彬县北极镇史家河村。

提要：记清道光二年重修老爷庙事。

重建题名碑记

年代：清道光三年（1823）刻立。

形制：圆首方座。通高 2.05 米，宽 0.70 米，厚 0.14 米。

行字：额楷书"重修题名"4 字。正文楷书 8 行，满行 49 字。

撰书：王章撰，王家俊书。

纹饰：碑额饰富贵纹及花卉纹，碑身四周饰钱纹、花卉纹。

现藏：子长县石家湾乡真武塬村。

提要：记清道光三年至四年（1823—1824）重修真武祖师庙事。

唐公车洴水利碑

年代：清道光三年（1823）刻立。

形制：圆首。高 1.40 米，宽 0.75 米，厚 0.12 米。

行字：正文楷书 24 行，满行 32 字。

撰书：胡协时撰。

纹饰：四周饰鱼龙纹。

出土：1986 年出土于城固县许家庙镇竹园村。

现藏：城固县五门堰文物管理所。

备注：此碑为一碑两文。

提要：记五门堰沿革及重修事。

文庙大成殿重建碑

年代：清道光三年（1823）刻立。

形制：碑残损。残高 2.0 米，宽 0.88 米，0.11 米。

行字：正文楷书 14 行，满行 54 字。

撰书：向准撰并书。

纹饰：碑额残存云龙纹。

出土：1997 年出土于旬阳县邮电局家属楼基建工地。

现藏：旬阳县文庙。

著录：《旬阳文博》。

提要：记清道光二年三月至道光三年正月重建文庙大成殿事。

重修玉皇楼三官洞娘娘金身碑记

年代：清道光三年（1823）刻立。

形制：圆首方座。通高 1.40 米，宽 0.55 米，厚 0.14 米。

行字：额楷书"皇清"2 字。正文楷书 22 行，满行 32 字。

撰书：雷思后撰并书。

纹饰：碑额饰盘龙图案，碑身四周饰水波纹。

现藏：黄龙县石堡镇安善村无量山莲云寺。

提要：记雷思后等重修玉皇楼、三官洞、娘娘金身事。

*敕旌太学生刘至诚孝行坊题词

年代：清道光三年（1823）刻立。

形制：高 9.50 米，宽 7.80 米，深 1.20 米。

行字：正文行书 57 行，满行 7 字。

纹饰：四周饰卷云、蔓草、日、月、飞龙、荷花纹。

现藏：子长县西门坪村。

著录：《新编子长县志》《延安市文物志》。

提要：坊名"敕旌太学生刘至诚孝行坊"。两面均有主联、主额，侧联、侧额和四块赞美词。刘至诚，监生，自幼丧父，与祖母相依为命，谨身奉侍十余年。祖母逝后举行了隆重葬礼，受到各方称赞。清道光三年旌表入祠。

重修驼峰山诸神殿碑记

年代：清道光三年（1823）刻立。

形制：高 1.41 米，宽 0.58 米。

行字：正文行书 13 行，满行 33 字。

撰书：郭洪书撰并书。

纹饰：上下饰卷云纹，左右饰几何纹。

现藏：神木县二郎山诸神殿。

著录：《榆林碑石》。

提要：记清道光间杨建功等重修驼峰山神殿事。撰书郭洪书，邑贡生，候铨训导。

重修太清观碑记

全称：重修太清观老君三官四圣殿碑记。

年代：清道光三年（1823）刻立。

形制：高 2.00 米，宽 0.65 米。

行字：正文楷书 11 行，满行 48 字。

撰书：康揩撰，党钰书。

现藏：合阳县博物馆。

提要：记叶华云先生任合阳县令时，常在太清观为合阳人士讲学。因太清观年久失修，檐楹倾倒，捐资重修太清观老君、三官、四圣殿事。

*重修开明寺宝塔记

年代：清道光三年（1823）刻立。

形制：正方形。边长 0.30 米。

行字：正文楷书 5 行，满行 9 字。

现藏：洋县开明寺舍利塔。

提要：记重修开明寺塔事。

武侯祠庙产田亩纪事碑

年代：清道光三年（1823）刻立。

形制：正方形。边长 0.84 米。

行字：正文楷书 24 行，满行 28 字。

现藏：勉县武侯祠博物馆。

提要：记武侯祠庙产田亩坐落方位、数量以及课税减免情况。

留侯庙常住地界碑记

年代：清道光三年（1823）刻立。

形制：平首方座。通高 1.69 米，宽 0.76 米，厚 0.23 米。

行字：正文楷书 15 行，满行 27 字。

现藏：留坝县张良庙文物管理所。

著录：《张良庙匾联石刻诗文集注》。

提要：记清嘉庆十四年（1809），陈松石主持，将抗租不纳之村民呈报官府后，按赵贞吉原立碑界察勘，重新刻石立碑，划定庙产地界，要求耕者按地纳租，否则由住持报官查究。

周氏祠堂重修叙铭

年代：清道光三年（1823）刻立。

形制：高 0.70 米，宽 0.50 米，厚 0.12 米。

行字：正文楷书 29 行，满行 13 字。

撰书：孙朱元撰并书。

纹饰：四周饰花草纹。

出土：原存澄城县尧头镇尧头村周氏祠堂。

现藏：澄城县尧头镇尧头村。

提要：记重修祠堂事及捐款 50 余人姓名。

杜映英墓志

全称：皇清例授奉直大夫布政使司经历加二级尧阶杜公墓志铭。

年代：清道光三年（1823）刻。

形制：共 2 石，均为正方形，尺寸相同。边长 0.76 米。

行字：志文楷书 61 行，满行 16 字。

撰书：张维益撰，史念征书，曹希元篆盖。

出土：1954 年出土于西安市南郊。

现藏：西安碑林博物馆。

著录：《西安碑林全集》。

备注：盖题在第二石左上部。

提要：杜映英，字尧阶，世以耕读传家。由国学加职布政使司。道光元年八月九日卒，终年三十六岁。道光三年十一月十三日葬。

王丽亭暨妻原氏合葬墓志

全称：皇清诰封光禄大夫都察院左都御史加二级丽亭王公暨德配诰赠一品夫人原太夫人合葬墓志铭。

年代：清道光三年（1823）刻。

形制：志正方形。边长 0.84 米。

行字：志文楷书 32 行，满 31 字。

撰书：卢荫溥撰，姚文田书，英和篆盖。

出土："文化大革命"期间出土于蒲城县三合乡忽家村王家祖茔。

现藏：蒲城县博物馆。

提要：记王鼎之父王丽亭及其妻原氏生平事迹。

义田学田条规碑

年代：清道光三年（1823）刻立。

形制：碑残损。残高 1.31 米，宽 0.63 米，厚 0.17 米。

行字：额篆书"皇清"2字。正文楷书25
　　　行，满行50字。
撰书：王鼎撰，王益谦书。
纹饰：碑额双鹤纹，碑身四周饰回纹。
出土：蒲城县尧小祠堂。
现藏：蒲城县王鼎纪念馆。
备注：碑首断。
提要：记捐银置田过程、捐款人员、捐款数
　　　量、学田、义田地亩多少，并对收租
　　　数额多少、时限用途、使用办法，延
　　　师招生等都做了严格规定。

仙游寺小记

年代：清道光三年（1823）刻立。
形制：高1.13米，宽0.61米，厚0.14米。
行字：正文行书20行，满行22字。
撰书：周建邦撰并书。
出土：原存周至县仙游寺。
现藏：仙游寺博物馆。
著录：《周至六朝古墨迹》。
提要：记重修仙游寺事。

*蒙君墓碑

年代：清道光三年（1823）刻立。
形制：圆首。高1.98米，宽0.64米，厚
　　　0.18米。
行字：正文楷书1行13字。
纹饰：碑额饰忍冬花卉纹，碑身四周饰花
　　　卉纹。
现藏：彬县西坡乡龙塬村。
提要：碑题"恩荣寿官大显德蒙府君之墓碑"，
　　　道光三年款。

迁建石婆庙碑记

年代：清道光三年（1823）刻立。
形制：方首。高1.50米，宽0.90米。

纹饰：四周饰菱形纹、水波纹。
现藏：旬阳县城西门外洞儿碥。
著录：《安康碑版钩沉》。
备注：碑身下部字迹漫漶。
提要：石婆庙旧在旬阳县城北，相传为乾隆
　　　初邑庠生陈大有所创。年久倾颓，道
　　　光癸未春，杨荫川等集资迁建于财神
　　　庙之侧，其年冬竣工。

*唐豳州昭仁寺碑跋

年代：清道光三年（1823）刻立。
形制：高0.78米，宽0.58米。
行字：正文楷书28行，满行24字。
撰书：张教撰并书。
现藏：长武县博物馆。
提要：刊载张教所撰对欧阳询、虞世南等书
　　　作之评述。

金妆碑记

年代：清道光四年（1824）刻立。
形制：圆首方座。通高1.47米，宽0.55米。
行字：正文楷书12行，满行24字。
撰书：韦兆奎撰并书。
纹饰：四周饰水波纹，座饰覆莲、牡丹纹。
现藏：榆林市红石峡三圣殿内。
提要：记塑金妆娘娘金身并合堂糠痘娘娘及
　　　诸神事。

赵国瑞墓志

全称：太学生国瑞赵翁墓志。
年代：清道光四年（1824）刻立。
形制：圆首。高1.85米，宽0.64米，厚
　　　0.17米。
行字：志文楷书11行，满行38字。
撰书：段让领撰，张西峰书。
纹饰：碑额饰二龙戏珠图案，碑身四周饰

蔓草花纹。

出土：出土时间、地点不详。

现藏：千阳县城关镇福驮村。

提要：述赵国瑞生平。

姚质蔍墓碑

全称：文林郎截取县正堂成举人质蔍姚公墓。

年代：清道光四年（1824）刻立。

形制：圆首。高 0.96 米，宽 0.75 米，厚 0.12 米。

行字：正文楷书 4 行，满行 51 字。

现藏：澄城县韦庄镇前城村。

提要：此碑系姚氏后人为其所立墓碑。

重修明德寺碑记

年代：清道光四年（1824）刻立。

形制：螭首龟座。通高 2.46 米，宽 0.70 米，厚 0.20 米。

行字：正文楷书 18 行，满行 47 字。

撰书：李如权撰，陈瑞麟书。

纹饰：碑身四周饰人物及花卉图案。

出土：此碑自立未移。

现藏：扶风县法门镇斜里村学校西。

提要：记明德寺沿革及村民重修事。

财神庙碑记

年代：清道光四年（1824）刻立。

形制：高 0.89 米，宽 0.25 米。

行字：正文楷书 5 行，满行 41 字。

撰书：王三甲撰，王第甲书。

现藏：合阳县博物馆。

提要：记修建财神庙事。

*对斗坝山场捐地碑

年代：清道光四年（1824）刻立。

形制：圆首。通高 0.80 米，宽 0.50 米。

行字：正文楷书 4 行，满行 31 字。

撰书：孙振东撰并书。

现藏：城固县洞阳宫。

提要：记龚世庆捐对斗坝山场事。

张兴运暨妻阴氏合葬墓志

全称：皇清京学大监元太昌张公暨德配阴孺人合葬墓志铭。

年代：清道光四年（1824）刻。

形制：共 2 石，尺寸相同。边长 0.44 米。

行字：盖文篆书 4 行，满行 6 字，题"皇清京学大监元太昌张公暨德配阴孺人合葬墓志铭"。志文楷书 24 行，满行 30 字。

撰书：张树榛撰，李骅书并篆盖。

纹饰：盖及铭四周饰海水纹。

出土：出土时间、地点不详。

现藏：蒲城县博物馆。

提要：记张兴运生平，尤其是在村中设学教书之事。

*敕旌节孝碑

年代：清道光四年（1824）刻立。

形制：高 1.85 米，宽 0.79 米。

行字：正文楷书 16 行，行 48 字。

撰书：贾调泰撰，贾荣章书。

现藏：户县玉蝉镇斑竹园村。

著录：《户县碑刻》。

提要：武氏，处士陈□恭妻，生员武殿英之女。19 岁时夫早亡，子女无出，坚心守节三十五载。道光三年朝廷特旨建坊旌扬。其生于乾隆三十一年（1766）正月十六日，卒于嘉庆二十五年（1820）六月二十四日。撰文贾调泰，户县人，岁贡生，道光十七年举人。书丹贾荣章，邑庠生。

*诰赠骠骑将军碑

年代： 清道光四年（1824）刻立。

形制： 碑残损。残高 1.27 米，宽 0.80 米，厚 0.22 米。

行字： 正文楷体 3 行，共 16 字。

出土： 原在蒲城县红旗路西段。

现藏： 蒲城县王鼎纪念馆。

备注： 碑首佚，碑身仅存上半部。

提要： 碑题可见"诰赠骠骑将军例晋都"，道光四年款。

杨翼武妻王氏墓志

全称： 皇清诰封恭人元配王恭人墓志。

年代： 清道光四年（1824）刻。

形制： 志正方形。边长 0.72 米。

行字： 盖文篆书 3 行，满行 4 字，题"皇清诰封恭人元配王恭人墓志"。志文楷书 36 行，满行 34 字。

撰书： 杨翼武撰，黄德观书并篆盖。

出土： 1958 年出土于华阴县长宁坊村。

现藏： 华阴市西岳庙文物管理处。

著录：《华山碑石》。

提要： 杨翼武妻王氏，潼关庠生王斗聚之女。生于乾隆二十九年（1764）十一月十三日，卒于道光三年十一月二十九日。生子二；孙一，孙女一。撰文杨翼武，王氏之夫，历官甘肃清水等地知县，时任分巡甘肃兰州道管理茶马。书丹黄德观，候补知县。

刘合仑衣钵塔铭

全称： 龙门正宗第一十六代昆山刘合仑衣钵塔。

年代： 清道光四年（1824）刻立。

形制： 高 0.48 米，宽 0.56 米。

行字： 正文楷书 24 行，满行 22 字。

撰书： 路上林撰，杨清涟书。

现藏： 周至县古楼观说经台。

著录：《楼观台道教碑石》。

提要： 记刘合仑生平道行诸情况。

昆山律师衣钵塔

年代： 清道光四年（1824）刻立。

形制： 高 0.23 米，宽 0.67 米。

行字： 正文隶书 1 行 7 字。

撰书： 何承勋题。

纹饰： 四周饰回纹。

现藏： 周至县古楼观说经台。

著录：《楼观台道教碑石》。

万平远墓志

全称： 皇清敕授修职郎汉中府洋县教谕尧峰万公墓志。

年代： 清道光四年（1824）刻。

形制： 志正方形。边长 0.76 米。

行字： 志文楷书 35 行，满行 39 字。

撰书： 王鼎撰，原维桢书。

出土： 出土时间、地点不详。

现藏： 蒲城县博物馆。

提要： 记万尧峰讳平远，字鉴堂，号尧峰，历任汉中府洋县教谕，以及其子嗣、家庭情况。

周大夫关尹喜墓碑

年代： 清道光四年（1824）刻立。

形制： 圆首。高 1.60 米，宽 0.85 米，厚 0.18 实。

行字： 正文隶书 1 行 7 字，题"周大夫关尹喜墓"。

撰书： 元弼书。

纹饰：四周饰回纹。

出土：1968 年由周至县两行村桥面拆回，存于楼观台宗圣宫遗址。

现藏：周至县古楼观宗圣宫。

著录：《楼观台道教碑石》。

备注：碑身断为两截，修复，座佚。

清记文昌武曲星名人碑

年代：清道光四年（1824）刻立。

形制：高 1.06 米，宽 1.60 米。

行字：正文楷书 48 行，满行 41 字。

撰书：刘通耀撰。

出土：原在蒲城县荆姚镇。

现藏：蒲城县文物保护开发中心。

备注：文字漫漶，四边稍残。

提要：记战国至宋代名人轶事及文昌星、武曲星来历。

*光禄大夫碑

年代：清道光四年（1824）刻立。

形制：碑残损。残高 1.60 米，宽 0.80 米，厚 0.22 米。

行字：正文楷书 2 行。

纹饰：碑额饰双龙图案。

出土：原立于蒲城县。

现藏：蒲城县王鼎纪念馆。

备注：有分离式碑首，碑身断为三截。

提要：题"都察院左都太子少保协办诰封光禄大夫晋赠前太……御史加二级大学士户部尚书"。

左拾遗杜甫寓里

年代：清道光四年（1824）刻立。

形制：高 1.23 米，宽 0.65 米，厚 0.20 米。

行字：正文楷书 3 行，满行字数不详。

撰书：王鼎书。

现藏：蒲城县博物馆。

备注：顶部残缺。

提要：此为王鼎于道光四年仲夏为杜甫曾在蒲城县居住地杜家村所立碑石，石上部残缺，仅存"遗杜甫寓里"几字。

雷鼎甲墓志

全称：皇清例授修职郎候选县丞庠生果亭雷公墓志铭。

年代：清道光四年（1824）刻。

形制：共 2 石，尺寸相同。边长 0.82 米。

行字：志文楷书 56 行，满行 21 字。

撰书：王鼎撰，王之谦书，李士煌篆盖。

现藏：蒲城县博物馆。

提要：该志是王鼎为其亲戚、世交雷果亭所撰，记述雷鼎甲（字俊三，号果亭）之世系、生平及事迹。

张来泰墓碑

年代：清道光四年（1824）刻立。

形制：圆首。高 1.75 米，宽 0.6 米，厚 0.15 米。

行字：额篆书"皇清"2 字，正文楷书 1 行 10 字。

撰书：路天叙书。

纹饰：碑额饰仙鹤及云纹，碑身四周饰回纹。

现藏：周至县古楼观丛林院。

著录：《楼观台道教碑石》。

提要：中部楷书"本台掌院来泰张真人墓"及上下款。

官箴碑

年代：清道光四年（1824）刻立。

形制：高 0.83 米，宽 2.09 米。

行字：正文楷书 6 行，满行 6 字。跋文行字数不等。

撰书：年富撰，颜伯焘等跋。

现藏：西安碑林博物馆。

著录：《西安碑林全集》《西安碑林博物馆藏碑刻总目提要》《咸宁长安两县续志》。

提要：碑为明山东巡抚年富所撰，后世多次刻石，道光四年颜伯焘依杭州刻石拓本并撰跋文，寄赠长安知县张聪贤，张即依此重刻。

*丰口坝公议条规碑

年代：清道光四年（1824）刻立。

形制：圆首。高 1.30 米，宽 0.58 米。

行字：正文楷书 15 行，满行 23 字。

现藏：平利县洛河丰口坝。

著录：《安康碑石》。

提要：条规严禁纵放牲畜践踏麦菜、僧道诈骗及偷盗。

重修二郎庙碑记

年代：清道光四年（1824）刻立。

形制：高 1.27 米，宽 0.63 米，厚 0.17 米。

行字：正文楷书 16 行，满行 40 字。

撰书：何毓藻撰并书。

纹饰：四周饰明、暗八仙纹。

现藏：宝鸡市渭滨区高家镇谭家村小学。

提要：记重修二郎庙事。

重修三皇殿碑记

年代：清道光四年（1824）刻立。

形制：圆首方座。高 1.50 米，宽 0.62 米，厚 0.12 米。

行字：正文楷书 9 行，满行 48 字。

出土：原存耀县药王山。

现藏：药王山博物馆。

著录：《药王山碑刻》《陕西药王山碑刻艺术总集》。

提要：记道光四年重修三皇殿事。

*普照寺大佛殿耀后世碑记

年代：清道光五年（1825）刻立。

形制：高 1.31 米，宽 0.59 米。

行字：正文楷书 10 行，116 字。

纹饰：碑额饰二龙戏珠图案。

现藏：韩城市普照寺大佛殿前。

提要：记东社重修大佛殿事。

*普照寺大佛殿耀后世碑

年代：清道光五年（1825）刻立。

形制：圆首。高 1.62 米，宽 0.70 米。

行字：正文楷书 31 行，1284 字。

撰书：高志猷撰并书。

纹饰：碑额饰二龙戏珠图案。

现藏：韩城市普照寺大佛殿前。

提要：记清道光五年重修普照寺大佛殿事。

*普照寺大佛殿前光前烈碑记

年代：清道光五年（1825）刻立。

形制：圆首。高 2.32 米，宽 0.58 米。

行字：2 行，大字 11 个。

纹饰：碑额饰二龙戏珠图案。

现藏：韩城市普照寺大佛殿前。

提要：记吴村捐银修缮大佛殿事。

*普照寺大佛殿耀后世碑记

年代：清道光五年（1825）刻立。

形制：高 1.31 米，宽 0.59 米。

行字：正文楷书 19 行，576 字。

纹饰：碑额饰二龙戏珠图案。

现藏：韩城市普照寺大佛殿前。

提要：记呰村西社捐款重修大佛殿事。

*汉中知府何承熏游记碑

年代：清道光五年（1825）刻立。

形制：高 1.34 米，宽 1.75 米。

行字：正文行楷 6 行。

撰书：何承熏撰并书。

出土：此碑自立未移。

现藏：略阳县灵岩寺博物馆。

提要：记与何承熏同游灵岩寺同僚姓名。

甘泉里合里十甲议定交粮条规碑

年代：清道光五年（1825）刻立。

形制：高 0.78 米，宽 0.50 米。

行字：正文楷书 7 行，满行 33 字。

撰书：雷发声撰并书。

现藏：合阳县博物馆。

提要：记清道光五年甘泉里合里各户交官粮的有关规定、交粮日期及处罚规则。

普照寺大佛殿光前烈记

年代：清道光五年（1825）刻立。

形制：圆首。高 1.62 米，宽 0.70 米。

行字：正文楷书 20 行，806 字。

纹饰：碑额饰二龙戏珠图案。

现藏：韩城市普照寺大佛殿前。

提要：记重修大佛殿事。

沔邑士庶捐赀积会春秋祭赛序

年代：清道光五年（1825）刻立。

形制：平首方座。通高 1.65 米，宽 0.62 米，厚 0.12 米。

行字：正文楷书 21 行，满行 30 字。

撰书：谢天福撰并书。

现藏：勉县武侯祠博物馆。

提要：记每年清明节及八月十五日举行大型公祭诸葛亮活动期间，成立积赀会，负责筹集祭祀期间所需费用。民众们捐献资料以备使用，以会养会。

普照寺大佛殿前光前烈记

年代：清道光五年（1825）刻立。

形制：圆首。高 2.20 米，宽 0.58 米。

行字：正文楷书 16 行，365 字。

纹饰：碑额饰二龙戏珠图案。

现藏：韩城市普照寺。

提要：记呰村东社捐银重修大佛殿事。

新建楼观台碑亭记

年代：清道光五年（1825）刻立。

形制：首佚。高 2.35 米，宽 0.87 米。

行字：正文楷书 14 行，满行 42 字。

撰书：康承禄撰，张玉德书，恒亮篆额。

现藏：周至县古楼观说经台。

著录：《楼观台道教碑石》。

提要：记修建碑亭缘由及立碑时发生的异事。

贾云中圹记

全称：皇清乡饮介宾太学生先考贾府君圹记。

年代：清道光五年（1825）刻立。

形制：志正方形。边长 0.63 米，厚 0.10 米。

行字：志文楷书 22 行，满行 30 字。

撰书：贾联璧、贾联捷、贾联辉撰。

纹饰：四周饰花枝云雷纹。

出土：1960 年出土于户县牛东乡牛东大堡村沧浪河桥西。

现藏：户县牛东乡牛东村。

著录：《户县碑刻》。

提要：贾云中，字鹤亭，世居户邑，耕读传

家。父经济，母南氏、石氏、山氏，兄弟五人，行四，山氏所出。年二十八入太学，年六十户邑广文举乡饮之典，赐匾"品端行粹"。娶同邑生员王汝械女。生男三、女四；孙男四，孙女四。生于乾隆十二年（1747）八月二十九日，卒于道光五年正月初九日。

仙游寺守真和尚塔铭

年代： 清道光五年（1825）刻立。

形制： 高 0.58 米，宽 0.45 米，厚 0.09 米。

行字： 正文楷书 18 行，满行 25 字。

撰书： 了田撰，了辉书。

现藏： 仙游寺博物馆。

提要： 记守真和尚生平。

重修王神庙碑记

年代： 清道光五年（1825）刻立。

形制： 圆首方座。高 1.73 米，宽 0.67 米，厚 0.13 米。

行字： 正文楷书 19 行，满行 60 字。

撰书： 王泽撰。

纹饰： 碑额饰二龙戏珠图案。

现藏： 户县秦渡镇北庞村天王庙。

著录：《户县碑刻》。

备注： 石面有小块残损。

提要： 记清道光年间重修王神庙事。撰者王泽系嘉庆十二（1807）年举人。

重修仙游寺记

年代： 清道光五年（1825）刻立。

形制： 螭首方座。通高 3.10 米，宽 0.76 米，厚 0.12 米。

行字： 正文行楷 19 行，满行 56 字。

撰书： 吴曾贯撰，张玉德书，刘义明、朱良贵刻。

现藏： 仙游寺博物馆。

著录：《新修周至县志》。

提要： 记守真和尚主持重修仙游寺事。

重修文庙碑记

年代： 清道光五年（1825）刻立。

形制： 螭首龟座。高 2.33 米，宽 0.91 米，厚 0.20 米。

行字： 额篆书"皇清"2 字。正文楷书 12 行，满行 82 字。

撰书： 康节撰。

纹饰： 碑额饰二龙戏珠图案，碑身四周饰万字纹。

现藏： 韩城市博物馆。

著录：（乾隆）《韩城县志》。

提要： 记前任知县王壬垣、康承禄于道光四年重修文庙事。

田秉炎墓志

全称： 皇清待赠太学生烈侯田公墓志铭。

年代： 清道光五年（1825）刻。

形制： 志正方形。边长 0.55 米。

行字： 志文楷书 30 行，满行 30 字。

撰书： 刘瑞□撰并书。

出土： 1970 年出土于华阴县西关村。

现藏： 西安碑林博物馆。

著录：《华山碑石》。

备注： 志中部磨蚀。

提要： 田秉炎，字烈侯，号东溪，世居华阴西关。未周岁父卒，赖诸父抚养成人。援例入太学，经商仁取义守，遂成巨富，乐善好施，喜与文人学士交往。元配张氏，侧室张氏。生男一，女二；孙男一，孙女二。生于乾隆五十年

（1785）十一月初九日，卒于道光五年四月初八日。撰书刘瑞□，癸酉举人，吏部候铨知县。

*中池河靖地方告示碑

年代： 清道光五年（1825）刻立。

形制： 圭首。高 1.04 米，宽 0.66 米。

纹饰： 碑额饰二龙戏珠图案，碑身四周饰忍冬纹。

现藏： 石泉县池河镇甜水井。

著录：《安康碑石》《安康碑版钩沉》。

提要： 记石泉县正堂为整饬风化以靖中池河地方，故定有关章程以示众。

*池君暨妻李氏墓碑

年代： 清道光五年（1825）刻立。

形制： 高 1.05 米，宽 0.62 米，厚 0.11 米。

行字： 正文楷书 5 行，行约 30 字。

纹饰： 碑身两侧饰蔓草纹。

现藏： 岐山县刘家塬村南。

备注： 字迹漫漶不清。

提要： 此系池氏后人为其父母所立墓碑。

韩履宠墓碑

全称： 韩氏十三世考韩履宠号芸圃行四之墓。

年代： 清道光六年（1826）刻立。

形制： 高 1.62 米，宽 0.80 米，厚 0.19 米。

行字： 正文楷书 34 行，满行 7 字。

现藏： 城固县韩家祠堂。

提要： 碑为韩氏十三世考韩履宠墓碑。

北五社五常会记载

年代： 清道光六年（1826）刻立。

形制： 高 2.10 米，宽 0.77 米，厚 0.16 米。

现藏： 韩城市博物馆。

备注： 碑残，字迹漫漶。

提要： 残存文字记历代修建城隍庙事。

原富春墓志

全称： 皇清例赠文林郎慕严原公墓志铭。

年代： 清道光六年（1826）刻。

形制： 志正方形。边长 0.69 米。

行字： 盖文篆书 4 行，满行 5 字，题"皇清例赠文林郎慕严原公墓志铭。"。志文楷书 25 行，满行 40 字。

撰书： 谢长年撰，张一志书，马淼篆盖。

出土： 出土时间、地点不详。

现藏： 蒲城县博物馆。

备注： 盖左上角断开。

提要： 记原富春（字慕严，号位东）生平。

有郃马氏新茔中宫记

年代： 清道光六年（1826）刻立。

形制： 志正方形。边长 0.37 米。

行字： 盖文篆书 3 行，满行 3 字。志文楷书 12 行，满行字数不详。

撰书： 刘晋吉撰并书。

现藏： 武功县城隍庙碑廊。

提要： 记载马氏生平简况。

*共置产业公举乡约碑

年代： 清道光六年（1826）刻立。

形制： 柱形。高 1.50 米，宽 0.50 米。

现藏： 宁陕县筒车湾镇太白庙。

著录：《安康碑石》《安康碑版钩沉》。

提要： 该乡之乡约原由粮户轮流充当，清道光五年（1825）宁陕厅规定，此后当选公直之人充当乡约，另征收一定之费用，以供常规差派及大案靡费。柱四面，另三面记捐资者三百余人姓名。

重修玉皇殿碑记

年代： 清道光七年（1827）刻立。

形制： 圆首。通高 1.20 米，宽 0.55 米，厚 0.17 米。

行字： 正文楷书 14 行，满行 17 字。

纹饰： 碑额饰二龙戏珠图案，碑身四周饰花卉纹。

现藏： 陇县城关镇麻坊铺村。

提要： 记玉皇殿沿革、重建事。

重修戒香寺碑记

年代： 清道光七年（1827）刻立。

形制： 高 1.71 米，宽 0.37 米。

行字： 正文楷书 9 行，满行 43 字。

现藏： 合阳县博物馆。

提要： 记戒香寺清道光年间重修事。

*朱玉瓒墓碑

年代： 清道光七年（1827）刻立。

形制： 圆首。通高 2.23 米，宽 0.69 米，厚 0.20 米。

行字： 正文楷书 11 行，满行 38 字。

撰书： 邓林桂撰并书。

纹饰： 碑额饰二龙戏珠图案，碑身四周饰花草纹。

现藏： 千阳县寇家河乡坡头村。

提要： 记朱玉瓒生平。

程真人重修金池寺碑记

年代： 清道光七年（1827）刻立。

形制： 圆首方座。通高 1.52 米，宽 0.62 米，厚 0.17 米。

行字： 正文楷书 21 行，满行 31 字。

撰书： 刘腾辉撰，朱莲书。

纹饰： 四周饰花卉纹。

现藏： 扶风县博物馆。

提要： 记清嘉庆十四至十五年间（1809—1810）信众重修金池寺诸殿及程真人独修佛洞事。

重修送子娘娘像记

年代： 清道光七年（1827）刻立。

形制： 高 0.51 米，宽 0.45 米。

行字： 正文行书，现存 17 行，满行字数不等。

现藏： 略阳县灵岩寺博物馆。

提要： 记清道光七年六月送子娘娘像被大水冲毁，众善士捐资重修事。

*姜兆璜墓志

全称： 姜渭台秀才墓志铭。

年代： 清道光七年（1827）刻。

形制： 共 2 石，尺寸相同。长 0.64 米，宽 0.53 米，厚 0.09 米。

行字： 册页式，共 8 页。盖文篆书 3 行，满行 3 字，题"姜渭台秀才墓志铭"。志文楷书 42 行，满行 20 字。

撰书： 路德撰，贾德亮书，许联升篆盖。

出土： 1974 年出土于户县祖庵镇城角村。

现藏： 户县祖庵镇西太平庄。

著录：《柽华馆文集》《户县碑刻》。

备注： 第 2 石破碎。

提要： 姜兆璜，字渭台，仕宦世家，入泮从关中大儒路德学，肆力诗书，而体弱多病，卒于道光丁亥（1827），得年三十八。娶李氏，续娶童氏，子晋。撰文路德，字润生，号鹭洲，陕西周至人；嘉庆十四年（1809）进士，选庶吉士；先后主讲关中、宏道、象峰、范阳、对峰等书院。书丹贾德亮，户邑廪生。篆盖许联升，癸酉拔贡，广东普宁知县。

增修说经台碑

全称：还虚朱律师增修说经台各功□□山□祖地碑。

年代：清道光七年（1827）刻立。

形制：高 2.28 米，宽 0.85 米，厚 0.20 米。

行字：正文楷书 18 行，满行 55 字。

撰书：刘理罡撰并书，韩吕潮篆额。

现藏：周至县古楼观说经台。

著录：《楼观台道教碑石》。

备注：仅存碑身，断为三块。

提要：记增修说经台事。碑阴刻布施者及闾台执事道众姓名。

齐三贵家业地亩记

年代：清道光七年（1827）刻立。

形制：圆首。高 1.37 米，宽 0.59 米。

撰书：蔡信芳撰。

纹饰：碑额饰二龙戏珠图案，碑身四周饰回纹。

现藏：蒲城县博物馆。

提要：记时任县令蔡信芳所办本县苏坊村民齐三贵家业地亩案。

*张耳臣墓碑

年代：清道光七年（1827）刻立。

形制：高 2.24 米，宽 0.88 米，厚 0.23 米。

纹饰：碑额饰二龙戏珠图案。

现藏：凤县三岔镇三岔村。

备注：碑额碑阳正中刻"皇恩"，碑阴刻"皇清"。碑文漫漶，无法辨识。

陈显应暨妻王氏合葬墓碑

全称：皇清待赠故先考陈公讳显应大人先妣陈母王老孺人二位真性之坟茔。

年代：清道光七年（1827）刻立。

形制：高 0.96 米，宽 0.55 米。

行字：正文楷书 9 行，满行 44 字。

现藏：镇安县结子乡蚂蝗村。

提要：记陈显应夫妇生卒年月及墓葬方位。

汪氏墓碑

全称：故先妣陈母汪老孺人之墓。

年代：清道光七年（1827）刻立。

形制：圆首。高 1.02 米，宽 0.62 米。

行字：正文楷书 8 行，满行 28 字。

现藏：镇安县西口回族镇黑沟村。

提要：简要记述汪氏生平。

*创修同善局碑

年代：清道光七年（1827）刻立。

形制：圆首。高 1.70 米，宽 0.81 米。

撰书：徐元润书。

现藏：紫阳县招待所。

著录：《安康碑版钩沉》。

备注：碑文漫漶。

提要：记紫阳县令徐元润倡导创修同善局，并酌定例略九条。

禀请军差苦乐均匀碑记

年代：清道光七年（1827）刻立。

形制：圆首方座。通高 2.31 米，宽 0.67 米，厚 0.16 米。

行字：正文楷书 21 行，满行 37 字。

撰书：敬忠堂书。

纹饰：碑额饰瑞兽、祥云图案和寿字纹。

现藏：三原县博物馆。

提要：刊载军兵要求平等待遇之事。

林则徐题杨太真墓诗碣

年代：清道光七年（1827）刻立。

形制：高 0.78 米，宽 0.38 米，厚 0.08 米。

行字：正文行书 22 行，满行 20 字。

撰书：林则徐撰，陆庆烈刻。

现藏：兴平市杨贵妃墓博物馆。

提要：碑为道光七年林则徐过马嵬诗十首。

*刘氏家族墓碑

年代：清道光七年（1827）刻立。

形制：高 1.63 米，宽 0.65 米，厚 0.13 米。

纹饰：两侧饰草叶纹。

现藏：彬县新民镇苏村二队张力娃家。

提要：此系刘氏后人所立墓碑。

重修卷阿东庵三清洞碑记

年代：清道光八年（1828）刻立。

形制：圆首方座。高 1.32 米，宽 0.64 米。

行字：正文行草 14 行，满行 36 字。

撰书：王汝钧撰，庞璧书。

纹饰：两侧饰卷云纹。

现藏：岐山县周公庙管理处。

提要：记清道光年间张永郎募资重修东庵三清洞事。

董君德行碑

全称：乡饮介宾尽吾董老先生德行碑。

年代：清道光八年（1828）刻立。

形制：高 1.48 米，宽 0.67 米。

行字：正文楷书 17 行，满行 44 字。

撰书：赵玉章篆额，王简撰，苏有恒书。

纹饰：四周饰人物图案。

现藏：扶风县天度镇永平村。

提要：记董尽吾老先生德行。

东凉阁历修下白云山菩萨庙碑记

年代：清道光八年（1828）刻立。

形制：高 0.66 米，宽 0.59 米。

行字：正文楷书 3 行，满行字数不详。

现藏：眉县齐镇东凉阁村。

提要：记清道光八年建白云山菩萨庙事。

城隍庙重整翠仗碑记

年代：清道光八年（1828）刻立。

形制：圆首方座。通高 1.42 米，宽 0.58 米，厚 0.15 米。

行字：正文楷书 19 行，满行 35 字。

出土：原在澄城县政府院内。

现藏：澄城县乐楼文物管理所。

备注：碑身残断三块。

提要：记地方乡绅、民众捐资重修城隍庙翠仗之事。

王振江墓志

全称：皇清赐进士出身例封文林郎吏部截取知县竹亭王公墓志铭。

年代：清道光八年（1828）刻。

形制：盖、志尺寸相同。长 0.63 米，宽 0.61 米，厚 0.12 米。

行字：盖文篆书 8 行，满行 3 字，题"皇清赐进士出身例封文林郎吏部截取知县竹亭王公墓志铭"。志文楷书 84 行，满行 17 字。

撰书：王蒨撰，雷时夏书，连毓太篆盖。

出土：1988 年出土于澄城县庄头镇柳池村机砖厂。

现藏：澄城县乐楼文物管理所。

著录：《澄城碑石》。

备注：2000 年征集至乐楼文物管理所。

提要：王振江，字回澜，号竹亭，澄邑东偏柳池村人。嘉庆癸酉（1813）举人，己卯（1819）进士。生于乾隆四十二年（1777）八月初二日，卒于道光八年四月初三日。元配陈氏，继李氏，又继杨氏。生子六，女一；孙男一。撰文王蒨，已卯举人，吏部候铨知县。书丹雷时夏，赐进士出身，吏部候铨知县，为王竹亭第四子询牧岳父。篆盖连毓太，辛酉举人，吏部候铨知县。

重修城隍庙碑

年代：清道光八年（1828）刻立。

形制：高 2.26 米，宽 0.74 米。

行字：正文行书 13 行，满行 42 字。

撰书：康端撰并书。

现藏：合阳县博物馆。

提要：记清道光七年重修合阳城隍庙事。

敕赐智果寺补修第八次碑记

年代：清道光八年（1828）刻立。

形制：高 1.77 米，宽 0.80 米，厚 0.12 米。

行字：正文楷书 25 行，满行 54 字。

撰书：孟应郊撰并书。

现藏：洋县智果寺文物管理所。

著录：《汉中碑石》。

提要：记智果寺道光间历时七年重修，规定庙产不许买卖，并记庙产数量及位置。

学官店房地亩粮石数目碑记

年代：清道光八年（1828）刻立。

形制：圆首。高 1.65 米，宽 0.69 米。

行字：正文楷书 15 行，满行 60 字。

现藏：韩城市博物馆。

提要：记韩城文庙所属房产田地事。

重修大佛殿碑记

年代：清道光八年（1828）刻立。

形制：圆首。高 1.68 米，宽 0.76 米。

行字：正文楷书 12 行，行 56 字。

撰书：孙绍祖撰，姚炳书。

纹饰：碑额饰二龙戏珠图案。

现藏：蒲城县博物馆。

提要：记清道光八年重修大佛正殿事。

刘大鲲暨妻史氏杨氏赵氏合葬墓志

全称：皇清例授修职郎□□莲塘刘老夫子暨德配史杨孺人赵副孺人合葬墓志铭。

年代：清道光八年（1828）刻。

形制：志长 0.55 米，宽 0.47 米。

行字：志文行楷 32 行，满行 30 字。

撰书：杨翼武撰，史攻玉书。

出土：1970 年出土于华阴县西纪村。

现藏：西安碑林博物馆。

著录：《华山碑石》。

提要：刘大鲲，字化而，号莲塘，河南人，明初以军功授潼关千户，世居西乡古城屯。精医卜、堪舆之术，著作甚多。邑侯续修潼志，入高士传中。生于乾隆元年（1736）正月初八日，卒于嘉庆十四年（1809）五月三十日。元配史氏，继杨氏，侧室赵氏。生子一、女一。撰文人杨翼武，□□甘肃布政使司事。书丹人史攻玉，邑儒学生员。

永宁堡合社增修观音洞记

年代：清道光八年（1828）刻立。

形制：高 0.32 米，宽 0.48 米。

行字：正文楷书 13 行，行 16 字。

撰书：孙省三撰并书。

出土：原在华阴县西关村。

现藏：西安碑林博物馆。

著录：《西安碑林全集》《西安碑林博物馆藏

碑刻总目提要》。

提要：记清嘉庆道光间员氏增修观音洞事。

*东西社重修玉皇庙碑

年代：清道光八年（1828）刻立。

形制：高 0.53 米，宽 0.55 米，厚 0.08 米。

行字：正文楷书 7 行，行 16 字。

撰书：梁瑗撰并书。

现藏：乾县王村镇张留村玉皇庙。

提要：记清道光年间重修玉皇庙东、西道房后，东、西两村共同开会商议庙内以后如有修补，按地均摊费用事宜。

*徐盛泰墓碑

年代：清道光八年（1828）刻立。

形制：方首。高 1.46 米，宽 0.74 米。

撰书：丁镇撰，张大连书。

现藏：旬阳县落驾乡落驾村。

著录：《安康碑版钩沉》。

提要：徐盛泰，祖籍湖北蒲圻县。祖义伯公雍正初自蒲迁居镇安；父升友公乾隆二十年又从居洵阳之骆家河。盛泰年十九丧父，少主家政，遂为望族。嘉庆五年，偕弟捐资修寨，起乡勇堵截白莲教匪有功，锡八品顶戴。道光三年，乡绅士举为乡饮耆宾。妻任氏；生男六，女一；孙十一。享年 67 岁。

王信法墓碑

全称：皇清羽化恩师王公行五讳信法号律仙之墓。

年代：清道光九年（1829）刻立。

形制：高 1.08 米，宽 0.60 米，厚 0.14 米。

行字：正文楷书 18 行，满行 31 字。

撰书：萧文端书。

出土：西乡县午子山王信法墓前。

现藏：西乡县午子山。

著录：《汉中碑石》。

提要：简述道士王信法生平。尤其是重新修整他晚年所居午子观事。

*蔺备如夫妇墓碑

年代：清道光九年（1829）刻立。

形制：高 1.54 米，宽 0.55 米，厚 0.11 米。

行字：正文楷书 10 行，满行 33 字。

纹饰：两边饰蔓草纹。

现藏：富县南道德乡兴民村。

提要：碑阴记蔺备如及妻武孺人生平。

*王道士墓碑

年代：清道光九年（1829）刻立。

形制：圆首方座。高 1.08 米，宽 0.59 米。

行字：正文楷书 19 行，满行 32 字。

现藏：西乡县午子山。

提要：记王道士生平。

*道光九年祭黄帝陵碑

年代：清道光九年（1829）刻立。

形制：圆首方座。通高 2.48 米，宽 0.68 米，厚 0.14。

行字：正文楷书 16 行，满行 36 字。

纹饰：四周饰变形莲花纹。

现藏：黄帝陵轩辕庙碑廊。

著录：《延安市文物志》《黄陵文典·文物卷》《黄帝陵碑刻》。

提要：记清宣宗旻宁派遣西安副都统福桑阿于道光九年正月十七日祭祀轩辕黄帝。

白士俊墓志

全称：皇清大硕德士俊白府君墓志铭。

年代：清道光九年（1829）刻。

形制：志正方形。边长 0.50 米，厚 0.10 米。

行字：志文楷书 16 行，23 字。

撰书：李映梅撰并书。

纹饰：盖四周饰蔓草纹。

出土：1989 年出土于富县洛阳乡洛阳村。

现藏：鄜州博物馆。

著录：《新中国出土墓志·陕西叁》。

提要：记白公生平事迹。

计开札照并山场条规碑

年代：清道光九年（1829）刻立。

形制：圆首。高 1.00 米，宽 0.65 米。

行字：正文楷书。前半部分 27 行，满行 7 字。后半部分 18 行，满行 6 字。

现藏：城固县洞阳宫。

备注：碑首残。

提要：此碑前半部分记保护洞阳宫公产公文，后半部分记公产条规。

重修土地庙碑记

年代：清道光九年（1829）刻立。

形制：圆首方座。高 1.40 米，宽 0.70 米。

行字：正文行书 23 行，满行字数不详。

撰书：王采、黎成德等撰并书。

纹饰：碑额饰二龙戏珠图案，碑身四周饰蔓草纹、水波纹。

现藏：略阳县灵岩寺博物馆。

提要：记重修土地庙事。

*镇坪抚民分县严禁牲匪赌窃告示碑

年代：清道光九年（1829）刻立。

形制：平首方座。高 2.10 米，宽 0.95 米。

行字：正文楷书 15 行，满行 60 字。

现藏：镇坪县白家乡茶店村。

著录：《安康碑石》《安康碑版钩沉》。

提要：记严禁放牛马畜牲、践踏蚕食、乱砍山林树木、肆行偷窃等事。

*赵文子祠碑

年代：清道光九年（1829）刻立。

形制：高 1.07 米，宽 0.31 米。

行字：正文楷书 7 行，满行 39 字。

撰书：王筮撰，王甲第书。

现藏：合阳县博物馆。

提要：记清道光八年重修良石村赵文子祠事。

*修建天台山岱顶石殿碑

年代：清道光九年（1829）刻立。

形制：高 1.50 米，宽 0.66 米，厚 0.15 米。

行字：正文楷书 22 行，满行 42 字。

撰书：张敬忠撰，张兆麟书。

现藏：汉中市天台山岱顶庙。

著录：《汉中碑石》。

提要：记天台山修建石殿事。

明道书院捐补膏火碑记

年代：清道光九年（1829）刻立。

形制：圆首。高 1.67 米，宽 0.68 米，厚 0.13 米。

行字：额篆书 3 行，满行 3 字，题"明道书院捐补膏火记"。正文楷书 25 行，满行 52 字。

撰书：郭汪璨撰，李逢春书，高玉汝镌石。

出土：原立户县县城西街明道书院，1986 年移至户县文庙大成殿东侧碑廊。

著录：《户县碑刻》。

提要：记明道书院自乾隆三十五年（1770）邑令舒君创建书院设立膏火以来，叠次亏缺，后立约加以整顿事。撰文郭汪璨,湖南湘潭人,道光七年(1827)任户县知县。

武伴仙暨妻郭氏赵氏合葬墓志

全称: 皇清大德望处士伴仙武公暨淑配郭赵孺人合葬墓志铭。

年代: 清道光九年(1829)刻立。

形制: 志正方形,尺寸不详。

行字: 志文楷书22行,满行24字。

撰书: 任翰飞撰,张茂华书,杨文楷篆盖。

出土: 蒲城县三合乡武家村。

现藏: 蒲城县文物保护开发中心。

提要: 记武伴仙生平。

*道光九年祭华山碑

年代: 清道光九年(1829)刻立。

形制: 螭首龟座。高2.20米,宽0.85米。

行字: 正文楷书8行,满行32字。

现藏: 华阴市西岳庙文物管理处。

著录: 《华山碑石》。

提要: 记清道光九年正月十六日西安副都统福桑阿奉钦命祭西岳华山之神。

*尹壮图行书四屏

年代: 清道光九年(1829)刻立。

形制: 共4石,尺寸相同。高1.51米,宽0.39米。

行字: 正文行书,每屏4行,满行21字。

撰书: 尹壮图撰并书。

现藏: 西安碑林博物馆。

著录: 《西安碑林全集》《西安碑林博物馆藏碑刻总目提要》。

备注: 尹壮图(1738—1808)字万起,一字楚珍,云南蒙自人。乾隆三十一年(1766)进士,改庶吉士。官至内阁学士兼礼部侍郎,以参奏天下仓库亏

缺降补御史,放归,掌教五华书院,书法醇厚,有画沙印泥之妙。著《楚珍诗集》,自编年谱。此碑为尹壮图之子尹佩珩将其父嘉庆十一年(1806)所撰诗文刊石而成。

*严禁匪类告示碑

年代: 清道光九年(1829)刻立。

形制: 圆首。高1.60米,宽0.69米。

纹饰: 碑额饰二龙戏珠图案。

现藏: 安康市汉滨区巍风乡红莲村。

著录: 《安康碑版钩沉》。

提要: 记五堰铺奉安康县知县严禁匪类以靖地方告示。

增修五丈原武侯庙记

年代: 清道光九年(1829)刻立。

形制: 高1.40米,宽0.70米。

行字: 正文楷书22行,满行53字。

撰书: 程懋采撰,阮承瑞书。

现藏: 岐山县五丈原诸葛亮庙博物馆。

著录: 《岐山县志》。

提要: 记五丈原地理概貌及历代修茸诸葛庙情况,为诸葛亮歌功颂德;碑阴为重修时捐赠人姓名。程懋采,时任凤翔府知府。

*王敏碑

年代: 清道光九年(1829)刻立。

形制: 圆首。高2.22米,宽0.71米,厚0.23米。

行字: 额篆书"皇清"2字。正文楷书7行,满行34字。

纹饰: 碑额饰二龙戏珠图案,碑身四周饰蔓草纹。

出土：原在乾县周城乡南齐村。

现藏：乾县临平镇临平西街路北王氏祠堂。

著录：《新编乾县志》。

提要：刊载乾县明代文士王敏生平事迹。王敏，明永乐十五年（1417）举人，曾官江南道监察御史，人称王御史。

性学禅师墓碑

年代：清道光十年（1830）刻立。

形制：圆首。高 1.24 米，宽 0.65 米，厚 0.13 米。

行字：额楷书"日""月"2 字。正文楷书 11 行，满行 34 字。

纹饰：四周饰蔓草纹。

现藏：黄陵县双龙镇北沟鸿门寺。

提要：记"性学禅师"弟子元真、元丰等于施主刘顺祥、刘顺富所捐地界内为祖师修建殿堂事。

重修观音庙碑

年代：清道光十年（1830）刻立。

形制：圆首方座。高 1.50 米，宽 0.57 米，厚 0.11 米。

行字：正文楷书 9 行，满行 22 字。

撰书：□惟清撰。

纹饰：碑额饰牡丹纹，碑身四周饰鱼纹。

现藏：富县茶坊镇高家庄村东北。

提要：记重修观音庙事。

*整饬嘉陵江航运告示碑

年代：清道光十年（1830）刻立。

形制：圆首方座，双面刻。尺寸不详。

行字：正文楷书 18 行，满行 33 字。

现藏：略阳县江神庙民俗博物馆。

提要：记道光十年三月二十二日，略阳县知县为嘉陵江航运特立航运章程，并附违反章程的处罚案例。

杨太守存爱碑记

年代：清道光十年（1830）刻立。

形制：高 1.65 米，宽 0.72 米。

行字：正文楷书 19 行，满行 53 字。

现藏：汉中博物馆。

备注：碑文漫漶。

提要：记清嘉庆至道光年间汉中知府杨某劝农桑、兴水利、禁杀耕牛、重德教、崇节烈、平匪邪、救水灾、修道路、除暴安良等事迹。

*重修戴一秀墓冢碑

年代：清道光十年（1830）刻立。

形制：高 0.61 米，宽 0.66 米。

行字：正文楷书 13 行，满行 19 字。

撰书：李本寅、岳本惠立。

纹饰：碑额饰双凤纹，碑身四周饰蔓草纹。

现藏：略阳县灵岩寺博物馆。

提要：记戴一秀之墓因年久失修，徒子李本寅等为其修造水道围墙等情况。

三官庙西社重修并序

年代：清道光十年（1830）刻立。

形制：圆首。通高 0.87 米，宽 0.47 米。

行字：额楷书，碑阳题"皇清"2 字，碑阴题"西社"2 字。正文楷书，碑阳 40 行，满行 14 字。碑阴 18 行，满行 21 字。

纹饰：四周饰云龙纹。

出土：此碑自立未移。

现藏：城固县原公镇三官庙。

提要：记载三官庙重修事及捐资人姓名。

守真和尚塔铭

年代：清道光十年（1830）刻立。

形制：共 2 石，尺寸相同。高 0.45 米，宽 0.80 米，厚 0.10 米。

行字：正文楷书 36 行，满行 10 字。

撰书：路德撰并书。

现藏：仙游寺博物馆。

提要：记守真重修仙游寺功德。

赵凝墓志

全称：皇清敕授文林郎四川重庆府巴县知县赵绩臣先生墓志铭。

年代：清道光十年（1830）刻。

形制：共 4 石，尺寸相同。志长 0.58 米，宽 0.26 米，厚 0.06 米。

行字：册页式。盖文篆书 6 行，满行 4 字，题"皇清敕授文林郎四川重庆府巴县知县赵绩臣先生墓志铭"。志文楷书 93 行，满行 17 字；末页隶书 1 行 8 字。

撰书：张鹏翮撰，贾锡智书，柏守贞篆。

出土：1967 年出土于户县秦渡镇北庞村天王庙后。

现藏：户县秦渡镇北庞村。

著录：《户县碑刻》。

提要：赵凝，字绩臣，世居户邑北庞村。父元鼎，叔九鼎，均以文行著名。赵凝为嘉庆戊午（1798）举人，知蓬溪、石泉、双流县事，补合江令、巴县知县。生于乾隆丁亥（1767）七月二十八日，卒于道光丁亥（1827）十月初六日。原配贾氏，继配阎氏，妾曹氏。子三、女四；孙一、孙女五。撰文张鹏翮，嘉庆癸酉（1813）拔贡，道光辛巳（1821）举人，安康人。书丹贾锡智，嘉庆癸酉（1813）拔贡，道光五年（1822）举人，户县人。篆盖柏守贞，进士，四川大宁知县，长安人。

*伯曾祖晋赠碑

年代：清道光十年（1830）刻立。

形制：高 2.30 米，宽 0.88 米，厚 0.21 米。

行字：正文楷书 12 行，满行 38 字。

出土：原立于蒲城县三合乡忽家村。

现藏：蒲城县王鼎纪念馆。

提要：碑为王鼎之伯曾祖父母受赠官爵制文。

佛坪营暨两汛公立义举碑

年代：清道光十年（1830）刻立。

形制：圆首。高 1.44 米，宽 0.75 米。

行字：正文楷书 18 行，满行 34 字。

撰书：杨临川撰并书。

纹饰：碑额饰二龙戏珠图案，碑身两边饰卷草纹。

出土：原在周至县老县城村。

现藏：周至县佛坪厅故城文物管理所。

提要：记汉中镇宪杨氏规定厚畛子、黄柏源两地村民根据入伍年限长短等确定帮扶金额、章程事。

周存斋妻廖氏墓志

全称：周君存斋淑配廖孺人墓志铭。

年代：清道光十年（1830）刻。

形制：志正方形。边长 0.56 米。

行字：志文行楷 26 行，满行 32 字。

撰书：李元春撰，霍树清书。

出土：1976 年出土于华阴县南营村。

现藏：西安碑林博物馆。

著录：《华山碑石》。

提要：廖氏，潼关厅周存斋之妻，生于乾隆

二十三年（1758 年）正月二十一日，卒于道光九年三月二十七日。生子四、女三。撰文李元春，朝坂人。书丹霍树清，赐进士出身，翰林院庶吉士，历任江西南昌府督捕同知，署赣州知府。

张四维暨妻杨氏合葬墓志

全称： 皇清□贡生兴庵张公暨原配杨孺人合葬墓志铭。

年代： 清道光十年（1830）刻。

形制： 志正方形。边长 0.64 米。

行字： 志文行楷 48 行，满行 21 字。

撰书： 李榕撰，耿振霄书，郝含育篆盖。

出土： 1960 年出土于华阴县曲城村。

现藏： 西安碑林博物馆。

著录：《华山碑石》。

提要： 张四维，字国章，号兴庵，先世山西洪洞人，元季迁华阴。27 岁入邑庠，后以例贡成均。配杨氏，继配章氏。子男二，女一；孙男十，孙女六；曾孙男七，曾孙女五。生于乾隆十七年（1752）十月初二日，卒于道光十年十月十一日。撰文李榕，字荫伯，潼关人，贡生，掌云台书院数十年，著有《华岳志》。书丹耿振霄，乙酉副魁，吏部候铨州判。篆盖郝含育，贡生，候铨儒学训导。

*张东白先生手翰

年代： 清道光十年（1830）刻立。

形制： 共 22 石，尺寸相同。高 0.30 米，宽 0.73 米。

行字： 正文行楷，满行字数不等。

撰书： 张文显、张曦书，姚桂、钱泳等题跋，钱泳刻。

出土： 1952 年张伯英捐赠西安碑林。

现藏： 西安碑林博物馆。

著录：《西安碑林全集》《西安碑林博物馆藏碑刻总目提要》。

备注： 数石有残损。

提要： 张文显，字中素，原籍山西洪洞，明万历间官赵州知州。后弃官携家居长安，买田鄠杜间，诗酒以终。孙张曦，字东白，亦能诗善书。此刻石系张文显七世孙张味石将其家传二先祖手迹托钱泳摹勒上石。钱泳题记署道光六年，跋文最晚为道光十年，姑定其刻立于道光十年。

魏天佑墓志

全称： 皇清例赠征仕郎太学生福堂魏公墓志铭。

年代： 清道光十年（1830）刻。

形制： 志长 0.69 米，宽 0.29 米，厚 0.14 米。

行字： 盖文篆书 6 行，满行 3 字。志文楷书 64 行，满行 15 字。

撰书： 南应选撰，许士品书，徐法绩篆盖，许士彦题签。

出土： 出土于咸阳市宝鸡峡引渭灌溉工地。

现藏： 咸阳市文物保护中心。

提要： 记魏天佑生平。

*唐氏宗祠碑

年代： 清道光十年（1830）刻立。

形制： 圆首。高 0.80 米，宽 0.58 米。

纹饰： 额饰"福"字、云纹，碑身两侧饰曲纹。

现藏： 安康市汉滨区将军乡金花村。

著录：《安康碑石》《安康碑版钩沉》。

提要：兴安唐氏始祖道忠，原籍湖北麻城，
明成化中迁来。乾隆五十三年，族人
唐安明等合议立祠，其后屡有扩建。

计开书院义学田地处所租稞数目
年代：清道光十年（1830）刻立。
形制：高 1.20 米，宽 0.64 米。
行字：正文楷书 31 行，满行 23 字。
撰书：胡焕成书。
出土：原在商南县文昌阁。
现藏：商南县博物馆。
提要：记商南县文昌阁时有田产、界至、租
额及供给义学事。

井时望墓碑
全称：皇清待赠显祖井公时望大人之墓。
年代：清道光十年（1830）刻立。
形制：高 0.90 米，宽 0.53 米。
行字：正文楷书 9 行，满行 21 字。
撰书：卫抢秀撰，王居京书。
现藏：镇安县铁厂镇。
提要：记述井时望由渭南赵林迁入镇安兴
家简况。

创建三圣母前后殿暨重修大佛殿碑
年代：清道光十年（1830）刻立。
形制：高 1.77 米，宽 0.81 米。
行字：正文楷书 13 行，满行 41 字。
撰书：董佩璠撰，刘子安书。
现藏：洛南县博物馆。
提要：记阳虚山建三圣母殿及大佛殿事。

*郭熊飞周乐题马嵬驿诗碣
年代：清道光十年（1830）刻立。
形制：高 0.31 米，宽 0.07 米，厚 0.09 米。

行字：正文楷书 30 行，满行 13 字。
撰书：郭熊飞、周乐撰，郑大文书。
现藏：兴平市杨贵妃墓博物馆。
提要：碑为清进士郭熊飞、周乐于道光庚寅
年（1830）仲春于马嵬驿题诗，其中
郭熊飞八首，周乐二首。

创修合族祖祠碑记
年代：清道光十一年（1831）刻立。
形制：圆首。高 0.90 米，宽 0.50 米，厚
0.20 米。
行字：正文楷书 10 行，满行 26 字。
撰书：任仰伊撰，任景伊书。
现藏：澄城县安里乡安里村。
著录：《澄城碑石》。
提要：记任仰伊、任希伊组织安里任氏家族
共同修建任氏家庙之事。

重修白云山正殿碑记
年代：清道光十一年（1831）刻立。
形制：螭首龟座。通高 3.28 米，宽 0.77 米，
厚 0.15 米。
行字：正文楷书 16 行，行 51 字。
撰书：张永敬撰，刘明鉴书。
纹饰：碑额镂空饰二龙戏珠图案，碑身四周
饰卷草纹。
现藏：佳县白云山白云观真武殿东廊下。
著录：《白云山白云观碑刻》。
备注：剥蚀较重。
提要：嘉庆七八年间，白云山正殿一院及朝
圣、头天诸门塌毁。道正司刘来旬发
愿募化修复，未得动工而逝。嗣后道
士高复伸等人兴工修理，作于乙酉五
月，成于庚寅四月。撰文张永敬，甘
泉县儒学训导。书丹刘明鉴，廪生。

*炮楼村墓碑

年代： 清道光十一年（1831）刻立。

形制： 高 0.85 米，宽 0.45 米。

行字： 额楷书"流芳百世"4 字。正文楷书
23 行，满行 52 字。

纹饰： 四周饰花草纹。

现藏： 富县张家湾镇炮楼村。

提要： 两侧对联为"志欲光前香□远，存心
欲后惠泽长"，碑文记墓主人生平。

重葺废邱关义学劝树蚕桑合记碑

年代： 清道光十一年（1831）刻立。

形制： 高 1.48 米，宽 0.74 米，厚 0.16 米。

行字： 正文楷书 20 行，满行 40 字。

纹饰： 四周饰牡丹花纹。

现藏： 凤县南星镇留凤关关岭上。

提要： 记重葺废邱关义学和发展校产以养学
等事。

重修奈何石桥碑

年代： 清道光十一年（1831）刻立。

形制： 圆首。高 0.73 米，宽 0.54 米，厚
0.18 米。

行字： 额楷书"永垂万古"4 字。正文行书
21 行，满行 30 字。

撰书： 余复心撰，李本寅书。

纹饰： 碑额饰牡丹纹，四周饰莲花纹。

现藏： 略阳县灵岩寺博物馆。

著录：《汉中碑石》。

提要： 记陕安道何堇与县令郭某约乡绅捐资
修建石桥事。

重修诸葛忠武武乡侯祠后殿记

年代： 清道光十一年（1831）刻立。

形制： 高 1.15 米，宽 0.72 米，厚 0.16 米。

行字： 正文楷书 23 行，满行 40 字。

撰书： 杨名飏撰。

现藏： 勉县武侯祠博物馆。

著录：《汉中碑石》。

提要： 记重修武侯祠后殿、移诸葛神像于此，
并立夫人黄氏及子孙像配祀。

永不牧羊

年代： 清道光十一年（1831）刻立。

形制： 高 0.31 米，宽 0.47 米。

行字： 正文楷书 4 字。

纹饰： 四周饰扁圆葵花图案。

现藏： 澄城县冯原镇韦庄社村。

著录：《澄城碑石》。

提要： 护田戒碑。

严氏阖族先茔碑记

年代： 清道光十一年（1831）刻立。

形制： 高 1.65 米，宽 0.74 米，厚 0.20 米。

行字： 正文楷书 15 行，满行 47 字。

撰书： 严鉴源撰，严必恭书，严景福篆额。

纹饰： 四周饰回纹。

现藏： 户县涝店镇余姚村。

著录：《户县碑刻》。

提要： 严氏始祖名隶，浙江余姚人。宋元祐
五年（1090）明经举人，后官西京通
判，宣和六年（1124）致仕，值金兵
构难，遂携四子存仁、存义、存礼、存
信卜居户邑之北，名曰余姚里，示不
忘本。嗣后支流未能详尽。今族中绅
士宽、自灏等集阖族修墙树木，筑室
两楹，起门楼一座，勒诸碑石。撰文
严鉴源，廪生；书丹严必恭，处士；
篆额严景福，生员。

李善长暨妻刘氏合葬墓志

全称： 诰赠奉政大夫善长李公暨元配刘宜人

合葬墓志铭。

年代：清道光十一年（1831）刻。

形制：志正方形。边长 0.55 米。

行字：志文楷书 48 行，满行 16 字。

撰书：刘少鸿撰。

出土：出土时间、地点不详。

现藏：蓝田县厚镇乡厚镇街。

提要：记李善长及其妻刘氏家族世系。

*佛坪厅建火神庙马神庙碑

年代：清道光十一年（1831）刻立。

形制：圆首。高 2.03 米，宽 0.96 米，厚 0.10 米。

行字：正文楷书 25 行，满行 40 字。

撰书：李炳书。

纹饰：碑身两侧饰菊花纹。

出土：原立于周至县老县城村马王庙。

现藏：周至县佛坪厅故城文物管理所。

提要：记道光甲申建厅时于营署西建火神、马神庙事。

*秦君夫妇墓碑

年代：清道光十一年（1831）刻立。

形制：高 1.98 米，宽 0.63 米，厚 0.16 米。

纹饰：碑额饰花瓶，碑身四周饰忍冬花卉纹。

现藏：彬县西坡乡红岩村。

备注：碑文漫漶。

重修武陵寺碑记

年代：清道光十一年（1831）刻立。

形制：螭首方座。通高 2.73 米，宽 0.74 米，厚 0.23 米。

行字：正文楷书 19 行，满行 851 字。

撰书：李光善撰并书。

现藏：永寿县武陵寺。

提要：记重修武陵寺事。

潘良臣暨妻棠氏合葬墓碑

全称：清故显考潘公良臣显妣潘母棠氏老大人之墓。

年代：清道光十一年（1831）刻立。

形制：高 1.23 米，宽 0.63 米。

行字：正文楷书 5 行，满行 24 字。

现藏：镇安县铁厂镇拦马河村。

提要：记墓主原籍江南宿松县，初迁镇安时生计维艰，死时葬不择地，后子孙迁葬吉地事。

唐士雅墓志

全称：皇清诰封奉直大夫艺园唐公墓志铭。

年代：清道光十一年（1831）刻。

形制：册页式，共 4 石，尺寸相同。长 0.70 米，宽 0.30 米，厚 0.07 米。

行字：盖文篆书 5 行，满行 3 字。正文楷书 85 行，满行 15 字。

撰书：张述郿撰，崔廷杰书，马金管篆盖。

出土：1970 年出土于旬邑县太村镇唐家村。

现藏：旬邑县唐家庄园博物馆。

著录：《咸阳碑刻》。

提要：唐士雅，字正声，号艺园，世居邠州三水县之东乡。父景忠，嘉庆元年（1796）春奉诏赴高宗纯皇帝千叟宴，赐七品衔，并给予银牌、鸠杖、包缎等物。兄弟三人，行一。侄廷诏，壬午进士，知山西宁乡县。唐士雅治家和平有法，亲族中凡有能读书者无不极力资助。生于乾隆二十四年（1759）正月二十五日，卒于道光十一年七月十三日。配王氏，继配李氏。子三，女一；孙男六，孙女七；曾孙四，曾孙女三。撰文张述郿，乙卯举人，前署江西崇义知县。篆盖马金管，辛酉拔贡，前任延安府儒学教授。校字张金顿，岁贡，甘肃礼县儒学训导。书丹崔廷杰，乙酉拔贡。

合邑四十四里崇祀邑侯靖公碑记

年代： 清道光十二年（1832）刻立。

形制： 高 1.30 米，宽 0.60 米。

行字： 正文楷书 10 行，满行 48 字。

撰书： 范乐撰并书。

现藏： 合阳县博物馆。

提要： 记合阳县民念县令靖公之德，设牌位纪念事。

高发墓志

全称： 皇清诰授奉政大夫马边同知亦亭高公墓志铭。

年代： 清道光十二年（1832）刻立。

形制： 志正方形。边长 1.00 米，厚 0.10 米。

行字： 志文楷书 22 行，满行 24 字。

撰书： 郭尚先撰并书。

纹饰： 盖两侧饰狮首。

出土： 2002 年出土于富县富城镇王家崾岘。

现藏： 鄜州博物馆。

提要： 记高发生平。

淳化里合里议定清仓催粮等各条规记

年代： 清道光十二年（1832）刻立。

形制： 高 0.80 米，宽 0.40 米。

行字： 正文楷书 12 行，满行 24 字。

现藏： 合阳县博物馆。

提要： 记清道光十二年制定的交粮规定及违规处罚办法。

杨村里纳粮条规碑

全称： 杨村里合里议定开粮完粮催粮开仓等规则七条碑。

年代： 清道光十二年（1832）刻立。

形制： 高 0.92 米，宽 0.45 米。

行字： 正文楷书 13 行，满行 31 字。

现藏： 合阳县博物馆。

提要： 记道光十二年杨村里议定交粮条规，交粮、开仓日期及违规处理办法。

福生里十甲会议记

年代： 清道光十二年（1832）刻立。

形制： 高 0.86 米，宽 0.44 米。

行字： 正文楷书 7 行，满行 44 字。

现藏： 合阳县博物馆。

提要： 记二月福生里十甲会议议定纳粮条规及违规处理办法。

*孤魂会记

年代： 清道光十二年（1832）刻立。

形制： 圆首。高 1.76 米，宽 0.77 米，厚 0.16 米。

行字： 正文楷书 20 行，满行 41 字。

撰书： 孟广益撰，李挺书。

纹饰： 四周饰云龙纹。

现藏： 洋县智果寺文物管理所。

提要： 记智果寺很早即设立"孤魂会"帮助客死他乡而无人收拾者料理后事。年更月替该组织慢慢无人打理，至乾隆五十年（1785）智果寺僧人无间再次倡导，众人捐钱使其组织恢复，后历经数任会首积累善款置办田产坐落方位之说明。

重修敏庵公十五世谱牒记

年代： 清道光十二年（1832）刻立。

形制： 圆首方座。高 1.68 米，宽 0.77 米，

厚 0.17 米。

行字：正文楷书 12 行，满行 50 字。

撰书：阎登云撰，阎振纲书，韩振清镌。

纹饰：四周饰曲回纹。

出土：此碑自立未移。

现藏：户县大王镇凿齿村。

著录：《户县碑刻》。

提要：阎氏东户长门曾于雍正十二年（1734）由族人阎极主持，考敏庵公以下十二世，叙为谱牒。理学名家王心敬为作文以记。至道光十二年复由十二世孙阎登云主持增叙至十五世。撰文阎登云，嘉庆壬戌（1802）进士，历任江苏金匮、吴江等县知县。

*郑氏墓碑

年代：清道光十二年（1832）刻立。

形制：高 1.25 米，宽 0.73 米，厚 0.14 米。

纹饰：四周饰几何纹。

现藏：彬县小章乡南一方村。

备注：漫漶不清。

*程氏墓碑

年代：清道光十二年（1832）刻立。

形制：高 1.93 米，宽 0.66 米，厚 0.13 米。

行字：正文楷书 9 行，满行 24 字。

纹饰：四周饰草叶花纹。

现藏：彬县南玉子乡良社村学校北墙外。

提要：记程氏在嘉庆二年（1797）丈夫去逝后，受尽苦难，"尽任男子之事""苦节三十五年"，抚养幼子成立等事。

姜嫄圣母感应记

年代：清道光十三年（1833）刻立。

形制：螭首方座。高 1.80 米，宽 0.66 米。

行字：正文楷书 16 行，满行 40 字。

撰书：王文德撰，李作舟书。

现藏：岐山县周公庙管理处。

提要：碑文盛誉姜嫄养育周之先祖后稷这一功德，对周公庙古庙会由来及祭祀姜嫄活动进行了考证。

重修三官楼碑记

年代：清道光十二年（1832）刻立。

形制：圆首方座。通高 2.01 米，宽 0.61 米，厚 0.13 米。

行字：额楷书"题名记载"4 字。正文楷书 15 行，满行 39 字。

撰书：郭希孝书。

纹饰：界格为钱纹，四周饰富贵不断头纹。

现藏：子长县钟山石窟。

提要：记邑人张德星修复三官楼事。

吕宅权召村重修圣母关帝庙碑

全称：吕宅权召村重修圣母关帝庙并戏楼碑记。

年代：清道光十三年（1833）刻立。

形制：螭首方座。高 2.12 米，宽 0.71 米，厚 0.21 米。

行字：正文楷书 10 行，满行 38 字。

撰书：王世哲撰，颜宗孔书。

现藏：扶风县召公镇吕宅村成王组复兴寺前。

提要：记庙产地亩数及四至，殿宇侧记村人捐资修建事。

重修无量祖师正殿碑记

年代：清道光十三年（1833）刻立。

形制：圆首方座。通高 1.90 米，宽 0.70 米，厚 0.08 米。

行字： 额楷书"皇清"2 字。正文楷书 29
行，满行 43 字。

撰书： 贾荣甲撰，李茂清书。

纹饰： 碑额饰双龙图案，碑身四周饰卷云纹。

出土： 此碑自立未移。

现藏： 黄龙县石堡镇安善村无量山莲云寺。

提要： 记重修此庙正殿、钟楼、山门事。

重修山神殿碣

年代： 清道光十三年（1833）刻立。

形制： 高 0.62 米，宽 0.52 米。

行字： 正文楷书 7 行，满行 33 字。

撰书： 王涌撰，王锡禄书。

纹饰： 四周饰蔓草花纹。

现藏： 千阳县柿沟乡冉家沟村山神庙。

提要： 记重修之缘由及经过。

龙门洞朝山进香碑

年代： 清道光十三年（1833）刻立。

形制： 方首。通高 0.63 米，宽 0.32 米，厚
0.04 米。

行字： 正文楷书，满行字数不等。

纹饰： 碑额饰二龙戏珠图案，碑身四周饰蟠
螭纹。

现藏： 陇县新集川乡龙门洞道院神秀阁南
檐下。

提要： 碑文为"龙门洞朝山进香神福迎禅保
安会、华亭县龙眼镇、四条岭镇众姓
人等"，下为 26 人名单。

重修灵岩寺鱼池及补修圆门记

年代： 清道光十三年（1833）刻立。

形制： 高 1.30 米，宽 0.70 米。

行字： 正文行楷 20 行，满行 31 字。

撰书： 余复心撰并书。

纹饰： 四周饰蔓草纹。

现藏： 略阳县灵岩寺博物馆。

提要： 记余复心与同僚捐资修建灵岩寺鱼池
并补修圆门事。

康承统妻马氏节孝碑

全称： 敕旌节孝马孺人小传。

年代： 清道光十三年（1833）刻立。

形制： 螭首龟座。通高 2.84 米，宽 0.81 米，
厚 0.16 米。

行字： 正文楷书 17 行，满行 56 字。

撰书： 阎登云撰，梁允恭书，韩振清刻。

现藏： 户县大王镇凿齿村道安寺。

著录： 《户县碑刻》。

提要： 康承统妻马氏，周邑马桐女。年十八
归康氏，阅四载夫亡，举一遗腹子。
乃坚心守节，育子成人。不意子又
早亡，遗一孙男一孙女。马氏含辛
抚孙，积劳而卒，年五十五。后其
孙嗣芳成立，奉旨旌表祖母一生节
孝，树碑以纪。

张聪贤德政碑

全称： 诰授奉政大夫潼关厅同知钦加知府衔
前长安县知县张公入祀名宦碑记。

年代： 清道光十三年（1833）刻立。

形制： 螭首方座。高 3.54 米，宽 0.73 米。

行字： 正文楷书 9 行，满行 73 字。

撰书： 汤恒撰，王金城书。

现藏： 西安碑林博物馆。

著录： 《西安碑林全集》《咸宁长安两县续志》。

备注： 碑左附绅士、乡耆、里民立石者名单。

提要： 记清嘉庆、道光年间长安知县张聪贤
在任期间，移风易俗，兴修水利，设
义学，修县专之德政，死后长安士民
思其遗爱，公呈具报请入祀名宦祠。

*紫阳县正堂告示碑

年代：清道光十三年（1833）刻立。

形制：方首。高 1.35 米，宽 0.60 米。

行字：额楷书"德政千秋"4 字。正文楷书
19 行，满行字数不等。

现藏：紫阳县汉王城泗王庙西厢房。

著录：《安康碑版钩沉》。

提要：刊紫阳县令严禁船夫惯渔客利告示。

重修咸阳县城碑记

年代：清道光十三年（1833）刻立。

形制：圆首龟座。通高 4.14 米，宽 0.90 米，
厚 0.24 米。

行字：正文楷书 14 行，满行 46 字。

撰书：陈尧书撰，郭均书，南应选篆额。

纹饰：四周饰云龙、凤鸟纹。

出土：原立于咸阳县周四王庙，后移于县
文庙。

现藏：咸阳博物馆。

著录：《咸阳碑石》《咸阳市渭城区志》。

提要：记咸阳重修城垣事。

四方会行碑

年代：清道光十三年（1833）刻立。

形制：圆首。高 0.93 米，宽 0.44 米，厚
0.12 米。

行字：额楷书"皇清"2 字。正文楷书 1 行
4 字"四方会行"。

撰书：段书锟书。

现藏：药王山博物馆。

著录：《药王山碑刻》《陕西药王山碑刻艺术
总集》。

提要：上款"道光十三年月吉日"，下款"原
邑段书锟修路立石"。

重修灵官神祠碑

年代：清道光十三年（1833）刻立。

形制：圆首方座。高 1.05 米，宽 0.50 米。

行字：正文楷书 9 行，满行 31 字。

撰书：左宫桂撰，李登鳌书。

现藏：药王山博物馆。

著录：《药王山碑刻》《陕西药王山碑刻艺术
总集》。

提要：记重修灵官神祠事。

*王大耀妻田氏节孝铭

年代：清道光十四年（1834）刻立。

形制：志正方形。边长 0.40 米。

行字：志文楷书 24 行，满行 30 字。

撰书：田九□撰。

现藏：澄城县城关镇埝村。

提要：为旌表该村处士王大耀妻田氏节孝事
而建。

深沉智勇

年代：清道光十四年（1834）刻立。

形制：平首方座。通高 1.67 米，宽 0.80 米。

行字：正文行书 1 行 4 字。

撰书：杨芳书。

纹饰：四周饰回纹。

现藏：留坝县张良庙文物管理所。

著录：《张良庙匾联石刻诗文集注》。

备注：碑面凿损严重。

提要：碑文"深沉智勇"。

*杨芳题诗碑

年代：清道光十四年（1834）刻立。

形制：圆首方座。通高 2.78 米，宽 0.87 米，
厚 0.19 米。

行字：正文行楷 6 行，满行 14 字。

撰书：杨芳撰并书。

纹饰：碑额饰二龙戏珠图案，碑身两侧饰回纹。

现藏：留坝县张良庙文物管理所。

著录：《张良庙匾联石刻诗文集注》《张良胜迹诗词选》《汉张留侯祠》。

备注：碑阴刻米芾"第一山"。

提要：七律一首概论张良一生功过。

*杨静塘夫妇合葬墓志

年代：清道光十四年（1834）刻。

形制：志正方形。边长 0.75 米。

行字：志文楷书 90 行，行 16 字。

撰书：李元春撰。

出土：蒲城县北关镇。

现藏：蒲城县文物保护开发中心。

备注：李元春官至湖北长乐县知县。

杨翼武墓志

全称：皇清诰授中宪大夫例晋通议大夫按察使衔赏戴花翎原任山东兖沂曹济兵备道前署甘肃布政使司辛巳壬午甘肃武关监试官燕庭杨公墓志铭。

年代：清道光十四年（1834）刻。

形制：志、盖尺寸相同。长 0.78 米，宽 0.60 米。

行字：盖文篆书 7 行，满行 3 字，题"皇清诰授中宪大夫例晋通议大夫燕庭杨公墓志铭"。志文楷书 47 行，满行 36 字。

撰书：杨国桢撰，杨翼骧书，李榕篆盖。

出土：1972 年出土于华阴县长宁坊村。

现藏：华阴市西岳庙文物管理处。

著录：《华山碑石》。

提要：杨翼武，字燕庭，号宗万，世居华阳县北长宁坊。弱冠入庠、补增广生员。后入军幕，以功补甘肃清水知县，调张掖，升宁夏知府，转兰州知府。道光元年（1821）留补甘肃茶马道，旋署布政使司。道光六年，调山东兖沂曹济兵备道。八年告归。配王氏，侧室王氏。子男二，女一；孙男一，孙女一；曾孙一。生于乾隆三十一年（1766）十月初八日，卒于道光十二年十月二十八日。撰文杨国桢，甲子举人，兵部侍郎兼河南巡抚。篆盖李榕，贡生，吏部候铨教谕。书丹杨翼骧，壬辰举人，吏部候铨知县，前署榆林府教授。

王鼎摹兰亭序碑

年代：清道光十四年（1834）刻立。

形制：高 1.04 米，宽 0.34 米。

行字：正文行书 30 行，满行字数不等。

撰书：王鼎书。

现藏：蒲城县博物馆。

备注：左下角断残。

提要：刊王鼎摹写《兰亭序》一文。

创建四圣庙碑记

年代：清道光十四年（1834）刻立。

形制：碑首残。残高 1.18 米，宽 0.81 米，厚 0.15 米。

撰书：张体焕撰并书。

现藏：周至县佛坪厅故城文物管理所。

提要：记创建四圣庙事。

张鹏翅墓志

全称：皇清邑庠优行廪膳生员云九张公墓志铭。

年代：清道光十四年（1834）刻。

形制：共 2 石，均为正方形，尺寸相同。边长 0.59 米。

行字：志文行楷 60 行，满行 13 字，

撰书：耿映霄撰，杨海书并篆盖。

出土：1968 年出土于华阴县曲城村。

现藏：西安碑林博物馆。

著录：《华山碑石》。

备注：第 1 石右下泐蚀，右上角有残；第 2 石残断为 3 块。

提要：张鹏翅，字云九，号奋天。兄弟二人、行二。肄业关中书院。生于乾隆五十一年（1786）五月廿三日、卒于道光十一年（1831）十一月十九日。配杨氏，生男六、女一；孙女一。撰文耿映霄，邑增广生员。书丹杨海，邑优行生员。

重修关帝庙碑

年代：清道光十四年（1834）刻立。

形制：圆首。通高 2.24 米，宽 0.70 米。

行字：正文楷书 10 行，满行 47 字。

撰书：徐建昭撰，谈三坟书，彭重英篆额。

纹饰：碑额饰二龙戏珠图案，碑身四周饰万字纹。

现藏：宝鸡市渭滨区神农镇。

提要：概述关帝功德和重修关帝庙事。

张氏墓志

全称：皇清待赠孺人李母张孺人墓志铭。

年代：清道光十四年（1834）刻。

形制：志长方形。尺寸不详。

行字：志文楷书 30 行，满行 32 字。

撰书：李青霄撰，王联治书。

出土：出土时间、地点不详。

现藏：丹凤县博物馆。

提要：记张孺人籍贯、生平。

*郑立斋暨妻杜氏胡氏合葬墓碑

年代：清道光十四年（1834）刻立。

形制：方首，两面刻。高 1.90 米，宽 0.80 米，厚 0.20 米。

行字：正文楷书 5 行，满行字数不等。

现藏：药王山博物馆。

备注：上下有榫，顶座皆佚。

提要：碑阳正中楷书"诰授昭武都尉历任南漕督运府立斋郑公合葬之墓""恭人杜太君"，右书"恭人胡太君"。上款"大清道光十四年岁次甲午小阳谷旦"，下款"男国良，孙怀安勒石"。碑阴为"诰授昭武都尉郑公墓表"。

重修观音殿神洞并创建戏楼碑记

年代：清道光十五年（1835）刻立。

形制：圆首方座。高 2.00 米，宽 0.67 米。

行字：额楷书"皇清"2 字。正文楷书 11 行，满行 42 字。

撰书：师森槐撰并书。

纹饰：碑额饰蹲狮图案，碑身四周饰富贵纹。

现藏：黄龙县圪台乡寺塔村北寺山庙。

提要：记重修观音殿神洞及创建戏楼事。

驼峰山重修三圣庙碑记

年代：清道光十五年（1835）刻立。

形制：高 1.55 米，宽 0.61 米。

行字：正文楷书 17 行，满行 50 字。

撰书：刘世瑞撰，白应金书。

纹饰：四周饰几何纹。

现藏：神木县二郎山三圣庙。

著录：《榆林碑石》。

提要：三圣庙中祀二郎神、赵元坛及关帝，创建时间因碑漫漶不可识。惟可见

"万历重修"字样。后有邑人张有年、王佐等游观有感，醵金重修，以道光壬辰（1832）夏落成。撰文刘世瑞，扶风人，时任神木县教谕。书丹白应金，邑廪贡生，吏部候铨儒学训导。

北寺山庙施财碑

年代：清道光十五年（1835）刻立。

形制：圆首方座。高 0.95 米，宽 0.47 米，厚 0.10 米。

行字：额楷书"永垂不朽"4 字。正文楷书17 行，满行 21 字。

撰书：谢成应撰并书。

纹饰：碑额饰卷云纹。

现藏：黄龙县圪台乡寺塔村北寺山庙。

提要：记广东人谢有阄、谢有维兄弟为其先人还愿北寺山庙事。

重修萧寺碑记

年代：清道光十五年（1835）刻立。

形制：圆首方座。通高 2.41 米，宽 0.88 米，厚 0.15 米，碑高 2.11 米。

行字：正文楷书 20 行，满行 41 字。

撰书：王昭贤撰，王承书。

纹饰：碑额饰双龙戏珠，碑身四周饰铜钱、云龙及花卉纹，碑座饰莲花纹。

现藏：子长县钟山石窟。

提要：记历年修复萧寺宫正殿、僧室及通道等情况。

*王封川布施碑记

年代：清道光十五年（1835）刻立。

形制：圆首方座。高 1.88 米，宽 0.67 米，厚 0.14 米。

行字：正文楷书 34 行，满行 44 字。

撰书：伍地会撰并书。

纹饰：碑额饰双龙图案，碑身四周饰富贵纹。

现藏：黄龙县圪台乡寺塔村北寺山庙。

提要：记王封川等 64 户捐资修庙事。

重修戏楼

年代：清道光十五年（1835）刻立。

形制：圆首方座。通高 2.20 米，宽 0.71 米，厚 0.21 米。

行字：正文楷书 30 行，满行 37 字。

撰书：洪信撰，康凝邦书。

纹饰：四周饰人物、花卉图案及"福""寿"二字。

现藏：扶风县博物馆。

提要：记道光十三年（1833）戏楼倾圮，洪信延绅劝捐重修事。

*张大元布施碑

年代：清道光十五年（1835）刻立。

形制：圆首方座。高 1.80 米，宽 0.67 米，厚 0.14 米。

行字：正文楷书 34 行，满行 44 字。

撰书：张大元撰并书。

纹饰：碑额饰双龙图案，碑身四周饰富贵纹。

现藏：黄龙县圪台乡寺塔村北寺山庙。

提要：记张大元等捐资修庙事。

同锦堂暨妻韩氏杨氏合葬墓志

全称：皇清太学生例赠儒林郎锦堂同公暨德配韩孺人杨孺人合葬墓志铭。

年代：清道光十五年（1835）刻。

形制：志、盖均为正方形。边长 0.52 米，盖厚 0.03 米，志厚 0.05 米。

行字：盖文篆书 7 行，满行 4 字。志文楷书24 行，满行 28 字。

撰书：姬从周撰，王晋书。

现藏：澄城县庄头镇垆洼村王忠贤院内。

出土：出土时间、地点不详。

备注：盖右角断裂。

提要：记同锦堂生平。

*杨致齐墓志

年代：清道光十五年（1835）刻。

形制：志正方形。边长0.57米。

行字：志文楷书25行，满行25字。

出土："文化大革命"期间出土于蒲城县罕井镇乔梓村。

现藏：蒲城县文物保护开发中心。

提要：记杨致齐生平。

*伯祖父母晋赠碑

年代：清道光十五年（1835）刻立。

形制：高2.25米，宽0.88米，厚0.21米。

行字：正文楷书13行，满行53字。

出土：原立于蒲城县三合乡忽家村。

现藏：蒲城县王鼎纪念馆。

备注：碑首佚，碑身断为三截。

提要：载王孟祖及路氏晋赠事。王孟祖系王鼎祖父。

*萧氏先茔碑

年代：清道光十五年（1835）刻立。

形制：圆首方额。碑残损。残高1.76米，宽0.71米，厚0.16米。

行字：额篆书"皇清"2字。正文楷书3行，共20字。

纹饰：碑额饰二龙戏珠图案，碑身四周饰牡丹纹。

现藏：周至县九峰乡虎峰村。

提要：碑为萧氏后裔所立。

文君墓碑

全称：太学生祖考文显府君墓。

年代：清道光十五年（1835）刻立。

形制：圆首。高1.75米，宽0.62米，厚0.16米。

行字：额篆书"皇清"2字。正文楷书5行，共51字。

纹饰：碑额饰桃树。

出土：此碑自立未移图案。

现藏：周至县九峰乡虎峰村学校东侧。

备注：碑首右上角及碑身左下部残。

提要：碑为文氏之孙所立。

*曾祖父母晋赠碑

年代：清道光十五年（1835）刻立。

形制：高2.30米，宽0.88米，厚0.21米。

行字：正文楷书14行，满行37字。

出土：原立于蒲城县三合乡忽家村。

现藏：蒲城县王鼎纪念馆。

提要：碑为王鼎伯曾祖父母受赠官爵制文，记录了王烜和王鼎的关系。

教稼名区匾

年代：清道光十五年（1835）刻立。

形制：高0.40米，宽0.85米。

行字：正文行书1行4字。

撰书：邓兆桐书。

现藏：武功县教稼台。

*程府君宜孺人合葬墓碑

年代：清道光十五年（1835）刻立。

形制：高2.61米，宽0.67米，厚0.16米。

纹饰：碑额饰二龙戏珠图案，碑身四周饰蔓草纹及梅花纹。

现藏：彬县小章镇王子村。

提要：此为程君及其夫人合葬墓碑。

*崔光斗咏马嵬八绝诗碣

年代：清道光十五年（1835）刻立。

形制：高 0.80 米，宽 0.35 米，厚 0.08 米。

行字：正文楷书 36 行，满行 20 字。

撰书：崔光斗撰并书。

现藏：兴平市杨贵妃墓博物馆。

提要：碑为诗人崔光斗过马嵬作诗 8 首，后又再叠前韵作诗 8 首，共 16 首，立石为记。

秋祀诸葛丞相祠堂恭纪

年代：清道光十五年（1835）刻立。

形制：高 0.31 米，宽 0.63 米。

行字：正文楷书 20 行，满行 15 字。

撰书：李荣桂等撰。

出土：清光绪四年（1878）重修诸葛献殿时嵌于墙上。

现藏：岐山县五丈原诸葛亮庙博物馆。

著录：《岐山县志》。

提要：此碑前部分为岐山县知事李荣桂为道光十五年武侯祠秋祀所写祭文，后部分为道光十五年谭禹诗一首。

重修太元洞清静宫碑记

年代：清道光十五年（1835）刻立。

形制：圆首方座。高 1.57 米，宽 0.71 米，厚 0.20 米。

行字：正文楷书 9 行，满行 52 字。

撰书：巨在宽撰，李允让书。

现藏：药王山博物馆。

著录：《药王山碑刻》《陕西药王山碑刻艺术总集》。

提要：记重修太元洞清静宫事。

*道光十六年祭黄帝陵碑

年代：清道光十六年（1836）刻立。

形制：圆首方座。通高 2.10 米，宽 0.69 米，厚 0.17 米。

行字：正文楷书 14 行，满行 32 字。

纹饰：四周饰莲花纹。

现藏：黄帝陵轩辕庙碑廊。

著录：《延安市文物志》《黄陵文典·文物卷》《黄帝陵碑刻》。

提要：记清宣宗旻宁因慈宫万寿，遣陕西延榆绥总兵官郭继昌于道光十六年二月九日祭祀轩辕黄帝事。

关允清圹记

全称：皇清例授登仕佐郎先考信臣关府君圹记。

年代：清道光十六年（1836）刻。

形制：志长 0.62 米，宽 0.42 米，厚 0.15 米。

行字：志文楷书 25 行，满行 25 字。

撰书：关著撰，刘元瑞书。

出土：出土时间、地点不详。2007 年入藏岐山县博物馆。

现藏：岐山县博物馆。

提要：记关允清（字信臣）家族世系及生平。

*重修武侯祠碑

年代：清道光十六年（1836）刻立。

形制：圆首方座。通高 1.70 米，宽 0.73 米，厚 0.15 米。

行字：额篆书"皇清"二字。正文楷书 19 行，满行 40 字。

撰书：支应昌撰。

纹饰：两侧饰云雷纹及卷草纹。

现藏：勉县武侯祠博物馆。

著录：《汉中碑石》。

提要：记清道光十六年对武侯祠古建进行维修，计修庙外牌坊一座，殿后平台一座，读书台一座。撰文支应昌，内迁国史馆校录，时任沔县典史。

*瘗玉门楣

年代：清道光十六年（1836）刻立。

形制：高 0.34 米，宽 0.69 米。

行字：正文楷书"瘗玉"2 字。

纹饰：门楣内刻扇形一面。

出土：1984 年出土于澄城县赵庄镇许庄村。

现藏：澄城县乐楼文物管理所。

著录：《澄城碑石》。

提要：此为同占鳌墓室门楣。

同占鳌暨妻潘氏合葬墓志

全称：皇清诰封奉直大夫布政司经历加二级海丰同公暨德配潘宜人合葬墓志铭。

年代：清道光十六年（1836）刻。

形制：盖、志均为正方形，尺寸相同。边长 0.68 米，厚 0.08 米。

行字：盖文篆书 8 行，满行 4 字，题"皇清诰封奉直大夫布政司经历加二级海丰同公暨德配潘宜人合葬墓志铭"。志文楷书 58 行，满行 20 字。

撰书：党士玉撰，王训书，白澹轩篆盖。

出土：1984 年出土于澄城县赵庄镇许庄村。

现藏：澄城县乐楼文物管理所。

著录：《澄城碑石》。

提要：同占鳌，字海丰，号福山。为乡里巨富，修德行善，嘉庆乙丑（1805）捐建文昌阁，修魁星楼。道光九年（1829）输资完修省城。生于乾隆三十六年（1771）六月十八日，卒于道光十六年十月初一日。元配潘氏，继配邢氏，俱早卒。另有耿氏、章氏健在。子一，女五；孙女一。撰文党士玉，邑儒学廪膳生员。书丹王训，甲午举人，吏部候铨知县。篆盖白澹轩，辛已恩科举人，吏部拣选候铨知县。

蔺良珍墓志

全称：皇清太学生荆峰蔺公墓志铭。

年代：清道光十六年（1836）刻。

形制：志正方形。边长 0.61 米。

行字：志文行楷 61 行，满行 15 字。

撰书：郑士蕙撰，黄兆甲书。

纹饰：盖题两边饰双手捧鹿图案，志四周饰几何纹。

出土：1980 年出土于华阴县台头村。

现藏：西安碑林博物馆。

著录：《华山碑石》。

提要：蔺良珍，字席玉，号荆峰，世居华阴县台头里。父秉聪以居积致富，年过五旬始生良珍。弱冠以父老废学入成均，以家事自任。元配高氏，次配张氏，子三，女四；孙男二，孙女一。生于乾隆四十九年（1784）二月二十日，卒于道光十四年三月十九日。撰文郑士蕙，甲午科副举，吏部候选儒学教谕。书丹黄兆甲，华州儒学增广生员。

刘翼模墓志

全称：皇清敕授武信骑尉例赠武略骑尉鹏程刘公墓志铭。

年代：清道光十六年（1836）刻。

形制：志长 0.56 米，宽 0.50 米。

行字：志文行楷 28 行，满行 36 字。

撰书：□瑞符撰，张肇甲书。

出土：1977 年出土于华阴县严家城村。

现藏：西安碑林博物馆。

著录：《华山碑石》。

备注：字迹剥蚀严重。

提要：刘翼模，字子翥，号鹏程，世居关西鱼池屯。兄弟三人，行三。少好弓马，中武举，后入陕甘总督军营效力，嘉庆十年（1805）提补山西河保营把总。十八年回陕候补，历署富平、蒲城、郃阳汛把总，西安府、同州府、潼关协分防神道岭千总。道光十三年（1833）以西安府镇标左营把总委署本营左哨千总。十四年告老。生于乾隆三十八年（1773）正月十六日。卒于道光十六年九月六日。配杨氏，子一，女一；孙男二。撰文□瑞符，癸酉恩科举人，鄠县教谕。书丹张肇甲，华阳县儒学优行廪生。

文昌帝君阴骘文

年代：清道光十六年（1836）刻立。

形制：共 4 石，尺寸相同。高 0.27 米，宽 0.58 米。

行字：正文楷书，前 3 石均 16 行，第 4 石 14 行，满行 10 字。

撰书：张玉德书，郭埜立。

现藏：西安碑林博物馆。

著录：《西安碑林全集》。

提要：刻《文昌帝君阴骘文》一篇。

集圣教字诗

年代：清道光十六年（1836）刻立。

形制：高 0.38 米，宽 0.68 米。

行字：正文行书 49 行，满行 10 字。跋文行字数不等。

撰书：马慧裕诗，赵文若书。

现藏：西安碑林博物馆。

著录：《西安碑林全集》《咸宁长安两县续志》。

备注：一石断，第四石附刻《文若临池图》。

提要：碑文为七言律诗八首。

齐汉纬墓志

全称：皇清恩赐乡饮耆宾显考齐公大人墓志。

年代：清道光十六年（1836）刻立。

形制：高 0.98 米，宽 0.68 米。

行字：正文楷书 7 行，满行 30 字。

出土：出土时间、地点不详。

现藏：镇安县张家乡磨里沟村。

提要：简要记述恩赐乡饮耆宾齐汉纬创家立业、培育子孙成人事。

创建文昌阁火神祠碑记

年代：清道光十六年（1836）刻立。

形制：圆首方座。高 1.60 米，宽 0.65 米，厚 0.13 米。

行字：额篆书 3 行，满行 4 字，题"创建文昌阁火神祠碑记"。正文楷书 11 行，满行 50 字。

撰书：宋尚质撰，张睢麟书。

出土：原存耀县药王山北洞。

现藏：药王山博物馆。

著录：《药王山碑刻》《陕西药王山碑刻艺术总集》。

提要：记创修文昌阁、火神祠事。

重修元坛殿碑记

年代：清道光十六年（1836）刻立。

形制：圆首方座。高 1.53 米，宽 0.62 米，厚 0.18 米。

行字：正文楷书 11 行，满行 45 字。

撰书：辛运普撰，李登鳌书。

现藏：药王山博物馆。

著录：《药王山碑刻》《陕西药王山碑刻艺术总集》。

提要：记重修元坛殿事。

杨德巷墓碑

全称：待赠封君显考德巷杨公之墓。

年代：清道光十七年（1837）刻立。

形制：高 1.21 米，宽 0.64 米，厚 0.15 米。

行字：正文楷书 1 行 12 字。

现藏：陇县固关镇固关村。

提要：简记杨德巷名讳及葬期。

*赵怀珍夫妇墓碑

年代：清道光十七年（1837）刻立。

形制：圆首方座。高 1.73 米，宽 0.66 米，厚 0.22 米。

纹饰：碑额饰二龙戏珠图案，碑身四周饰花草纹。

现藏：千阳县寇家河乡坡头村。

提要：此系赵元清为父母所立墓碑。

万义同归

年代：清道光十七年（1837）刻立。

形制：圆首方座。高 1.15 米，宽 0.60 米。

行字：额楷书"万义同归"4 字。楷书 15 行，满行 27 字。

现藏：西乡县鹿龄寺。

提要：记清道光年间鹿龄寺田产及分布情况。

重修静思室碑记

年代：清道光十七年（1837）刻立。

形制：圆首方座。高 1.15 米，宽 0.60 米。

行字：正文楷书 15 行，满行 36 字。

撰书：穆敬安撰并书。

现藏：西乡县鹿龄寺。

提要：记清嘉靖至道光年间重修静思室经过。

*宁羌州知州整饬驿站告示碑

年代：清道光十七年（1837）刻立。

形制：高 1.35 米，宽 0.71 米，厚 0.07 米。

行字：正文楷书 30 行，满行 15 字。

出土：1992 年出土于南郑县两河镇。

现藏：南郑县龙岗寺文物管理所。

提要：记驿站服务规格、标准和实施细则。

王东溪墓志

全称：皇清邑庠增优生显考东溪府君圹志。

年代：清道光十七年（1837）刻。

形制：志长 0.27 米，宽 0.11 米。

行字：盖文篆书 3 行，满行 6 字。志文楷书 33 行，满行 18 字。

撰书：王守箴等撰。

出土：出土时间、地点不详。

现藏：合阳县博物馆。

提要：记王东溪家族世系及生平。

王顷波墓志

全称：皇清国子监顷波王公墓志铭。

年代：清道光十七年（1837）刻。

形制：志长 0.27 米，宽 0.11 米。

行字：盖文篆书 4 行，满行 4 字。志文楷书 82 行，满行 18 字。

撰书：侯梦桢撰。

出土：出土时间、地点不详。

现藏：合阳县博物馆。

提要：记王顷波家族世系及生平。

阎氏东户二门谱牒记

年代：清道光十七年（1837）刻立。

形制：圆首，通高 1.52 米，宽 0.65 米。

行字：额篆书"皇清"2 字。正文楷书 14 行，满行 47 字。

撰书：阎映洲撰，阎映瀛书，韩振全刻。

现藏：户县大王镇凿齿村学校门前。

著录：《户县碑刻》。

提要：阎氏东户二门始祖士良公志洁，长门敏庵公志聪胞弟，其三、四世失考，传至今十二世。

李氏墓志

全称：敕封儒人侄媳李氏墓志。

年代：清道光十七年（1837）刻。

形制：志长 0.66 米，宽 0.35 米。

行字：志文楷书 49 行，满行 22 字。

撰书：路德撰，李□□书并篆盖，仇和刻。

出土：出土时间、地点不详。

现藏：周至县文物管理所。

提要：记李应康家族世系、生平。

清故处士瑚三希先生祝文

年代：清道光十七年（1837）刻立。

形制：圆首方座。高 1.99 米，宽 0.85 米。

行字：正文楷书 24 行，满行 46 字。

撰书：灵顺撰，宏不器哈哈达书。

现藏：西安碑林博物馆。

著录：《西安碑林全集》。

提要：记洪瑚琏不入仕途，设学训俗，救危恤苦，以及其子宏不器哈哈达不求禄利，精通医术，癸巳、丙申间（1833—1836）医救州邑疫疾数千众事迹。

观音莲台图

年代：清道光十七年（1837）刻立。

形制：高 0.79 米，宽 0.47 米。

行字：正文楷书 2 行，满行 21 字。

撰书：胡敨氏画，胡元燨、胡元焕刻。

现藏：西安碑林博物馆。

著录：《西安碑林全集》。

提要：刻观世音菩萨坐像。

*景君墓碑

年代：清道光十七年（1837）刻立。

形制：圆首。高 1.84 米，宽 0.66 米，厚 0.18 米。

纹饰：碑额及碑身饰花卉图案。

现藏：彬县北极镇八甲村。

*募修紫阳炉子滩疏

年代：清道光十七年（1837）刻立。

形制：高 0.60 米，宽 1.10 米。

撰书：陈仅撰。

现藏：紫阳县洞河镇长滩右岸崖壁。

著录：《安康碑版钩沉》。

提要：记紫阳县令陈仅募资整修炉子滩事。

董诏墓志

全称：清故乡贡进士乡饮大宾崇祀乡贤祠朴园董先生墓志铭。

年代：清道光十七年（1837）刻。

形制：志正方形。边长 0.87 米。

行字：志文楷书 104 行，满行 11 字。

撰书：邓传安撰，谢玉珩书，郭应辰篆盖。

出土：出土时间、地点不详。

现藏：安康市历史博物馆。

著录：《安康碑版钩沉》。

提要：董诏，字驭臣，号朴园，乾隆甲午举人。先世由洵阳迁兴安。藏书万卷，著书盈尺，陕甘总督松筠及兴安太守叶世倬聘主关南书院讲席。先后主修洵阳县、宝鸡县、兴安府、汉阴厅等志。卒于嘉庆二十五年八月二十二日，年七十有八。妻方氏，子三，孙二。于道光十七年十二月十八日自黄洋河之阳迁葬祖茔。著有《文集》二十二卷，《诗集》十卷，《说文测议》七卷，《通志堂经解观略》一卷，《参订唐昭陵陪葬墓图》一卷。

创修刘猛将军庙碑记

年代：清道光十七年（1837）刻立。

形制：圆首。高 2.00 米，宽 0.75 米。

行字：正文楷书 18 行，满行 46 字。

出土：原在镇安县城隍庙。

现藏：镇安县文庙。

提要：记道光十六年，镇安蝗灾，县官刘养锋等人一边灭蝗，一边于城隍庙创修刘猛将军庙，祈灭蝗事。

重修文昌阁暨诸神庙碑记

年代：清道光十七年（1837）刻立。

形制：高 1.55 米，宽 0.76 米。

行字：正文楷书 18 行，满行 38 字。

出土：原在镇安县城隍庙。

现藏：镇安县文庙。

提要：记镇安知县及其下属倡修文昌阁等神庙事。

敕旌庠生李应榜孝行坊

年代：清道光十八年（1838）刻立。

形制：高 10.50 米，宽 5.10 米，厚 1.20 米。

行字：正文楷书 1 行 10 字。

纹饰：四周饰双凤凌空、鲤鱼跃龙门、花卉等浮雕。

现藏：子长县瓦镇芽坪村。

著录：《新编子长县志》《延安市文物志》。

提要：李应榜，武生，幼贫，以孝敬祖母闻名，清道光十八年（1838）旌表入祠，并建此牌坊。

*关山三条沟石碣

年代：清道光十八年（1838）刻立。

形制：圆形，中间一圆孔。直径 1.10 米，厚 0.26 米。

行字：正文楷书 4 行，满行字数不等。

现藏：陇县关山乡三条沟小学旁。

提要：碣文四行：大清道光十八年皇清此□之庄□李来成□不寿□建全□□。

*张原继夫妇墓碑

年代：清道光十八年（1838）刻立。

形制：圆首。通高 1.68 米，宽 0.63 米，厚 0.21 米。

纹饰：碑额饰二龙戏珠图案，碑身四周饰蔓草纹。

现藏：陇县东风镇西沟村。

提要：简记张原继名讳及其夫人姓氏、葬期等。

关帝庙建庙碑记

年代：清道光十八年（1838）刻立。

形制：高 1.58 米，宽 0.75 米。

行字：额楷书"重修题名"4 字。正文楷书 25 行，满行 49 字。

撰书：唐成基撰并书。

纹饰：碑额饰莲花纹。

现藏：子长县玉家湾镇黄家川关帝庙。

提要：记安定县黄家川建关帝庙事。

谒诸葛武乡侯墓

年代：清道光十八年（1838）刻立。

形制：高 0.67 米，宽 0.35 米。

行字：正文行楷 18 行，满行 13 字。

撰书：于浩撰并书。

现藏：勉县武侯祠博物馆。

著录：《沔阳碑石》。

提要：歌颂武侯忠贞。

*清凉寺助缘碑

年代：清道光十八年（1838）刻立。

形制：圆首。高 1.50 米，宽 0.85 米。

行字：正文楷书 23 行，满行 28 字。

纹饰：碑额饰双龙图案及卷云纹。

现藏：洋县四郎乡清凉寺。

提要：助缘信士名录。

*佛坪厅严禁乱砍山场林木告示碑

年代：清道光十八年（1838）刻立。

形制：高 1.90 米，宽 0.17 米，厚 0.17 米。

行字：正文楷书 14 行，满行 35 字。

纹饰：碑额饰牡丹纹，碑身两侧饰工字纹。

现藏：周至县佛坪厅故城文物管理所。

提要：刊佛坪厅严禁砍伐山场林木告示。

重建文庙文昌宫碑记

年代：清道光十八年（1838）刻立。

形制：螭首龟座。通高 4.32 米，宽 0.90 米，厚 0.18 米。

行字：正文楷书 11 行，满行 50 字。

撰书：潘政举撰。

纹饰：碑额饰二龙戏珠图案。

现藏：周至县佛坪厅故城文物管理所。

提要：记重修佛坪厅文庙事。

韩氏贞节碑

年代：清道光十八年（1838）刻立。

形制：圆首方座。通高 3.25 米，宽 0.69 米，厚 0.15 米。

行字：额楷书"皇清"2 字。正文楷书 13 行，满行 47 字。

纹饰：碑额饰二龙戏珠图案，碑身四周饰工字纹。

现藏：周至县四屯乡下三屯村。

备注：碑身断为两截，碑首、身、座分离。

提要：碑阳为"敕旌吴元刚之妻韩氏贞节碑"。碑阴首题"母韩太君苦节记"，记吴元刚及妻韩氏家族世系、生平。

李大成妻安氏墓志

全称：皇清太学生敬轩李公继配安孺人墓志铭。

年代：清道光十八年（1838）刻。

形制：志正方形。边长 0.53 米。

行字：志文行楷 27 行，满行 28 字。

撰书：员登鳌撰并书。

出土：1977 年出土于华阴县上洼村。

现藏：西安碑林博物馆。

著录：《华山碑石》。

备注：字迹剥蚀严重，中部更甚。

提要：安氏，已故太学生李大成（号敬轩）之妻，卒于道光十六年四月，享寿七十有八。生男三。撰书员登鳌，邑儒学增广生员。

雷声妻蒙氏墓志

全称：皇清例赠武略骑尉振邦雷公之德配蒙太安人祔葬墓志铭。

年代：清道光十八年（1838）刻。

形制：共 2 石，尺寸相同。长 0.74 米，宽 0.62 米。

行字：盖文篆书 6 行，满行 6 字。志文楷书 98 行，满行 13 字。

撰书：左英撰，安自虑书，张庆瑞篆盖。

出土：出土于铜川市耀州区养鸡场，时间

不详。

现藏：铜川市耀州区博物馆。

提要：记雷声（字振邦）家族世系及生平。

三原县告示碑

全称：敕授文林郎三原县正堂加六级纪录十二次陆。

年代：清道光十八年（1838）刻立。

形制：圆首方座。通高2.09米，宽0.64米，厚0.16米。

行字：正文楷书19行，满行32字。

纹饰：碑额饰瑞兽图案、圆寿字，碑身四周饰缠枝菊花纹。

现藏：三原县博物馆。

重修吕祖祠碑记

年代：清道光十八年（1838）刻立。

形制：高1.30米，宽0.75米。

撰书：毕庆余撰，陈九镒书。

现藏：汉阴县北龙冈吕祖祠。

著录：《安康碑版钩沉》。

提要：汉阳吕祖祠在龙岗东，道光壬辰（1832）八月因霪雨倾颓，乡人假武庙以祀。道光十八年，汉阴厅同知张其翰捐资倡修。

建修义渡序

年代：清道光十八年（1838）刻立。

形制：平首方座。高1.62米，宽0.87米，厚0.12米。

行字：正文楷书12行，满行24字。

撰书：陈道均撰，陈道坽书。

出土：原在旬阳县小河镇两河关村。

现藏：旬阳县城西门外洞儿碥。

著录：《安康碑石》《安康碑版钩沉》。

提要：记洪在位等人于旬阳县两河关捐资建义渡事。

唐廷诏墓志

全称：皇清赐进士出身敕授文林郎山西芮城县知县月轩唐公墓志铭。

年代：清道光十八年（1838）刻。

形制：共6石，尺寸相同。长0.64米，高0.32米，厚0.08米。

行字：册页式，共24页。盖文篆书7行，满行4字。志文楷书118行，满行16字。

撰书：陈官俊撰，申典常书，彭绳祖篆盖。

出土：1970年出土于旬邑县太村镇唐家村。

现藏：旬邑县唐家庄园博物馆。

著录：《咸阳碑刻》。

提要：唐廷诏，字凤书，号月轩，世居邠州三水县东乡绿野村。家世以耕读相承。父士芬，母第五氏。年十五入邑庠，后赴省垣，尝拔关中书院课首，嘉庆己卯（1819）中举，道光壬午（1822）登进士，以知县签掣山西，后补宁乡。壬辰（1832）调芮城，卒于任。生于乾隆六十年（1795）十月二十一日，卒于道光十八年九月初九日。元配王氏，继配邢氏。子二；孙男一，孙女二；曾孙女一。撰文陈官俊，赐进士出身经筵讲官工部尚书。书丹申典常，吏部候铨直隶分州。篆盖彭绳祖，壬辰举人，吏部拣铨知县。

重修圣母宫小引

年代：清道光十九年（1839）刻立。

形制：圆首。通高1.45米，宽0.66米，厚0.19米。

行字：正文楷书 11 行，满行 31 字。
现藏：陇县天成镇范家营村。
提要：记重修圣母宫事。

董尽吾德行碑

全称：乡饮耆介宾尽吾董老先生德行碑。
年代：清道光十九年（1839）刻立。
形制：螭首龟座。通高 4.36 米，宽 0.95 米，厚 0.28 米。
行字：正文楷书 9 行，满行字数不等。
撰书：樊中适书，董策贤题。
纹饰：碑额饰云鹤纹，碑身四周饰人物图案。
现藏：扶风县法门镇永安村。
提要：记董尽吾德行。

无量山祖师神钟碑记

年代：清道光十九年（1839）刻立。
形制：圆首方座。通高 1.90 米，宽 0.64 米，厚 0.12 米。
行字：额篆书"皇清"2 字。正文楷书 20 行，满行 33 字。
撰书：董希醇撰并书。
纹饰：碑额饰双麒麟图案，碑身四周饰富贵纹。
出土：此碑自立未移。
现藏：黄龙县石堡镇安善村无量山莲云寺。
提要：记建造碑楼及铸造神钟事。

重修三圣殿并创建瘟神庙碑记

全称：城内北街三圣会重修三圣殿并创建瘟神庙碑记。
年代：清道光十九年（1839）刻立。
形制：高 1.80 米，宽 0.71 米。
行字：正文楷书 19 行，满行 48 字。
撰书：陈景良撰并书。
纹饰：碑额饰花卉纹。

现藏：韩城市九郎庙巷民居中。
提要：记韩城城内北街三圣会道光十七年（1837）至十八年（1838）重修三圣殿及创建瘟神庙事。

*王景清墓志

年代：清道光十九年（1839）刻。
形制：共 5 石，尺寸相同。长 0.28 米，宽 0.14 米。
行字：册页式，共 17 页。盖文篆书 3 行，满行 4 字。志文楷书 189 行，满 20 字。
出土：出土时间、地点不详。
现藏：合阳县博物馆。
提要：记王景清生平。

寺东青龙泉碑记

年代：清道光十九年（1839）刻立。
形制：高 0.82 米，宽 0.52 米，厚 0.16 米。
行字：正文楷书 15 行，满行 26 字。
撰书：李炳蔚撰并书。
现藏：南郑县圣水寺文物管理所。
著录：《汉中碑石》。
提要：记圣水寺五眼龙泉，天旱不涸，每遇大旱，百姓祈雨辄灵验事。

六社布施碑

年代：清道光十九年（1839）刻立。
形制：圆首。通高 1.37 米，宽 0.64 米，厚 0.15 米。
行字：正文楷书，满行字数不详。
纹饰：碑额饰双龙图案，碑两侧饰云纹。
现藏：蒲城县尧山庙山门东石狮前。
著录：《尧山圣母庙与神社》。
提要：记清道光十九年六社布施人名及施银数。

创修关圣帝君庙文

年代：清道光十九年（1839）刻立。

形制：圆首。高 1.85 米，宽 0.70 米。

行字：正文楷书 18 行，满行 54 字。

撰书：严鉴源撰，严景福书，张笃庆篆额。

现藏：户县涝店镇涝下村。

著录：《户县碑刻》。

提要：记创修关圣帝君庙事。创修殿宇神龛戏楼山门，并塑圣像，历时半年竣工。撰文严鉴源，西安府儒学廪膳生员。书丹严景福，邑儒学增广生员。篆额张笃庆，户县训导。

善信助缘碑

年代：清道光十九年（1839）刻立。

形制：圆首。通高 1.78 米，宽 0.71 米，厚 0.24 米。

行字：正文楷书，满行字数不详。

纹饰：碑额饰云龙戏珠纹，碑身两侧饰蔓草纹。

现藏：蒲城县尧山庙前殿台基西侧。

著录：《尧山圣母庙与神社》。

提要：记捐资人姓名及施银数。

*刘墉书帖

年代：清道光十九年（1839）刻立。

形制：共 6 石，均高 0.30 米。前 5 石宽 1.04 米，另 1 石宽 0.72 米。

行字：正文行、楷、草三体，行字数不等。

撰书：刘墉书，杨振麟跋。

现藏：西安碑林博物馆。

著录：《西安碑林全集》。

备注：又名"心画初机"。

提要：刘墉书帖包括《心画初机自题》《楞伽阿跋多罗宝经序》《中隐堂诗并序》《自遣诗》《复愁十二首》等数种。

重修关帝庙碑

年代：清道光十九年（1839）刻立。

形制：圆首。高 2.26 米，宽 0.64 米，厚 0.13 米。

行字：正文楷书 14 行，行 55 字。

撰书：王焖书。

纹饰：碑额饰二龙戏珠图案，碑身两侧饰梅兰竹菊图案。

现藏：宝鸡市渭滨区高家镇。

提要：记重修关圣帝君庙事。

城隍庙会记事碑

年代：清道光十九年（1839）刻立。

形制：高 0.88 米，宽 0.54 米。

行字：正文楷书 10 行，满行 17 字。

现藏：商洛城隍庙。

提要：记任家村等地自康熙辛卯（1711）起，每年仲春迎州城隍行庙会事，捐款置办献冠、袍带等物，并附捐资人姓名。

李氏墓志

全称：节孝孺人李氏墓志铭。

年代：清道光十九年（1839）刻。

形制：志正方形。尺寸不详。

行字：志文楷书 28 行，满行 24 字。

撰书：赵继瞻撰，牛聚垣书。

出土：出土时间、地点不详。

现藏：商洛博物馆。

提要：记李氏生平。

何全福妻苏氏神道碑

全称：敕旌节孝何祖母苏孺人神道记。

年代：清道光十九年（1839）刻立。

形制：圆首圭额。通高 1.91 米，宽 0.70 米，厚 0.23 米。

行字：额楷书"圣旨"2 字。正文楷书 16 行，满行 43 字。

撰书：王应麟撰，何謩书。

纹饰：碑额饰龙凤纹。

现藏：咸阳市乾陵懿德太子墓石刻展廊内。

提要：记何全福妻苏氏苦节养育儿孙而获旌表事。

*雷育芝摩崖题诗并序

年代：清道光十九年（1839）刻。

形制：高 0.28 米，宽 0.60 米。

行字：正文隶书 6 行，满行 7 字。

现藏：药王山博物馆。

提要：雷育芝为关帝庙关平牵马摩崖所作诗。

*整修黄帝陵庙告成碑

年代：清道光二十年（1840）刻立。

形制：圆首方座。通高 2.04 米，宽 0.64 米，厚 0.11 米。

行字：正文楷书 10 行，满行 22 字。

纹饰：碑额饰富贵不断头纹，碑身四周饰缠枝花纹。

现藏：黄帝陵轩辕庙碑廊。

著录：《延安市文物志》《黄陵文典·文物卷》《黄帝陵碑刻》。

提要：记程鸾台任中部县知县期间，历时三年整修黄帝陵庙，道光庚子竣工。

姜嫄圣母布施修理记

年代：清道光二十年（1840）刻立。

形制：螭首方座。高 2.30 米，宽 0.75 米。

行字：正文楷书 30 行，满行 44 字。

撰书：王文德撰并书。

现藏：岐山县周公庙管理处。

提要：记四方善信自道光十三年（1833）始，

捐资修建功阁一楼、三亭、一石路洪钟、一贲鼓、二铁旗杆、二醮炉、二祭器等。

环山抱水

年代：清道光二十年（1840）刻立。

形制：尺寸不详。

行字：正文楷书"环山抱水"4 字。

撰书：刘元凤书。

现藏：吴堡县旧城南一里。

著录：《吴堡山文史资料》（第六辑）。

备注：刘元凤，山西洪洞县人，善书，清道光二十年任吴堡县令。

逝者如斯

年代：清道光二十年（1840）刻立。

形制：尺寸不详。

行字：正文草书"逝者如斯"4 字。

撰书：刘元凤书。

现藏：吴堡县旧城南一里。

著录：《吴堡文史资料》（第六辑）。

备注：刘元凤，山西洪洞县人，善书，清道光二十年任吴堡县令。

重修镇江楼碑记

年代：清道光二十年（1840）刻立。

形制：圆首。高 1.46 米，宽 0.64 米。

行字：正文楷书 17 行，满行 32 字。

撰书：邓国典撰并书。

纹饰：碑额饰双龙图案。

现藏：洋县龙亭镇镇江庵。

提要：记洋县龙亭镇名楼——镇江楼重修事。

*胡超武侯祠题诗碑

年代：清道光二十年（1840）刻立。

形制：螭首方座。通高 2.85 米，宽 0.77 米，厚 0.11 米。

行字：正文楷书 6 行，满行 12 字。

撰书：胡超撰并书。

现藏：勉县武侯祠博物馆。

提要：胡超谒留武侯祠题诗。

联保甲以弭盗贼

年代：清道光二十年（1840）刻立。

形制：圆首。高 1.12 米，宽 0.54 米，厚 0.12 米。

行字：额楷书"皇清"2 字。正文楷书 10 行，满行 28 字。

纹饰：碑额饰双龙图案。

现藏：洋县智果寺文物管理所。

著录：《汉中碑石》。

提要：记清道光二十年，当地盗贼猖獗，公议联合防御事。

*胡超张良庙题诗碑

年代：清道光二十年（1840）刻立。

形制：圆首方座。通高 2.35 米，宽 0.95 米，厚 0.18 米。

行字：正文行楷 7 行，满行 12 字。

撰书：胡超撰并书。

纹饰：碑额饰二龙戏珠图案，碑身四周饰回纹。

现藏：留坝县张良庙文物管理所。

著录：《张良庙匾联石刻诗文集注》《张良胜迹诗词选》。

提要：赞颂张良伟绩高风。胡超，四川长寿人，嘉庆间以镇压川楚白莲教起家，官终陕甘总督。

重修镇江楼落成碑记

年代：清道光二十年（1840）刻立。

形制：圆首。高 1.65 米，宽 0.65 米。

行字：正文楷书 20 行，满行 52 字。

撰书：闫楷撰，杨景濂书。

纹饰：碑额饰双龙云纹。

现藏：洋县龙亭镇镇江庵。

提要：记重修镇江楼事。

复新紫云宫目次序

年代：清道光二十年（1840）刻立。

形制：圆首。高 1.24 米，宽 0.90 米，厚 0.16 米。

行字：额楷书"永垂千古"4 字。正文楷书 15 行，满行 31 字。

撰书：通相、通乘撰。

纹饰：碑额饰二龙戏珠图案，碑身两侧饰回纹，碑座饰镂空凤凰戏牡丹图案。

现藏：略阳县江神庙民俗博物馆。

提要：记清道光二十年为复新紫云宫，船帮会首及会员捐赠事。

千手千眼佛祖买地碑记

年代：清道光二十年（1840）刻立。

形制：高 1.10 米，宽 0.85 米，厚 0.07 米。

行字：正文楷书 11 行，满行 19 字。

现藏：澄城县赵庄镇北寺村。

提要：记载澄城县信士为千手千眼佛买地之事。

重修关圣帝君庙碑记

年代：清道光二十年（1840）刻立。

形制：圆首。高 2.09 米，宽 0.78 米，厚 0.20 米。

行字：额楷书"皇清"2 字。正文楷书 13 行，满行 62 字。

撰书：雒问明撰，雒三魁书。

纹饰：四周饰曲回纹。

现藏：户县渭丰乡真守村南堡。

著录：《户县碑刻》。

提要：记清道光十九年（1839），李相满、李丕承、雒德凝等倡修关圣帝君庙事。

王梦贲母谭氏墓志

全称：皇清例封安人王母谭太安人墓志铭。

年代：清道光二十年（1840）刻。

形制：共 4 石，尺寸相同。长 0.67 米，宽 0.32 米，厚 0.07 米。

行字：册页式。盖文篆书 4 行，满行 4 字，题"皇清例封安人王母谭太安人墓志铭"。志文楷书 76 行，满行 17 字。

撰书：路德撰，谭凤朝书，任葆贞篆盖。

出土：1990 年出土于户县光明乡崔村。

现藏：户县文物管理委员会。

著录：《户县碑刻》。

提要：谭氏，王斌生继配。道光四年（1824），里人联名举节，得敕建坊旌表，又以季男殿臣旋举孝廉例封安人。生男四，女三；孙男十；曾孙五。撰文路德，赐进士出身，翰林院庶吉士；户部湖广清吏司兼河南司主事，管理捐纳房军机处行走方略馆协修。书丹谭凤朝，吏部候铨儒学训导。篆盖任葆贞，庚子恩科举人，吏部候铨知县。

磨渠河词案碑

全称：户县焦将磨渠河永不得灌旱地词案碑记。

年代：清道光二十年（1840）刻立。

形制：圆首。通高 1.65 米，宽 0.66 米，厚 0.13 米。

行字：额楷书 1 行 4 字，题"水利碑记"。正文楷书 17 行，满行 50 字。

撰书：郑光策撰并书。

现藏：户县庞光镇东焦蒋村。

著录：《户县碑刻》。

备注：碑石左下角残缺。

提要：嘉庆二十三年（1818），户县焦将堡居民邢辅勋等与二府堡崔有积等互争水利；道光二十年，太平口东场居民杨世孔等与焦将堡邢辅烈等又争；是年又有二府堡居民全泰、重云寺僧人真新、李家庄居民赵玉洁等违例引水。历次互争水利事，县主俱照旧章判定二府堡马家河所分水二分，只许灌溉稻田，永不得灌旱。违者照律发落。

*储恩拔墓碑

年代：清道光二十年（1840）刻立。

形制：圆首。高 1.60 米，宽 0.64 米。

行字：正文楷书 12 行，满行 37 字。

现藏：镇安县结子乡木园村。

提要：记储恩拔于乾隆四十年（1775）由安徽潜山迁入镇安后，开荒务农，遂成小富，嘉庆间率乡勇 500 人维持地方治安，并出谷 300 石救济灾民等事。

*王节妇碑

年代：清道光二十年（1840）刻立。

形制：方首。高 1.53 米，宽 0.78 米。

撰书：张补山撰并书。

现藏：白河县前坡乡。

著录：《安康碑版钩沉》。

提要：记节妇刘氏，白河县武庠生步武女，年十六归同邑王贤义。嘉庆年间，贤义团练乡勇，抵抗白莲教匪，捍卫井里，因劳婴疾而卒后，刘氏揸挂家政之事。刘生于乾隆戊子（1768），卒于道光庚子（1840）。

重修水莲洞碑

年代：清道光二十年（1840）刻立。

形制：高 0.76 米，宽 0.57 米。

行字：正文楷书 10 行，满行 17 字。

撰书：刘思聪撰。

纹饰：两侧饰花卉纹。

现藏：宝鸡市渭滨区石鼓镇天台山玄王洞。

提要：记重修水莲洞事。

*胡超马嵬有感诗碣

年代：清道光二十年（1840）刻立。

形制：高 0.44 米，宽 1.18 米，厚 0.09 米。

行字：正文行书 30 行，满行 11 字。

撰书：胡超撰并书。

现藏：兴平市杨贵妃墓博物馆。

提要：碑为清道光庚子年（1840）冬胡超过马嵬赋诗八首。

*三台寺禁匪害护庙产告示碑

年代：清道光二十年（1840）刻立。

形制：圆首方座。高 2.10 米，宽 0.73 米。

行字：正文楷书 15 行，满行 40 字。

纹饰：碑额饰二龙戏珠图案。

现藏：平利县女娲山乡七里村三台寺旧址。

著录：《安康碑石》《安康碑版钩沉》。

提要：为防游僧野道扰乱清规，恶佃强邻欺凌侵削，故合行出示严禁告示。开列规条七条。

重修会龙寺碑记

年代：清道光二十年（1840）刻立。

形制：圆首。高 1.90 米，宽 0.89 米。

行字：正文楷书 24 行，满行 44 字。

撰书：郭世美撰并书。

现藏：镇安县高峰镇龙科村。

提要：记复修会龙寺事。

重修云盖寺高庙碑记

年代：清道光二十年（1840）刻立。

形制：高 1.40 米，宽 0.82 米。

行字：正文楷书 20 行，满行 30 字。

撰书：胡启祥撰，胡宗琦书。

现藏：镇安县云镇高林寺。

提要：记云盖寺自唐后沿革及高庙由药王洞改建等事。

重修火神庙碑记

年代：清道光二十一年（1841）刻立。

形制：圆首方座。通高 1.92 米，宽 0.63 米，厚 0.20 米。

行字：正文楷书 7 行，满行 28 字。

纹饰：碑额饰二龙戏珠图案，碑身四周饰蔓草纹，碑座正面饰莲花纹。

现藏：陇县曹家湾镇咸宜关村火神庙。

提要：记火神庙规模与重修事。

重修观音庙碑记

年代：清道光二十一年（1841）刻立。

形制：圆首方座。高 1.00 米，宽 0.60 米，厚 0.09 米。

行字：正文楷书 10 行，共 400 余字。

纹饰：两边饰龙纹。

现藏：富县交道镇曹家庙村。

提要：记清道光年间重修观音庙事。

重修观井寺并增修庙宇院墙碑记

年代：清道光二十一年（1841）刻立。

形制：高 1.64 米，宽 0.80 米，厚 0.11 米。

行字：正文楷书 18 行，满行 37 字。

撰书：刘凤朝撰，李常馨、刘家瑞书。

纹饰：四周饰圆纹、万字纹。

现藏：佳县朱家圪乡观井村。

备注：碑断为两截，部分字剥蚀不清。

提要：记重修观井寺诸庙及院墙等事。

记地经税碑

年代：清道光二十一年（1841）刻立。

形制：圆首。通高 1.61 米，宽 0.65 米，厚 0.10 米。

行字：正文楷书 16 行，满行 25 字。

撰书：孙一善撰，陈舜选书。

纹饰：四周饰赤猴图案。

现藏：白水县仓颉庙内。

提要：记庙地经税情况。

雕阴古郡

年代：清道光二十一年（1841）刻立。

形制：高 0.54 米，宽 1.20 米，厚 0.05 米。

行字：正文隶书 1 行 4 字。

撰书：江士松书。

出土：1988 年出土于绥德县图书馆。

现藏：绥德县博物馆。

备注：断为两截。

提要：上款"道光二十一年四月重立"，下款"知州事江士松书"。

房体文墓志

全称：待赠大耆宾成德房公墓志。

年代：清道光二十一年（1841）刻。

形制：志正方形。边长 0.55 米，厚 0.06 米。

行字：志文楷书 23 行，满行 22 字。

出土：1990 年出土于洛川县槐柏镇武石村。

现藏：洛川县博物馆。

备注：左下角残缺，盖佚。

提要：记房体文生平。

重修蝉耳山弦蒲寺叙文

年代：清道光二十一年（1841）刻立。

形制：高 1.20 米，宽 0.57 米，厚 0.17 米。

行字：正文楷书 9 行，满行 30—39 字不等。

撰书：张定序撰，闻定邦书。

纹饰：四周饰蔓草纹。

现藏：陇县天成乡铁佛寺村。

提要：记清道光二十一年四月重修蝉耳山弦蒲寺事。

*孙君德行碑

年代：清道光二十一年（1841）刻立。

形制：圆首方座。通高 1.34 米，宽 0.55 米，厚 0.10 米。

行字：额篆书"皇清"2 字。正文楷书 6 行，共 75 字。

纹饰：两侧饰龙凤纹。

现藏：蒲城县三合乡碨山村。

重修文武楼照壁碑记

年代：清道光二十一年（1841）刻立。

形制：圆首方座。通高 2.16 米，宽 0.63 米，厚 0.07 米。

行字：额楷书"碑记"2 字。正文楷书 18 行，满行 32 字。

撰书：黄勋撰，康际泰书。

纹饰：四周饰几何纹及缠枝卷叶纹。

现藏：绥德县名州镇七里铺村蕲王庙。

著录：《榆林碑石》。

备注：刻于《创建宋蕲王韩忠武祠宇碑记》之碑阴。碑石下部剥蚀严重，文字漫漶。

提要：记载文武楼庙前照壁创自乾隆壬午
（1762），嘉庆年间重修之事。

捐修玉泉书院碑记

年代：清道光二十一年（1841）刻立。

形制：圆首。通高 2.59 米，宽 0.74 米，厚
0.10 米。

行字：额楷书 2 行，满行 4 字，题"捐修玉
泉书院碑记"。正文楷书 13 行，满行
58 字。

撰书：张筬撰，马方义书。

纹饰：碑额饰寿字图，两侧饰龙纹。

出土：原存澄城县玉泉书院旧址，1982 年迁
入乐楼文物管理所。

现藏：澄城县乐楼文物管理所。

著录：《澄城碑石》。

提要：玉泉书院在澄城文庙之左，乾隆三十
一年（1766）知县额乐春创建，原置
地二十二亩，乾隆四十四年（1779）
知县戴治捐置地三百八十亩七分。至
道光二十年（1840），书院屋宇多倾
坦，木植朽蚀。邑太学生连岷泉捐资
银四千五百两重修。撰文张筬，赐进
士出身，时任澄城知县。书丹马方义，
邑儒学优行增生。

蔡氏谱系碑

年代：清道光二十一年（1841）刻立。

形制：圆首。高 1.23 米，宽 0.51 米，厚
0.11 米。

行字：正文楷书 16 行，满行 46 字。

撰书：蔡芹撰并书。

纹饰：碑额饰双龙纹，碑身四周饰波浪纹。

现藏：洋县蔡伦墓祠文物管理所。

提要：记蔡伦后裔家族世系。

重修五佛殿碑记

年代：清道光二十一年（1841）刻立。

形制：圆首方座。高 1.30 米，宽 0.56 米。

行字：正文楷书 19 行，满行 30 字。

撰书：李正宗撰，张士选书。

纹饰：碑额饰双龙戏珠纹。

现藏：洋县安岭镇五佛庵。

提要：记张全修、张士彦父子两代历十年重
修五佛殿事。

捐建玉泉书院膏火碑记

年代：清道光二十一年（1841）刻立。

形制：圆首。通高 1.85 米，宽 0.78 米，厚
0.17 米。

出土：原存澄城县玉泉书院旧址，1982 年迁
入乐楼文物管理所。

现藏：澄城县乐楼文物管理所。

提要：记载乡人捐资修缮澄城县玉泉书院
之事。

重修墩台记

年代：清道光二十一年（1841）刻立。

形制：正方形。边长 0.28 米。

行字：正文楷书 9 行，行 18—20 字不等。

撰书：阎汝金撰并书。

现藏：户县大王镇凿齿村。

著录：《户县碑刻》。

备注：碑文有磨损。

提要：记重修户县凿齿村村东南墩台及为护
卫村墟而于墩台上更建奎星阁事。

*郭均临九成宫醴泉铭

年代：清道光二十一年（1841）刻立。

形制：共 6 石，尺寸相同。高 0.32 米，宽
1.07 米。

行字：正文楷书 131 行，满行 7 字。

撰书：郭均书，任元吉刻。

现藏：韩城市博物馆。

备注：共 6 石，缺 1 石。

南五社恒德会重建戏台捐金碑记

年代：清道光二十一年（1841）刻立。

形制：高 1.30 米，宽 0.58 米，厚 0.13 米。

行字：正文楷书 3 行，满行字数不等。

现藏：韩城市博物馆。

提要：记南五社恒德会重建戏台捐款金额及
　　　时间。

员汝舟墓志

全称：皇清乡饮介宾庠生涣若员公墓志铭。

年代：清道光二十一年（1841）刻。

形制：志长 0.56 米，宽 0.44 米。

行字：志文行楷 25 行，满行 16 字。

撰书：员生春撰并篆盖，王化蒸书。

出土：1974 年出土于华阴县上洼村。

现藏：西安碑林博物馆。

著录：《华山碑石》。

备注：字迹剥蚀严重。

提要：员汝舟，字涣若，世居华阴永宁堡。
　　　兄弟三人，行二。迫于家计弃儒从商，
　　　资累钜万。道光戊子（1828）邑乡饮
　　　酒礼为介宾。元配李氏，继配孟氏。
　　　子三，女三；孙男一，孙女四。生于
　　　乾隆二十三年（1758）十二月初三日，
　　　卒于道光二十一年八月二十日。撰文
　　　员生春，辛卯恩科举人，吏部候铨知
　　　县。书丹王化蒸，丁酉拔贡，吏部候
　　　铨直隶州州判。

柯道敦暨妻蔡氏合葬墓碑

全称：故显考柯公道敦大人显妣柯母蔡老孺

人之墓。

年代：清道光二十一年（1841）刻立。

形制：高 1.30 米，宽 0.63 米。

行字：正文楷书 9 行，满行 30 字。

撰书：明昌泰撰并书。

现藏：镇安县铁厂镇黄龙铺。

提要：记柯道敦原系武昌大冶县宣化乡人，
　　　迁镇安后兴家抚子等事。

包家河严禁匪类以靖地方碑

年代：清道光二十一年（1841）刻立。

形制：圭首。高 1.03 米，宽 0.70 米。

行字：额题"功归淳良"4 字。正文楷书，
　　　行字数不详。

现藏：安康市汉滨区包河乡政府。

著录：《安康碑版钩沉》。

备注：碑文下部漫漶。

提要：记包家河后牌严禁匪类以靖地方之事，
　　　并议十条开列于后。

重修马嵬坡唐杨贵妃墓堂碑记

年代：清道光二十一年（1841）刻立。

形制：圆首方座。高 1.67 米，宽 0.59 米，
　　　厚 0.17 米。

行字：额楷书"皇清"2 字。正文楷书 10
　　　行，满行 30 字。

撰书：李梦愚撰并书。

纹饰：碑额饰龙凤图案，碑身四周饰云纹。

现藏：兴平市杨贵妃墓博物馆。

提要：记清道光二十一年兴平知县李梦愚等
　　　官员捐俸修建贵妃墓事。

*张拱枢题诗

年代：清道光二十一年（1841）刻立。

形制：高 0.20 米，宽 0.63 米。

行字：正文行书 16 行，满行 7 字。

撰书：张拱枢撰并书。

现藏：药王山博物馆。

提要：记张拱枢为关帝庙关平牵马摩崖所题诗。

重修五峰书院并添修试院记

年代：清道光二十二年（1842）刻立。

形制：螭首方座。高 2.15 米，宽 0.69 米，厚 0.22 米。

行字：正文楷书 9 行，满行 50 字。

撰书：孙世藻撰，容恬书。

纹饰：碑阳四周饰蟠螭纹。碑阴额饰二龙戏珠图案，碑身四周饰蔓草纹。

现藏：陇县西大街小学院内。

提要：记五峰书院创建年代、沿革、规模及添修五峰书院经过等。

周先贤燕子墓碑

年代：清道光二十二年（1842）刻立。

形制：高 1.51 米，宽 0.59 米，厚 0.21 米。

行字：正文楷书 1 行 6 字。

撰书：罗日壁书。

纹饰：四周饰人物、花草图案。

现藏：千阳县水沟镇水沟村燕伋墓地。

提要：碑身正中大字"周先贤燕子墓"，落款"诰授奉直大夫知千阳事罗日壁敬题。"

重修金台观文昌洞朝阳洞暨新开吕祖洞碑记

年代：清道光二十二年（1842）刻立。

形制：圆首龟座。通高 3.08 米，宽 0.74 米，厚 0.22 米。

行字：额篆书"皇清"2 字。正文楷书 16

行，满行 35 字。

撰书：周瀍撰，冯光效书，姚吉庆刻。

纹饰：碑额饰二龙戏珠图案，下为双犀拱寿图。碑身两侧饰八仙人物和牡丹花卉图案，内饰"方"字框。

现藏：宝鸡市金台观。

备注：2008 年汶川地震时碎为 3 块。

提要：记重修金台观文昌洞、朝阳洞暨新建吕祖洞事。

*修筑沔县城垣河堤碑

年代：清道光二十二年（1842）刻立。

形制：圆首方座。通高 1.79 米，宽 0.87 米，厚 0.19 米。

行字：正文楷书 15 行，满行 46 字。

撰书：朱清标撰并书。

纹饰：四周饰雷纹。

出土：原立于沔县老城西门内。

现藏：勉县武侯祠博物馆。

著录：《汉中碑石》。

提要：记清道光二十二年修筑沔县城垣江堤事。撰书朱清标，汉中府沔县知事，盐官。

永古不易

年代：清道光二十二年（1842）刻立。

形制：高 0.90 米，宽 0.50 米。

行字：正文楷书 11 行，满行 18 字。

现藏：城固县五门堰文物管理所。

提要：警示后人严禁赌博。

*张凤仪墓志

年代：清道光二十二年（1842）刻。

形制：圆首。高 2.50 米，宽 1.00 米，厚 0.40 米。

行字：额楷书"圣旨"2字。志文楷书29行，满行70字。

撰书：世方蔼撰并书。

纹饰：碑额饰二龙戏珠图案。

出土：出土时间、地点不详。

现藏：澄城县安里镇高槐村城隍庙。

提要：记张凤仪家族世系、生平。其曾任山东巡抚。

官庄里公议条规记

年代：清道光二十二年（1842）刻立。

形制：高0.70米，宽0.45米。

行字：正文楷书14行，每行45字。

现藏：合阳县博物馆。

提要：记清道光二十二年官庄里各家户开粮、定粮、开仓、交官粮日期及有关规定，并违规处罚办法。

补修药王洞座

年代：清道光二十二年（1842）刻立。

形制：高0.86米，宽0.45米。

行字：正文楷书27行，满行16字。

纹饰：四周饰回纹。

现藏：洋县祈子山。

提要：记补修洋县祈子山药王洞事。

重修合龙山庙宇碑记

年代：清道光二十二年（1842）刻立。

形制：螭首龟座。通高3.80米，宽0.79米，厚0.15米。

行字：正文楷书19行，满行55字。

撰书：高体信撰并书。

现藏：绥德县张家砭镇合龙山祖师庙。

著录：《榆林碑石》。

提要：合龙山庙宇为明万历间李无福创建，嘉庆十四年（1809）重修。道光二十

年，乡人李思兴、李存信、李文义等人兴工缮理。撰书高体信，郡庠生。守寺人李呈祥。

东岳庙重修关帝圣母祠碑

全称：东岳庙重修汉关圣大帝祠总祠圣母祠记。

年代：清道光二十二年（1842）刻立。

形制：高2.48米，宽0.76米，厚0.20米。

行字：正文楷书13行，满行54字。

撰书：雷五堃撰，马秉德书。

现藏：大荔县朝邑镇岱祠岑楼内。

提要：记东岳庙及重修事。

刘子厚墓志

全称：皇清太学生员子厚刘公安葬墓志铭。

年代：清道光二十二年（1842）刻。

形制：志正方形。边长0.64米，厚0.05米。

行字：志文楷书30行，满行34字。

撰书：吴廷璧撰，刘文渊书。

出土：出土时间、地点不详。

现藏：大荔县文物局。

著录：《大荔碑刻》。

提要：记刘子厚家世、生平。

金汤社明德会续德会移建东营殿宇记

年代：清道光二十二年（1842）刻立。

形制：高1.45米，宽0.70米。

行字：正文楷书20行，满行58字。

撰书：陈本纪篆额并书。

现藏：韩城市博物馆。

提要：记金汤社、明德会、续德会自道光十二年修建东营关帝庙事。

重修城隍庙碑记

年代：清道光二十二年（1842）刻立。

形制：螭首须弥座。通高 2.16 米，宽 0.80
米，厚 0.19 米。

行字：正文楷书 15 行，满行 46 字。

撰书：黎保泰撰，张体焕书，李庚阳篆额。

现藏：周至县佛坪厅故城文物管理所。

提要：记修建城隍庙事。

*谦卦碑

年代：清道光二十二年（1842）刻立。

形制：高 1.89 米，宽 0.88 米。

行字：正文隶书 9 行，满行 24 字。

撰书：江士松书，张元清刻。

现藏：西安碑林博物馆。

著录：《西安碑林全集》《咸宁长安两县续志》。

提要：碑文为《易经》之"谦卦"。

复修碑林记

年代：清道光二十二年（1842）刻立。

形制：圆首。高 2.24 米，宽 0.85 米。

行字：正文楷书 15 行，满行 50 字。

撰书：富呢杨阿撰，陶廷杰书。

现藏：西安碑林博物馆。

著录：《西安碑林全集》《咸宁长安两县续志》。

提要：记道光二十二年陕西巡抚富呢杨阿与
其同僚布政使陶廷杰、按察使朱士达
等复修碑林事。

*游华山诗并序

年代：清道光二十二年（1842）刻立。

形制：高 0.32 米，宽 0.96 米。

行字：正文行草 35 行，满行 15 字。

撰书：林则徐撰并书，刘安笃刻。

现藏：西安碑林博物馆。

著录：《西安碑林全集》。

提要：诗是林则徐被贬往新疆途经陕西时游
览华山而作七言古诗。

和林则徐游华山诗

全称：和林少穆先生游华岳之韵即题画后
并序。

年代：清道光二十二年（1842）刻立。

形制：高 0.30 米，宽 1.00 米。

行字：正文行草 40 行，满行 15 字。

撰书：李文瀚撰并书，刘安笃刻。

现藏：西安碑林博物馆。

著录：《西安碑林全集》《咸宁长安两县续志》。

提要：该和诗用林则徐游华山诗原韵，同时
还作《华岳图》一幅，林则徐在游华
山诗序中誉之为"词翰双美"。

重修龙宫碑记

年代：清道光二十二年（1842）刻立。

形制：高 1.20 米，宽 0.80 米。

行字：正文楷书 12 行，满行 38 字。

撰书：梁擂易撰并书。

现藏：丹凤县博物馆。

提要：记增修四龙宫事。

梁氏墓表

全称：皇清旌表节孝唐母梁太宜人墓表。

年代：清道光二十二年（1842）刻立。

形制：方首。高 1.20 米，宽 0.75 米。

行字：正文楷书 1 行 14 字。

撰书：杨家坤撰，赵如玉书。

现藏：紫阳县牌楼乡百福村。

著录：《安康碑版钩沉》。

提要：记梁氏生平事迹，文中涉及嘉庆二年
（1797）白莲教匪占据川陕通道紫阳
任河事。

*紫阳县严禁匪徒乘机抢取客货告示碑

年代：清道光二十二年（1842）刻立。

形制：方首。高 1.35 米，宽 0.60 米。

行字：额楷书"德政流芳"4 字。正文楷书 11 行。

现藏：紫阳县汉王城泗王庙西厢房壁上。

著录：《安康碑石》《安康碑版钩沉》。

备注：碑下部磨勒严重，行字数不可计。

提要：记紫阳县知县严禁匪徒乘机抢取客货以便商旅事。

*许丽京题诗并序

年代：清道光二十二年（1842）刻立。

形制：高 0.28 米，宽 0.49 米。

行字：正文行书 16 行，满行 14 字。

撰书：许丽京撰并书。

现藏：药王山博物馆。

著录：《药王山碑刻》《陕西药王山碑刻艺术总集》。

提要：许丽京为关帝庙关平牵马摩崖所作诗。

创修山神庙碑

年代：清道光二十二年（1842）刻立。

形制：圆首方座。高 1.10 米，宽 0.56 米，厚 0.10 米。

行字：额楷书"皇清"2 字。正文楷书 8 行，满行 11 字。

纹饰：四周饰云纹。

现藏：黄龙县范家卓子乡曹家山村。

著录：《新编黄龙县志》。

提要：记曹家山人修山神庙事及布施情况。

旌表处士赵建业之妻韩氏神道碑

年代：清道光二十三年（1843）刻立。

形制：圆首。高 1.65 米，宽 0.67 米，厚 0.20 米。

行字：正文楷书 1 行 14 字。

纹饰：碑额饰二龙戏珠图案，碑身四周饰蔓草忍冬纹及文房四宝图案。

现藏：陇县杜阳镇上凉泉村。

提要：记载赵建业妻韩氏之淑行。

东岳帝君垂训

年代：清道光二十三年（1843）刻立。

形制：高 0.56 米，宽 0.74 米。

行字：正文楷书 17 行，满行 20 字。

现藏：米脂县十里铺乡宫庄村东岳帝君庙。

著录：《榆林碑石》。

备注：碑面左部有剥落。

提要：东岳帝君教化世人行事要有分寸，适度而为。更要牢记行善积德，修身养性，切勿为乱作恶。

张立位暨妻孙氏墓碑

全称：皇明赠龙虎将军左卫副总兵张公讳立位孙夫人墓碑。

年代：清道光二十三年（1843）刻立。

形制：圆首方座。高 1.57 米，宽 0.70 米。

行字：正文楷书 5 行，满行字数不等。

现藏：府谷县文庙。

提要：张立位后裔为其父母所立墓碑。

洗肠泉刻石

年代：清道光二十三年（1843）刻立。

形制：高 0.70 米，宽 0.31 米。

行字：正文楷书 30 行，满行 15 字。

撰书：张钱撰，党立珍刻。

现藏：澄城县城关镇西河村二组。

备注：字迹漫漶不清。

*佛爷崖石碑

年代： 清道光二十三年（1843）刻立。

形制： 圆首。高 0.99 米，宽 0.65 米。

行字： 正文楷书 13 行，满行 31 字。

撰书： 弓远芳撰，高大川书。

纹饰： 碑额饰二龙戏珠图案。

现藏： 陇县固关镇上岔村。

提要： 记佛爷崖菩萨殿建修事由、四至范围及捐地、捐款人姓名。

修生里纳粮条规碑

全称： 修生里南议定催征开粮开仓完粮规则碑。

年代： 清道光二十三年（1843）刻立。

形制： 高 1.10 米，宽 0.40 米。

行字： 正文楷书 13 行，满行 40 字。

撰书： 雷遇广撰并书。

现藏： 合阳县博物馆。

提要： 记该地于清道光二十三年所定纳粮规定、日期及违规处罚办法。

*感谢神灵碑

年代： 清道光二十三年（1843）刻立。

形制： 平首方座。高 1.82 米，宽 0.84 米，厚 0.10 米。

行字： 正文隶书 6 行，满行 13 字。

出土： 原在勉县褒城镇，2000 年入藏勉县武侯祠博物馆。

现藏： 勉县武侯祠博物馆。

提要： 记清道光癸卯年（1843）蜀地学子一行进京赶考，行至褒城遇雨受阻无法前行，于是祈求神灵保佑，后雨果停，方到京应试，为官后感恩神灵，立碑答谢。

文延师兄功果赞并遗嘱条规碑

年代： 清道光二十三年（1843）刻立。

形制： 圆首。高 0.96 米，宽 0.50 米。

行字： 正文楷书 14 行，满行 29 字。

现藏： 城固县洞阳宫。

提要： 记文延主持振兴洞阳宫功德，并重申庙规。

*重修佛殿并两廊山门二门钟楼碑记

年代： 清道光二十三年（1843）刻立。

形制： 高 0.72 米，宽 0.63 米。

行字： 正文楷书 18 行，满行 25 字。

现藏： 洋县谢村镇良马寺。

提要： 记洋县西区良马寺道光十五年（1835）、道光二十三年被水淹，会首重修庙宇事。

同文宴碑记

年代： 清道光二十三年（1843）刻立。

形制： 高 1.73 米，宽 0.72 米。

行字： 正文楷书 12 行，满行 64 字。

现藏： 合阳县博物馆。

提要： 记同文宴创建时间、人数及规章制度。

张元顺墓碑

全称： 本台掌院冲虚元顺张真人墓。

年代： 清道光二十三年（1843）刻立。

形制： 圆首方座。高 1.32 米，宽 0.50 米，厚 0.18 米。

行字： 额楷书"皇清"2 字。正文楷书 1 行 12 字。

撰书： 吴明亮题。

纹饰： 四周饰花草纹。

现藏： 周至县古楼观丛林院。

著录：《楼观台道教碑石》。

提要：记张真人生平。

*嘉令恤典碑

年代：清道光二十三年（1843）刻立。

形制：高 2.69 米，宽 0.99 米，厚 0.24 米。

行字：正文楷书 12 行，满行 40 字。

出土：原在蒲城县尧小祠堂。

现藏：蒲城县王鼎纪念馆。

提要：记朝廷对王鼎的褒扬和抚恤。

*谕赐碑文

年代：清道光二十三年（1843）刻立。

形制：高 2.72 米，宽 0.95 米，厚 0.25 米。

行字：正文楷书 13 行，满行 43 字。

出土：原在蒲城县尧小祠堂。

现藏：蒲城县王鼎纪念馆。

备注：碑身断裂。

提要：刊道光帝祭王鼎文。

*三社庙化地碑

年代：清道光二十三年（1843）刻立。

形制：高 0.64 米，宽 0.33 米。

行字：正文楷书 24 行，满行 14 字。

现藏：户县牛东乡谷子硙村。

著录：《户县碑刻》。

提要：三社大庙旧墙倾颓，道光十五年（1835）住持邓合魁为修西墙，恳请王玉管舍地基二分，每年认粮一升。

入祠祭文

年代：清道光二十三年（1843）刻立。

形制：高 2.71 米，宽 1.00 米，厚 0.23 米。

出土：原在蒲城县尧小祠堂。

现藏：蒲城县王鼎纪念馆。

备注：碑首佚，碑身下角断裂。

提要：记对王鼎的褒扬及丧仪。

重修临潼县城碑记

年代：清道光二十三年（1843）刻立。

形制：碑残损。残高 0.80 米，宽 0.82 米，厚 0.24 米。

行字：正文楷书 17 行，满行 20 字。

出土：原在西安市临潼区华清小学，2007年入藏西安市临潼博物馆。

现藏：西安市临潼博物馆。

备注：碑下半部阙失。

提要：记清道光二十年（1840），时任县令贾芳林重修临潼县城事。

吉喜富暨妻张氏合葬墓志

全称：皇清恩赐寿帛字丰亭吉府君暨德配孺人张太君合葬墓志铭。

年代：清道光二十三年（1843）刻。

形制：志正方形。边长 0.52 米，厚 0.10 米。

行字：盖文篆书 3 行，满行 9 字。志文楷书 35 行，满行 26 字。

撰书：吉经典撰，高连科书，张连升篆盖。

出土：出土时间、地点不详。

现藏：韩城市博物馆。

提要：记吉喜富及张氏生平。

圣母庙并山门墙垣增修碑记

年代：清道光二十三年（1843）刻立。

形制：碑残损。残高 1.51 米，宽 0.69 米。

行字：正文楷书 12 行，满行 6 字。

撰书：李荫街书。

纹饰：碑额饰龙纹，碑身两侧饰回纹。

现藏：蒲城县博物馆。

提要：记圣母庙行宫由明嘉靖至清康熙、乾
隆间数次重修，至道光二十三年倾颓，
六社重修山门墙垣。

*陶廷杰书对联

年代：清道光二十三年（1843）刻立。

形制：高 1.75 米，宽 0.88 米。

行字：正文楷书 2 行，满行 5 字。

撰书：陶廷杰书。

现藏：西安碑林博物馆。

著录：《西安碑林全集》《咸宁长安两县续志》。

提要：联曰："习勤朝运甓，省过夜焚香。"

*陶廷杰书格言

年代：清道光二十三年（1843）刻立。

形制：两面刻，高 0.94 米，宽 0.64 米。

行字：正文行书 12 行，满行 11 字。

撰书：陶廷杰书。

现藏：西安碑林博物馆。

著录：《西安碑林全集》《咸宁长安两县续志》。

备注：碑身有多处断裂。

提要：格言四则，一曰："德业常看胜于我
者，则愧耻自增；境遇须看不如我者，
则怨尤自寡。"二曰："处兄弟骨肉之
变，宜从容不宜激烈；遇朋友交游之
失，宜刚切不宜含糊。"三曰："人之
谤我也，与其能辩，不如能容；人之
侮我也，与其能防，不如能化。"四
曰："攻人之恶毋太严，要思其堪受；
教人之善毋过高，当使其可从。"

闫家庵火星庙碑

年代：清道光二十三年（1843）刻立。

形制：螭首方座。通高 3.08 米，宽 0.70 米，
厚 0.22 米。

行字：正文楷书 10 行，满行 57 字。

撰书：李芬撰并书。

纹饰：四周饰蔓草纹，碑座正面饰莲花图案。

现藏：千阳县河家坳乡闫家庵村火星庙。

提要：记火星庙沿革、兴盛及重修事由。

*池福源墓碑

年代：清道光二十三年（1843）刻立。

形制：方首。高 1.91 米，宽 0.62 米，厚
0.17 米。

行字：正文楷书 10 行，满行 39 字。

撰书：张绩撰，焦上□书。

纹饰：碑额饰二龙戏珠图案，碑身四周饰花
草纹。

现藏：彬县南玉子乡高渠村。

提要：记池福源生平。

陈振明墓碑

全称：故洪恩先考陈公官讳振明老大人之墓。

年代：清道光二十三年（1843）刻立。

形制：高 1.60 米，宽 0.75 米。

行字：正文楷书 8 行，满行 38 字。

现藏：镇安县西乡镇黑沟村。

提要：记陈振明一家于乾隆年间由江南安庆
府怀宁县大雄山尧年乡迁镇安入籍
安家事。

马天应妻刘氏贞节碑

全称：处士马公讳天应之妻刘氏贞节碑。

年代：清道光二十三年（1843）刻立。

形制：高 1.58 米，宽 0.63 米。

行字：正文楷书 10 行，满行 35 字。

撰书：王道南撰并书。

现藏：洛南县马家湾村。

提要：记马天应妻刘氏事亲抚子、艰苦持
家事。

陈振扬墓碑

全称： 故洪恩陈公振扬老大人之墓。

年代： 清道光二十三年（1843）刻立。

形制： 高 1.45 米，宽 0.63 米。

行字： 正文楷书 11 行，满行 26 字。

现藏： 镇安县西乡镇黑沟村。

提要： 记陈振扬祖籍江南怀宁县，全家于清初迁陕西商州旬阳县，后代由旬阳迁入镇安过程。

洛南县革除杂差碑

年代： 清道光二十三年（1843）刻立。

形制： 高 1.92 米，宽 0.73 米。

行字： 正文楷书 20 行，满行 52 字。

现藏： 洛南县博物馆。

提要： 记洛南县 36 保同请经县上允许，革除草席、板铁、木材、木炭、春牛、禁卒、土食以及修仓库等差役事。

赵温惠墓碑

全称： 显妣例赠孺人张门赵氏温惠墓。

年代： 清道光二十四年（1844）刻立。

形制： 圆首。高 1.34 米，宽 0.55 米，厚 0.13 米。

行字： 正文楷书 9 行，满行 42 字。

纹饰： 碑额饰二龙戏珠图案，碑身四周饰蔓草花卉纹。

现藏： 陇县固关镇唐家河村。

提要： 记述赵氏生平及逃难度荒、抚养子女等情由。

*张学海暨妻李氏雷氏合葬墓志

全称： 皇清大监元国子监大学生乡饮僎宾万川张公暨配李孺人雷孺人合葬墓志铭。

年代： 清道光二十四年（1844）刻立。

形制： 志正方形。边长 0.63 米。

行字： 志文楷书 31 行，行 31 字。

撰书： 窦松涛撰，惠宗奇书，赵林成篆盖。

出土： 蒲城县翔村镇陶池村。

现藏： 蒲城县文物保护开发中心。

提要： 张学海，字万川。世居邑之北乡陶池镇。年弱冠，就长安市南京纸店习会计事。仁求义取，急公好义。嘉庆己卯（1819），纳资捐国子监。道光丙申（1836），推为乡饮僎宾。生于乾隆四十一年（1776）二月二十四日，卒于道光二十一年（1841）十一月二十六日。配李氏、雷氏、魏氏，李、雷先卒。子廷榕，雷氏出。撰文窦松涛，嘉庆庚午（1810）举人，甘肃岷州儒学正堂。书丹惠宗奇，儒学生员。篆盖赵林成，赐进士出身署洵阳县正堂。

*温滋生墓碑

年代： 清道光二十四年（1844）刻立。

形制： 圆首。高 1.58 米，宽 0.68 米，厚 0.22 米。

行字： 正文楷书 13 行，满行 47 字。

纹饰： 碑额饰二龙戏珠图案，碑身四周饰蟠螭纹。

现藏： 陇县东风镇洞子村村委会门前。

提要： 记温滋生父子一生急公好义的事迹。

重建北极宫碑记

年代： 清道光二十四年（1844）刻立。

形制： 圆首方座。通高 1.55 米，宽 0.62 米，厚 0.16 米。

行字： 正文楷书 10 行，满行 34 字。

撰书： 戚杨撰，郭连成书。

纹饰：碑额饰二龙戏珠图案，碑身四周饰几何纹。

现藏：陇县温水镇汤房梁小学。

提要：记北极宫位置、沿革及重修始末。

七里山川助缘碑记

年代：清道光二十四年（1844）刻立。

形制：高 0.66 米，宽 0.92 米。

行字：正文楷书 16 行，满行 16 字。

现藏：绥德县辛店乡龙湾村龙王庙东崖。

提要：记重修告竣后刻助缘人姓名事。

张鉴堂墓表

全称：乡饮正宾维钦鉴堂张君墓表。

年代：清道光二十四年（1844）刻立。

形制：圆首。高 1.40 米，宽 0.75 米。

行字：额篆书"皇清"2 字。正文楷书 14 行，满行 58 字。

撰书：邓云峰撰并书。

现藏：户县大王镇。

著录：《户县碑刻》。

备注：碑文略有漫漶。

提要：张□，字维钦，号鉴堂，世居古扈北大王镇。祖以上皆力田。后以经商致富。生于乾隆二十八年（1763）七月十六日，卒于道光二十一年八月十三日。配赵氏，生子二，女一；孙男二，孙女六。撰书邓云峰，邑儒学增广生员。

王鼎墓志

全称：皇清赐进士出身诰授光禄大夫经筵讲官太子太师东阁大学士管理刑部事务南书房行走军机大臣赠太保谥文恪入祀贤良祠蒲城王公墓志铭。

年代：清道光二十四年（1844）刻。

形制：共 2 石，尺寸相同。长 1.06 米，宽 0.34 米。

行字：盖文篆书 12 行，满行 4 字。志文楷书 48 行，满行 18 字。

撰书：卓秉恬撰，祁寯藻书，穆彰阿篆额。

出土：原存蒲城县达仁巷王文恪公祠堂。

现藏：蒲城县博物馆。

著录：《蒲城县志》。

备注：原志六块，现仅存两块。

提要：记王鼎生平和主要历官。乾隆五十七年（1792）中举，嘉庆元年（1796）中进士，选庶吉士，参修高宗实录，嘉庆六年（1801）授编修，后任礼、工、吏、户、刑部侍郎，都察院左都御史，军机大臣，直隶总督，东阁大学士，河南巡抚等。道光二十二年（1842）薨于位。赠太保，谥文恪，入祀贤良祠。

*一笔寿字

年代：清道光二十四年（1844）刻立。

形制：高 1.21 米，宽 0.65 米。

行字：草书 1 字；跋草书、楷书共三段，行字数不等。

撰书：吕道人书，蒙山道人、萨迎阿、叶之诜跋，石梧刻。

现藏：西安碑林博物馆。

著录：《西安碑林全集》。

备注：石断。

提要：碑居中草书一笔"寿"字。右上方草书题"吕道人墨"，右下方有"蒙山老人识"，左下方有萨迎阿、叶之诜记。

黄河三界图

年代：清道光二十四年（1844）刻立。

形制：高 0.75 米，宽 1.34 米。

行字：正文楷书。

出土：原在潼关县，1970 年入藏西安碑林。

现藏：西安碑林博物馆。

著录：《西安碑林全集》。

备注：石有残损，分为不规则形状六块。

提要：碑中详细刻画了黄河界各村庄名称、建筑、田亩及其位置，特别标明土地长、宽数目与各自形状。

重修龙王庙碑记

年代：清道光二十四年（1844）刻立。

形制：高 1.56 米，宽 0.89 米。

行字：正文楷书 5 行，满行 54 字。

现藏：镇安县铁厂镇河湾村。

提要：记捐资重修河湾村龙王庙事。

大佛寺重修碑记

年代：清道光二十四年（1844）刻立。

形制：高 1.85 米，宽 0.65 米，厚 0.15 米。

行字：额楷书"皇清"2 字。正文楷书 16 行，满行 50 字。

纹饰：碑额饰二龙戏珠图案，碑身四周饰花卉图案。

现藏：彬县大佛寺博物馆明镜台东侧。

提要：记重修大佛寺原因及经过。

吴侧之妻闫氏墓碑

年代：清道光二十五年（1845）刻立。

形制：圆首。高 1.45 米，宽 0.63 米，厚 0.23 米。

行字：正文楷书 1 行 8 字。

撰书：刘振川撰，孙维雷书。

纹饰：碑额饰二龙戏珠图案，碑身四周饰寿星、花瓶图案。

现藏：陇县东风镇南村四组。

提要：简记墓主名讳、生卒年。

*陈九道赵慈墓碑

年代：清道光二十五年（1845）刻立。

形制：圆首。高 1.88 米，宽 0.65 米，厚 0.22 米。

纹饰：碑额饰二龙戏珠图案，碑身四周饰几何纹。

现藏：陇县东南镇鸡家庄村一组。

提要：简记墓主名讳、生卒年。

*劝孝文

年代：清道光二十五年（1845）刻立。

形制：高 0.75 米，宽 0.56 米。

行字：正文楷书 20 行，满行 30 字。

纹饰：四周饰水波纹。

现藏：现嵌于米脂县城郊乡宫庄村文昌帝君庙前院右侧壁上。

著录：《榆林碑石》。

提要：劝导世人孝顺父母长辈，告诫人们父母生子不易。应牢记父母养育之恩，以"孝"为大。

召伯甘棠图

年代：清道光二十五年（1845）刻立。

形制：高 2.20 米，宽 0.74 米。

行字：题记草书 12 行，满行 35 字；题识楷书 5 行，满行 24 字。

撰书：李文瀚撰并书，武澄刻。

出土：原在岐山县周公庙内召公殿前，1981 年移存岐山县博物馆。

现藏：岐山县博物馆。

著录：《周文化与周公庙探索》《岐山石刻选录》《岐山文史资料》（第六辑）。

提要：碑身中部刻甘棠树图，其右上角篆
　　　额"召佰甘棠图"五字，左上部刻
　　　绘图者邑令李文瀚亲笔撰书的《甘
　　　棠图记》。

真武祖师垂训

年代：清道光二十五年（1845）刻立。

形制：高 0.58 米，宽 0.76 米。

行字：正文楷书 25 行，满行 25 字。

纹饰：四周饰几何纹。

现藏：嵌于米脂县城郊乡宫庄村真武祖师庙
　　　前院左侧壁上。

著录：《榆林碑石》。

提要：记真武祖师教化世人多行善事，勿为
　　　恶，孝顺长辈，爱惜亲友，要守本分，
　　　遵法规，讲信用，否则将受天谴。

创修酂侯陵园碑记

年代：清道光二十五年（1845）刻立。

形制：通高 1.17 米，宽 0.65 米，厚 0.10 米。

行字：正文楷书 35 行，满行 23 字。

撰书：李炜撰。

纹饰：四周饰花草纹。

现藏：城固县萧何墓。

提要：记修萧何墓祠事宜。

孤山井会碑

年代：清道光二十五年（1845）刻立。

形制：高 0.68 米，宽 1.32 米，厚 0.21 米。

行字：正文楷书 40 行，满行字数不等。

现藏：汉中市汉台区龙江镇孤山村。

著录：《中国文物地图集·陕西分册》。

提要：记井会议定，不得在井上洗衣、淘菜、
　　　饮畜，捞救投井者的人工费用，投井
　　　溺死者不得厚葬，每年请照淘井等规
　　　章制度。

福履绥之

年代：清道光二十五年（1845）刻。

形制：高 0.50 米，宽 0.99 米。

行字：正文楷书 4 字。

撰书：江士松书。

现藏：嵌于绥德县名州镇七里铺村蕲王庙。

著录：《榆林碑石》。

提要：此题刻上款竖书"道光二十五年三月
　　　吉旦"，正中横题"福履绥之"，下款
　　　竖书"□□□知州事江士松书"。

韩家河严防南山凿石启土捥炭碑记

年代：清道光二十五年（1845）刻立。

形制：圆首。高 1.25 米，宽 0.50 米，厚
　　　0.13 米。

行字：正文楷书 8 行，满行 29 字。

纹饰：碑额饰竹叶纹，碑身四周饰回纹。

现藏：蒲城县洛滨镇韩家河小学。

提要：记禁止南山凿石挖煤以保脉气事。

任春墓志

全称：广东翁源县知县任公春墓志铭。

年代：清道光二十五年（1845）刻。

形制：志正方形。边长 0.50 米。

行字：志文楷书 20 行，满行 25 字。

撰书：敬铭丹撰。

出土：1975 年出土于澄城县安里村南壕。

现藏：澄城县安里乡安里村五组任从孝家。

提要：记任春家族世系、生平。

捐助地亩碑记

年代：清道光二十五年（1845）刻立。

形制：圆首。高 2.20 米，宽 0.70 米，厚
　　　0.10 米。

行字：额楷"皇清"书 2 字。正文楷书 9

行，满行 50 字。

纹饰：四周饰卷云纹。

现藏：绥德县名州镇七里铺村蕲王庙。

著录：《榆林碑石》。

备注：碑身横断为两截。

提要：记马日富、马成贵、张鉴、白胡平四人为一步岩捐助地亩与钱粮事。

重建韩蕲王庙碑记

年代：清道光二十五年（1845）刻立。

形制：螭首龟座。高 1.85 米，宽 0.84 米，厚 0.13 米。

行字：正文楷书 20 行，满行 50 字。

撰书：凌树棠撰，张颖超书，江士松篆额。

纹饰：四周饰卷云纹。

现藏：绥德县名州镇七里铺村蕲王庙。

著录：《榆林碑石》。

备注：碑石下部剥蚀严重，文字多数无存。

提要：记清道光二十五年重修韩蕲王庙事。

彰善瘅恶

年代：清道光二十五年（1845）刻立。

形制：高 1.60 米，宽 2.10 米。

行字：正文楷书 4 字。

撰书：薛镕书。

现藏：韩城市博物馆。

提要：此砖刻由薛镕书于康熙三十七（1698）年，至三十九年（1700）刻立，后重修大门时将上款换刻为"道光二十五年南五社聚德会重修"。

韩城县常平仓碑记

年代：清道光二十五年（1845）刻立。

形制：圆首。高 1.64 米，宽 0.63 米。

行字：正文楷书 17 行，满行 45 字。

现藏：韩城市博物馆。

提要：列仓规十条，并记合邑二十八里名称。

重修玉皇庙碑记

年代：清道光二十五年（1845）刻立。

形制：圆首。碑残损。残高 1.99 米，宽 0.70 米，厚 0.21 米。

行字：正文楷书 17 行，满行 38 字。

纹饰：碑额饰双龙戏珠。

现藏：乾县王村镇张留村玉皇庙。

备注：字迹漫漶。

提要：从残留字迹可知该庙在清道光二十五年进行过一次较大规模的修葺。

重修土地祠碑文

年代：清道光二十五年（1845）刻立。

形制：高 1.32 米，宽 0.72 米。

行字：正文楷书 14 行，满行 25 字。

撰书：黄亦濂撰，黄钟书。

现藏：洛南县保安镇焦沟仓颉祠。

提要：记保安乡民捐资买地兴建土地祠事。

*柯运铺墓碑

年代：清道光二十五年（1845）刻立。

形制：圆首。高 1.16 米，宽 0.62 米。

行字：正文楷书 16 行，满行 28 字。

撰书：柯光澍撰，彭龄书。

纹饰：碑额饰云龙纹。

现藏：石泉县城关镇二里桥村。

著录：《安康碑版钩沉》。

提要：柯运铺，字向义，原籍武昌大冶，自祖上迁陕，以弓马娴熟入武庠。嘉庆初，寇匪滋事，运铺外谋内顾，乡里赖以无恙。卒于道光乙巳（1845），享寿七十有八。撰文柯光澍，壬辰科举人，候铨知县；书丹彭龄，甲辰科举人，候铨知县。

白沙川修石桥碑

年代： 清道光二十六年（1846）刻立。

形制： 高 1.42 米，宽 0.57 米，厚 0.17 米。

行字： 正文行楷 7 行，满行 25 字。

纹饰： 两侧饰卷云纹。

现藏： 志丹县永宁镇白沙川关帝庙。

提要： 记集资于白沙川修石桥事。

重修白云山东岳庙碑记

年代： 清道光二十六年（1846）刻立。

形制： 圆首方座。通高 2.90 米，宽 0.81 米，厚 0.13 米。

行字： 正文楷书 26 行，满行 57 字。

纹饰： 碑额饰花鸟纹，碑身两侧饰几何纹。

现藏： 佳县白云山白云观东岳大殿。

著录：《佳县白云山白云观碑刻》。

提要： 白云山东岳庙创自明天启年间。雍正中山西兴县孙、张二人重修，道光辛丑（1841）本山道士牛合有爰乞秦晋信众大修，甲辰（1844）秋竣工。

新修三官庙碑记

年代： 清道光二十六年（1846）刻立。

形制： 圆首方座。身首 1.58 米，宽 0.64 米，厚 0.08 米；座长 0.65 米，宽 0.52 米，高 0.29 米。

行字： 正文楷书 15 行，满行 34 字。

纹饰： 四周饰几何纹。

现藏： 绥德县张家砭镇合龙山祖师庙。

备注： 剥蚀严重，字迹漫漶不清。

提要： 记重修三官庙事。始于道光二十四年夏，二十五年秋七月告竣。

新修沔县考院碑

年代： 清道光二十六年（1846）刻立。

形制： 平首方座。通高 1.85 米，宽 0.84 米，厚 0.15 米。

行字： 正文楷书 16 行，满行 47 字。

撰书： 吴殿邦书。

现藏： 勉县武侯祠博物馆。

提要： 记清道光二十六年沔县新修考院事。

*重修廉水县城隍庙碑

年代： 清道光二十六年（1846）刻立。

形制： 高 1.34 米，宽 0.80 米，厚 0.22 米。

行字： 正文楷书 18 行，满行 38 字。

撰书： 李漱玉撰，李士杰书。

出土： 原立于南郑县廉水县城隍庙。

现藏： 南郑县圣水寺文物管理所。

著录：《汉中碑石》。

备注： 廉水县在北魏与南宋两度建县，故址在今南郑县廉水乡政府所在地。

提要： 记重修廉水县城隍庙事。

*黄蕴锦仙游寺题咏

年代： 清道光二十六年（1846）刻立。

形制： 高 1.16 米，宽 0.33 米，厚 0.10 米。

行字： 正文行书 33 行，满行 10 字。

撰书： 黄蕴锦撰并书。

出土： 原嵌于周至县仙游寺大殿外西墙壁，1998 年随仙游寺迁至新址。

现藏： 周至县仙游寺博物馆。

提要： 碑文为清道光年间峤西人黄蕴锦游仙游寺后有感而题五绝十首，又称"仙游寺十景碑"。

*南五社聚德会乡老捐资碑

年代： 清道光二十六年（1846）刻立。

形制：高 0.72 米，宽 0.29 米。

行字：正文楷书 7 行，满行 23 字。

现藏：韩城市博物馆。

提要：记南五社聚德会众人捐资重修文庙东琉璃影壁事。

*黄蕴锦楼观题咏

年代：清道光二十六年（1846）刻立。

形制：高 3.06 米，宽 0.98 米，厚 0.32 米。

行字：正文行书 7 行，满 15 字。

撰书：黄蕴题撰，怀澄书。

现藏：周至县古楼观说经台。

著录：《楼观台道教碑石》。

备注：碑阳为《重修古楼观说经台记》。

提要：记黄蕴锦五律一首。

程万邦暨妻崔氏合葬墓碑

全称：丰庵程公讳万邦暨元配崔孺人合葬碑。

年代：清道光二十六年（1846）刻立。

形制：圆首方座。通高 1.90 米，宽 0.74 米，厚 0.16 米。

行字：额篆书"皇清"2 字。正文楷书 17 行，满行 49 字。

撰书：刘辛撰并书。

现藏：户县余下镇占管营村北户太公路旁。

著录：《户县碑刻》。

备注：碑文部分凿损，碑身左下部残。

提要：程万邦以辗转经商致富。生三女，无子，以侄孙为嗣。妻崔氏，生于乾隆四十八年（1783）六月初二日，卒于道光二十三年四月二十日。撰书刘辛，长邑儒学生员。

洞天福地

年代：清道光二十六年（1846）刻立。

形制：共 4 石，尺寸相同。高 0.90 米，宽 0.80 米。

行字：正文楷书 4 字。

现藏：周至县古楼观说经台。

著录：《楼观台道教碑石》。

备注：四字每字一石，上下款分别刻于"洞""地"两石。

提要：刻"洞天福地"及上下款。

赵呈泰墓志

全称：皇清待赠国子监太学生际昌赵公墓志铭。

年代：清道光二十六年（1846）刻。

形制：志正方形。边长 0.57 米。

行字：志文行楷 37 行，满行 38 字。

撰书：杨炎灼撰，屈中选书，李其训篆盖。

出土：1984 年出土于华阴县白头坡村。

现藏：西安碑林博物馆。

著录：《华山碑石》。

提要：赵呈泰，字际昌，世居华阴敷西之分界里。曾祖赵仲秋、祖父赵重林、父亲赵彦文，均隐德不仕。呈泰以经商致富。道光四年（1824）援例入监。生于乾隆四十四年（1779）四月初六日，卒于道光二十三年六月初八日。配刘氏，生子二，女二；孙女二。撰文杨炎灼，潼关厅儒学生员。书丹屈中选，华邑儒学生员。篆盖李其训，西安府儒学训导。

张天桂墓志

全称：皇清敕授儒林郎分发山西即补布政司经历仲笙张公墓志铭。

年代：清道光二十六年（1846）刻。

形制：志正方形。边长 0.65 米。

行字：志文行楷 26 行，满行 38 字。

撰书：王兆蓉撰，杨金铎书。

出土：1959 年出土于华阴县黄甫峪村。

现藏：西安碑林博物馆。

著录：《华山碑石》。

提要：张天桂，字仲笙，世居潼川城内，后迁华阴黄神峪。弱冠以家计弃读而商。道光二十四年由河南报捐布政司经历，指分山西即补。兄弟二人，行二。元配迪氏，继杨氏。子一；孙一。生于乾隆五十七年（1792）十月二十日，卒于道光二十六年二月廿八日。撰文王兆蓉，邑儒学优行生员。书丹杨金铎，郡儒学增广生员。

重修张良庙厢房碑

年代：清道光二十六年（1846）刻立。

形制：高 1.36 米，宽 0.76 米。

行字：正文楷书 6 行，满行 39 字。

撰书：赵长林撰并书。

现藏：镇安县关坪河乡张良庙。

提要：记关坪河庙原不知名，道光二十四年（1844）因人见张良显应于此，求药颇灵，当地人遂捐资修庙及厢房事。

王处士暨妻程氏墓碑

全称：待赠显考处士王公姊孺人程氏之墓。

年代：清道光二十六年（1846）刻立。

形制：圆首。高 1.93 米，宽 0.65 米，厚 0.10 米。

行字：额楷书"皇清"2 字。正文楷书 5 行，满行 15 字。

撰书：第五克泰书。

纹饰：四周饰云纹。

现藏：彬县龙高镇程家川村。

提要：系王氏后人为王处士夫妇所立墓碑。

齐汉佐暨妻魏氏墓志

全称：皇清待赠显考齐公讳汉佐显妣孺人元配魏氏大人墓志。

年代：清道光二十六年（1846）刻立。

形制：高 1.13 米，宽 0.70 米。

行字：正文楷书 10 行，满行 35 字。

现藏：镇安县高峰镇磨里沟三台村。

提要：此系齐汉佐夫妇墓志，记其生平。

重修遇仙桥碑记

年代：清道光二十六年（1846）刻立。

形制：碑残损，残高 0.98 米，宽 0.55 米。

行字：正文楷书 6 行，行残留 13 字。

现藏：药王山博物馆。

备注：下段残缺。

提要：略记以钱八十千文修遇仙桥事。

*江士松题诗碑

年代：清道光二十七年（1847）刻立。

形制：高 1.04 米，宽 0.43 米，厚 0.05 米。

行字：正文行楷 5 行，满行 10 字。

撰书：江士松题。

出土：1990 年出土于绥德县政府院内。

现藏：绥德县博物馆。

备注：碑面剥蚀较重。

提要：刻江士松七言诗一首。

建修陈家沟兴佛寺佛殿墙碑记

年代：清道光二十七年（1847）刻立。

形制：高 0.52 米，宽 0.50 米，厚 0.11 米。

行字：正文楷书 28 行，满行 26 字。

撰书：魏清翊撰，赵佐倩书。

纹饰：面边刻万字纹。

出土：原在麟游县九成宫镇南坊村，1994年入藏麟游县博物馆。

现藏：麟游县博物馆。

提要：记清道光二十六年夏麦熟时节两天连续雹灾，百姓鸣钟放炮防御无效，灾后乃寄希望于神佛，进而修建佛像、佛殿事。

王仲山母魏氏墓志

全称：皇清诰封恭人王母魏太恭人祔葬墓志铭。

年代：清道光二十七年（1847）刻。

形制：志正方形。边长 0.72 米。

行字：志文楷书 32 行，满行 33 字。

撰书：陈官俊撰，林则徐书，姚元之篆盖。

纹饰：四周饰寿形纹。

出土：出土时间、地点不详。

现藏：蒲城县博物馆。

提要：记王仲山之母魏氏乐善好施，并曾教养王鼎之事。

城隍庙塑像功德记事碑

年代：清道光二十七年（1847）刻立。

形制：圆首方座。通高 2.14 米，宽 0.71 米，厚 0.07 米。

行字：正文楷书 20 行，满行 30 字。

撰书：白玉瑱书，丁元石刻石。

现藏：周至县老县城佛坪厅城隍庙。

备注：左上部残，碑文不全。

提要：记城隍庙塑像事。

*重修城隍庙碑

年代：清道光二十七年（1847）刻立。

形制：圆首方座。尺寸不详。

行字：正文楷书 20 行，满行 50 字。

纹饰：碑额饰双凤朝阳。

现藏：周至县佛坪厅故城文物管理所。

提要：记佛坪厅同知陈书、营守备邢致中、城守营马德、营经制外委胡字贵、营外委董兆熊等及住持等捐款人名及捐款数。

望仙坪志

年代：清道光二十七年（1847）刻立。

形制：圆首龟座。通高 2.06 米，宽 0.72 米，厚 0.13 米。

行字：额篆书"皇清"2 字。正文楷书 25 行，满行 58 字。

撰书：李士□撰，阎洪都书，郭继善刻。

现藏：户县蒋村镇望仙坪。

著录：《户县碑刻》。

提要：望仙坪为道教宫观。道光二十年，善士陈俊等易山门一间而扩为三间。二十五年，善士阎有德等又更新三法宫墙及准提阁。华山派郝真人第十六代弟子杨仁金、阎仁和率徒王义春、赵义清立石。

周康泰母李氏墓志

全称：皇清敕旌节孝周显继妣李太孺人墓志。

年代：清道光二十七年（1847）刻。

形制：志正方形。共 2 石，尺寸相同。边长 0.62 米。

行字：志文行楷 61 行，满行 14 字。

撰书：周康泰撰，刘遐龄书。

出土：1956 年出土于西安市南郊。

现藏：西安碑林博物馆。

著录：《西安碑林全集》。

备注：盖题在第 1 石上半部。

提要：李氏为陕西李发育长女，周乾菴继配。二十八岁丧夫，养亲抚孤，一世尤勤。

子康泰为邑庠生。道光癸卯（1843）卒，道光二十七年合葬小寨村。

新立赛神会并合社及禁丐乞盗窃碑记

年代：清道光二十七年（1847）刻立。

形制：圆首方座。高 1.90 米，宽 0.65 米，厚 0.14 米。

行字：正文楷书。碑阳 16 行，满行 48 字。碑阴 13 行，满行 36 字。

撰书：赵绪祖撰并书。

纹饰：碑额饰二龙戏珠图案，碑身四周饰蔓草纹。

现藏：铜川市印台区陈炉镇雷家坡村雷家坡中学。

提要：记雷家坡等25村共谋防偷窃禁行乞，以易偷敝之俗。

*严禁差役索诈告示碑

年代：清道光二十七年（1847）刻立。

形制：高 0.71 米，宽 1.35 米。

撰书：舒钧撰。

现藏：石泉县石泉剧团院内。

著录：《安康碑版钩沉》。

提要：记县衙役中间有不法之徒，承票索贿，石泉知县舒钧出示严禁事。

*皇后庙碑

年代：清道光二十七年（1847）刻立。

形制：高 1.10 米，宽 0.55 米，厚 0.65 米。

行字：正文楷书 15 行，满行 22 字。

现藏：凤县三岔镇张坡沟村。

提要：记修皇后庙事及捐资人姓名。

创修关帝楼灵祖楼记

年代：清道光二十八年（1848）刻立。

形制：圆首。高 1.85 米，宽 0.62 米，厚 0.17 米。

行字：正文楷书 7 行，满行 31 字。

撰书：张康撰，闫会俊书。

纹饰：碑额饰二龙戏珠图案，碑身四周饰花草纹。

现藏：陇县城关镇店子村小学。

提要：记创修关帝楼等事。

*陈对峰暨妻李氏墓碑

年代：清道光二十八年（1848）刻立。

形制：圆首。高 2.19 米，宽 0.63 米，厚 0.21 米。

纹饰：碑额饰二龙戏珠图案，碑身四周饰花草纹。

现藏：陇县东南镇鸡家庄村。

松岩大禅师塔记

年代：清道光二十八年（1848）刻立。

形制：五层六面石塔。高 2.43 米。

行字：正文行书 41 行，满行 12 字。

撰书：王憬撰，孙憬贤书。

现藏：子长县中山石窟东 250 米处。

著录：《新编子长县志》《延安市文物志》。

备注：省级文物保护单位。

提要：记萧寺宫倾颓，松岩禅师为重修而"克承其志，劝募四方，成功于一旦"事迹。

*重修关帝庙碑

年代：清道光二十八年（1848）刻立。

形制：方首方座。高 1.70 米，宽 0.55 米，厚 0.14 米。

行字：碑额楷书"重修题名"4 字。正文楷书 17 行，满行 35 字。

撰书：贺联禧撰并书。

纹饰：碑额饰花卉纹，碑身四周饰富贵纹及

莲花纹。

现藏：子长县王家湾镇黄家川关帝庙。

提要：记重修黄家川关帝庙事。

江公桥碑

年代：清道光二十八年（1848）刻立。

形制：圆首。碑残损。残高 0.52 米，宽 0.80 米，厚 0.10 米。

行字：正文楷书 1 行 3 字。

纹饰：四周饰几何纹。

出土：此碑自立未移。

现藏：绥德县张家砭镇清水沟村晋溪洞。

备注：碑身下段残缺。

提要：上款"道光二十八年仲冬之立"，中间题词为"江公桥"三个大字，下款"一步崖合会公吉□"。

*宋文圃墓志

年代：清道光二十八年（1848）刻。

形制：志长 0.30 米，宽 0.12 米。

行字：册页式，共 12 页。盖文篆书 2 行，满行 4 行。正文楷书 66 行，满行 14 字。

撰书：武芳畴撰，顾淳庆书，陈灼篆盖。

出土：出土时间、地点不详。

现藏：合阳县博物馆。

提要：记宋文圃的家世、生平。

*培植守护山林告示碑

年代：清道光二十八年（1848）刻立。

形制：平首方座。高 1.63 米，宽 0.66 米，厚 0.14 米。

行字：正文楷书 12 行，满行 26 字。

撰书：任永真立。

现藏：留坝县张良庙文物管理所。

提要：培植守卫山林，以供修庙所需，同时，住持添修庙宇砍伐木材，不得刁难。

重修沟西桥碑记

年代：清道光二十八年（1848）刻立。

形制：圆首方座。高 2.20 米，宽 0.83 米，厚 0.10 米。

行字：正文楷书 29 行，满行字数无法辨识。

纹饰：碑额饰双龙图案，碑身四周饰回纹。

现藏：澄城县赵庄镇沟西村。

备注：碑文漫漶严重。

提要：记重修澄城县西沟桥经过。

*张平轩暨妻合葬墓志

年代：清道光二十八年（1848）刻。

形制：志正方形。尺寸不详。

行字：志文楷书 23 行，满行 21 字。

撰书：惠五璜撰并书。

出土："文化大革命"中出土于蒲城县荆姚镇。

提要：记张平轩生平。赠朝议大夫、四川保守府同知、例赠儒林郎、布政司理问职衔。

创建义学碑记

年代：清道光二十八年（1848）刻立。

形制：圆首。高 1.96 米，宽 0.85 米，厚 0.15 米。

行字：正文行书 14 行，满行 36 字。

撰书：朱念祖撰。

纹饰：碑额饰双龙图案，碑身两边饰回纹。

现藏：周至县佛坪厅故城文物管理所。

提要：记佛坪厅同知朱念祖在原厅署二门前空地修建义学事。

李元龙墓志

全称：皇清国子监大学生显考字于田李府君墓志。

年代：清道光二十八年（1848）刻。

形制：志正方形。边长 0.67 米，厚 0.09 米。

行字：盖文篆书 6 行，满行 3 字。志文楷书
70 行，满行 12 字。

撰书：李鲤撰。

出土：出土时间、地点不详。

现藏：韩城市博物馆。

提要：记李元龙家族世系、生平。

重修滈水河石桥碑记

年代：清道光二十八年（1848）刻立。

形制：高 1.63 米，宽 0.13 米，厚 0.12 米。

行字：正文楷书 12 行，满行 38 字。

撰书：朱念祖撰并书。

纹饰：碑额饰牡丹花卉纹，碑身两侧饰蔓
草纹。

出土：原立于周至县佛坪厅故城西。

现藏：周至县佛坪厅故城文物管理所。

提要：记清道光二十八年三月修建滈水河
桥事。

佛坪厅重修文庙并增置乡贤名宦祠碑记

年代：清道光二十八年（1848）刻立。

形制：螭首龟座。高 2.01 米，宽 0.11 米，
厚 0.21 米。

行字：正文楷书 16 行，满行 52 字。

撰书：朱念祖撰并书。

纹饰：碑额饰二龙戏珠图案。

现藏：周至县佛坪厅故城文物管理所。

提要：记原文庙建于城之东南隅，因地势阴
湿而倒塌，道光十七年（1837）潘政
举号召重修文庙、乡贤、名宦等祠。

重修文庙捐输人姓名数目并支销各项开列于左

年代：清道光二十八年（1848）刻立。

形制：螭首龟座。尺寸不详。

行字：正文楷书 18 行，满行字数不等。

纹饰：碑额饰二龙戏珠图案，碑身两侧饰
回纹。

出土：佛坪厅文庙前西边。

现藏：周至县佛坪厅故城文物管理所。

提要：记修建文庙捐款人姓名及各项开支
数目。

第五敬轩神道碑

年代：清道光二十八年（1848）刻立。

形制：圆首。高 2.62 米，宽 0.76 米，厚
0.18 米。

行字：正文楷书 1 行 7 字。

撰书：张增道书。

纹饰：碑额饰二龙戏珠图案，碑身四周饰蝙
蝠、云纹及梅花纹。

现藏：彬县炭店乡水北村。

提要：此碑系第五敬轩之后人所立。

重修东岳大圣子孙娘娘庙碑记

年代：清道光二十八年（1848）刻立。

形制：圆首方座。高 1.00 米，宽 0.66 米。

行字：正文楷书 9 行，满行 18 字。

出土：长武县东岳庙。

现藏：长武县博物馆。

提要：记载道光年间重修长武东岳庙之事。

创修□千洞碑记序

年代：清道光二十八年（1848）刻立。

形制：高 0.70 米，宽 0.57 米。

行字：正文楷书 19 行，满行 18 字。

撰书：黄清和撰，杜邦英书。

现藏：洛南县巡检镇政府院内。

提要：记乡民发现一溶洞中发现有青狮、白

莲、玉龙等景观甚异，土人汲水医治疾病亦灵，洛南知县等人捐资于洞外修庙祭祀事。

创修神庙碑

年代：清道光二十八年（1849）刻立。

形制：圆首方座。高 2.10 米，宽 0.56 米，厚 0.20 米。

行字：正文楷书 13 行，满行 19 字。

撰书：王步翔撰并书。

纹饰：碑额饰莲花纹，碑身四周饰富贵花纹。

现藏：黄龙县崾崄乡马蹄掌村。

著录：《新编黄龙县志》。

提要：记清道光年间儒学生员王步翔等捐资修庙事。

重修白云山五龙捧圣宫诸殿碑

全称：重修白云山五龙捧圣宫南北祖师观音庙碑记。

年代：清道光二十九年（1849）刻立。

形制：圆首方座。通高 2.90 米，宽 0.95 米，厚 0.12 米。

行字：正文楷书 33 行，满行 70 字。

撰书：张乐撰，李嗣泌书。

纹饰：碑额饰双龙图案，碑身四周饰水波纹。

现藏：佳县白云山白云观五龙宫。

著录：《佳县白云山白云观碑刻》。

提要：记五龙宫创建于明万历三十六年（1608）、清康熙五十年（1711）、道光丁未年（1847）至戊申年（1848）重修。撰文张乐，壬辰科举人，正乡书院主讲。碑阴刻助缘人姓名。

*闫君暨妻曹氏墓碑

年代：清道光二十九年（1849）刻立。

形制：高 2.00 米，宽 0.56 米，厚 0.14 米。

行字：额楷书"皇清"2 字。正文楷书 3 行 33 字。

纹饰：碑额饰双龙戏珠。

现藏：富县直罗镇安家川村。

提要：此系闫氏后人为其先人所立墓碑。

创建三圣母庙记

年代：清道光二十九年（1849）刻立。

形制：高 1.13 米，宽 0.60 米。

行字：正文楷书 12 行，满行 40 字。

撰书：王省撰，王永祚书，王凤翔刻。

纹饰：碑身四周饰万字纹。

现藏：合阳县博物馆。

提要：记创建三圣母庙缘由及捐资人姓名。三圣母即高媒、姜嫄、简狄。

*王氏祖茔碑记

年代：清道光二十九年（1849）刻立。

形制：高 1.87 米，宽 0.64 米。

行字：正文楷书 9 行，满行 59 字。

撰书：王笈撰，王联瑞书。

提要：记合阳县良石村王氏家族历史，祖籍山西省洪洞县，因战乱逃荒至合阳县良石村。

*阎秉庚题诗碑

年代：清道光二十九年（1849）刻立。

形制：高 0.46 米，宽 1.04 米。

行字：正文楷书 16 行，满行 9 字。

撰书：阎秉庚撰并书。

纹饰：四周饰几何纹。

现藏：嵌于绥德县名州镇七里铺村蕲王庙。

著录：《榆林碑石》。

提要：此题刻为阎秉庚题诗，赞颂韩世忠功德。

*新置玉泉书院桌凳记

年代：清道光二十九年（1849）刻立。

形制：圆首。高 1.68 米，宽 0.57 米，厚 0.12 米。

出土：原存澄城县玉泉书院旧址，1982 年迁入乐楼文物管理所。

现藏：澄城县乐楼文物管理所。

备注：字迹漫漶。

计开铺户各义商捐数

年代：清道光二十九年（1849）刻立。

形制：圆首。高 2.00 米，宽 0.82 米，厚 0.16 米。

行字：正文楷书 19 行，满行 47 字。

纹饰：碑额饰龙纹，碑身两侧饰工字纹。

出土：原立于佛坪厅城迎秀书院门前。

现藏：周至县佛坪厅故城文物管理所。

提要：记录 67 个商铺捐款数目。

计开板木厢各义商捐数

年代：清道光二十九年（1849）刻立。

形制：圆首。高 1.80 米，宽 0.99 米，厚 0.17 米。

行字：正文楷书 14 行，满行 30 字。

纹饰：碑额饰二龙戏珠图案，碑身两侧饰工字纹。

现藏：周至县佛坪厅故城文物管理所。

提要：记载各义商、板号等捐款数额。

*佛坪厅同知劝建庙宇学校碑

年代：清道光二十九年（1849）刻立。

形制：圆首。高 1.94 米，宽 0.81 米，厚 0.19 米。

行字：正文楷书 13 行，满行 32 字。

纹饰：碑额饰二龙戏珠图案，碑身两侧饰工字纹。

出土：原在周至县老县城。

现藏：周至县佛坪厅故城文物管理所。

提要：记佛坪厅同知发动义士、商户、粮户、板铺等捐修庙宇、学校事。

仙游寺路桥功德碑

年代：清道光二十九年（1849）刻立。

形制：圆首方座。高 1.44 米，宽 0.60 米，厚 0.14 米。

行字：正文楷书 22 行，满行 48 字。

现藏：周至县仙游寺博物馆。

提要：记仙游寺住持觉凝和尚募捐修桥事。

计开绅耆粮户各义士义民捐数

年代：清道光二十九年（1849）刻立。

形制：圆首。高 1.99 米，宽 0.79 米，宽 0.16 米。

行字：正文楷书 26 行，满行 42 字。

纹饰：碑额饰二龙戏珠图案，碑身两侧饰回纹。

出土：此碑自立未移。

现藏：周至县佛坪厅故城文物管理所。

提要：记捐款数额。

李升庵妻郝氏墓志

全称：皇清待赠孺人升庵李公德配郝太君墓志铭。

年代：清道光二十九年（1849）刻。

形制：志正方形。边长 0.56 米。

行字：志文行楷 36 行，满行 41 字。

出土：1970 年出土于华阴县沙坡村。

现藏：西安碑林博物馆。

著录：《华山碑石》。

提要：记李升庵妻郝氏家族世系、生平。

刘玺圹记

全称：皇清敕授文林郎信甫刘公圹记。

年代：清道光二十九年（1849）刻。

形制：长 0.77 米，宽 0.29 米。

行字：志文行楷 35 行，满行 16 字。

撰书：富明阿撰并书。

出土：1955 年出土于西安市西郊土门。

现藏：西安碑林博物馆。

著录：《西安碑林全集》。

提要：刘玺，原名云桂，字国珍，号信甫，世居长安。嘉庆甲子（1804）举人，道光丙戌（1826）会试二等，授扶风县教谕，保举知县。道光壬寅（1842）授贵州安化知县。道光丙午（1846）回陕，主讲地方书院。道光二十八年十月二日卒。元配李氏，继配何氏。二十九年九月初九日与何氏合葬。

般若波罗蜜多心经

年代：清道光二十九年（1849）刻立。

形制：高 0.28 米，宽 0.80 米。

行字：正文楷书 25 行，满行 12 字。跋 8 行，满行 13 字。

撰书：吾德涵书，吾思智跋，刘海文刻。

现藏：西安碑林博物馆。

著录：《西安碑林全集》。

提要：碑文《般若波罗蜜多心经》是吾德涵写给其四弟吾思智的。德涵精于楷书。道光二十四年（1844）后游秦中，曾书写《般若波罗蜜多心经》数十本，分送友人，思智即在此时得之，后刻置西安碑林。

*陆陇其书对联

年代：清道光二十九年（1849）刻立。

形制：高 1.07 米，宽 0.63 米。

行字：正文行草 2 行，满行 5 字。

撰书：陆陇其书，江开、王鸿志跋。

现藏：西安碑林博物馆。

著录：《西安碑林全集》。

提要：联曰："结庐古城下，读书秋树根。"

贻古堂帖

年代：清道光二十九年（1849）刻立。

形制：共 27 石，尺寸相同。高 0.31 米，宽 0.77 米。

行字：正文行书、楷书均有。行字数不等。

撰书：孝岩、尔亭书，张祥河等 7 人跋，仇和刻。

现藏：西安碑林博物馆。

著录：《西安碑林博物馆全集》。

提要：贻古堂帖共四卷，第一卷为万保伯父孝岩手迹，第二、第三、第四卷为万保父尔亭居士手迹。所书内容多为唐宋诗文，如杜甫《秋兴八首》、苏轼《记承天寺夜游》等，清代《渔洋诗话》、纪晓岚《滦阳消夏录》等亦有摘要。

宏不器家传

全称：大清故医宏不器家传碑文谨序。

年代：清道光二十九年（1849）刻立。

形制：螭首方座。通高 2.16 米，宽 0.70 米。

行字：正文楷书 20 行，满行 40 字。

撰书：金英撰，强谦书。

现藏：西安碑林博物馆。

著录：《西安碑林全集》。

备注：宏不器，西安人，字不器，名哈哈达，号曰华子。写成医书多种传世。计有《新药草经瘟火恶症刺法》十卷、《除瘟秘书》十卷、《眼科孝行神符集》上中下三卷、《痘疹百符神集成》八卷。另著有《先天大行集》二卷、《大行孝经》九章、《治政论》一章、《生死论》一章。

青霄山圣母宫石碑

全称： 重修普明香严青霄山里外圣母宫碑记。

年代： 清道光二十九年（1849）刻立。

形制： 圆首。高2.10米，宽0.66米，厚0.15米。

行字： 正文楷书3行，满行55字。

纹饰： 碑额饰二龙戏珠图案。

现藏： 太白县靖口镇水蒿川村老庙。

提要： 碑文记述了重修圣母宫事。

施粥会碑

年代： 清道光二十九年（1849）刻立。

形制： 圆首。高1.94米，宽0.72米，厚0.24米。

行字： 正文楷书，行字数不详。

撰书： 常翰撰并书。

纹饰： 碑额饰二龙戏珠图案，碑身四周饰蔓草纹。

现藏： 乾县城关高庙小学。

备注： 碑面剥蚀严重。据民国二十八年（1939）《乾县新志》载：州东街药王庙，旧有施粥会，创始雍正间，置田四十余亩，给户佃种，每冬月以其租供施粥用，传之迨逾百年。转念征租非计，因售旧置田亩，并益以劝募，得钱六百串，发典按月一分起息，取予金以备粥资。

广林指路碑

年代： 清道光二十九年（1849）刻立。

形制： 圆首。高0.60米，宽0.37米。

现藏： 汉阴县凤江乡广林村。

著录： 《安康碑版钩沉》。

提要： 记吴日昌妻方氏生子，因关煞甚繁，发心指明来往路途，乞保孩童灾难厄免，易养成人。

东西南街郭氏祭田碑记

年代： 清道光二十九年（1849）刻立。

形制： 高0.80米，宽0.46米。

行字： 正文楷书73行，满行24字。

撰书： 黄钟月撰并书。

现藏： 商洛市商州区腰市乡郭家村郭家祠堂。

提要： 记郭氏合族公议，将28块耕地作为祭田和儒学学田，以其出租收入充祠堂及儒学经费，并逐块记述地界、租额。

吴葶轩墓表

全称： 诰授武德骑尉葶轩吴公墓表。

年代： 清道光二十九年（1849）刻立。

形制： 螭首龟座。高2.32米，宽0.93米。

行字： 正文楷书14行，满行52字。

撰书： 刘天明撰并书。

纹饰： 四周饰卷云纹、龙纹。

现藏： 泾阳县安吴青训班文物管理所。

提要： 记吴葶轩之懿行。

吴葶轩暨妻张氏合葬墓碑

全称： 诰授武德骑尉卫守府加二级纪录二次葶轩吴公暨继配同张宜人合葬之墓。

年代： 清道光二十九年（1849）刻立。

形制： 螭首龟座。高2.32米，宽0.93米。

行字： 正文楷书6行，满行31字。

撰书： 陈延吉撰并书。

纹饰：四周饰卷云纹。

现藏：泾阳县安吴青训班文物管理所。

提要：记吴蕚轩家世、生平。

*汶水河官渡碑

年代：清道光二十九年（1849）刻立。

形制：圆首。高 1.20 米，宽 0.80 米。

行字：额题"官渡碑记"4 字。正文楷书，行字数不详。

现藏：宁陕县五龙乡龙王坪。

著录：《安康碑版钩沉》。

提要：记宁陕厅同知将汶水河文王坪渡口更为官渡事。捐资人 76 名。

王赐弟妻吕氏墓碑

全称：旌表节妇儒童王赐弟之妻吕氏之墓。

年代：清道光三十年（1850）刻立。

形制：圆首。高 1.80 米，宽 0.60 米，厚 0.18 米。

行字：正文楷书 1 行 15 字。

撰书：郭书城题。

纹饰：碑额饰双凤朝阳，碑身四周饰花草纹。

现藏：陇县城关镇原子头村。

提要：此系王氏后人所立墓碑。

重修普渡桥记

年代：清道光三十年（1850）刻立。

形制：高 1.20 米，宽 5.00 米。

行字：正文行书 30 行，满行 14 字。

撰书：白维清撰并书。

现藏：榆林市红石峡西壁。

提要：记重修普渡桥事。

重修润德泉记

年代：清道光三十年（1850）刻立。

形制：螭首方座。高 1.67 米，宽 0.69 米。

行字：正文楷书 15 行，满行 51 字。

撰书：宋金鉴撰并书。

现藏：岐山县周公庙管理处。

提要：记清道光二十七年（1847）重修润德泉事。

李乂庵神道碑

全称：太学生乡饮宾乂庵李公神道碑。

年代：清道光三十年（1850）刻立。

形制：高 2.34 米，宽 0.85 米，厚 0.20 米。

行字：正文楷书 3 行，满行字数不等。

撰书：李含苞书。

现藏：渭南市临渭区南七乡高钞村。

著录：《古县下邽》。

提要：此系李乂庵墓前神道碑。

重修留侯庙暨创建三清殿碑记

年代：清道光三十年（1850）刻立。

形制：圆首。高 3.27 米，宽 0.88 米，厚 0.15 米。

行字：正文行楷 16 行，满行 48 字。

撰书：富明阿撰并书。

纹饰：碑额饰丹凤朝阳图案，碑身四周饰瑞草花纹。

现藏：留坝县张良庙文物管理所。

著录：《汉张留侯祠》《张良庙匾联石刻诗文集注》。

提要：记重修张良庙事。

创修授书楼功德碑序

年代：清道光三十年（1850）刻立。

形制：高 1.30 米，宽 0.62 米。

行字：正文行书 9 行，满行 25 字。

撰书：任永真撰并书，孟玉和刊。

现藏：留坝县张良庙文物管理所。

著录：《汉张留侯祠》《张良庙匾联石刻诗文集注》。

提要：记熊文华施千金修授书楼事。

雷墨暨妻李氏合葬墓志

全称：例授文林郎雷公墨李太孺人墓志。

年代：清道光三十年（1850）刻。

形制：志长 0.29 米，宽 0.13 米。

行字：册页式。盖文篆书 9 行，满行 5 字。志文楷书 45 行，满行 18 字。

出土：出土时间、地点不详。

现藏：合阳县博物馆。

提要：记清道光举人雷墨及妻李氏生平。

*佛坪迎秀书院告示碑

全称：佛坪厅同知为迎秀书院山长修金事告示碑。

年代：清道光三十年（1850）刻立。

形制：通高 2.02 米，宽 7.91 米，厚 0.14 米。

行字：正文楷书 16 行，满行 23 字。

纹饰：碑额饰双凤朝阳图案。

出土：原立于佛坪厅迎秀书院门前。

现藏：周至县佛坪厅故城文物管理所。

提要：记迎秀书院山长修金之来源。

*供奉文昌帝君于尊经阁记

年代：清道光三十年（1850）刻立。

形制：高 0.36 米，宽 0.79 米。

行字：正文楷书 15 行，满行 15 字。

撰书：陈源浡撰，曹一新书。

现藏：韩城市博物馆。

提要：记韩城百姓将文昌帝君供奉于尊经阁之事。

葛三从暨妻李氏墓表

全称：大乡望勉斋葛公及德配李氏墓表。

年代：清道光三十年（1850）刻立。

形制：圆首。高 1.30 米，宽 0.67 米。

行字：志文楷书 16 行，满行 38 字。

撰书：贾联榜撰，贾嘉书。

纹饰：四周饰曲回纹。

现藏：户县秦渡镇新阳村。

著录：《户县碑刻》。

备注：碑身有横断裂痕一条。

提要：葛三从，字勉斋，世居户邑新阳村。年十四娶王寨李鉴堂之女，行事为里人所重，群举为乡约。葛三从生于乾隆三十一年（1766）四月二十七日。卒于道光六年（1826）正月初四。李氏生于乾隆三十一年十二月初九日，卒于道光二十七年（1847）四月初三日。生子二；孙男二。撰文贾联榜，乙酉（1825）拔贡。书丹贾嘉，邑儒学廪生。

田氏墓志

全称：诰封安人员母田太君合葬墓志铭。

年代：清道光三十年（1850）刻。

形制：志正方形。边长 0.65 米。

行字：志文行楷 28 行，满行 29 字。

撰书：逯俊□撰，詹毓秀书。

出土：1972 年出土于华阴县西纪村。

现藏：西安碑林博物馆。

著录：《华山碑石》。

提要：田氏，故吏部候铨布政司理问员金庵之妻，北乡土洛坊田振江之女。生于乾隆四十六年（1781）五月十九日，卒于道光二十九年八月二十六日。子四，女一；孙男三，孙女四。撰文逯俊□，邑儒学生员。书丹詹毓秀，吏部候铨儒学训导，岁贡生。

创修三黄村定觉寺碑记

年代：清道光三十年（1850）刻立。

形制：圆首。高 1.80 米，宽 0.67 米，厚 0.18 米。

行字：正文楷书 16 行，行 39 字。

撰书：王应奎撰，王佩鸣书。

纹饰：碑额饰二龙戏珠图案，碑身四周饰回纹。

出土：原在乾县新阳乡供销社。

现藏：乾县新阳乡三兴村新建定觉寺前。

提要：记创修定觉寺、孤魂殿、僧房事。

*李秀芳墓表

年代：清道光三十年（1850）刻立。

形制：高 1.40 米，宽 0.83 米。

行字：正文楷书 16 行，满行 28 字。

撰书：骆万里撰并书。

现藏：洛南县博物馆。

提要：记李秀芳生平。

*唐学朝镇压祖坟悔罪碑

年代：清道光三十年（1850）刻立。

形制：圆首。高 1.35 米，宽 0.84 米。

纹饰：碑额饰二龙戏珠图案，碑身四周饰卷草纹。

现藏：安康市汉滨区将军乡唐家中湾唐氏祖茔。

备注：《安康碑版钩沉》。

提要：记唐氏族人唐学朝贪鄙成性，滋爱居心，思免幼子之微疾，开掘宗墓。后悔过自新，请罪领罚，杀牲讽经，竖石立碑。

*平邑科目提名记

年代：清道光三十年（1850）刻立。

形制：高 0.47 米，宽 0.93 米。

撰书：史兆熊撰并书。

现藏：平利县五峰书院旧址。

著录：《安康碑版钩沉》。

提要：论"好名之心不可有，爱名之心不可无"之理。撰书史兆熊，平利县教谕。

董启宇墓碑

年代：清道光三十年（1850）刻立。

形制：圆首。高 1.90 米，宽 0.70 米，厚 0.22 米。

行字：正文楷书 3 行，满行 21 字。

撰书：李恩撰并书。

纹饰：碑额饰二龙戏珠图案，碑身四周饰回纹。

现藏：乾县姜村镇姜村董氏先茔。

提要：董氏子孙为永昌兆业、庇护后代，特为先祖立碑。

*戴家堡重修龙王庙碑

年代：清道光三十年（1850）刻立。

形制：高 1.60 米，宽 0.63 米。

行字：正文楷书 14 行，满行 38 字。

撰书：戴仙桂撰，戴九天书。

现藏：商洛市商州区孝义乡戴家堡村。

提要：记戴氏等捐资重修龙王庙并增建帝君魁星庙事。

*牛耕图碑

年代：清道光年间（1821—1850）刻立。

形制：高 0.87 米，宽 0.60 米。

行字：正文楷书 4 行，满行 10 字。

撰书：庞璧撰并书。

现藏：岐山县周公庙管理处。

提要：图文并茂，描绘渔、牧、耕、樵四景。

*书法点窍碑

年代： 清道光年间（1821—1850）刻立。

形制： 高 0.87 米，宽 0.60 米。

行字： 正文楷书 17 行，满行 14 字。

撰书： 庞璧撰并书。

现藏： 岐山县周公庙管理处。

提要： 作者将自己从弱冠时所积累的书法技巧做了精到讲解，并对古人所谓"永字八法"作了进一步阐释。

*辋川图碑

年代： 清道光年间（1821—1850）刻立。

形制： 高 0.78 米，宽 0.40 米。

行字： 正文行书 12 行，满行 5 字。

撰书： 胡元瑛撰。

纹饰： 线刻山水图画。

现藏： 蓝田县蔡文姬纪念馆。

备注： 一角残。

提要： 此碑刻辋川二十景中的北垞、欹湖、临湖亭、柳浪、栾家濑、南垞、竹里馆、白石滩、金屑泉、漆园、椒园的景观。

*兰亭记碑

年代： 清道光年间（1821—1850）刻立。

形制： 高 0.87 米，宽 0.60 米。

行字： 正文行书 29 行，满行 14 字。

撰书： 王羲之撰，庞璧书。

现藏： 岐山县周公庙管理处。

提要： 碑文系清代岐山文人庞璧临摹王羲之《兰亭记》。

雷两园暨妻李氏合葬墓志

全称： 例授文林郎庚午科副贡壬午科举人两园雷府君暨妣李太孺人合葬墓志铭。

年代： 清道光年间（1821—1850）刻。

形制： 志长 0.29 米，宽 0.13 米。

行字： 志文楷书 64 行，满行 18 字。

撰书： 王翰臣书。

出土： 出土时间、地点不详。

现藏： 合阳县博物馆。

提要： 记雷公家族世系及生平。

重修江神庙碑

年代： 清道光年间（1821—1850）刻立。

形制： 碑残损。残高 0.29 米，宽 0.40 米，厚 0.12 米。

行字： 正文楷书存 9 行，满行 8 字。

出土： 原立于江神庙门前。

现藏： 略阳县江神庙民俗博物馆。

著录： （道光）《略阳县志》。

提要： 述嘉陵江之渊源，及重修江神庙之缘由。

群书碑

年代： 清道光年间（1821—1850）刻立。

形制： 高 1.06 米，宽 0.34 米。

行字： 萧锦忠楷书 7 行，满行 11 字；莫雯楷书 12 行，满行 12 字；周之桢楷书 4 行，满行 12 字；郑瑞麟楷书 4 行，满行 12 字；魏元烧楷书 10 行，满行 14 字。

撰书： 萧锦忠、莫雯、周之桢、郑瑞麟、魏元烧书。

出土： 原在大荔县朝邑镇。

现藏： 大荔县文物局。

著录： 《大荔碑刻》。

提要： 抒写为人之道、处世之理等。

王之谦墓志

年代： 清道光年间（1821—1850）刻。

形制： 志长 1.38 米，高 0.34 米。

行字：志文楷书 37 行，满行 16 字。

撰书：林则徐撰并书。

出土：原存蒲城县王氏家族祠堂。

现藏：蒲城县博物馆。

提要：记王之谦生平。王之谦（1780—1847），王鼎族弟，曾任湖北安陆知府。

*示学并跋

年代：清道光年间（1821—1850）刻立。

形制：共 2 石，尺寸相同。高 0.32 米，宽 0.95 米。

行字：正文行草 24 行，行字不等；跋三段，行字数不等。

撰书：陈献章撰并书，赵怡、戴兰芬、张澍跋，刘恒堂刻。

现藏：西安碑林博物馆。

著录：《咸宁长安两县续志》《西安碑林全集》。

提要：刊明代理学家陈献章所作《示学》一篇。

*任府君夫妇墓碑

年代：清道光年间（1821—1850）刻立。

形制：高 1.70 米，宽 0.64 米，厚 0.17 米。

行字：正文楷书 4 行，满行字数不等。

纹饰：碑额饰双龙图案，碑身四周饰蔓草纹。

现藏：彬县义门乡赵村。

提要：此系任氏子孙为其先人所立墓碑。

*秦孺人墓碑

年代：清道光年间（1821—1850）刻立。

形制：螭首。高 2.21 米，宽 0.70 米，厚 0.14 米。

行字：正文楷书 1 行 13 字。

纹饰：四周饰花卉纹。

现藏：彬县北极镇八甲村。

提要：碑文"敕授节孝妇显祖妣秦孺人之墓"。

*马嵬怀古十二首诗碑

年代：清道光年间（1821—1850）刻立。

形制：高 0.66 米，宽 0.37 米，厚 0.16 米。

行字：正文楷书 26 行，满行 18 字。

撰书：辛师云撰并书。

现藏：兴平市杨贵妃墓博物馆。

提要：刻清诗人辛师云过马嵬作诗十二首。

王师塔铭序

年代：清道光年间（1821—1850）刻立。

形制：高 1.00 米，宽 0.50 米，厚 0.13 米。

撰书：卢季美撰并书。

纹饰：碑额饰龙纹。

现藏：凤县凤州镇凤州村北豆积山下。

提要：记王师修葺果老洞之功绩。

*侯述职题辞并序

年代：清道光年间（1821—1850）刻立。

形制：高 0.22 米，宽 0.76 米。

行字：题辞行书 11 行，满行 7 字。序文楷书 15 行，满行 11 字。

撰书：侯述职撰并书。

现藏：药王山博物馆。

著录：《药王山碑刻》《陕西药王山碑刻艺术总集》。

提要：刻侯述职为关帝庙关平牵马摩崖所作诗。

*乔蕴辉题诗

年代：清道光年间（1821—1850）刻立。

形制：高 0.28 米，宽 0.81 米。

行字：正文行书 16 行，满行 17 字。

撰书：乔蕴辉撰并书。

现藏：药王山博物馆。

著录：《药王山碑刻》《陕西药王山碑刻艺术

总集》。

提要：刻乔蕴辉为关帝庙关平牵马摩崖所作诗。后附熊恒泰题诗三首。

*熊恒泰题诗

年代：清道光年间（1821—1850）刻立。

形制：高 0.28 米，宽 0.81 米。

行字：正文行书 7 行，满行 10 字。

撰书：熊恒泰撰并书。

现藏：药王山博物馆。

著录：《药王山碑刻》《陕西药王山碑刻艺术总集》。

备注：附于乔蕴辉题诗之后。

提要：刻熊恒泰为关帝庙关平牵马摩崖所作诗。

*张世观题诗

年代：清道光年间（1821—1850）刻立。

形制：高 0.22 米，宽 0.57 米。

行字：正文楷书 16 行，满行 6 字。

撰书：张世观撰并书。

现藏：药王山博物馆。

著录：《药王山碑刻》《陕西药王山碑刻艺术总集》。

提要：刻张世观为关帝庙关平牵马摩崖所作诗二首。

重修古卷阿周公庙记

年代：清咸丰元年（1851）刻立。

形制：螭首方座。高 2.30 米，宽 0.77 米。

行字：正文楷书 14 行，满行 50 字。

撰书：张大楠撰并书。

现藏：岐山县周公庙管理处。

提要：记载历代对周公庙重修增建的情况，并对"周公采邑"及周公庙创建年代做了考证。

白云山所置杨田堰水田碑

年代：清咸丰元年（1851）刻立。

形制：圆首。高 0.91 米，宽 0.47 米。

行字：正文楷书 11 行，满行 36 字。

现藏：洋县子房山。

提要：记白云山所置四块杨田堰水田的位置、四至、亩数、每年税额等。

张笃生等题诗碑

全称：游灵岩寺集文撰语成诗八章十二句。

年代：清咸丰元年（1851）刻立。

形制：高 0.70 米，宽 1.90 米。

行字：正文楷书 47 行，满行字数不等。

撰书：张笃生、侯志、梁金撰。

现藏：略阳县灵岩寺博物馆。

提要：记张笃生、侯志、梁金等游灵岩寺时得诗八章。

*奕湘为武侯祠题诗碑

年代：清咸丰元年（1851）刻立。

形制：平首方座。通高 1.35 米，宽 0.78 米，厚 0.16 米。

行字：正文楷书 4 行，满行字数不等。

撰书：奕湘撰并书。

纹饰：两侧饰回纹。

现藏：汉中市勉县武侯祠博物馆。

著录：《汉中碑石》。

提要：碑记果亲王五世孙奕湘于咸丰元年至沔县武侯祠时所题诗。其内容为褒扬诸葛亮才兼文武，一心扶汉。

庞家店重修佛殿碑

全称：堉水铺庞家店重修佛殿并两廊山门二门钟楼记事。

年代：清咸丰元年（1851）刻立。

形制：高 1.97 米，宽 0.72 米。

行字：正文楷书 99 行，满行 30 字。

现藏：洋县良马寺。

提要：记良马寺重建佛殿、寺宇两廊、山门、二门、钟楼事及助缘人姓名。

*白云山重修楼阁诸殿助缘碑

年代：清咸丰元年（1851）刻立。

形制：圆首。高 1.48 米，宽 0.67 米。

行字：正文楷书 27 行，满行 45 字。

现藏：洋县子房山。

提要：记白云山重修楼阁捐资人姓名。

创建关帝庙助缘信士碑

年代：清咸丰元年（1851）刻立。

形制：高 1.57 米，宽 0.82 米。

行字：正文楷书 42 行，满行 54 字。

撰书：邓颍川、张凤翼撰。

现藏：洋县智果寺文物管理所。

提要：此为创建关帝庙捐款捐物众信士功德名录。

朱灵齐墓志

全称：皇清敕授儒林郎候铨直隶州州同加二级灵齐朱公墓志铭。

年代：清咸丰元年（1851）刻。

形制：志正方形。边长 0.65 米，厚 0.10 米。

行字：盖文篆书 5 行，满行 5 字。志文楷书 27 行，满行 32 字。

撰书：康马晋撰，雷崿书，马际泰篆额。

出土：2007 年出土于渭南市临渭区孝义镇詹家村。

现藏：渭南市临渭区中心博物馆。

提要：记载朱灵齐的家族世系、生平。

警赌碑

年代：清咸丰元年（1851）刻立。

形制：高 0.52 米，宽 7.65 米，原厚 0.10 米。

行字：正文楷书 17 行，满行字数不等。

纹饰：四周饰回纹。

出土：原立于佛坪县栗子坝乡女儿坝村，1995 年迁立于栗子坝乡政府院内。

现藏：佛坪县栗子坝乡政府。

著录：《新编佛坪县志》《佛坪县文史资料》。

提要：记清咸丰年间佛坪栗子坝一带赌博风盛，危害甚大，官府多次禁赌，未能根除，特立禁赌碑，刻文告禁止赌博。

培池记

年代：清咸丰元年（1851）刻立。

形制：高 0.34 米，宽 0.48 米。

行字：正文楷书 10 行，满行 9 字。

现藏：韩城市博物馆。

著录：（乾隆）《韩城县志》。

提要：记修文庙泮池之事。

续修文庙碑记

年代：清咸丰元年（1851）刻立。

形制：碑残损。残高 0.75 米，宽 0.77 米，厚 0.20 米。

行字：正文楷书 20 行，满行 24 字。

撰书：关授撰。

现藏：韩城市博物馆。

著录：（乾隆）《韩城县志》。

提要：记述道光二十九年（1849）秋雨，续修文庙之事。

重修佛坪佛殿暨火神诸殿序

年代：清咸丰元年（1851）刻立。

形制：螭首方座。高 1.88 米，宽 0.86 米，厚 0.24 米。

行字：正文楷书 14 行，满行 43 字。

纹饰：碑额饰二龙戏珠图案。

现藏：周至县佛坪厅故城文物管理所。

提要：记修建火神庙经过及其格局等。碑阴为助缘人姓名。

*周博候墓志

年代：清咸丰元年（1851）刻。

形制：志正方形。边长 0.65 米。

行字：志文楷书 28 行，满行 29 字。

撰书：窦楷撰并书。

纹饰：四周饰回纹。

出土："文化大革命"中出土于蒲城县三合乡周家村。

现藏：蒲城县文物保护开发中心。

提要：记周博候之生平。

同官县令整饬炭窑风纪告示碑

年代：清咸丰元年（1851）刻立。

形制：圆首方座。高 1.75 米，宽 0.55 米，厚 0.14 米。

行字：正文楷书 10 行，满行 25 字。

纹饰：碑额饰二龙戏珠图案，碑身四周饰蔓花纹。

现藏：铜川市印台区陈炉镇雷家坡村雷家坡中学。

提要：述及保护炭窑之人利益，防止刁奸之徒趁机敲诈勒索措施。

倪加泮墓碑

全称：皇清待赠显考倪公加泮老大人墓。

年代：清咸丰元年（1851）刻立。

形制：共 3 石，尺寸相同。高 1.50 米，宽 0.65 米。

行字：正文楷书 15 行，满行 10 字。

撰书：李斌撰，汪召南书。

现藏：镇安县铁厂镇新联村。

提要：有三碑：一记载墓主由湖北兴国州安丰乡迁入镇安地址及生卒年月、葬地；一记载在镇安艰苦创业、兴办公益，受县上匾额表彰事；一记子孙姓名及立碑时间。

*李秩云买地碑

年代：清咸丰元年（1851）刻立。

形制：高 1.51 米，宽 0.64 米，厚 0.14 米。

行字：正文楷书 9 行，满行 33 字。

纹饰：碑额饰二龙戏珠图案，碑身四周饰花卉纹及回纹。

现藏：潼关县太要镇太峪村。

提要：记李秩云等集资买地的经过。

*保路告示碑

年代：清咸丰元年（1851）刻立。

形制：圆首高 0.98 米，宽 0.82 米。

现藏：紫阳县斑桃镇鱼塘村。

著录：《安康碑版钩沉》。

备注：碑阴刻"四字歌"。

提要：记载紫阳县规定栽树以护路事。

陈思槐墓碑

全称：皇清待赠显考陈公讳思槐老大人之墓。

年代：清咸丰元年（1851）刻立。

形制：高 1.74 米，宽 1.06 米。

行字：正文楷书 9 行，满行 38 字。

现藏：镇安县铁厂镇铁厂村。

提要：记述墓主由湖北大冶县四会乡迁入镇安后，安家立业抚养子孙及本人生卒安葬情况。

新建成氏家祠碑

年代：清咸丰元年（1851）刻立。

形制：高 0.60 米，宽 1.00 米。

撰书：余上华撰，陈天纲书。

纹饰：四周饰几何纹。

现藏：安康市汉滨区文武乡窑垭子。

著录：《安康碑版钩沉》。

提要：成氏始祖德魁由湖北游宦汉中，解任后迁居兴安，迄今 20 余代。嘉庆二十五年（1820）初建祖祠，道光九年（1829）拆旧建新，上殿三楹，西厢三间。道光二十六年（1846）增拜殿三间。撰文余上华，已酉科平利举人；书丹陈天纲，兴安府儒学庠生。

重修兴化寺碑记

年代：清咸丰元年（1851）刻立。

形制：圆首圭额。通高 1.99 米，宽 0.71 米，厚 0.21 米。

行字：正文楷书 11 行，行 44 字。

撰书：姬廷玉撰并书。

纹饰：碑额饰二龙戏珠图案，碑身四周饰蔓草纹。

现藏：乾县梁村镇中曲村兴化寺。

著录：《新编乾县志》。

提要：记咸丰元年重修兴化寺事。

修土地庙碑记

年代：清咸丰元年（1851）刻立。

形制：圆首方座。高 1.26 米，宽 0.56 米，厚 0.18 米。

行字：正文楷书 10 行，行 30 字。

撰书：张凌汉撰并书。

出土：原在耀县药王山北洞。

现藏：药王山博物馆。

著录：《药王山碑刻》《陕西药王山碑刻艺术总集》。

提要：记郡弟子西街乡约宋均平等募化重修土地庙事。

*白骏德题诗

年代：清咸丰元年（1851）刻立。

形制：高 0.32 米，宽 0.57 米。

行字：正文楷书 8 行，满行 5 字。

撰书：白骏德撰并书。

现藏：药王山博物馆。

著录：《药王山碑刻》《陕西药王山碑刻艺术总集》。

提要：刊刻白骏德所作七言诗一首。

白绮墓碑

全称：待赠处士洁清白老大人墓。

年代：清咸丰二年（1852）刻立。

形制：圆首方座。高 1.95 米，宽 0.72 米，厚 0.30 米。

行字：正文楷书 12 行，满行 34 字。

撰书：梁星源撰，党钧书。

纹饰：碑额饰花卉纹，碑身四周饰人物及花卉纹。

现藏：扶风县法门镇庄白村。

提要：此系白绮墓碑。

兴隆寺地界碑

年代：清咸丰二年（1852）刻立。

形制：圆首方座。高 0.92 米，宽 0.78 米。

行字：额楷书"兴隆寺记"及"地碑" 6 字。正文楷书 16 行，满行 28 字。

现藏：佳县上高寨乡郑家前沟村兴隆寺。

提要：记载张万余等人舍给兴隆寺地位置及四至。

孙莲峰德教碑

全称：□斋优廪生莲峰孙老夫子德教碑。

年代：清咸丰二年（1852）刻立。

形制：高 2.20 米，宽 0.88 米，厚 0.25 米。

行字：正文楷书 8 行，满行字数不等。

撰书：郭珍书。

纹饰：四周饰人物及花卉图案。

现藏：扶风县段家镇大同村。

备注：碑首及座佚。

略阳县公议嘉陵江航运章程碑

年代：清咸丰二年（1852）刻立。

形制：圆首。通高 0.91 米，宽 0.67 米，厚 0.15 米。

行字：正文楷书 26 行，满行 27 字。

出土：原在略阳县紫云宫。

现藏：略阳县江神庙民俗博物馆。

提要：此碑为清代咸丰二年五月十三日，略阳县正堂张性等在略阳县城隍庙公议，关于江神庙、紫云宫两庙制定章程七条，其文针对嘉陵江航运及往来船工船夫制定了相关航运及载客的规定。

重修汉丞相诸葛忠武侯祠戟门记

年代：清咸丰二年（1852）刻立。

形制：平首方座。高 1.86 米，宽 0.80 米。

行字：正文楷书 22 行，满行 45 字。

撰书：柏台撰，侯文茂书。

现藏：勉县武侯祠博物馆。

著录：《汉中碑石》。

提要：记武侯祠戟门因年久失修，住持道人陈本禄及其徒孙于咸丰二年（1852）募捐重修事。

报德里十甲会议里规碑

年代：清咸丰二年（1852）刻立。

形制：高 0.81 米，宽 0.41 米。

行字：正文楷书 10 行，满行 31 字。

现藏：合阳县博物馆。

提要：记载清咸丰二年报德里各户交官粮的有关规定，交粮日期及对违规者的处罚规则。

张鹏飞妻赵氏节孝碑

全称：敕旌处士张鹏飞室人赵氏节孝碑。

年代：清咸丰二年（1852）刻立。

形制：圆首。高 2.03 米，宽 0.80 米。

行字：正文楷书 3 行，共 31 字。

纹饰：碑额饰蟠螭纹。

现藏：周至县尚村镇临川寺东门外。

提要：此碑为"敕旌处士张鹏飞室人赵氏节孝碑"。上款"大清咸丰二年十月"，下款"嗣子鹏翔率孙维监镌"。

张如南妻郭氏节孝碑

全称：敕旌处士张如南室人郭氏节孝碑。

年代：清咸丰二年（1852）刻立。

形制：圆首。高 2.03 米，宽 0.75 米。

行字：正文楷书 3 行，共 28 字。

现藏：周至县尚村镇临川寺门外。

备注：此碑镶于碑亭之内。

提要：此碑为"敕旌处士张如南室人郭氏节孝碑"。上款"大清咸丰二年十月"，下款"嗣子维钊立石"。

苇园渠碑

年代：清咸丰二年（1852）刻立。

形制：圆首。高 1.52 米，宽 0.62 米。

行字：正文楷书 14 行，满行 45 字。

撰书：魏峰撰并书。

纹饰：碑额饰双凤图案，碑身四周饰工字纹。

现藏：周至县终南镇东大涧村。

提要：记载苇园渠的源头及流经的村、堡、庄和历年修建经过。

文昌帝君阴骘文

年代： 清咸丰二年（1852）刻立。

形制： 高 0.27 米，宽 0.63 米。

行字： 正文楷书 28 行，满行 21 字。

撰书： 仇和立。

现藏： 西安碑林博物馆。

著录：《西安碑林全集》。

备注： 仇和，富平人，其所刻《文昌帝君阴骘文》还有道光十六年（1836）张玉德所书之一种。

关圣帝君觉世真经

年代： 清咸丰二年（1852）刻立。

形制： 高 0.29 米，宽 0.61 米。

行字： 正文楷书 29 行，行 18 字。

撰书： 仇和立。

现藏： 西安碑林博物馆。

著录：《西安碑林全集》。

提要：《关圣帝君觉世真经》为道教经书名，作者不详。托名"关圣帝君"，谓"人生在世，贵尽忠孝节义等事，方于人道无愧"，并列举应行之善事、应戒之恶事。

*杜争端而安行旅碑

年代： 清咸丰二年（1852）刻立。

形制： 圆首。高 1.50 米，宽 0.90 米。

行字： 额篆书"永垂不朽"4 字。正文楷书，行字数不详。

出土：《安康碑版钩沉》。

现藏： 紫阳县文物管理委员会。

提要： 记紫阳县滨临汉江，兼之六滩猛险，每遇坏舟，各船户往往抢货勒赎，令百官商旅殊堪痛恨，往往示谕在案。为杜绝争端，规范其遇险打捞赎金之规定。

*牛蹄铺修路碑

年代： 清咸丰二年（1852）刻立。

形制： 方首高 1.55 米，宽 0.83 米。

撰书： 蔡锡章撰并书。

现藏： 安康市汉滨区县河乡黑虎庙旧址。

著录：《安康碑版钩沉》。

提要： 记载咸丰二年水毁兴安府牛蹄铺等处道路，乡民募资重修事并记捐资 38 人姓名。

重修太白庙募缘续记

年代： 清咸丰二年（1852）刻立。

形制： 正方形。边长 0.59 米。

行字： 正文楷书 27 行，满行 25 字。

现藏： 武功县城隍庙。

提要： 记载徐联锷等发起捐资修缮太白庙之事，以及捐资人姓名及所捐金额等。

*显景春祖父母墓碑

年代： 清咸丰二年（1852）刻立。

形制： 圆首。高 1.92 米，宽 0.65 米，厚 0.13 米。

纹饰： 碑额饰二龙戏珠图案，碑身四周饰花卉纹。

现藏： 彬县西坡乡龙塬村。

提要： 系显景春为其祖父及祖母马氏所立墓碑。

*显可知墓碑

年代： 清咸丰二年（1852）刻立。

形制： 圆首。高 1.81 米，宽 0.67 米，厚 0.14 米。

纹饰： 碑额饰花卉图案，碑身四周饰花卉纹。

现藏： 彬县西坡乡龙塬村。

提要： 记显可知生平。

重修白云山功德碑记

年代： 清咸丰二年（1852）刻立。

形制： 圆首方座。通高 2.31 米，宽 0.77 米，厚 0.08 米。

行字： 正文楷书 18 行，满行 70 字。

撰书： 张兆第撰并书，邓贵元刻。

纹饰： 碑额饰莲花、牡丹。碑阳四周饰几何纹、花草纹、芭蕉纹。碑阴四周饰几何纹、花草、琴棋书画纹等。

现藏： 佳县白云山白云观真武大殿东廊下。

著录：《白云山白云观碑刻》。

提要： 记清道光以来，本城生员张兆第经营"义金永"商号，用 30 年时间重修白云观诸庙殿。碑阴详列开支数额。

重修龙兴寺碑

年代： 清咸丰三年（1853）刻立。

形制： 圆首方座。通高 2.70 米，宽 0.65 米，厚 0.18 米。

撰书： 杨逢时撰，僧具诲书。

纹饰： 碑额饰二龙戏珠图案，碑身四周饰几何纹。

现藏： 神木县神木镇刘家畔村龙兴寺。

备注： 碑下部剥蚀较重。

提要： 记重修龙兴寺事宜。

刘氏贞节坊

年代： 清咸丰三年（1853）刻立。

形制： 高 7.74 米，宽 5.10 米。

行字： 正文楷书 6 行，满行字数不等。

撰书： 汤岳钟撰并书。

现藏： 镇巴县碾子镇莲花村。

备注： 县志载"汤刘氏贞节牌坊为蜡溪汤顺孝妻刘氏建"。

提要： 石碑坊正中刻字为"柏舟若节"，两边刻有"高清姓子""壮大山河"，牌坊顶板上嵌有"圣旨"二字，两柱刻有汤岳钟撰并书的对联。

石生玉墓志

全称： 皇清诰授振威将军陕西固原提督石公墓志铭。

年代： 清咸丰三年（1853）刻。

形制： 盖长 0.65 米，宽 0.28 米，厚 0.04 米。志分两块，均长 0.60 米，宽 0.56 米，厚 0.08 米。

行字： 盖文篆书 7 行，满行 3 字，题"皇清诰授振威将军陕西固原提督蕴山石公墓志铭"。志文隶书 111 行，满行 15 字。

撰书： 金玉麟撰并书。

出土： 1971 年出土于澄城县南串业村。

现藏： 澄城县乐楼文物管理所。

著录：《澄城碑石》。

提要： 石生玉，字蕴山，澄城人，弱冠入固原营伍，为陕西提督亲军，嘉庆十八年（1813）随军平滑县之乱。后以功授新营外委，调前营外委。二十年迁柏林把总。道光六年（1826）补马营千总。随军平喀什回乱，授前营守备。十三年补北川营都司。入京蒙见，特擢直隶喜峰路游击。十八年转涿州营参将，寻授张家口副将，防堵北塘。二十年授宣化镇总兵，入觐。二十四年授湖南提督。二十八年调乌鲁木齐提督。咸丰元年提督固原。以咸丰二年（1852）四月初七日薨，寿六十五。夫人孙氏。子建勋，官甘肃高台县丞；女

一。孙麟，一品荫生。撰书金玉麟，
赐进士出身，渭南知县。

地界碑

年代：清咸丰三年（1853）刻立。

形制：碑残损。残高 0.68 米，宽 0.84 米，
厚 0.10 米。

行字：正文楷书 21 行，满行 26 字。

撰书：杨秀德撰并书。

现藏：略阳县江神庙民俗博物馆。

备注：碑身下部残缺，碑座残为两半。

提要：记载略阳县乡人所置业产之地界，并
立碑为凭证。

重修耀州城垣碑记

年代：清咸丰三年（1853）刻立。

形制：圆首。高 2.66 米，宽 0.89 米，厚
0.22 米。

行字：正文行书 20 行，满行 53 字。

撰书：乔蕴辉撰，胡虞城书。

纹饰：四周饰云龙纹、草叶纹。

出土：20 世纪 80 年代出于耀县人民医院。

现藏：铜川市耀州区博物馆。

著录：《耀州文庙》。

备注：右下部残缺。

提要：记载知州郝彭龄主持维修城垣之时，
也对文庙、考院、郊坛等处建筑进行
了维修。

*兰草图

年代：清咸丰三年（1853）刻立。

形制：共 4 石，尺寸相同。高 0.67 米，宽
0.32 米。

撰书：倪人塈、吴莼秋画。

现藏：西安碑林博物馆。

著录：《西安碑林全集》。

提要：四石分刻兰草八株。

经锄堂法帖

年代：清咸丰三年（1853）刻立。

形制：共 12 石，尺寸相同。高 0.32 米，宽
0.64 米。

行字：正文行书、楷书均有。每石行字数
不等。

撰书：董其昌、翁方纲、刘墉书，仇和刻，
倪人塈立石。

出土：原存兴平县，后移藏西安碑林。

现藏：西安碑林博物馆。

著录：《西安碑林全集》。

备注：前 9 石为《经锄堂法帖》，后 3 石为
舒鹏飞墨迹数种。

提要：经锄堂主人即咸丰八年（1858）任兴
平县令的倪人塈。法帖乃倪人塈伯祖
所藏翰墨散落他人手中、后重资购回
以刻诸石。

*黄庭坚诗

年代：清咸丰三年（1853）刻立。

形制：共 5 石，尺寸相同。高 0.53 米，宽
1.02 米。

行字：正文行书，每石 6 行，行 3—4 字。
跋楷书 3 行，满行字数不等。

撰书：黄庭坚书，倪人塈跋，仇和刻。

现藏：西安碑林博物馆。

著录：《西安碑林全集》。

提要：此碑内容为七言律诗二首，描写汉代
长安城的盛美景致。黄庭坚（1045—
1105），字鲁直，号山谷道人，洪州
分宁人。其诗文奇崛放纵，书法自成
一家，与苏轼齐名，为宋代书法四大
家之一。

*支应差务章程碑

年代：清咸丰三年（1853）刻立。

形制：圆首。高 1.52 米，宽 0.72 米。

行字：正文楷书 20 行，满行 40 字。

现藏：汉阴县双坪乡磨坝小学。

著录：《安康碑版钩沉》。

提要：记载汉阴南山汉江河道船只过往，民间支应差务纷纭，彼此混杂，易生争端，为此合行核定章程事。

唐廷佐圹记

全称：皇清诰授中议大夫钦加知府衔候铨直隶州州同苠臣府君圹记。

年代：清咸丰三年（1853）刻立。

形制：共 4 石，尺寸相同。长 0.71 米，宽 0.32 米，厚 0.08 米。

行字：册页式。盖无文。志文楷书 24 行，满行 18 字。

撰书：唐麒序撰。

出土：1970 年出土于旬邑县太村镇唐家村。

现藏：旬邑县唐家庄园博物馆。

著录：《咸阳碑刻》。

提要：唐廷佐，字苠臣，号翊斋，世居三水县东乡绿野村。兄弟二人，行一。援例任直隶州同。曾于道光、咸丰年间因输饷资助军费而加官。生于乾隆四十七年（1782）七月初五日，卒于咸丰三年十月初五日。元配张氏，继配张氏。子二，女三；孙一，孙女三。撰文唐麒序，廷佐胞侄。

*郭氏先灵神主碑

年代：清咸丰三年（1853）刻立。

形制：高 1.42 米，宽 0.67 米。

行字：正文楷书 12 行，满行 26 字。

现藏：镇安县青铜镇阳山村。

提要：记聂母郭氏勤俭持家，教子孙成人事。